发展扎根理论的方法与流程：
质性研究的基础

原书第4版

Basics of Qualitative Research：
Techniques and Procedures for Developing Grounded Theory（Fourth Edition）

[美]　朱丽叶·科宾（Juliet Corbin）

　　安塞姆·斯特劳斯（Anselm Strauss）　著

游　宇　译

重庆大学出版社

Basics of Qualitative Research: Techniques and Procedures for Developing Grounded Theory (Fourth Edition), by Juliet Corbin & Anselm Strauss.

English language edition published by SAGE Publications of London,

Thousand Oaks, New Delhi and Singapore, 2015.

发展扎根理论的方法与流程：质性研究的基础。原书英文版由SAGE出版公司于2015年出版，版权属于SAGE出版公司。

版贸核渝字（2024）第129号

图书在版编目(CIP)数据

发展扎根理论的方法与流程：质性研究的基础：原书第4版 /（美）朱丽叶·科宾 (Juliet Corbin)，（美）安塞姆·斯特劳斯 (Anselm Strauss) 著；游宇译 .

重庆：重庆大学出版社，2024.8. -- （万卷方法）.

ISBN 978-7-5689-4540-0

Ⅰ . C916

中国国家版本馆 CIP 数据核字第 20249C2L59 号

发展扎根理论的方法与流程：质性研究的基础（原书第4版）

FAZHAN ZHAGEN LILUN DE FANGFA YU LIUCHENG：ZHIXING YANJIU DE JICHU

［美］朱丽叶·科宾（Juliet Corbin）

［美］安塞姆·斯特劳斯（Anselm Strauss）　著

游宇　译

策划编辑：林佳木

责任编辑：石 可　　版式设计：林佳木

责任校对：王 倩　　责任印制：张 策

*

重庆大学出版社出版发行

出版人：陈晓阳

社址：重庆市沙坪坝区大学城西路 21 号

邮编：401331

电话：(023)88617190　88617185(中小学)

传真：(023)88617186　88617166

网址：http://www.cqup.com.cn

邮箱：fxk@ cqup.com.cn(营销中心)

全国新华书店经销

重庆市正前方彩色印刷有限公司印刷

开本：787mm×1092mm　1/16　印张：27.5　字数：493 千

2024 年 8 月第 1 版　2024 年 8 月第 1 次印刷

ISBN 978-7-5689-4540-0　定价：89.00 元

作译者简介

作者简介

朱丽叶·科宾（Juliet Corbin）

她在亚利桑那州立大学获得了护理学专业的学士学位，在圣何塞州立大学获得了护理学专业的硕士学位，在加利福尼亚大学旧金山分校获得了博士学位。获得博士学位后，她在加利福尼亚大学旧金山分校的社会和行为科学系做了两年的博士后研究员。她与安塞姆·斯特劳斯博士合作进行了 15 年的扎根理论研究。尽管在 1999 年，科宾已离开教学岗位，正式退休，但她以个人身份继续与学生一起合作，开设扎根理论方法论的工作坊，并选择性地进行演讲。科宾博士也是一名家庭护理医师，毕业于旧金山州立大学的护理医师项目，并在圣何塞州立大学护理系任教。她一边兼职工作，一边与斯特劳斯博士进行研究。她曾在世界各地发表主题演讲，并就扎根理论方法论开设工作坊。她获得了由托马斯杰斐逊大学、国际护理荣誉学会（Sigma Theta Tau）[1]颁发的"年度护士学者奖"（Nurse Scholar of the Year Award），以及由《美国护理学杂志》（*American Journal of Nursing*）颁发的"年度图书奖"。她发表了大量的文章，其中很多是与安塞姆·斯特劳斯博士合作的。她的著作包括《无休止的工作与护理》（*Unending Work and Care*）、《实践中的扎根理论》（*Grounded Theory in Practice*）、《塑造全新医疗系统》（*Shaping a New Health Care System*），以及《发展扎根理论的方法与流程：质性研究的基础》（本书为第 4 版）。

---

① "Sigma Theta Tau"（ΣΘΤ）指的是国际护理荣誉学会，成立于 1922 年。它是一个致力于支持护理学领域的学术与职业发展的组织。国际护理荣誉学会的目标是通过领导力、学术成就和卓越的护理实践来推进全球健康。"Sigma Theta Tau"取自希腊字母，代表了"爱、荣誉和领导力"。该组织的成立是为了表彰那些在护理学术与实践中表现卓越的学生和专业人士。ΣΘΤ 不仅是一个荣誉社团，还是一个支持教育、领导、研究和护理实践的专业组织。它的成员包括杰出的学者、领导者、研究员和实践者，他们共同努力，以提高护理质量，为全球健康做出贡献。——译者注

安塞姆·斯特劳斯（Anselm Strauss）

他于1916年12月18日出生，于1996年9月5日去世。他逝世时是加利福尼亚大学旧金山分校社会和行为科学系的荣誉教授。他的主要研究和教学活动集中于健康和疾病社会学以及工作和职业社会学等领域。他主要采用旨在建构理论的质性研究方法，并与巴尼·格拉泽共同创立了扎根理论方法论。多年来，他被邀请到剑桥大学、巴黎大学、曼彻斯特大学、康斯坦茨大学、哈根大学和阿德莱德大学等担任客座教授。他在生前撰写了许多论文和书籍，其中很多已被翻译成其他语言。他与多位合作者撰写的书籍包括《死亡意识》（*Awareness of Dying*，1965）、《镜子与面具》（*Mirrors and Masks*，1969）、《职业、工作和事业》（*Professions，Work and Careers*，1971）、《谈判》（*Negotiations*，1978）、《医疗工作的社会组织》（*The Social Organization of Medical Work*，1985）、《无休止的工作与护理》（*Unending Work and Care*，1988）和《持续变换的行动》（*Continual Permutations of Action*，1993）。尽管他已经正式退休，但在去世前，他仍然积极地从事写作和研究工作，包括对医院工作的研究和对身体的社会学研究。

译者简介

游宇

厦门大学公共事务学院副教授、博士生导师，兼任厦门大学财政科研所财政政治学研究室主任。其研究领域涵盖公共财政与地方治理、公众政治态度与行为、比较政治学以及案例研究方法论。在中英文匿名评审期刊上发表论文30余篇，出版专著与译著各一部。主持国家社会科学基金后期资助项目与一般项目各一项。博士论文以及基于该论文出版的专著先后获得省级优秀博士学位论文奖、首届王惠岩政治学优秀博士论文奖以及第十二届厦门市社会科学优秀成果奖一等奖。

前　言

　　我的认知深处存在一种感觉——那就是社会现象的世界错综复杂且令人费解(无论你认为这有多么天真)。这种复杂性一直吸引并困扰我多年。如何才能打开复杂性的"黑箱",从而不被它们所困扰或击败?如何才能既不回避其复杂性,也不使用因过度简化而扭曲其本质的方式来解释它们?这当然是一个古老的问题:理论抽象会不可避免地走向简化,然而要深刻地理解和梳理这些社会现象,某种程度的抽象是必要的。那我们应该如何在失真与概念化之间保持平衡呢?

(Strauss,1993,p. 12)

　　自从《发展扎根理论的方法与流程:质性研究的基础》于1990年首次出版以来,该书可谓历久弥新。当安塞姆·斯特劳斯和我写作第1版时,它主要面向我们自己的学生。我们从未想过它会吸引太多我们学生群体以外的读者。在准备撰写第4版时,我回顾了之前的版本,发现这本书在深度和广度上已经有了很大的进步。

　　但不用担心,本书的理论基础在每个版本中都保持不变。多年来,各章节在扩展和压缩、合并和拆分中不断被调整,以使本书的可读性更强。这一版也是特别为初学者而设计的,以让他们更好地理解扎根理论。我仔细检查了每个章节,重新安排了各章节的标题,并重新编写了各章节的部分内容,以提高本书的主要概念的清晰度。此外,我还为每个章节提供了额外的示例,以阐明主要的分析要点,特别是在分析数据情境和理论整合等方面。第3版中一些信息量较大、内容较多的章节也被拆分,以便读者更好地理解。在第2、3、4章中,我增加了有关研究伦理的新内容,这些伦理原则也被应用到这些章节主要观点的概念中。与此同时,我还增加了一个新专栏,即"专业见解",这些是我之前的学生和同事的简短文章,它们被收录到第4章至第11章,为读者提供更多分析的视角。本书的重点是分析,但这并不意味着其内容已经面面俱到。因此,在第一部分的每章末尾以及在关于写作和展示的章节中,我都列出了推荐阅读的材料,以填补本书可能缺少的内容,如访谈技巧等。

本书分为三个部分,每个部分在开始前都有简短的介绍。第一部分概述了扎根理论的背景、基本流程和建构理论所必要的步骤。第二部分展示了如何将这些材料应用于实际的数据分析,以便读者了解从最初的数据收集到理论整合的整体研究过程。第三部分则聚焦于实用性,提供了撰写学术论文、专著、学位论文和进行展示的建议,并展示了如何撰写每项内容的提纲。其中,还有一章讨论了评估自己和他人的扎根理论研究质量的标准,并增加了一个全新的小节以介绍扎根理论在研究、教学和实践中的应用。最后一章则专门针对学生常见的问题进行了讨论和解答。我想向读者强调,本书的三个部分并不是孤立的。相反,第一部分的理论介绍应与第二部分的分析结合起来阅读,以便读者可以进行往返对照,这样可以更好地理解与应用这些研究方法和流程。此外,如果读者在阅读中遇到任何问题,可以前往第三部分寻找答案,因为这些也可能是其他学生所面临的普遍问题。

本书的第一部分包括第1章至第11章。第1章介绍了斯特劳斯的扎根理论方法。曾经作为第1章的一部分的第2章,现在则单独成章,专门介绍这种方法的哲学背景。第3章讨论了在开始进行扎根理论研究之前需要深思的现实问题,其中额外包括一个小节,以介绍伦理审查委员会的要求。第4章介绍了关于分析的相关概念,并讨论了它们的一些特征。第5章则鞭辟入里地介绍了进行分析的相关流程和技术。相较于第3版,接下来的两章,即第6章和第7章的顺序也根据本书评审专家的建议而有所调整。第6章的内容与备忘录和图表相关,现在放在第5章之后。接下来,第7章则专门讨论了理论抽样,即一种适用于扎根理论的特定数据收集方法。第8章和第9章原本是一章的内容,现在进行了拆分。第8章强调了将主要概念置于情境之中的重要性,第9章则着重阐释了在建构理论时将过程纳入分析的意义。第10章讨论了理论建构的最后一步,理论整合。第一部分以新章节第11章收尾,这一章专门介绍了质性研究中的数据分析软件。

在第二部分中,我将使用包括访谈、回忆录和历史资料在内的不同类型的数据。在这一版中,这一部分的每个章节都有所精简,并关注分析的不同方面:第12章重点介绍了概念识别或开放编码;第13章侧重于概念阐述;第14章着重于分析情境数据,即轴向编码的一种形式;第15章阐述了如何将过程纳入分析;第16章展示了整合的过程。本书的读者会注意到,为达到教学目的,我将分析过程分解为不同的要素。我必须承认,实际的分析比这些细分内容要更复杂,因为人的思维过程也更为复杂。在分解数据时,分析者同样需要关注数据之间的关系。在描述概念的同时,分析者也需识别其属性和维度。在整个分析过桯中,要始终致力于理论整合。这些分解使研究者可以明确他们所做的工作,并在分析过程中更具系统性和灵活性。

一项研究在经过他人评议和公开发表之后才算真正完成。本书的最后一部分,即第三部分,将探讨与评估和发表相关的实际问题。第17章提供了关于撰写学术论文、专著、学位论文和进行展示的建议。第18章介绍了用于评估扎根理论研究质量的标准,包括自我评估、学位论文委员会和资助机构的评估,以及读者对扎根理论研究的评估。此外,本章还新增了一个关于如何将自己的理论应用于研究、教学和实践的小节。最后,第19章回答了学生和其他研究者经常提出的有关扎根理论的问题。我们希望这些内容可以对这本书做个漂亮的收尾。

最重要的是,本书仍然是对安塞姆·斯特劳斯及其"遗产"的致敬。对我而言,撰写本书不仅是一份荣誉,更是一次充满惊喜的旅程。斯特劳斯的知识遗产早已深深融入本书之中。

朱丽叶·科宾

致 谢

我要感谢我的丈夫迪克（Dick）在完成本书的整个漫长过程中给予我的支持和鼓励。我还要感谢薇姬·奈特（Vicki Knight），正是她说服我撰写本书的这一版本，并积极地鼓励我完成了本书的编写。薇姬的助手伊冯娜·麦克杜菲（Yvonne McDuffee）在记录所有细节方面给予了巨大的帮助，我对她的辛勤付出表示感激。同样，梅根·马卡尼什（Megan Markanich）在编辑工作方面的专业和高效令人印象深刻。此外，我还要感激以下同仁对第4版稿件进行了审核，其为本书提供了有益的建议和意见，他们是：

凯瑟琳·波尔（Kathryn Pole），得克萨斯大学阿灵顿分校

马赫什·S. 莱辛格尼（Mahesh S. Raisinghni），得州女子大学

珍妮·E. 比特曼（Jeanne E. Bitterman），哥伦比亚大学

利萨·盖尔·范·布拉克尔（Lisa Gale Van Brackle），纽约市立大学亨特学院

伊斯梅尔·穆宾吉（Ismael Muvingi），诺瓦东南大学

达尼亚·基恩（Danya Keene），耶鲁公共卫生学院

斯泰西·L. 康诺顿（Stacey L. Connaughton），普渡大学

最后，我要感谢那些通过他们的"专业见解"为本书做出贡献的同事和学生。他们的参与构成了本书的重要内容。

目　录

第一部分
导论：安塞姆·斯特劳斯的扎根理论

    第一部分的前11章特意涉及更多的抽象内容。它们的目的不在于展示某种方法，而是为了设定某种基调，并为后续的分析提供理论背景。我认为，读者在开始进行具体分析之前，了解一些有关该方法的理论知识是很重要的。这是因为，很多初学者在进行分析时往往采取非常教条和死板的方法。他们想追求结构化，这是因为他们不理解自己在做什么，或者为什么这么做。他们希望有一个公式，可以一步一步地指导他们。但是，质性研究并不需要过多的结构化或刻板的分析方法，它是一种解释性的、动态的、顺其自然的（free-flowing）过程——除非研究者了解有关具体分析的基础知识，否则他们将会失去这些分析中的重要内容。换言之，他们的研究会变得肤浅，无法借助质性研究的独特优势，为人类行为提供新的见解。

    第一部分的文本并不需要按照章节顺序从头到尾进行阅读，而是可以灵活地根据需要，在章节之间进行往返对照。读者可以按照最适合他们的方式阅读相关章节。例如，在学习较为抽象的第4章和第5章后，读者可以随时前往第12章和第13章，了解开放编码（第12章），以及为发展和关联概念所进行的编码（第13章）。同样，在学习了第8章相对抽象的有关情境的内容后，读者可以转到第14章，进一步了解在研究项目中如何进行情境分析，等等。总之，我按照自己的逻辑撰写并整理了相关章节，但读者也可以根据自己的逻辑来阅读本书。

第1章　灵感与背景

假如诸如"怀疑""信仰""观念""概念"(更不用说"公众可验证性"①)等术语所指代的内容要具有任何客观意义,那么它们就必须被定义并被描述为一种行为,其中有机体和环境共同作用或相互作用。

(Dewey,1938,p. 32)

关键术语

方法论　一种思考和研究社会现象的方式

方法　收集和分析数据的技术和流程

质性研究　一种研究形式,其中研究者或指定的合作研究者负责收集和解释数据。
在这种研究中,研究者本身与参与者及其提供的数据都构成研究过程的一部分

扎根理论　格拉泽和斯特劳斯(Glaser & Strauss,1967)发展的一种质性方法论——其目的在于基于数据建构理论。本书中介绍的方法主要反映的是斯特劳斯的扎根理论分析取向

概　述

就像柯立芝(Coleridge)②写作《忽必烈汉》(Kublai Khan)一样,我也从梦中获得灵感,但由于这终究不是一个完整的梦,而只是思想的萌芽,其催生的文字也就呈现在此了。

——安塞姆·斯特劳斯

在第3版中,上述引文和之后的段落被放置在了章节末尾。然而,经过深思熟虑后,

---

① "公众的可验证性"(public verifiability)是指一种观念、声明或假设可以被公众通过某种方法或过程来验证的能力。这通常涉及科学、逻辑或事实上的证据,这些证据可以被独立的第三方所观察、测试或评估,以确认其真实性。在上下文中,杜威(Dewey)提到的"公众的可验证性"可能是为了强调知识或信仰不应仅仅基于个体的主观感受,而应该有某种客观的基础,这样其他人也可以验证它。这是现代科学方法的核心概念,即任何科学声明都应该能够经受公开的检验和质疑。——译者注

② 塞缪尔·泰勒·柯立芝(Samuel Taylor Coleridge,1772—1834)为英国浪漫主义诗人、文艺批评家、湖畔派代表,《忽必烈汉》是其代表作之一。——译者注

我认为它们应该像第2版一样,被放在第1章开头更加恰当。就本书的开篇方式而言,我想不到比斯特劳斯的话更合适的开篇句了!尽管他已经故去十多年,但他对这一方法的影响仍然无比深远。

人们投身研究工作,是因为他们渴望通过研究获得的洞见和理解来产生某种影响。但是仅有研究热情是远远不够的,我们还需要付诸实际行动才能让梦想成真。接下来,本章将向读者介绍一种方法论,它为实现这一研究梦想提供了途径。当然,我们也承认,这种方法并不完美,但它确实是一种经过了检验的方法,40多年来被世界各地的众多学生成功应用,其中有一些学生是我们直接教授的,但更多的学生则不是。尽管我们希望能够直接培训全球所有有兴趣学习扎根理论的人,但我们知道这难以实现。因此,我们撰写此书,希望自己能成为"远程导师"(teachers-mentors in absentia)。就像所有优秀的老师一样,我们的目的不仅仅在于激发读者对研究的热情,我们还希望为读者奠定扎实的数据分析基础,并让这份热情伴随他们的整个职业生涯。

学习要点

在阅读本章时,建议读者注意以下要点:

- 描述质性研究是什么。
- 介绍作为质性研究形式的扎根理论。
- 呈现我们的学生关于扎根理论的感想(testimonials)。
- 解释为什么理论建构是重要的。
- 区分理论和现象描述。
- 介绍与扎根理论研究相关的伦理问题。

质性研究

我们将扎根理论置于更宏大的质性研究背景中来作为开头,本节将着重讨论以下内容:

- 描述质性研究
- 解释研究者选择质性而非量化方法的原因
- 总结质性研究者的特征

描述质性研究

作为一种特定的研究形式,质性研究要求研究者或指定的合作研究者收集和解释数据,使研究者本身与参与者及其提供的数据成为研究过程的一部分。质性研究通常采用开放和灵活的设计形式,这与量化研究极为注重的"严谨性"有所不同。质性研究有许多不同的类型,每种类型都有特定的目的和结构(Creswell, 2013)(相关示例可参见本章末尾列出的文献)。本书的重点则是讨论名为扎根理论的质性研究类型。

解释研究者选择质性而非量化方法的原因

为什么有些研究者偏好使用质性方法而不是量化方法? 以下是一些常见的理由:

• 为了挖掘参与者的主观经验和感受
• 为了理解意义是如何形成和演变的
• 为了探究那些尚未被深入研究的领域
• 为了识别某些在后续可以通过量化研究进行验证的相关变量
• 为了采用整体性和全面性的方法来研究某种社会现象

然而,我们认为还有其他的原因让一些人更青睐质性研究方法。那些投身于质性研究的研究者,往往会以一种只有通过质性研究才能获得解答的方式来构建他们的研究问题。此外,相对于量化方法更为结构化的设计,研究者往往被质性研究多变的、逐渐发展的、动态的特点所吸引。他们享受这种偶然性和发现的过程。虽然统计学可能也很有趣,但吸引他们的是无限的可能性,即对人类反应有更多的学习机会。质性研究者想要与研究参与者建立更加紧密的联系,并尝试从他们的视角来看待世界。此外,质性研究者喜欢语言文字,他们善于从看似无序的信息中提炼出秩序,并思考其中的复杂关系。对质性研究者而言,研究是一项挑战,而这种挑战往往会将他们整个自我纳入研究。这并不是在贬低量化研究者。实际上,所有研究者都怀有好奇心,渴望找到那些能够改善社会现状或促进社会公正的方法。然而,质性研究者具有一种特质,他们一旦被"质性研究的魅力"所吸引,就会持续寻求以这种形式进行研究的机会。

小结:质性研究者的特征

经过多年的观察,我们发现质性研究者往往拥有以下特质,正是这些特质促使他们投身于质性研究:

- 人文关怀
- 好奇心
- 创造力与想象力
- 逻辑思维能力
- 识别变化和规律的能力
- 敢于冒险
- 处理模糊性的能力
- 解决实地问题的能力
- 接受将自我作为研究工具
- 对自我和所做研究的价值保持信心

扎根理论方法论

扎根理论是由格拉泽和斯特劳斯(Glaser & Strauss,1967)发展的一种质性研究方法,旨在建构扎根于数据的理论。尽管这一方法论最初由两位社会学家发展而来,但它可以被广泛应用于整个社会科学领域的研究。其在许多学科领域都具有适用性,因为它能够识别出一般概念,发展出超越已知范围的理论解释,并为各种经验和现象提供新的见解。本节将介绍以下内容:

- 扎根理论方法论的发展简史
- 扎根理论方法论的特征
- 数据类型
- 数据分析

扎根理论方法论的发展简史

在芝加哥大学获得博士学位后,斯特劳斯担任了多个教职。在20世纪50年代,他受邀前往加利福尼亚大学旧金山分校(UCSF)负责护理学的博士项目。不久后,他申请并获得了一项资助,以田野工作的方法进行关于死亡体验和临终关怀的研究。他邀请了名为珍妮·昆特·贝诺利尔(Jeanne Quint Benoliel)的护士来协助他进行研究。同时,刚从芝加哥大学获得博士学位的巴尼·格拉泽(Barney Glaser)则作为核心研究者加入了研究团队。格拉泽的专业方向是量化研究,他的专业知识为团队的研究提供了新的维度。他们有关死亡体验的研究成果被收录在《死亡意识》(*Awareness of Dying*;Glaser & Strauss,1965)一书中。

在他们的合作过程中,格拉泽和斯特劳斯结合了他们共同的社会学背景和各自互补的研究方法取向,提出了一种新的方法论——扎根理论。该方法论在《发现扎根理论》(*The Discovery of Grounded Theory*)一书中得到了系统的阐述(Glaser & Strauss,1967)。

《发现扎根理论》一书的出版具有开创性的意义。这本书尤其反对格拉泽和斯特劳斯所称的"空想的理论化"(armchair theorizing),强调需要通过从现实数据中建立、发展和整合的概念来建构理论。他们的书还提供了一整套灵活的数据分析流程。

尽管两位作者在斯特劳斯的有生之年一直有保持联系,但有关死亡体验和临终关怀的研究是唯一一项他们共同开展的重要研究项目。在研究结束后的几年里,格拉泽在UCSF给博士生教授扎根理论,但他最终离开了大学。而斯特劳斯则继续在UCSF开展教学和科研工作,其中就包括教授质性方法论课程。

在后来的时间里,斯特劳斯在与其他同仁的合作中逐渐发展出拥有自己独特风格的扎根理论。然而,他并没有完全偏离与格拉泽所发展的基本方法,而是在分析数据时形成了自己的独特技巧和思考方式,这在第2章中会有更多的探讨。此外,斯特劳斯的分析取向也在《社会科学家的质性分析》(*Qualitative Analysis for Social Scientists*;Strauss,1987)一书中第一次得以体现。

不过,重要的不是认识格拉泽和斯特劳斯之间的差异,而是要记住,如果不是那次命运般的相遇和合作,也许今天就没有所谓的扎根理论方法论。

扎根理论方法论的特征

除了对理论发展的重视外,扎根理论与其他的质性研究形式相比有哪些独特之处?这个问题的答案非常简单。首先,用以建构理论的概念并非在研究开始之前就得以确定,而是源自在研究过程中收集的数据。正是这一特点将理论扎根于数据之中,从而使该方法被命名为"扎根理论"。其次,在扎根理论中,研究分析和数据收集是相互关联的。在收集初始数据之后,研究者会对这些数据进行分析,而从分析中得出的概念又会成为后续数据收集的基础。可见,在整个研究过程中,数据收集和分析是持续进行、循环往复的两个步骤。

数据类型

在扎根理论中,研究者可以通过多种方式收集数据。最常见的数据收集类型是访谈和观察。然而,数据收集并不仅限于此。几乎任何类型的书面、观察或记录材料都可以被使用,包括但不限于视频、杂志、日记、绘画、内部文件、备忘录、回忆录、互联网帖子和历史记录等。

数据分析

无论使用何种类型的数据,都可以通过一个被称为"持续比较"(constant comparisons)的过程来进行分析。在进行持续比较时,数据会被分解成易于操作的部分,需对每个部分进行异同比较。那些具有类似性质的数据(指在概念上相似但不一定是同一行动或事件的重复)会被归到同一概念条目(conceptual heading)中。然后,通过进一步的分析,研究者再将概念组合成类属(categories)(有时称主题[themes])。每个类属会根据其属性和维度不断发展,最终不同的类属会围绕一个核心类属进行整合,而这个核心类属用简洁的语言描述了研究者所确定的研究主题。核心类属和其他类属一起构筑了理论的结构,每个类属的属性和维度又通过提供细节来填充结构。在接下来的章节中,我们会更深入地讨论这一研究过程。

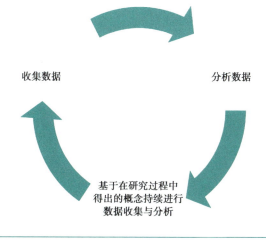

图1.1 数据收集与数据分析的相互关系

学生对扎根理论的感想

并非每个研究者都想要发展理论或被质性方法所吸引。对许多研究者来说，扎根理论往往是一个陌生的概念。他们可能在研究课程中听说过，并且想要进一步了解。或许他们也一直想尝试这种方法，只是需要更多的信息。获取更多信息的一个有效途径是了解其他学生使用这种方法的经验。以下是我们所知道的一些学生的情况，以及他们对扎根理论的看法：

- 享受精神上的挑战
- 保持开放和灵活的态度
- 希望他们的工作在学术领域之外也有意义
- 完全沉浸在研究工作之中

享受精神上的挑战

我们的经验来自我们所教授或指导过的学生，因此可能无法代表所有使用这种方法的人。然而，在我们合作过的学生中，我们也注意到以下几点。有一些人倾向于选择这种方法，是因为他们享受建构理论的精神挑战。他们在分析数据时敢于借鉴自己的主观经验，这实际上是拒绝了更传统的"客观性"思维，即对使用个人经验所带来的危险的提醒。我们之前的学生将自己的想法视为暂定的、可修改的，并始终保持开放性，敢于随着新知识的积累而进行自我否定。在分析方法上，我们培训的研究者倾向于保持灵活性，这一特征在研讨会和团队研究中得到了增强，他们对批评持开放态度，并享受在团体讨论中的思想交流。例如，可以参考以下的感想（这种感想也是本书早期版本的一部分内容，但它也是反映许多质性研究者思考和工作方式的一个例子，因此我们在此再次提及）：

我是一个写作团队的成员，我们团队大约每个月会有一次集体讨论，这一活动持续了好几年。我们会分享各自正在进行的研究工作，大家互相批评，有时也会帮助分析他人研究不太成熟的地方。最近，该小组的一位老成员回归了，她向我们描述了她在另一个地方开展类似小组活动的失败经历。她所在小组的参与者也是按照我们相同的方式进行组织的，但却对彼此的研究工作要求十分苛刻，并且更关注的是谁的展示更为出色，而不是追求真诚的合作。我们的小组便尝试分析我们为何能够良好运行，并意识到这与我们四位组员曾经参加过扎根理论研讨会密切相关。然而，这不仅仅是指我们在分析性焦点上达成一致，更是因为我们实际上已经学会了以独特的协作和支持方式一起工作。（L. Star as cited in Strauss, 1987, pp. 303-304）

保持开放和灵活的态度

我们试图培养学生两个最重要的特质，即对不确定性保持开放态度，并在数据收集和分析中保持灵活性。由于扎根理论研究没有结构化的设计，初学者往往感到无所适从，尤其是那些只接受过量化研究训练的人。这是因为量化研究遵循一套结构化的设计流程。因此，他们必须学会在数据内涵存在诸多歧义的情况下开展研究工作。在研究伊始，研究者可能并不清楚研究的方向。他们必须尝试跟随数据提供的线索，适时改变数据收集的类型和地点，以便进行概念发展和理论建构。在我们的研讨会上，我们教导学生要对数据的不同解释保持开放态度，并告诫他们在解释数据时要特别谨慎，不要过早下结论。我们要求学生在收集到足够的数据之前，不要急于确定核心类属。我们强调建构理论是一个需要深思熟虑的过程，研究者必须要耐住性子，花时间去正确地达成这一目标。此外，他们还必须对自己在理论建构中的角色保持反思性的态度。最重要的是，我们教导学生要对已有的理论持怀疑态度，不要被它们所"带偏"，除非这些理论最终在与数据的相互验证过程中得到了实证支持。

希望他们的工作在学术领域之外也有意义

与大多数研究者一样，我们的学生也希望他们的工作对学术和非学术受众均有所影响，这是因为质性研究者会认真对待研究对象的言行举止。换言之，正如一位研究者所感慨的那样："我了解到知识分子不必将自己与人们的生活分离开来，而是要融入人们生活的真实世界，并深入了解他们的思想和感受。"（Fisher, 1991, p. 8）

完全沉浸在工作之中

受过质性分析培训的研究者几乎会不可避免地完全"沉浸在工作之中"，虽然这并不总是"(我们生活的)焦点,但也从未远离我们"(源自与 A. 克拉克[A. Clarke]在 1990 年 3 月 21 日的私下交流)。

这种对研究过程的全情投入和奉献精神,以及随之而来的强烈的正义感,在以下一位学生的自述中也得以体现。这位学生描述了她在研讨会上向班级成员展示数据时所呈现的互动本质。她担心班级成员会因为参与者和他们之间的文化差异而对她的数据产生误解。然而,她发现班级成员对数据的解读非常敏感,并倾向于从文化差异的角度来看待和解释数据。我们最后还是引用了她的自述,因为这些文字与我们的观点不谋而合,包括接受过扎根理论方法训练的学生的特征和这些学生看待数据的方式。这位学生接受过公共卫生方面的训练,在苏族印第安人保留地工作了三四年。在那期间,她对一个问题产生了浓厚的兴趣:"鉴于印第安居民与我们的观念如此不同,那么他们对健康的基本概念又是怎样的?"下面是该学生写给导师的部分备忘录,涉及她对班级互动本质的看法。

> 这些担忧(班级成员可能会误读她的非西方、跨文化数据)在两小时的研讨过程中被系统地、细致地消除了。我非常认真地听取大家的发言,以及他们如何通过数据来表达观点。当需要更多信息时,他们会仔细询问我的看法,并且不会在我进行重要补充之前轻率地下结论。学生似乎也在仔细地探索数据的丰富性,挑选出关键问题,并将它们相互对比以获取更多的内涵,对许多情境也指出了多种可能的解释。大家所确认的内容与我在调研中的见闻极为契合,这让我高兴坏了。在研讨过程中,这种独特的教学风格使得讨论的完整性与精准性得以保留,换言之,互动式认识论(interactionist epistemology)与质性研究概念和分析框架之间是相互交织、难以分离的。(K. Jurich, cited in Strauss, 1987, p. 304)

扎根理论方法论的重要性

在众多可供选择的质性研究方法中,为什么要选择扎根理论这一理论建构方法? 我们认为,扎根理论这一方法论之所以重要,有以下几个原因。这一小节将对其进行一一解释。

- 扎根理论可以提供解释
- 为什么选择扎根理论方法论？

扎根理论可以提供解释

自古以来，人们一直试图从自身的经验中寻找意义，他们想知道为什么某些事情会发生。从人类最早的书面记录中，我们了解到他们对事件有许多解释或理论。然而，这些解释和理论大多数基于迷信，或者只是没有经过验证的猜测。多年来，科学知识使我们不再依赖迷信，但人们对寻求解释的渴望并未消退。至今，我们仍然在各种理论中寻找答案。通过扎根理论方法论所获得的知识，使人们能够解释现象并采取行动来改变、控制和改善现状。此外，随着新知识的积累，扎根理论也可以进行持续的修正和发展。

为什么选择扎根理论方法？

为什么研究者会选择扎根理论方法，而不是其他形式的描述性或理论建构的质性研究方法？扎根理论历经长时间的实践考验，能够提供一套行之有效的流程，来从数据中建构理论。这种流程具有以下优势：1）可以使研究者从不同的角度考察主题和相关行为，从而发展出全面的解释；2）可被用于获得对旧问题的新见解，也适用于新兴领域的研究；3）有助于揭示行动背后的信念和意义，考察行为的合理和非理性方面，并展示逻辑和情感结合起来会如何影响人们对事件做出反应，或如何通过行动和互动处理问题。使用本书所概述的流程进行发展的理论，能够为后续量化研究提供坚实的基础。这些流程已被证明具有文化敏感性，可以适用于个体以及更大的组织和社会环境。此外，扎根理论还可被用于开发实质理论（substantive theories）①以及更一般化的理论。尽管各种被用于理论建构的方法论和扎根理论方法论都有其批评者，但不可否认的是，扎根理论的流程确实有其独到之处，我们只需看看多年来其知识累积的成果即可（参见本章末尾列出的文献）。

———————————

①实质理论是指描述特定社会群体或现象的理论，强调的是特定情境下的行为、态度和价值观等方面。相较于更一般化的理论，实质理论更注重深度挖掘，关注社会中较为特殊的现象和行为，从而产生更为具体和丰富的结论。它通常基于基础理论的推论和探索，同时也对未被理论研究覆盖的现象进行系统研究和分析。在扎根理论中，实质理论往往建立在一个具体的研究领域之上，比较也是在这个单一领域内进行的。——译者注

描述与理论之间的差异

学生通常难以区分描述和理论。他们可能会采用诸如扎根理论这样的方法论,并误以为他们已经发展出了某种理论,但实际并非如此。在第4章中,我们将更深入地讨论和解释这些差异。不过,在这一小节,我们会先介绍以下概念之间的差异:

- 描述
- 理论

描　述

简单地说,描述是关于事件的介绍,而理论是对事件发生原因的解释。有关描述的恰当示例可以在一些小说和新闻报道中找到。描述提供了详细的背景信息,讲述了一个或多个事件的情形,并描绘了人们在事件中的经历或感受。描述性的质性研究富有洞察力和意义,也在知识积累中占有一席之地。然而,描述性的质性研究与理论之间的差异有时却令人困惑,因为描述和理论都基于概念,并使用解释主义的分析方法去靠近这些概念。同时,两者都使用参与者的语言来将抽象的思想"降维"到人类的理解层面。需要强调的是,尽管丰富的深描能提供概念、讲述有趣的故事,但它并不是理论。

理　论

理论与描述性质性研究之间的区别在于其整体结构,即解释事情发生的架构或框架。在理论的结构顶部,有一个术语简要地说明了这一理论是关于什么的。例如,在我关于患有慢性疾病的孕妇的研究中,我使用了"保护性管理"(protective governing)这个术语来解释女性如何与医疗团队合作,以采取行动将与怀孕相关的风险最小化,并最大程度地提高生下健康宝宝的概率(Corbin,1987)。这之所以被视为理论,是因为它不仅描述了女性的恐惧和她们在怀孕的不同阶段的行动,还解释了女性如何评估自己在怀孕期间所感知的各种风险水平。然后,根据这些不同的风险水平,在权衡各种选择之后,她们制订了相应的策略和手段,以最大程度地降低风险,保障孕期安全。这项研究解释了在不同风险条件下,女性如何发挥关键的认知作用,以确保自身和胎儿的安全。

描述在理论发展中发挥了填充细节的作用,一旦理论结构形成,描述就开始发挥作用。例如,我的"保护性管理"理论就描述了女性在确定风险水平时所收集的信息类型,并描述了女性在做决策时权衡的各种因素,以及她们应对怀孕、慢性疾病和恐惧的多种不同策略。此外,我还描述了女性与其伴侣和医疗团队在怀孕的不同阶段所建立的不同类型的关系。

理论的起点与描述基本相同:从概念出发。然后,随着重要概念(我们称之为类属或主题)的发展,理论也像描述一样演化,逐渐形成其属性和维度。然而,这就是理论与描述的区别,在理论中,除了充分发展类属(主题)之外,还必须建立它们之间的联系,并将它们与更抽象的概念联系起来。这个更为抽象的概念在整体中最为突出,因此也被称为"核心类属"。核心类属用简洁的语言捕捉研究的主题或本质,使得所有其他类属和概念都围绕它进行整合,以形成关于事情为何发生及如何发生的理论解释。虽然这可能不是从数据中可以推导出的唯一解释,但它确实提供了一种合理的解释。如果研究者是按照扎根理论方法的规范进行研究并进行最后的整合,那么他们就有机会发展理论。

伦 理

由于研究方法模糊了研究者和参与者之间的界限,因此,伦理就成了必须考虑的一个核心问题。我们认为应主要从三个方面考虑伦理问题及其应用:

- 参与者
- 研究
- 研究者

参与者

由于研究者和参与者经常面对面进行交流,因此研究者必须采取措施以获得参与者的同意,并保守他们的秘密,以建立彼此信任的氛围。此外,参与者为自愿参与,他们的信念体系和价值观可能与研究者截然不同。尽管如此,参与者仍应受到尊重,他们的时间和付出也应得到重视。请牢记,研究者的目标是收集信息,而不是进行评判。

研　究

在研究方面,研究者肩负着一系列重要的伦理责任。首先,他们必须确保研究方法的完整性。虽然使用方法时固然有一定的灵活性,如在特定的情况下需要对研究流程进行调整,但是,研究者不能根据主观偏好或便利性而随意选择使用方法论中的某部分内容,而忽略其他内容。方法论不同部分的内容旨在协同进行,因而它必须被作为一个整体来实施,以确保获得最准确和最有效的研究结果。

其次,尽管研究项目总是受到时间和经济上的限制,但研究者仍然有责任遵守承诺,按计划完成研究,不可为了节省时间或金钱而取捷径,或是草率地处理和分析数据。

最后,研究者有责任向参与者和学界公布研究结果。参与者自愿贡献自己的时间,他们明白自己提供的信息虽然可能对自己没有直接帮助,但有可能对其他人有所帮助。如果没有发表或公开研究,那就意味着研究者没有履行他们与参与者之间的隐性约定,即参与者提供的信息将有助于其他人。此外,研究者还有责任对自己专业领域的知识有所贡献,否则其专业领域就难以为继或无法积累成果。持续地创造新知识是一个专业领域持续发展的关键。

研究者

并不是所有的专业人士都想成为研究者,有些人更希望成为优秀的教师或从业者。在某些工作环境下,人们感到有必要进行研究和发表论文,以获取晋升或赢得专业上的尊重和认可。但从伦理的角度来看,不应该草率地进行研究,人们不应该为了研究而研究,而应该是出于真正的研究兴趣和动机,或者在职业生涯中遇到了只有通过研究才能解答的问题。

一旦开始进行研究项目,研究者便肩负起了伦理责任。他们不仅要对自己负责,还要对参与者和整个专业领域负责,要尽最大努力完成高质量的研究工作。同时,进行研究本身也是一个成长的机会:其可以拓宽人的理解,深入了解人类社会和各种境况,这是其他方式永远无法实现的。然而,在受到情感影响的情况下,进行深入访谈或观察也可能会消耗研究者的精力。研究者不可避免地会受到参与者所讲述的故事的情感冲击。

因此,从伦理的角度来看,当研究者开始感到不堪重负或投入过多情感时,他们应该暂时放下研究,关心自己的身心健康。如果研究者身心俱疲或失去了批判性思考的能力,就无法为参与者或研究做出公正的贡献。此外,记录研究过程的日记也可以帮助研究者对自己进行批判性审视,同时也能宣泄一些研究压力。

要点总结

总之,选择进行质性研究的原因有很多,但或许最重要的是想要跨越已知的领域,进入参与者的世界,从他们的角度看待世界,从而发现有助于发展经验知识的新见解。质性研究者应该充满好奇心、富有创造力,并且勇于相信自己的直觉。尽管有不同的质性研究风格和取向,本书的重点仍为扎根理论,尤其关注斯特劳斯的方法取向。

扎根理论是一种旨在从数据中建构理论的质性研究方法。尽管描述和理论之间存在相似之处,但两者仍然具有诸多不同之处,其中的关键区别就在于,理论的类属和概念会围绕着一个核心类属进行整合,以形成一个结构,提供有关某件事情发生的原因和方式的理论解释。扎根理论方法在数据收集和分析方面与其他质性方法也有所不同。研究者不是在研究开始时就拥有一个预先确定的概念列表,而是通过分析从数据中提取概念。分析始于收集的第一批数据,然后,再由在初步分析中提取的概念指导后续数据的收集。每次数据收集后都要进行分析。因此,研究者在数据收集和数据分析这两个步骤间循环往复,直到构建出一个整合度较高的、富有解释力的理论。

然而,在质性研究中,研究者与参与者之间的界限也经常在数据收集和分析的过程中变得模糊。这种密切接触对参与者、研究和研究者来说都带来了极大的伦理挑战。

小组思考、写作与讨论

1. 是什么吸引了你开展质性研究?你认为自己拥有的个人特质将如何提升你做好质性研究的能力?

2. 在小组中讨论优秀质性研究者的特质有哪些,并探讨如何通过正确的教师指导和教学培养这些特质。

3. 浏览相关领域的期刊,然后选择一两篇基于扎根理论方法论的研究论文。关注其方法论实践过程:研究者是如何解释这一过程的?在你看来,研究者是否真正发展出了理论,还是说,他们的发现仍然停留在描述层面?

4.在课堂上讨论质性研究者面临哪些伦理挑战。如果你正在记录自己的研究经历,你会把哪些事情写进日记里?

有关多元视角的质性研究阅读文献

质性研究导论

Barbour, R. (2014). *Introducing qualitative research: A student's guide* (2nd ed.). Thousand Oaks, CA: Sage.

Creswell, J. A. (2013). *Qualitative inquiry and research design: Choosing among five approaches* (3rd ed.). Thousand Oaks, CA: Sage.

Flick, U. (2014). *An introduction to qualitative research* (5th ed.). Thousand Oaks, CA: Sage.

Mayan, M. J. (2009). *Essentials of qualitative inquiry.* Walnut Creek, CA: Left Coast Press.

Mills, J., & Birk, M. (2014). *Qualitative methodology: A practical guide.* Thousand Oaks, CA: Sage.

Richards, L., & Morse, J. M. (2013). *Readme first for a user's guide to qualitative research methods* (3rd ed.). Thousand Oaks, CA: Sage.

Rossman, C. B. (2012). *Learning in the field: An introduction to qualitative research.* Thousand Oaks, CA: Sage.

Somekh, B., & Lewin, C. (Eds.) (2011). *Theory and methods in social research* (2nd ed.). Thousand Oaks, CA: Sage.

创新性的质性方法

Gubrium A., & Harper, K. (2013). *Participatory visual and digital methods.* Walnut Creek, CA: West Coast Press.

Leavy, P. (2013). *Fiction as research practice.* Walnut Creek, CA: West Coast Press.

Norris, J., Sawyer, R. D., & Lund, D. (Eds.). (2012). *Duoethnography.* Walnut Creek, CA: West Coast Press.

Pelto, P. J. (2013). *Applied ethnography: Guidelines for field research.* Walnut Creek, CA: West Coast Press.

伦理

Long, T., & Johnson, M. (2007). *Research ethics in the real world.* Edinburgh, UK: Elsevier.

Van Den Hoonaard, W. C., & Van Den Hoonaard, D. K. (2013). *Essentials of thinking ethically in qualitative research.* Walnut Creek, CA: West Coast Press.

运用扎根理论研究不同文化的示例

Escado'n, S. (2006). Mexican American intergenerational caregiving model. *Western Journal of Nursing Research, 28*(5), 364-585.

Huang, X.-Y., Lin, M.-J., Yang, T.-Y., & Sun, F.-K. (2009). Hospital-based home care for people with severe mental illness in Taiwan: A substantive grounded theory. *Journal of Clinical Nursing, 18*, 2956-2968.

Legault，A.，& Ducharme，F.（2009）. Advocating for a parent with dementia in a long-term facility. *Journal of Family Nursing*，*15*（2），198-219.

Saiki-Craighill，S.（2001）. The grieving process of Japanese mothers who have lost a child to cancer，part Ⅱ：Establishing a new relationship from memories. *Journal of Pediatric Oncology Nursing*，*18*（6），268-275.

Schoot，T.，Proot，I.，Meulen，R. T.，& De Witte，L.（2005）. Actual interaction and client centeredness in home care. *Clinical Nursing Research*，*14*（4），370-393.

展示理论的优秀示例文章

Pryor，J.，Walker，A.，& Worrall-Carter，L.（2009）. Opting in and opting out：A grounded theory of nursing's contribution to inpatient rehabilitation. *Clinical Rehabilitation*，*23*，1124-1135.

Schoot，T.，Proot，I.，Meulen，R. T.，& De Witte，L.（2005）. Actual interaction and client centeredness in home care. *Clinical Nursing Research*，*14*（4），370-393.

Vandall-Walker，V.，& Clark，A. M.（2011）. It starts with access！A grounded theory of family members working to get through critical illness. *Journal of Family Nursing*，*17*（2），148-181.

第2章　理论基础

正是出于对行动本身以及思想与行动之间关系的兴趣，晚期哲学的最后阶段——实用主义——才得以诞生。大部分激励实用主义哲学发展的动力来自一种被称为"行为主义"的心理学。尽管还有其他若干来源，但这无疑是其中最主要的来源之一。

（Mead，1938/1956，p. 404）

关键术语

世界观　关于世界的信念和态度

假定　置于方法论背后的运作原理

实用主义　"由 C. S. 皮尔斯（C. S. Peirce）和威廉·詹姆斯（William James）发动的美国哲学运动，其主要学说为：在概念的构想中生成的意义（the meaning of conceptions）①应在其实际效果中寻找，思考的功能是引导行动，真实（truth）应该主要通过信念的实践后果（the practical consequences of belief）来检验。"（来源：韦氏词典对于"pragmatism"的定义）

互动论　"互动论者研究我们如何使用和解释符号，这不仅是为了相互交流，还是为了创造和维护自我印象、创建整体的自我感知，更是为了创建和维持我们体验到的特定社会情境的现实感。"（来源：ThoughtCo. 网站上关于"Symbolic Interaction Theory"的讨论）

方法论　一种思考和研究社会现象的方式

方法　收集和分析数据的技术和流程

　　尽管存在几种不同类型的扎根理论取向（Morse et al.，2009），但本书所呈现的方法论主要基于斯特劳斯的扎根理论取向。这一方法论的认识论经历了两个阶段的演变，涉及芝加哥互动论的传统和主要继承自约翰·杜威（John Dewey）和乔治·赫伯特·米德（George

---

①皮尔斯的"conception"是区别于"concept"的一个词，因此直接译为"概念"不太好，在此我将其译为"概念的构想"。——译者注

Herbert Mead)的实用主义哲学(Fisher & Strauss,1978,1979a,1979b;Strauss,1991)。为了理解斯特劳斯的方法,有必要了解支撑其方法的哲学基础。虽然在使用这种方法时不必完全认同斯特劳斯的世界观或假定,但知其然更要知其所以然,对那些想要深入了解其方法论背后哲学原理的人来说,阅读此章节应该是有必要的。

学习要点

在阅读本章时,建议读者注意以下要点:

- 实用主义和知识哲学
- 世界观:杜威和米德的综合
- 本体论:关于世界的假定
- 近期趋势对该方法论的影响

实用主义和知识哲学

对于那些可能不熟悉互动论或实用主义的读者,我们对相关的哲学知识和观点进行了简要回顾。这些内容对于理解斯特劳斯的扎根理论方法取向至关重要,可以分为以下主题:

- 知识的创造
- 困境与反思性探究的关系
- 思考和过程的时间性
- 认知(Knowing)与文化的关系
- 将经验视为探究不可或缺的一部分
- 知识的累积性质
- 行动的基础是对知识的使用①

知识的创造

影响深远的实用主义著作主要发表于20世纪的前三十年,作者为杜威(Dewey,

---

① 实用主义更强调的是对知识的运用以及运用后产生的结果,如果只是未加运用的"知识",实用主义认为其只是思想中的"ideas"。——译者注

1917,1922,1929,1938)和米德(Mead,1932/1959,1934/1962,1936/1972,1938/1956)。这些著作呈现了一种全新的知识哲学,并成为斯特劳斯方法论的基础。例如,杜威和米德都认为,知识是通过行动和互动创造的。杜威(Deway,1929,p. 138)认为:"思想不是关于现在或过去的陈述,而是要实施的行动。"或者更准确地说,知识是通过自我反思的存在者的行动和互动而产生的。

困境与反思性探究的关系

通常,行动是由某种困境(problematic situation)引发的,在这种情况下,人们不能仅凭习惯或本能行事。根据杜威(Dewey,1929,p. 189)的说法:"所有反思性探究都始于某种困境,并且这种困境无法在其自身条件下得到解决。"米德(Mead,1938/1972,p. 79)也指出:"反思性思考是在检验方法(means)的过程中产生的,这些方法是为了让一个行动得以继续下去而实施的假设性方式(hypothetical way),且这一行动曾被考察过。"因此,摆在行动者面前的主题是如何解决一个难题。这个难题的答案是不确定的,只有通过暂定的答案所引导的进一步行动(及其结果)才能对其进行判断。正如杜威(Dewey,1929,p. 136)所言:"检验观念和一般性思考,要通过观察由观念所引起的行动的结果,即事物在新的安排(the new arrangement of things)下产生的变化来实现。"

思考和过程的时间性

即使在最快和最自发的情况下,思考活动也具有时间性的特点。行动的预期结果会影响实际采取的任何行动,而且行动者通常会在中途评估其影响并做出改变。此外,过去的回忆也会直接或间接地影响行动。杜威(Dewey,1929,p. 109)指出:"涉及推论和判断的反思性思维并非一开始便有的(originative),而是随着某些非反思性直觉知识揭示了先验现实之后才能得到试用。"因此,即使是在一个充满偶然性的世界中,出于行动的时间性,实用主义者也会关注过程。正如杜威(Dewey,1929,p. 40)所指出的那样:"因为我们活在一个行进中的世界中,未来虽然与过去相连,但却并非简单的重复。"

认知与文化之间的关系

实用主义者并不认同当时流行的个体与团体(或集体)之间的二元对立观念。因此,他们认为即使不依靠团队或组织,一个单独的人也能发现或创造一些新的理解。之所以如此,仅仅是因为这一个体已经历时代文化观念和信仰的社会化进程。"无论是探究还是最抽象的形式的符号集合,都无法摆脱它们所处的文化背景而独立存在。"(Dewey,1938,p. 20)因此,实用主义者相信集体知识的累积(尽管这一点在现在看来似乎显而易见,但仍有哲学家将个体知者[the individual knower]置于首要地位)。

在这一假定中,实用主义者密切关注作为模型的自然科学(主要是生物学)。他们认为,新知识在经过社会实证检验之前仅仅是暂定的(provisional)。在《科学方法与个体思考者》(*Scientific Method and the Individual Thinker*)一书中,米德(Mead,1917)总结了这一观点:

> 在这两个过程中,即确定将通过实验(即受控比较)检验任何新假设合法性的经验结构的过程,以及构想问题与提出解决方法的假设的过程,个体都以其充分的特殊性发挥作用,同时与所处的社会保持有机关联。(p. 227)

将经验视为探究不可或缺的一部分

任何人参与探究的经历,对于探究本身及其隐含的思维过程来说都至关重要。对此,杜威(Dewey,1929)曾阐述道:

> 到目前为止,我们确信人类经验在各个阶段都具有无限的可能性,其中观念(ideas)与意义(meanings)将被珍视,并持续地被生成与应用。然而,它们与经验本身的过程是一体的,这些观念与意义并非由超越现实的外部来源引入。(p. 138)

知识的累积性质

这里仍然存在一个被称为有效性(validity)或被哲学家称为真(truth)的问题。实用主义者非常关注这一备受争议的问题,他们认为答案在于结果。"通过要施行的操作来定义观念的性质,并通过这些施行的结果来检验观念的有效性,从而在具体经验中建立连通性(connectivity)"(Dewey,1929,p. 114)。他们强调,求知的行为体现了某些视角。因此,所发现的关于"现实"的内容不能脱离知者的实施视角,这种视角会悄无声息地进入研究者对某个事件的探索和最终结论之中。这种实用主义立场并不会导致激进的相对

21

主义(如当前某个版本的后现代主义)。激进的相对主义认为,既然没有一个特定的解读能够被证明,那么就不能假定这些解读的确定性。相反,实用主义者(就像过去和现在的实践科学家一样)必须做出几个关键的假定。其中之一是,真等同于我们所知道的内容——但最终可能会被判定为部分真甚或完全错误。另一个假定是,尽管有这种限制,但知识的积累并非幻觉。地球不是平的,银河系也不是宇宙的中心;电的发现不容忽视,它的理论与实践意义也是如此。有些人可能不相信进化论或地球是圆的,但通常这些内容是累积下的信念的一部分。也许关于社会和人类活动的知识积累较少,但实用主义者和大多数社会科学家都相信,某些社会知识肯定是可以累积的,这也为思想和社会的演化(演进)提供了基础。

行动的基础是对知识的使用

实用主义者在知识哲学方面的最后一个立场是,知识对实践或实际的事务是有用的。实用主义者认为没有必要假定在知识与日常行动之间存在一个巨大鸿沟——这是又一个错误的二元论。正如杜威(Dewey, 1929)所述:

> 我们的讨论主要围绕知识的分析展开。然而,核心主题应是知识与行动之间的关系;关于知识的结论的最终意义在于,它必然会将变化的观念融入行动之中。(p. 245)

实际上,知识和行动是相互促进的。知识引导有益的行动,行动提出需要思考、解决的问题,然后再将其转化为新知识。在一个不断变化的世界中,新的突发情况层出不穷,实践与探究之间的相互作用也是持续不断的(这与哲学上阐述的科学数据与理论之间的相互作用是一样的)。这就是为什么实用主义者没有在日常("常识")思维和受到更为系统性控制的科学类型之间设置严格的界限。他们没有强调,但是会大加赞赏组织化行动的观点,例如,许多组织化行动并非偶然,而是经过仔细规划和评估的。

超越实用性

实用主义者并非仅关注实践或实用性。他们也探讨诸如美学和伦理、语言和意义以及其他同样抽象的概念。米德(Mead, 1938/1972, p. 98)指出:"实用主义并不反对审美体验。就像其他所有的人类活动一样,它也是一种需要得到承认的活动;这些活动也面临着自己的问题,即关于欣赏的问题,并通过反思来解决它们。"

小结

尽管斯特劳斯在读书期间对实用主义和互动论印象深刻,但这些哲学观念直到他进入职业后期才完整融入他的世界观。实际上,在他去世前不久的著作《持续变换的行动》(*Continual Permutations of Action*;Strauss,1993)中,他有关方法论方面的世界观才得到充分的阐述,虽然这在他多年的教学中也有所体现。

我想在这里强调的一点是,当格拉泽和斯特劳斯在撰写《发现扎根理论》(Glaser & Strauss,1967)时,他们并没有刻意以实用主义或互动论等理论基础来创设一种方法论。然而,这些哲学观念却深深植根于斯特劳斯的思想中,并随着时间的推移,在他对世界的思考和分析方式中逐渐显现出来。在他的研究、教学和写作中,斯特劳斯并没有试图发展一种新方法或一种相对于初始扎根理论的独立分支。在他的研究中,他遵循了《发现扎根理论》(Glaser & Strauss,1967)设定的基本流程,并使用了包括比较分析、提问、理论抽样和饱和法等分析方法来识别、阐述和整合概念。

世界观:杜威和米德的综合

多年来,实用主义和互动论的哲学思想与斯特劳斯的教学、同行交流和研究经验相融合,逐渐形成了一种世界观,并逐渐渗透到他的教学和研究方法之中。本节也将展示这一世界观的内涵。

那么,斯特劳斯的世界观的本质究竟是怎样的? 以下引言简明扼要地概括了这一观念:

> 我们面临的是一个充满极大流动性的世界;它不会也无法保持静止。在这个世界中,分裂、破碎和消失,与出现、涌现和凝聚相互交织。而且,在这个世界中,没有什么是绝对确定的。其现象的其中一部分应该通过自然主义分析来确定,包括人们参与建构塑造他们生活结构的那些现象。(Strauss,1993,p.19)

究竟何种理论可以适用于引文所揭示的世界观的本质? 它必须是一种能够捕捉事

件和行为中固有的复杂性和模糊性的理论；它可以展示情境中变动性与持久性之间的关系；它能够解释为什么今天看起来很常规的行动和互动也可能在明天成为问题；它在回答这些问题的同时，也制造了今天的答案最终可能成为明天的问题的可能性。

本体论：关于世界的假定

或许多数采用扎根理论方法论的学者(尤其是仅遵循其流程的人)并未深思其背后的基本假定。尽管方法随时间与实践而演进，但研究者将自身众多方面的特质和经验带入研究过程也会对研究产生一定的影响，这些因素有时甚至无意识地影响了他们解读数据的方式。

我们所指向的是一系列关乎斯特劳斯分析方法及本书所阐述的研究策略背后的假定，并探讨这些假定将如何影响斯特劳斯式的分析方法。例如，关于或然性的不可避免性、过程的重要性以及现象的复杂性的假定，会引导我们将行动置于情境之中，随时间的推移观察行动与互动(过程)的变化，并在日常惯例及困境中考察行动与互动，从而更好地理解它们之间的关联。

斯特劳斯数据解读方式背后的假定

以下大部分假定源于实用主义和互动论哲学。当读者对本书更加熟悉后，就能轻松地理解这些假定与这一版本的方法论①之间的相关性。在此，我们列举了部分假定，而对这些假定的更深入的讨论，请参见斯特劳斯的专著(Strauss, 1993)。

我想强调的一点是，尽管扎根理论常因忽视情感(情绪)(emotions)而受到批评，但这种观点并不一定正确。请注意下面的第10个假定，情感也被置于其中，只是它并未被视作独立于行动。

假定 1：外部世界是一种符号性的表征(representation)，一种"符号性的宇宙"。无论是内部世界还是外部世界，都是通过互动来创造和重塑的。实际上，外部世界和内部世

---

①之所以说是这一"版本"的方法论，是因为在《发现扎根理论》一书出版后，两位作者对扎根理论的根本要义、设计思路以及操作流程出现了不同程度的分歧，有些研究者(如奥迪斯·西蒙斯[Odis Simmons])就认为斯特劳斯和科宾的研究分析思路是另一种基于数据建构理论的方式，但却仍然将自己的方法命名为"扎根理论"(显然西蒙斯并不认同这是"扎根理论")，这给该方法的学习者和使用者造成了混乱。因此，学界不得不以"版本"(version)加以区分，如格拉泽版本的扎根理论和斯特劳斯版本的扎根理论。——译者注

界之间并没有分界线(Blumer,1969)。

假定 2:从童年早期开始,甚至贯穿一生,人类能以各种方式发展出实际参与所有行动和互动的自我(Mead,1959)。

假定 3:意义(符号)是互动的一方面,并与意义(符号)系统中的其他元素相关联。互动会产生新的意义,同时也会改变或维持旧的意义(Mead,1934/1962)。

假定 4:行动是被嵌入到过去、现在和想象中的未来的互动之中的。因此,行动也承载着意义,并可置于意义系统内。并且,行动可能会产生更深层次的意义,这些意义又涉及更进一步的行动以及它们所嵌入的互动(Mead,1934/1962)。

假定 5:在行动过程中,总是可能出现意外情况。这些情况可能会改变行动的持续时间、节奏,甚至意图,从而随着互动的进行影响对行动的解读(Mead,1959)。

假定 6:行动伴随着时间性,因为它们构成了不同的持续时间段的行动过程。不同的参与者可能会因其视角不同,而对行动时间性方面的理解有不同的解读,这些解读也可能随着互动的进行而发生变化(Mead,1959)。

假定 7:互动的过程源于共享的视角,如果视角出现分歧,为了使行动与互动继续进行,就必须协商并将观点协调一致(Blumer,1969)。

假定 8:(公开和隐秘的)行动可能会在之前、期间或之后都伴随着(相互反馈的)反思性互动。这些行动可能是行动者自己的,也可能源于其他行动者。特别重要的是,在许多行动中,对未来的考虑都被包含在行动之中(Dewey,1929)。随着行动与互动过程的推进,所进行的反思性回顾和评估可能会影响部分过程,甚或对其进行完全重塑(Dewey,1929)。

假定 9:行动不一定是理性的,许多行动往往是非理性。然而,一些理性的行动也可能被其他行动者误认为是非理性的(Dewey,1929)。

假定 10:行动也具有情感的一面。将情感视为区分于行动的存在,也是对行动的某些方面的具化。对我们来说,并不存在二元论。人们无法将情感与行动分开,它们相互映衬、相互引导(Dewey,1929)。

假定 11:通常,简单的手段-目的分析框架并不足以深入理解行动与互动。这些常识性的且未经审视的社会科学图式(schema)对于解读人类行为来说过于简化(Strauss,1993)。

假定 12:影响行动者视角及其互动的主要因素之一,是他们在社会世界与子世界(subworlds)中的成员身份。在当代社会中,这些成员身份往往是复杂的,也是重叠的,其至是相互对立和冲突的。而且，它们也并非总是显而易见的（Strauss，1993）。

假定13：一种有用的区分行动与互动类别之间的基本方法，是将其分为常规性的（the routine）和问题性的（the problematic）。问题性的行动与互动涉及思考，当超过一个互动者参与时，互动就可能采取讨论的形式。问题性的行动的一个重要方面在于其可能引发的争论，即关于问题或其解决方案的分歧。换言之，这就形成了一个可供辩论的"舞台"（arena）①，它可以影响未来的行动方向（Dewey，1929；Strauss，1993）。

近期趋势对该方法论的影响

这一方法论并不会摒弃当代思想，而是对其持包容态度。然而，为了展示斯特劳斯的方法论，我们也不能忽略他所实践的方法论。尽管实用主义、互动论及其衍生的假定为这种方法论奠定了基础，但毫无疑问，当代思想对其也产生了一定的影响。本节将简要回顾一些较为当代的哲学趋势和观念，这些趋势和观念影响了我关于方法论的思考，也影响了我将在本书中如何呈现斯特劳斯的方法论。本节将讨论以下主题：

- 影响因素
- 写作与分析之间的鸿沟
- "现实"的本质
- 理论是被建构的
- 概念是知识的基础
- 知识的实际应用
- 自我反思的必要性

影响因素

随着《质性研究手册》（*SAGE Handbook of Qualitative Research*；Denzin & Lincoln，1994）的出版，质性研究者开始对质性研究的演变有了更为敏锐的认识。随着时间的推移，一些研究者干脆放弃了更为传统的质性研究方法。然而，也有一些人（包括我本人）试图在保留传统方法优点的同时，也认识到了需要用更新的方法或更现代的方式来发展传统质

---

①实用主义中有一个很重要的概念是performance，行动也是一种展演，因此"arena"在此被译为舞台。——译者注

性方法的必要性,这样可以使传统质性方法更符合当代的观念。就像大多数人一样,我根据我自身的认知和理解从各种思想中选择了传统和现代的部分内容,并舍弃了其他一些内容。

毫无疑问,当代女性主义者、建构主义者和后现代主义者的研究在一定程度上影响了我。我特别欣赏克拉克(Clarke,2005)和卡麦兹(Charmaz,2006)的研究,以及他们如何将后现代主义和后建构主义范式应用于扎根理论方法论。同时,我也接受了邓津(Denzin,1994,p.512)将解释主义(interpretative)方法更深刻地应用于后现代敏感性(postmodern sensibility)领域的挑战。在本节中,我想说明的是,我的分析取向如何受到质性研究最新发展的影响,但与此同时仍保留了斯特劳斯基本分析取向的大部分内容。我认为读者会注意到,基于实用主义和互动论的假定所提出的一些观点,与当代关于理论(一种知识形式)如何通过互动建构的思考之间是存在许多相似之处的。

写作与分析之间的鸿沟

读者应该牢记,这是一本关于分析的基础书籍,旨在帮助质性研究的初学者理解这个极其复杂的过程。我深知在进行分析时会有一些无法用言语表达或解释的事情发生。在进行"转译"时,总会有一些信息丢失。我同意邓津(Denzin,1998,p.338)的观点:"解释是一种难以被形式化(formalized)的艺术。"然而,如果我们没有将一些方法形式化,又如何将方法论通过文本教授给未来的学者,尤其是那些可能无法从其他质性研究者那里受益的人呢?我认为这本书所讨论的并不仅是关于特定的方法论,更多的是指导人们如何更自觉地、更系统地思考数据。

我想强调的是,技巧和流程是辅助分析的工具,而非指令。研究者不应该过于沉迷于遵循一套编码流程,以至于失去了质性分析的灵活性和动态性。就像任何思考过程一样,分析过程应该是开放的、灵活的,并通过与数据互动而获得的洞见来驱动。它不应该过于结构化,甚至是仅仅依赖于流程——我也许可以补充——或计算机程序。

"现实"的本质

我意识到并不存在坐等被发现的现实(Geertz,1973)。然而,我确实相信存在诸如满月、战争或飞机撞向建筑物等外部事件。正如施万特(Schwandt,1998,p.237)所说:"一个人可以合理地认为概念和观念是被创造(而非被发现)的,同时坚持这些发明与现实世界中的某些事物相对应。"然而,在我们的研究中,问题不在于事件本身,而在于随后的行动和互动中人们赋予事件的意义。每个人根据自己的个人经历、性别、时间和地点,以及文化、政治、宗教和职业背景等,赋予事件以意义。要理解到这一观点的有效性,一个人只需打开电视,听听一群人如何讨论一个特定事件,如总统的演讲。其中有很多不同的话语,有时所说的内容甚至会直接发生冲突,特别是涉及政治时,我们对所说内容的意义很少会完全达成共识。观众所看到和所听到的是同一话题上的多种观点,并不存在绝对的共识。如果再考虑到观众是基于其个人历史和经历来过滤和解读电视上的内容,我们就会得到一个非常复杂的场景(picture):即使在最佳的情况下,这一场景也永远无法被研究者完全理解或重新建构。

理论是被建构的

我赞同建构主义者的观点,即概念和理论是研究者根据研究参与者建构的故事所建构的,这些研究参与者试图向研究者和他们自己解释和理解他们的经历和生活。在这种多重建构中,研究者建构出一种被称为知识的东西。施万特(Schwandt,1998)说道:

> 在某种隐性意义上,如果我们相信思维在知识构建中起到了积极作用,那么我们都是建构主义者。我们大多数人都会同意,认知(knowing)不是被动的,我们不是简单地将感官数据投射在大脑中,而是需要思维进行积极的处理。我们的大脑会对这些印象进行处理,并且至少会形成抽象的概念。从这个意义上说,建构主义意味着人类不是在寻找或发现知识,而是在建构或创造知识。我们建构了概念、模型和图式来理解经验,并且不断地根据新的经验来验证和修改这些理论建构(constructions)。(p. 237)

尽管读者会对研究中的数据做出自己的解读,但这些解读正是事实上的理论建构或理论重构,并未否定研究发现的意义,也未否定我们可以从中获得的见解。我相信我们共享一种文化,通过话语可以获取共同的意义。我还想强调,斯特劳斯始终认为分析是一个互动的过程,是研究者与数据进行的对话。在他看来,概念是根据研究者对数据意义的解读赋予数据的名称。

概念是知识的基础

尽管我意识到知识在新经验的影响下会不断演变,但或许是出于我的护理专业的经历,我相信分析工作需要使用一定程度的概念性语言来讨论"发现"。没有概念性语言,就没有基于知识实践的讨论、争论、协商或发展的基础。我们认为从业者在行动时应该将规范知识体系和经验当作基础。知识可能无法反映世界,但它确实有助于我们理解世界。如果你是重症监护病房的病人,你是希望一个在街上走着的陌生人来照顾你,还是更想要一名根据完善理论原则工作的护士来照顾你(并且这位护士明白,任何理论知识都不应该被当作教条应用,而是应该根据具体情况来重新评估和调整)? 因此,我将继续相信概念的力量并推广其应用。

知识的实际应用

我在自己的研究所要实现的目标上非常务实。护理背景出身的我更希望发展出能够指导实践的知识。我在这方面借鉴了实用主义和互动论(Hughes,1971;Park,1967;Thomas,1966)的思想,并遵循符合女性主义研究的社会正义目标(Oleson,1998),最终希望能够实现社会变革,改善人们的生活。

自我反思的必要性

我同意女性主义者的观点,即我们自己的身份是无法从我们所做的研究和分析中剥离出来的。因此,我们必须反思的是,自己会如何影响研究过程,反过来,也要反思研究过程同时又会如何影响我们。汉伯格和约翰松(Hamberg & Johansson,1999)也解释了他们是如何进行自我反思的,我也会努力去实践:

> 为了进行这种反思性分析,我们重新阅读了编码过的访谈内容,特别是仔细审查那些充满张力、矛盾或冲突的编码部分,这些篇段在我们试图寻求合理的解释时经常成为讨论的焦点。此外,我们还阅读了备忘录,回忆在访谈和编码讨论期间、之后的即时反应和感受。(p. 458)

在第二部分所描述的有关越南的项目中,我认为我所写的备忘录已经非常清晰地记录了研究对我的影响。事实上,由于我在研究中经常会感到非常困扰,这使我产生了强烈的冲动,想要将我的经历和感受记录下来。我对那些我听到和读到的故事产生了共鸣,但同时我也关注自己作为调查员的角色,并意识到讲述参与者故事的重要性。我绝不会利用我的参与者,我会给他们阅读和参与写作和他们相关的章节内容的机会。我会告诉他们,这些访谈内容将被用于一本与方法论相关的书籍,通常他们也会表示同意。同时,我也非常重视伦理问题,因此我需要确保他们同意将自己的言论公开发表。他们的描述非常生动形象,相比于我这名从未经历过战争的女性,他们的讲述显然更加真实而深刻。

与实用主义和互动论相关的伦理问题

尽管实用主义和互动论哲学并未明确为研究提供具体的伦理准则,但基于这些哲学思想的方法论自然会引发我们对伦理问题的某些思考。例如,实用主义和互动论认为个体是有思想的、有目的的,具有互动性,且会采取行动来解决问题,这就强调了以有价值、有尊严、尊重和保密的方式对待研究参与者及其提供的数据的重要性。知识通过互动产生的这一观念引导我们必须关注参与者和研究者在研究过程中所扮演的角色,这也指出了基于人们赋予生活中的事件和问题的意义来进行改革的重要性。这样做更有可能使研究成果中的改革措施与其目标受众关联起来,并被受众接受。

要点总结

斯特劳斯深信理论的价值及其在知识发展中的重要性。他与格拉泽共同发展了扎根理论方法(Glaser & Strauss, 1967),并在进行分析时,形成了自己独特的思考和处理数据的方法。这也在意料之中,因为格拉泽和斯特劳斯在生活经验、研究经历、教育和哲学背景方面都有所不同。斯特劳斯的哲学背景植根于实用主义和互动论。尽管他在最初发展扎根理论方法时,并未明显受到这些思想的影响,但随着时间的推移,这些哲学观念越来越成为他思维方式的核心,构成了他的世界观,影响了他的分析方法,并最终被阐述为一套具有方法论意义的假定。

这些假定的方法论启示可以被总结如下:世界是复杂的,我们无法简单地解释事件发生的原因。相反,事件是多种因素结合起来,并以复杂且往往难以预测的方式相互作用而产生的结果。随之而来的行动和互动通常是不可预测且随时变化的,并且建立在对某些事件所赋予的意义的基础之上。由于人们的反应各不相同,因此,重要的是获得有关事件的多元视角,并在分析中关注变化。此外,为了理解人类的反应,必须将其置于个人和更大的社会、心理、政治、时间、经济和文化情境之中。尽管情境因素或条件并不能决定行动和互动，但它们解释了事件发生的原因，并提供了在某些情况下对促进或限制行动的因素的洞见。过程是指在适应条件变化时采取的针对行动和互动的适应性变化，因此它也是分析的组成部分。但过程并非独立存在，为了建立理论，必须将行动和互动中发生的适应性变化与条件以及赋予事件的意义联系起来。尽管行动和互动是斯特劳斯分析方法的核心，但他的方法也包含情感这一要素。情感会融入研究者赋予事件的意义之中，也是影响人们通过行动和互动对问题和事件做出反应的情境因素之一。

理论知识与时间和地点相关，也必须随着时间的推移而不断更新。然而，这一变化的观念并非意味着对理论解释的需求减弱或消失。相反，理论能够帮助人们收集信息、赋予意义，以及理解周围发生的事情。基于这些意义，个体或团体能够基于理论知识制订合理的行动计划，以应对各种挑战和实现预期目标。

在理论建构的过程中，研究者的哲学观念、经验、专业背景和兴趣等个人因素起着重要的作用。这些个人因素影响着研究主题的选择、分析方法的采用以及研究重点的权衡。因此，最终建构的理论虽然建立在数据的基础上，但也代表了参与者和研究者的个人理解。例如，另一位研究者可能会使用相同的数据，但由于其关注数据不同的侧重点，很可能会建构出不同的理论。然而，这并非意味着理论的有效性被否定。最重要的是，无论生成的理论如何，都要确保它"扎根"于数据，并且能提供另一种有关人类行为的洞见和理解。同时，随着时间的推移，知识累积变得越来越重要。专业人士和非专业人士都能拥有更多理论来解释周围发生的事情，以更好地塑造自己的生活。

小组思考、写作与讨论

1.思考你所学过的哲学知识。哪些给你留下了最深刻的印象，你从中得到了什么启示？

2.写一两段话描述一下，你认为自己的哲学思考或对世界的信念可能会怎样影响你对研究方法的选择与分析的取向？

3.在课堂上讨论实用主义在这三个方面的伦理启示：1)如何对待研究参与者；2)如何收集和处理数据；3)如何推进研究进程并报告研究发现。

推荐阅读

多元视角

Bryant，A.（2009）. Grounded theory and pragmatism：The curious case of Anselm Strauss. *Forum：Qualitative Social Research*，*10*（3），article 2. Retrieved from http://www.qualitative-research. net/ index.php/fqs/article/view/1358/2850

Chamberlain - Salaun，J.，Mills，J.，& Usher，K.（2013）. Linking symbolic interactionism and grounded theory methods in a research design. From Corbin and Strauss' Assumptions to Action. *SAGE Open*，*3*（3）. Retrieved from http://sgo.sagepub.com/content/3/3/2158244013505757.full

Denzin，N. K.，& Lincoln，Y. S.（2011）. *The SAGE handbook of qualitative inquiry*（4th ed.）. Thou sand Oaks，CA：Sage.

Plumber，M.，& Young，L. E.（2009）. Grounded theory and feminist inquiry：Revitalizing links to the past. *Western Journal of Nursing Research*，*32*（3），305-321.

Willis，J. W.（2007）. *Foundations of qualitative research：Interpretive and critical approaches*. Thousand Oaks，CA：Sage.

关于实用主义和符号互动论的更多信息

Reynolds，L. T.，& Herman-Kinney，N. H.（2003）. *Handbook of symbolic interactionism*. Lanham，MD：AltaMira Press.

德语使用者的参考文献

Mey，G.，& Mruck，J.（2007）. *Grounded theory reader*. Netherlands：VS Verlag.

Strübing，J.（2014）. *Grounded theory：Zur sozialtheoretischen und epistemologischen Fundierung eines pragmatistischen Forschungsstils*（Rev. and enlarged ed.）. Wiesbaden，Germany：VS Verlag für Sozialwissenschaften.

对于想要了解更多斯特劳斯观点的读者可参考的文献

Strauss，A. S.（1993）. *Continual permutations of action*. New York：Aldine de Gruyter.

第3章 研究起步阶段的现实考量

你热切地希望与别人交流，启发他人，使他人感到愉悦，同时渴望保留那些优雅、快乐或超然的瞬间，想要让真实或想象的事情变得生动起来。但你无法强求这一切会自然发生，因为其需要坚持、信念和勤奋。因此，你不妨立即行动起来。

（Lamott，1994，p. 7）

关键术语

研究主题　一般性议题或研究焦点

研究问题　研究要解决的具体疑问。研究问题确定了项目的研究范围，并指出了数据收集和分析中要使用的方法

技术性文献　研究报告及具有专业和学科写作特点的理论性或哲学性文章

非技术性文献　可以用来补充访谈和田野观察记录的原始资料，如传记、日记、回忆录、手稿、录音、报告等材料

本书的重点在于分析。然而，在开始分析之前，首先必须要有一个课题（topic）、一个主题（problem）和一些数据。本章将概述在开展研究之前需要考虑的一些实际问题。然而，这并不意味着本章的内容将包罗万象，因为本书作为一本重点讨论分析的书籍，并没有足够的篇幅来深入讨论所有内容。不过，我们会在本章末尾的"推荐阅读"部分列出许多其他专门讨论这些具体内容的书籍，以供读者进一步阅读。

学习要点

在阅读本章时，建议读者注意以下要点：

- 研究主题
- 研究问题
- 数据收集
- 数据收集前的重要注意事项

- 视角、偏见和假定
- 文献
- 理论框架

研究主题

开展质性研究最困难的一环是选择调查的研究主题(research problem)。在做质性研究时,选择恰当的课题尤其重要,因为这意味着研究者将为此投入大量的时间与精力。对此,研究者可以从以下来源寻找灵感和寻求建议:

- 导师的建议或指导
- 技术性文献和非技术性文献
- 个人经历或专业经验
- 试点项目

导师的建议或指导

确定研究主题的一种方法是向从事目标领域研究的教授寻求建议。通常,他们正在进行相关的研究项目,并欢迎硕博研究生参与其中。因为经验丰富的研究者已经知道需要在特定实质领域进行什么工作,因此,导师的建议或指导通常会增加研究者投身于可行且相关的研究主题的可能性。然而,通过这种方式选择的课题可能对学生来说并不是最有趣的,最终选择的课题应该要能激发研究者的好奇心。

导师建议或指导的替代性选择

导师建议或指导的一个替代性选择是关注专业或同行的评论,即对"某某主题"进行的探究,这也是有用和有趣的。相较之下,这通常是一个更易被人接受的主题来源,尤其是当研究者对该实质性领域有一定的偏好时。例如,一位热爱运动的女性可能会被导师的这句评论激发兴趣:"我注意到经常运动的女性似乎对自己的身体感到更自在。"这个宽泛而开放的陈述可引向各种各样的研究主题。女性的身体形象和运动意愿是如何形成的? 学校体育、健康信念、广告和媒体、学校和文化态度如何影响女性的身体形象和运动意愿？定期运动的女性是如何认识到自己身体的优势和局限的？女性最有可能参与的体育活动范围是怎样的？为什么是这些活动而不是其他的？身体经验如何被转化为女性生活的其他方面？

基金项目

导师建议或指导的另一个替代性选择：是否有可用于研究特定课题的资金。实际上，导师可能会引导学生选择有资金支持的研究方向。这是一个非常合理的建议，因为那些方向往往是存在特别需求的主题领域。

技术性文献和非技术性文献

阅读文献可以激发研究的灵感。有时，文献会揭示相对而言未被深入研究的领域，或指出需要进一步探讨的课题。或者，研究者可能会注意到已发表的研究中存在矛盾或模棱两可的地方。这些差异表明需要通过进一步的研究来帮助解决这些不确定性。另外，研究者在阅读某个主题的文章时可能会发现，即使该主题在过去已经被深入研究，仍需要使用新方法来解决旧问题。同样，在阅读文献时，研究者可能会遇到与自己经验不符的发现，研究此类主题可能有助于探究这种不一致。最后，阅读文献可能会激发对某个主题的好奇心。一旦潜在的研究者提出了"假设性"（what if）的问题，并发现没有答案，那就意味着找到了一个待研究的主题领域。

个人经历和专业经验

个人经历和专业经验在多个方面可能会有帮助。一个人可能经历了离婚，并想知道其他女性或男性的离婚体验。或者，有人可能在自己的职业或工作场合遇到一个没有确切答案的问题。专业经验经常会导致对某个专业领域及其实践的某些特征的评判，认为其低效、不人道或不公平。因此，人们相信一项优秀的研究可能有助于改善这种情况。一些专业人士出于改革的动机回到学校攻读更高的学位，他们选择研究主题往往也是基于这一动机。基于个人经历或专业经验选择研究主题可能看似比导师建议或阅读文献更有风险，但实际上可能并非如此。因为与其他更抽象的来源相比，对一项潜在的成功研究而言，研究者的潜在经验可能是更有价值的指标。

试点项目

研究者可能对一个广泛的领域感兴趣(如大型组织中的工作流程),但对该领域中要研究的具体内容却没有明确的想法。为了提炼研究主题,一种有效的方法就是进行几次试点性的访谈或观察,并询问在组织中工作的人们最为担忧或急需解决的问题。总之,任何研究项目都应该重点关注对该领域内的人来说重要的或困难的内容。

研究问题

所有的研究调查都需要用一个或多个问题来引导研究方向。然而,质性研究的问题往往比量化研究的问题更宽泛,且没有那么具体。本节将涵盖以下主题:

- 界定议题
- 构建研究问题
- 撰写研究计划
- 其他相关要点

界定议题

研究者提出研究问题(research question)的方式很重要,因为它在很大程度上决定了研究中使用的研究方法。研究问题的另一个重要作用是,它有助于确定研究内容的边界。这可以避免研究者被那些与研究无关且对研究无益的问题分散注意力,研究这些问题不仅会耗费时间,还无法对研究产生贡献。

这里存在一个两难困境:研究者是因为研究主题和问题而选择了质性方法,还是因为坚定不移的质性研究者在通过契合自己研究方法的方式构建研究问题?研究方法的选择是有意识的,还是如皮尔斯(Pierce, 1995)说的那样,是无意识的过程?这个问题很难回答,因为答案并不明确。尽管基本的前提是研究问题决定了方法,但我们认为人们往往对量化研究或质性研究持有一定的偏好。例如,即使在某一研究主题上既可以使用质性方法,也可以使用量化方法,坚定的质性研究者仍然会倾向于以一种能够使用质性方法来开展研究的方式来构建问题,因为这是他们最感兴趣的方法。我们不想过多强调这一点,只想强调有些研究主题会明确指出一种研究形式优于另一种,研究者始终应该忠于研究主题本身。当然,研究者也必须忠于自身和自己的研究偏好。例如,如果研究者想知道两种戒烟教育中的哪一种效果更好,那么量化研究可能是一个更好的选择。然而,如果研究者想知道,为什么人们知道吸烟有害健康却仍继续吸烟,那么质性研究可能是找到答案的更好方式。

构建研究问题

质性研究是什么样的?它们与量化研究的研究问题有何不同,为什么存在这些不同?质性研究在本质上通常更具探究性质,其目标是提出假设,而非检验假设。因此,有必要以一种能为研究者提供足够灵活性和自由度的方式来构建研究问题,以协助研究者在一定深度上探索这一研究课题。同样,使用质性方法所隐含的假定是,关于给定现象的所有概念尚未完全确定、发展不充分,或是人们对其理解不深,需要进一步探究以增进理解。尽管质性研究中的研究问题往往较为广泛,但它们还没有广泛到会产生无限的可能性。研究问题的作用之一是引导研究者关注数据,通过数据提出更进一步的问题,特别是探究那些对被研究的个体和团体而言重要的议题或问题。

在某种意义上,质性研究中的研究问题是一种陈述,涵盖了需要研究的一般课题或领域,并告诉读者这一特定课题有哪些方面值得关注。以下是一个研究者构建质性研究问题的示例:患有慢性疾病的孕妇如何安排她们的孕期?虽然这一问题在量化研究中可能被认为过于笼统和宽泛,但对于质性研究而言是一个非常合适的问题。这一问题告知读者,研究将调查那些患有慢性疾病并且怀孕的女性,通过女性的视角考察她们将如何处理与怀孕相关的问题——也就是说,女性对这些问题的认知以及她们处理这些问题的方式。研究的其中一个假设是参与者希望生下自己的孩子,并会采取她们认为必要的措施来确保孩子的健康。然而,尽管有这些假设,在任何扎根理论研究中,研究者都应该保持开放的心态,并对与假设相悖的情形持开放态度。

撰写研究计划

撰写质性研究项目的研究计划需要遵循与量化研究相同的格式体例,只是每个部分的具体内容要与质性研究的过程结合起来。其中研究计划的主要内容包括:研究主题、对潜在研究意义的描述、对研究问题的界定、简要文献综述、研究方法论概述、数据收集过程、分析方法,以及可能的时间安排。在本章末尾,我们也推荐了一些关于撰写研究计划的阅读材料。

其他相关要点

关于扎根理论的研究问题,还有一些其他要点需要说明。扎根研究不仅限于关注个体,还可以关注家庭、组织、产业和其他形形色色的领域。以下是从文献中摘取的有关互动和组织研究的问题示例。在舒瓦尔和米兹拉希(Shuval & Mizrahi, 2004)关于组织结构的边界、配置的动态性和渗透性的本质的研究中,他们提出了以下问题:

> 组织边界和认知边界是如何关联的? 为什么生物医学的实践者会允许竞争者的进入? 替代疗法的实践者如何"适应"诊所和医院结构的社会和地理空间? 在实践环境中,是否存在可见的接受或拒绝的机制或仪式?
> (p. 680)

在罗森塔尔和弗尔特(Rosenthal & Völter, 1998)对三代家庭进行的传记研究中,他们提出了以下问题:

> 经历过纳粹时期并拥有集体记忆的三代之家在今天是怎样生活的? 第一代人的经历以及他们处理这些经历的方式对他们后代的生活,以及后代对家族历史的接受方式产生了哪些影响?(p. 297)

数据收集

没有数据就没有研究。本节将涵盖以下与数据收集相关的主题:

- 研究日志
- 数据来源
- 访谈
- 观察

研究日志

自研究项目开始,研究者便着手撰写研究日志或日记,以记录在研究过程中发生的所有当前的和未来的活动,这是非常有必要的。这包括与参与者的预约信息、讨论的总结、研究计划的撰写、研究遇到的问题、具体日期、关于伦理审查委员会(institutional review boards,IRBs)的重要信息,以及在研究过程中做出的决定、为什么要做这些决定。这与第6章讨论的备忘录是不同的。研究日志的价值在于,它能使研究者更加了解自己的偏见和假定,意识到自己做出某些决定的原因,并对自己的行为有所洞察。做研究的一个有趣的点在于,我们会发现自己受到了研究过程的多大影响,我们又在多大程度上影响了结果。通过访谈并听取研究对象的故事,我们的倾听技巧和对研究对象的敏感度也随之得到提升。撰写研究日记或日志使研究者能够看到研究过程的演变,并注意到随着研究的进展可能出现的自我变化。

在每一阶段的数据收集完成之后,研究者都应该在日记或日志中写下一些文字,否则可能会遗忘重要的信息。研究者应该记下可能发生的任何问题,以及处理这些问题的过程。研究日记或日志还应包括研究者在数据收集期间的反应以及参与者的反应,特别是在讨论敏感话题时。关于日志的更多内容将在后文的"视角、偏见和假定"小节进行讨论。

数据来源

一般而言,扎根理论研究和质性研究的一个显著优势是数据来源的多样化。这些来源包括但不限于访谈、观察、视频、文件、绘画、日记、小组会议、回忆录、报纸、历史文档和传记。在任何研究中,根据所需调查的主题,研究者可以单独使用其中一种或多种来源,甚或结合多种来源收集数据。此外,研究者还可以将访谈与观察相结合,将观察的记录或录像结合到访谈中。由于本书的重点在于分析,我们不会详细介绍各种数据收集方法,但是我们的讨论会聚焦于一些要点。例如,我们将重点介绍访谈和观察,因为它们是在扎根理论和其他形式的质性研究中最常用的数据收集方式。从第12章开始,我们还将展示回忆录如何成为数据来源。

尽管许多因素会影响分析的最终效果,但其中最重要的因素是所分析材料的质量。有些人可能认为,他们无需培训或毫无准备就可以进入实地进行访谈或观察。然而,这些人通常会失望,因为他们所能收集到的数据很有限。实际上,访谈和观察是需要培训和实践才能掌握的技能。

访　谈

访谈有三种基本类型:无结构访谈、半结构化访谈和结构化访谈。尽管在质性研究中都可以使用这些访谈类型,但有些访谈类型更适用于扎根理论研究。

无结构访谈

我们的经验表明,无结构访谈——未按照预先制订的访谈提纲进行的访谈(Corbin & Morse, 2003)——为理论建构提供了最丰富的数据源。这一访谈形式使得参与者可以更自由地谈论与他们相关的议题和问题,还使参与者在访谈过程中拥有更多的控制权。他们能够自行决定访谈的主题、节奏、顺序和深度。此外,无结构访谈使研究者能够在与相同或不同参与者进行的后续访谈中,探究与不断发展的理论相关的且需要进一步阐述的概念。

进行无结构化访谈并不容易。研究者需要练习在倾听时如何保持开放的思维与开放的流程,不能让研究者的紧张或尴尬情绪阻碍参与者的自由表达。有一些方法可以帮助研究者持续进行无结构访谈,例如,研究者可以提出以下问题:

> 请告诉我你关于癌症的经历,我想听你自己讲出来的故事。在你讲完你的故事之后,如果我还有其他问题或不清楚的地方,我会向你补充提问。现在请畅所欲言。

尽管访谈形式是无结构的,但这并不意味着研究者对访谈的过程没有影响。研究者设定了需要调查的主要主题,受访者也并不会忽视研究者的各种非语言和语言反应,实际上,受访者还可能会根据研究者的反应来调整他们的言行。因此,研究者必须意识到他们对访谈环节的各种潜在影响。如果叙事偏离到一个完全无关的主题,研究者可以把参与者带回主题。然而,研究者也必须仔细评估受访者为何会转换主题。有时候,研究者最初认为与主题无关的内容可能在进一步分析后被证明与讨论有关。例如,我曾访谈过在家治愈慢性疾病的夫妇,我发现当我第一次去他们家时,受访者往往希望向我展示他们的全家福或谈论他们的工作与爱好。起初,我并不明白其中的缘由。但是在进一步检视数据后,我才恍然大悟:很明显,参与者试图告诉我,他们不仅仅是病人。有时,受访者这样做是因为他们在访谈过程中觉得继续讨论某一主题太痛苦或太尴尬,需要暂停一下以恢复情绪。这也是研究者需要特别关注的地方。一位体贴和关心受访者的研究者会允许参与者调整访谈进程,并留给他们充分的时间。等他们恢复后,研究者才会在后续访谈中折返到该主题,或者提出与之相关的其他问题。

为了强调上述观点,我们将借鉴米什勒(Mishler,1986)的观点。米什勒将访谈视为研究者与受访者之间的话语形式,并提出:"提问和回答是一种基于并依赖于文化上共享的、常常是心照不宣的假定的言语方式,这些假定是关于表达并理解信念、经验、情感和意图的方式。"(Mishler,1986,p. 7) 接着,他还解释了访谈如何通过被提出的问题、停顿、面部表情以及双方之间发生的其他语言和非语言交流,在结构和意义方面被形塑。

半结构化访谈

一些研究者更喜欢半结构化访谈,因为这一访谈形式可以使研究者在每次访谈中对某些概念保持一定的一致性。在半结构化访谈中,研究者可以根据文献或实际来选择一些话题。然而,这些话题的呈现时机和方式并没有被结构化。一般情况下,许多研究者更喜欢在访谈前准备一份访谈提纲,尤其是当受访者不太健谈时更是如此。

在半结构化访谈中,每次访谈都会涵盖同样的主题。当访谈提纲上的问题都被讨论过之后,受访者可以自由地补充他们认为与讨论相关的任何其他内容。此外,研究者可以提出额外的问题来澄清某些观点或深入探讨某个话题。然而,这种访谈形式也使得研究者更难确定访谈是否覆盖了与受访者相关的问题和困惑,以及是否要对从先前访谈分析中得出的概念进行后续跟进。有时,受访者可能想要补充一些重要的内容,但因为研究者并没有询问相关话题,他们会认为研究者对该话题不感兴趣。

结构化访谈

结构化访谈是一种严格按照访谈提纲进行访谈的形式,在这种访谈方式下,每位受访者都会被问及相同的问题。结构化访谈保证了访谈的一致性,但在进行扎根理论研究时,这可能是数据收集效果最差的一种方法。首先,基于对以往访谈资料的分析可知,在数据收集过程中,结构化访谈往往难以进行调整。然而,这种灵活性对理论建构却是十分必要的。其次,结构化访谈在很大程度上剥夺了受访者对访谈过程的控制,这是因为访谈中的话题只是研究者认为重要的话题,而不是受访者认为重要的问题。这与扎根理论研究的本质相悖,因为扎根理论的基础是将理论根植于参与者的问题和困惑。我们的经验显示,参与者往往只回应被提出的问题。他们可能会因为害羞或者不想提及其他话题而选择保持沉默。

访谈中面临的问题

对于初学者来说,如何打破沉默是访谈中最困难的问题之一。初学者通常倾向于直接插入问题或评论,但这要么改变了访谈的方向,要么打断了受访者的思考过程。对此,两位德国传记研究者,里曼(Riemann,2003)和许策(Schütze,1992a,1992b)发展了一种将沉默纳入考量的访谈和分析方式。他们将访谈中的沉默视为访谈的重要组成部分,并对其进行分析以寻找可能的意义。

质性研究者经常会遇到一些受访者,他们虽然同意接受访谈,但在访谈开始后却几乎不怎么发言。这通常是因为这些潜在受访者感到不太自在,需要稍微引导才能让他们开始表达自己的想法。我们几乎都遇到过这种情况,因此,提前准备一两个备用问题会很有帮助。例如,问一些问题或谈论一些访谈者和受访者都感兴趣的事情,通常可以使受访者放松下来。这可以给受访者提供一个方向,也有助于建立信任,使害羞的受访者变得更有自信,愿意交流。还有些人可能是因为没有深入思考过相关问题,所以他们需要用几分钟的时间来思考,然后再开始接受访谈或进行进一步讨论。需要强调的一点是,有一些话题可能会刺激受访者的情绪,他们此时也需要短暂的休息时间来平复情绪。一位熟练的访谈者通常会让受访者来引导访谈的进程,允许他们以自己的节奏传递信息,同时也接受中途出现的沉默的停顿。随着信任的建立,参与者意识到访谈者在场的目的是倾听而非评判他们的发言,那么他们所提供的信息很可能会更加个人化。

尽管大多数人不介意被录音,但受访者通常在录音设备关闭时才会提供一些更有趣的信息。这可能有很多原因。其中一个原因是,在访谈过程中,受访者有机会深入讨论他们之前很少谈论的问题,使得他们可以更深入地了解自己的行为。一旦受访者有时间思考后,他们会想要再分享一些新的见解。当然,另一个原因(也可能是更合理的解释)是,有些人觉得在录音设备开启时透露他们认为是"敏感的信息"会感到尴尬或不舒服。受访者知道访谈者会使用这些材料,尽管访谈者已保证录音在转录后将被销毁,但他们对通过识别声音泄露个人信息的可能性仍然感到担忧。因此,访谈者最好在访谈时带上纸和笔,以防录音设备出故障或受访者更乐于在录音设备关闭的情况下进行访谈。在通常情况下,研究者会征求受访者是否可以做笔记,而他们一般都会同意。但如果当时无法做笔记,访谈者也应该尽快在离开访谈地点后记录下访谈内容。

观　察

田野调查通常比访谈更加困难、更耗费时间,这也解释了为什么访谈是质性研究者最常用的方法之一。虽然有些研究者认为田野调查是人类学家特有的研究方式——其通常需要研究者在异国他乡进行工作,但无论离家远近,观察的确是一种行之有效的数据收集方式。尽管观察通常比访谈更耗时,但它为质性研究者提供了许多帮助,应被视为数据收集的替代或附加形式。

进行观察的原因

观察之所以如此重要,是因为人们经常会出现言行不一致的情况。要揭示这种不一致,唯一的方式就是观察。安塞姆·斯特劳斯讲过一个关于他和他的合作者在精神病院研究期间收集数据的趣事。作为访谈的一部分,他们询问了精神科医生的治疗理念。随后,他们对病人的护理情况进行了观察。他们发现,精神科医生所阐述的治疗理念与他们实际的治疗计划之间往往存在差异。面对这一疑问,医生的回答是:"你问的是我们的治疗理念是什么,而不是我们如何治疗病人;我们会根据疗法对该患者是否有效来进行具体治疗。"(Strauss,Schatzman,Bucher,Ehrlich,& Sabshin,1964)

进行观察的另一个原因是,人们并非总能意识到或清晰地表述自己与他人互动过程的微妙之处。观察将研究者置于行动的中心,这使得他们既能看到也能听到正在发生的事情。巴顿(Patton,2002,p. 302)指出:"创造性的田野调查意味着研究者需要让自己通过各种方式去体验和理解正在发生的事情;创造性的洞见往往是因直接参与研究场景而涌现的。"

观察时需要注意的问题

观察虽然有其独特的优势,但也有潜在的缺点。研究者可能会对所见的"行动-互动"①赋予某种意义,但是,除非是与参与者核实了这一意义,否则研究者的解读就可能不正确。这就是为什么需要将观察与访谈结合,或对与参与者核实某种主观解读的可

---

①"行动-互动"(action-interaction)是本书频繁提及的短语。这一术语主要适用于社会科学研究和质性研究方法领域,被用于描述人们如何做出决策并与其他人互动。它通常是研究社会行为和社会过程的核心概念。当人们谈论"行动-互动"时,通常指的是这两个概念是如何交织在一起的,即个人的行为如何受到与其他人的互动的影响,反之亦然。在许多社会现象中,单独的行动和相互之间的互动都是非常重要的,它们共同决定了个人和群体的行为和决策。在质性研究中,分析"行动-互动"可以帮助研究者更深入地了解社会过程和行为的动态。——译者注

能性持开放态度,这些内容对研究而言都是非常有益的。巴顿(Patton,2002)因此指出:

> 非语言行为很容易被误解,尤其是在跨文化情境下。因此,在任何可能和适当的时候,观察到那些看起来有重要意义的行为后,都应该尽力跟进参与者,并直接从他们那里找出行为的真正含义。(p. 291)

此外,在任何社交场景中都会发生很多事情,研究者在进行观察时会感到难以下手。许多质性研究者会使用观察指南,但在扎根理论研究中,这会使得观察过于结构化,难以促成新的发现,因此我们并不建议完全参照观察指南。换言之,了解如何推进扎根理论研究是很重要的。研究者在开始观察时可以扮演旁观者的角色,让眼前的场景自然展开。如果难以捕捉到每一个细节,观察者可以通过粗略地记下一些一般性注释来描述所观察的区域,如正在进行的日常活动、在场的人员、活动的节奏和时间,以及正在发生的互动等。同时,研究者要特别注意一些看似很有趣的事件,并对此进行更仔细的观察。如果发生了这种看似有意义的事件,研究者应该关注并详细记录正在发生的情况,包括谁说了什么、做了什么,以及这些言行带来了什么结果。然后,研究者还应该向参与者询问相关问题,甚至提出一两个概念来描述当时发生的情况。这些概念后续可以被用于对相同或另一场景的观察。

从我们的角度来看,进行访谈或观察时要时刻牢记:研究过程由概念驱动。那么这些概念从何而来?对此,我们想以自己的一项关于医院护士长的角色和作用的观察研究来举例说明(研究未发表)。在田野调查的一开始,我便与一位护士长进行了会面。当时,这位护士长正在为她一天的工作做准备,我之后跟随了她一整天,并详细记录了护士长的日常活动。此外,我还特别观察了她遇到的非常规事件或突发情况,并详细记录了她具体的行为和互动。那天晚些时候,我向护士长阐述了我所观察到的情况,并请她解释这些事件,以便对其进行详尽阐述,或纠正我可能存在的误解。第二天,我与斯特劳斯见面后就分析了前一天的田野笔记。通过这次分析,我们提出了一些概念和问题,为进行下一次观察提供了一些关注点。此外,我对那些可能提炼出新概念的不同事件或情况保持着高度的理论敏感。

数据收集前的重要注意事项

本节将讨论以下内容：

- 委员会和伦理审查委员会
- 访谈提纲和观察指南
- 知情同意
- 保密性和匿名性
- 研究者的责任

委员会和伦理审查委员会

在向学位论文研究委员会或内部研究委员会提交研究计划进行审查之前，研究者不得开始数据收集工作。一旦研究计划获得批准，研究者还需要将研究计划提交给伦理审查委员会进行审查。伦理审查委员会通常会提供一个标准表格，其描述了研究计划和知情同意书中应包含的内容，并要求提供访谈提纲和观察指南的副本以及知情同意书的副本。例如，当我在攻读博士学位期间对患有慢性疾病的孕妇进行研究时，我必须先向我的博士委员会提交研究计划。一旦该计划被批准，我就可以继续推进。根据我隶属的两所大学（我分别在这两所大学学习和工作）的研究计划要求，我填写好所需的信息，并将材料提交给委员会。该研究计划应包括：标题、研究问题、研究设计和方法、目标人群、关于数据收集的描述、拟纳入研究的参与者的数量和类型、关于参与者无偿参与的说明、数据处理方式、关于参与者权利保护的说明、研究者的资质和监督情况、拟进行数据收集的地点、访谈提纲和知情同意书的副本、处理可能在数据收集过程中出现的问题的方式、对参与者潜在风险的描述、电话号码，以及必要时对参与者的护理与转诊。根据审查意见完成必要的修改，并获得许可后，我就可以前往拟进行数据收集的地点，并将我的研究计划提交给伦理审查委员会进行审查。由于我希望从两个不同的医疗机构获取数据，因此必须向这两个机构相对应的伦理审查委员会提交研究计划。伦理审查委员通常每月会开一次会。获得许可后，我就前往获得数据收集许可的医疗机构，告知负责人和其他相关员工该研究已通过伦理审查。此外，我还想与他们合作，从而与参与者建立联系。因此，工作人员通常会先联系潜在的参与者，简要解释我的研究，并询问他们是否有兴趣与我交谈。那些愿意倾听我研究概况的人会得到更为详尽的解释说明,包括参与度和时间投入、研究的持续时间以及我在研究中的角色等。参与者还会被告知,他们的参与是无偿的。然后他们可以选择是否参与这项研究,愿意参与研究的人会得到一份知情同意书的副本。我们当着见证人的面签署知情同意书后,会将一份包含相关电话号码的副本交给参与者。最后,参与者还会被告知其有权随时退出研究,这不会对他/她的护理情况造成危害或使他/她受到任何处罚。此后,我才能开始收集数据。

访谈提纲与观察指南

即使是进行扎根理论研究,大多数委员会和伦理审查委员会也要求使用访谈提纲或观察指南,但这并不构成问题。大多数研究者对他们想要研究的领域的相关文献已经足够熟悉,或者在该领域有丰富的经验,完全可以撰写访谈提纲或观察指南。这些指南可以被用作访谈或观察的引导,但不应被用来约束扎根理论研究中的访谈或观察。在提交给伦理审查委员会的研究计划中,要说明参与者可以自由提出对他们来说重要的、可能没有被包括在访谈提纲或观察指南中的主题。如果这些主题涉及敏感内容,研究者需提醒参与者,这些数据可能会被用于出版或发表,并给予他们转换话题的机会。无论如何,研究者都需确保参与者的匿名性。如果参与者要求研究者关闭录音设备,研究者也应该照办。此外,如果参与者改变主意,不希望研究者使用这些材料(即使是在访谈结束一段时间后才提出这个要求),研究者也有义务删除这些材料。

知情同意

研究者永远无法确定人们同意成为研究参与者的原因,他们所能做的就是询问潜在的参与者是否愿意参与研究,然后对他们的非语言和语言反应保持敏感。如果在阅读知情同意书和听完研究介绍后,潜在的参与者有所犹豫,这可能表明参与者并不确定是否想要参与,当然,也可能是潜在参与者想要进一步听取研究说明或想要确保研究的保密性。然而,如果在提供额外信息后,潜在参与者仍然显得犹豫不决,那么就应该允许他/她退出,并向他/她保证,不参与这项研究不会对其产生任何不利影响。

一旦个体或团体同意参与研究后,应该要求他们签署两份知情同意书,研究者和参与者各保留一份。同时,参与者应该得到保证,尽管他们已经在书面上同意参与研究,但他们有权在研究过程中的任何时段退出,这不会对他们的工作、医疗和其他任何情况造成影响。在研究过程中,特别是在访谈或观察过程中出现意外事件或遭遇尴尬情形时,可能需要重新告知参与者该研究的性质以及他们有权再次同意参与或拒绝继续参与。同样,如果研究者察觉到发生了令人不舒服或恐惧的事情,研究者也应该根据自己的判断决定是否继续进行访谈或观察。总之,研究者要始终保持良好的判断力,并相信自己的直觉。最后,研究者应该向参与者说明三点:他们的言行都将被进行保密处理;所有的身份信息将从转录和田野笔记中被删除;如果有录音,一旦完成转录,录音也将被删除。

保密性和匿名性

确保参与者的匿名性和保密性是进行研究的重要一环。为了保护参与者的匿名性和保密性,可以采用许多不同的方法,这些方法在有关数据收集和研究伦理的文献中都有详细讨论(参考本章末尾的"推荐阅读")。大多数机构都设有伦理审查委员会和相关委员会,以确保有相应的保护机制来保障参与者的保密性和匿名性。

研究者的责任

研究者将按照提交给学校和伦理审查委员会的研究计划来采取具体的研究步骤。研究者有责任严格遵循研究方案中规定的流程。

此外,在整个研究过程中,研究者有责任尊重参与者的意愿。一个安全的做法是,己所不欲,勿施于人,即,如果研究者自己都不喜欢被这样对待,那么参与者也可能如此。此外,人们有权表达自己的想法和感受。有时,研究者会因为对某些行为持有个人偏见、担心暴露参与者的身份,或害怕情形过于尴尬,而在收集访谈或观察的资料时感到不舒服甚至难堪。然而,通常参与者同意参加研究,是因为他们希望可以讲述自己的故事,即使他们所要讲述的是非常私人的事情。但是,如果参与者要求删除他们在访谈或观察中的言行记录,研究者也有义务这样做。

尽管保密性至关重要,但是如果在观察或访谈过程中,研究者看到或听到一些可能对参与者或他人造成伤害的情况(如虐待),他们也有责任向相关部门报告。唯一的例外情况是研究那些本身就从事非法行为的人,如吸毒或卖淫的人。然而,即使如此,如果某人有生命危险,研究者仍有责任通知相关部门。此外,确保参与者的保密性不仅在数据收集中非常重要,而且在撰写研究结果时也同样重要。洛弗兰德、斯诺、安德森和洛弗兰德(Lofland,Snow,Anderson & Lofland,2006)对此曾说:

对于研究对象,田野研究者所承担的重要义务之一是通过"保密性承诺"来确保匿名性,即承诺在研究报告中不使用真实的人名、地名等,而是用化名替代。(p.51)

当然也有例外,一些参与者要求使用他们的名字。对此,经书面同意后,研究者应尊重参与者的意愿。然而,斯特劳斯和我通常都会给参与者分配编号或化名,并对具体情境进行模糊处理,以防止他们被其他人辨认出来。

最后,我们还有一点想要补充,即研究者绝对不能在未经授权或同意的情况下从研究的机构那里拿走相关资料。有些文件含有机密信息,如果这些信息被公之于众,可能会对相关人员或机构造成损害。有时候,由于潜在的竞争关系,某些信息是专有的,因此并不适合分享。

视角、偏见和假定

每名研究者在进行研究的过程中都可能带有自己的视角、偏见和假定。这些内容影响着研究的各方各面,从研究课题的选择到研究所面向的受众。这是一个无可争议的事实。然而,问题在于:这些内容是否总是有害的? 对此我们能做些什么?

本小节将探讨以下内容:

- 研究者的偏见和假定
- 控制视角、偏见和假定的策略
- 不同的意见

研究者的偏见和假定

在第2章中,我们阐述了斯特劳斯的实用主义和互动论背景如何塑造了他的世界观、假定和分析取向,这些内容又一起构成了他的方法论。研究者可以根据这些知识来判断自己是否接受扎根理论的方法。此外,除了方法本身内置的世界观、偏见和假定外,每名研究者都会将自己的个人特征带入研究过程。不过,在某些情况下,这并不一定是坏事,特别是在选择研究主题、确定研究问题以及选择研究的受众等方面。例如,如果一名研究者从事教育领域的工作,他/她当然会想要研究与自己学科相关的问题,因为这是他们希望为之做出贡献的领域。同样的道理也适用于社会学家、心理学家、护士和医生,以及在通信、工程等领域工作的人。

　　视角、偏见和假定对分析产生的影响可能是最大的,这种影响体现在赋予数据的意义、用于代表该意义的概念、提出的问题以及所进行的比较分析上。例如,我作为一名护士,自然也会从护理学的视角进行分析。这样做的好处是它可以使研究结果与特定学科进行理论对话。但是,这样做也有其弊端,例如,在我对患有慢性疾病的孕妇进行研究时,我的分析表明,场景中的大部分行动-互动都围绕着风险这一概念展开,而这些风险在孕期中会从高到低不断变化,有时甚至在一天之内就会发生变化。所以我一开始将我的数据组织成各种模式,试图将女性的行动和互动与风险水平相匹配。然而,我后面发现她们的行动和互动并不总是与风险水平相匹配。为此,我又回到原点,重新开始研究数据。最后,我终于意识到,我是按照医学来定义风险,并将其与女性的行动相匹配,而不是按照女性对风险水平的感知来匹配,有时这种对风险的感知与医学定义的风险存在差异。因此,我开始重新审视女性对风险水平的定义,发现她们的行动-互动是与风险水平相匹配的。由此可见,虽然我假定女性对风险的定义与医疗团队相同,但显然,我的新发现证伪了这一假定。

控制视角、偏见和假设的策略

撰写研究日志

　　在进行研究时,研究者首先需要保持警觉。虽然研究者永远无法完全了解他们的偏见程度,但他们可以通过撰写研究日志等方式,努力了解自己的每一面,并思考这些方面可能会如何影响他们的研究项目。在日志中,研究者可以从项目开始就记录自己为什么决定研究这个主题,为什么提出了这些而不是其他的研究问题。在收集数据期间,研究者可以记录自己对所听到或观察到的事情的反应,以及自己在访谈过程中与参与者之间可能的相互影响。换言之,研究者可以记录自己的语言和非语言反应如何影响参与者的言行,以及参与者的言行又如何使自己感到愤怒、悲伤、快乐或不舒服。这些日志记录可以帮助研究者更好地理解和分析数据。同样,在分析时,研究者在备忘录中不仅要记录分析结果,更重要的是要记录他们对数据的思考,检查他们赋予数据的意义、使用的概念和提出的问题类型。此外,研究者还应该在日志中记录自己的感受,如应接不暇、精疲力竭或在多重责任之间纠结等,这些都可能会影响研究者对数据的解读。最后,在进行研究写作时,日志中记录的所有内容都可能会有所帮助。研究者可以检查自己的偏见、假定在研究过程中的体现,并在撰写研究成果时,特别是在讨论局限性时,记录下这些内容。例如,研究者可以撰写文章或书籍章节来详细描述自己的经历,承认自己的偏见,并解释自己采取了哪些措施来减少其对研究的干扰。

运用特定的方法

扎根理论方法论本身具有制约与平衡的机制,虽然这些机制并不能消除偏见和假定的影响,但可以在一定程度上对其进行控制。其中,第一个特定的方法是在整个研究过程中进行持续比较,通过对数据进行比较,不仅可以寻找二者的异同,还可以确保一致性,即研究者检查他们如何赋予数据以意义和对其进行概念化。然后研究者就可以向数据提问。在开放编码阶段,研究者提出的关于数据潜在意义的问题越多,在赋予具体意义和检查新数据时就有更多的分析选项可供思考。当然,还有其他的分析策略(参见第5章),如使用隐喻、颠倒数据位置或提出"如果……会怎么样"的假设性问题等。这些都可以帮助研究者以全新且不同的方式思考数据的意义和用途。最后,发出警示(waving the red flag)则是另一种提醒研究者注意假定可能会对研究造成干扰的方式。

总之,在进行扎根理论或其他质性研究时,视角、偏见和假定的干扰可能无法完全被消除。然而,通过撰写研究日志、培养自我意识和系统地应用研究策略,可以在一定程度上控制这些干扰,为研究者提供各种分析选项,并将这些选项与数据进行匹配,以寻找可能的意义。审视研究者对研究过程的影响是很重要的,正如切斯尼(Chesney, 2001)所说:

> 我支持进行针对自我的自传式分析,这并非说要将其与通过民族志收集的女性言语相比较,而是将其作为研究发现的"培养皿",以及作为研究过程透明度的重要组成部分。真诚且公开的反思可以帮助我的研究做到完善,培养我的洞察力和自我意识,并在一定程度上增强我的自信心。(p. 131)

不同的意见

研究者所认为的保持自我意识的重要性,以及实施控制偏见和假定的策略的程度,往往会因人而异。每位研究者都必须考虑需投入多少时间和精力来撰写日志,以记录当时的感受和具体的思考。然而,就人们是否具有洞察自我的能力,还存在一些争议。卡特克利夫(Cutcliffe,2003)提出了一个有趣的观点:既然许多事情都发生在意识的深层次之中,那我们如何才能完全解释置于研究中的自我? 尽管如此,芬利(Finlay,2002)仍强调,反思依然是一种"有价值的工具",可被用于:

- 审视研究者的立场、视角以及在场对研究产生的可能影响;
- 通过检视个人回应和人际动力学来丰富洞见;
- 通过激发某种更为激进的意识来赋权他人;
- 评估研究过程、方法和结果;
- 提供有关研究决策的方法论记录,以使公众能够检查研究的完整性。(p.532)

在进行本书第12章至第16章中提到的关于越南战争退伍军人的研究项目时,我发现自我反思是一个自然且必要的过程。通过自我反思,我能够更加顺畅地进行研究,并观察到自己是如何有偏向性地进行数据收集和分析。我注意到,当我回顾并思考我在备忘录中写的内容时,有些更多地反映了我对数据的某种情感反应,而不是将受访者的内容进行概念化。于是,我重写了这些备忘录,但我确实可以看到自我是如何进入数据收集和分析过程的。尽管研究者的影响并不都是负面的,但是要对这些影响有所觉察。对此,可以参考威克(Wicker,1985)有关"走出我们的概念陷阱"(Getting Out of Our Conceptual Ruts)的精彩讨论。

文 献

研究者会带着丰富的专业、学科知识(literature)背景参与到研究之中,这种背景可能是为了准备考试或者仅仅是为了"跟上"该领域的前沿发展而获得的。在研究过程中,分析者常常会发现与研究领域相关的传记、回忆录、手稿、报告或其他材料,但由此引发了一个问题:如何利用这些文献来提升分析的质量,而不让分析被文献所约束? 首先,研究者不必事先回顾该研究领域的所有文献。在开始扎根理论研究之前,不可能预知可以从数据中发展出哪些概念,以及这些概念对研究来说有何意义。此外,研究者也不想过度沉浸在文献中,使自己的思维受到严重束缚。当一名学生偶然看到一篇与自己想研究的主题相同而且看似已经被研究得很彻底的文章时,备感沮丧并不稀奇。因为这会让学生怀疑,通过进一步的研究不能得出什么新知识。然而,这样的担心是多余的,每个研究都有所不同,研究者总会发现新的东西。贝克尔(Becker,1986,p.149)对此则抛出了一个很好的观点:"去利用文献,而不是让文献利用你。"

总体来看,与扎根理论相关的文献有两种:

- 技术性文献
- 非技术性文献

技术性文献

在本书中,技术性文献是指研究报告、理论性或哲学性论文,以及其他具有专业和学科写作特征的信息。尽管以下列表绝非详尽无遗,但也确实描述了应如何使用技术性文献:

- 进行比较
- 提高敏感性
- 提供描述性材料
- 为初步观察和访谈提供问题
- 激发分析性问题
- 验证研究发现

进行比较

文献中的概念是一种重要的资源,可被用于数据内部和数据之间的比较——只要这种比较是在概念类属内、基于属性(property)和维度层级(dimensional level)进行的,而不是将概念作为数据本身来处理。如果从数据中提炼的概念与文献中提及的概念相似或相反,研究者就可以重点比较这两个概念的异同。例如,假设一名研究者正在研究一个人因工作事故丧失配偶后的应对(coping)方式。在这项研究中,"丧偶的突然性"这一概念便是一个值得讨论的议题。研究者可能会查看文献,寻找在其他条件下如何应对的例子,比如如何应对那些具有可预期性属性的丧亲事件(如久病之后)。然后,研究者就可以比较人们应对两种丧亲情况——突发性和可预期性——的异同。这种比较可以帮助研究者对数据中可能被忽视的内容变得敏感。

提高敏感性

熟悉相关文献可以提高对数据中细微差别的敏感性。虽然研究者不希望带着一大堆概念进入田野,但某些概念频繁地出现在文献和数据中,则表明了它们的重要性。在这种情况下,研究者就需要问自己一个重要的问题:"这些概念真的是从数据中得出的吗？还是因为我对这些概念太熟悉而将其强加给了数据？"例如,对护理学和心理学等领域的学生来说,将所有事物都标记为"应对"是很常见的,因为这个概念与他们的专业更为相关。但在某个特定的研究中,"应对"可能并非描述现状的最佳术语。分析者必须学会跳出固定思维,避免过度使用诸如"应对"等专业概念。反之,如果一个概念的确相关,那么也要进一步追问,研究过程中提炼的概念与文献中的概念有何异同。

提供描述性材料

在某些情况下,已出版的描述性材料对研究者来说非常有用。带有少量或不带解释的描述性写作常常能为某个概念提供实例。阅读这样的文献就像学习为了其他目的收集的田野笔记一样。这些基本未经解释的发现可以刺激思考,使分析者对自己的数据更加敏感。它还可以激励研究者向参与者提出更多的问题。此外,从其他研究中得出的主题或概念可能与研究者当前的调查具有关联性,这也意味着研究者可以继续深化或发展这个概念。然而,正如我们之前所提到的,研究者必须非常小心地识别他们研究中概念的具体形式,而不是简单地借用先前的研究或其他研究者的研究结果。

为初步观察和访谈提供问题

在开启一个研究项目之前,研究者可以借助文献为最初的观察和访谈设置具体问题,特别是打算进行半结构化访谈时。通过文献提出的问题也可以被用来满足"人类研究伦理委员会"(Human Subjects Committee)[①]的要求,向他们提供拟调查领域的概念列表。在进行第一次访谈或观察后,研究者可以根据初步数据分析得出的概念来调整问题。尽管研究者会从后续的数据中提炼出新的概念,但至少最初拟定的问题或主题领域应表明研究的总体意图,并展示研究者的专业知识水平,这些内容对伦理委员会和学位论文委员会来说非常重要。

激发分析性问题

在分析数据时,技术性文献也可以被用来激发问题。例如,当研究者的发现与现有

---

① 该委员会主要负责审核研究计划,确保在涉及人类参与者的研究中研究方法符合伦理要求,保护参与者的权益并尊重他们的自愿参与意愿。其中的伦理要求可能包括确保参与者的隐私、确保参与者充分了解他们将参与的研究,以及确保他们可以随时退出研究等。——译者注

研究发现存在差异时,这种差异会促使研究者深入挖掘自己的数据,以识别情境差异、重新检查假设、探究自己的研究假定。

验证研究发现

在调查结束,需要撰写研究发现时,可以用文献来验证研究发现。反之亦然,研究发现也可以被用来说明现有文献哪里不准确、过于简化,或只能解释部分现象。因此,研究者将文献纳入写作中不仅展示了自己的学术水平,还可以扩展、验证和完善某一领域的知识。同时,如果研究者对研究主题进行了深入调查和分析后发现自己的研究发现与现有文献所述的内容并不一致,也不应感到不安,因为这样的差异往往可以引出新的发现。

非技术性文献

非技术性文献包括信件、传记、日记、报告、录像带、回忆录、报纸、目录、(科学或其他方面的)备忘录和各种其他材料,并同样可以适用于上面列出的所有情况。此外,它还可以被用作:

- 主要数据
- 补充性数据

主要数据

非技术性文献可以被用作主要数据,这在历史或传记研究中十分常见。但由于有些历史文档、信件、回忆录和传记的真实性往往难以验证和确定,因此,检查各种各样的文档,并尽可能地用访谈和观察来补充事实以进行交叉验证,就显得尤为重要。从第12章开始,我会在有关数据分析的章节中展示我如何将回忆录和历史文档作为主要数据来进行分析。

补充性数据

非技术性文献可被用作对访谈和观察的补充。例如,通过研究一个组织的报告、通信和内部备忘录,研究者可以了解到很多关于该组织结构与运作方式的信息(而这些可能很难通过观察或访谈来快速获取)。

理论框架

在结束本章之前,我想简要讨论一下关于理论框架的内容。虽然理论框架适用于许多其他类型的质性研究,但我们并不鼓励将其应用于扎根理论研究。请记住,扎根理论研究的整体目标就是发展一个理论解释框架,既然如此,那么研究者何必还要在开始研究时就带着一个理论框架? 这显然就违背了该方法的目的。然而,一旦分析完成,研究者可以将自己的理论与已有理论进行比较,发现异同,并将自己的理论置于史广泛的专业理论知识体系中。这些讨论可被用来向委员会成员解释为什么扎根理论研究没有使用理论框架。

不过,也请注意,在一些质性研究报告中,即使是扎根理论研究,有时也会提及理论框架的使用或哲学方面的讨论。接下来,我们简要描述一下如何运用它们:

- 论证方法论或方法选择的合理性
- 构建研究项目
- 提供替代性解释

论证方法论或方法选择的合理性

当研究者基于马克思主义、女性主义或互动论等哲学立场来进行研究时,他们对理论框架的使用会有一些不同的看法。通过浏览期刊文章,我们会发现质性研究者经常使用哲学立场来说明他们选择特定方法论的理由。例如,坎奈尔茨、迪尔克斯·德·卡斯特勒和格莱普邓克(Cannaerts, Dierckx de Casterlé & Grypdonck, 2004)使用符号互动论来解释为什么他们选择扎根理论这一方法论来研究"临终关怀"的本质。里德(Reid, 2004)在她的研究专著《排斥的创伤》(*The Wounds of Exclusion*)一书的开篇,便将自己定位为一名进行女性主义行动研究的女性主义者。关于其中的意义,她解释道:"在下文的描述中,我试图对研究参与者和我自己负责,以进行批判性分析并负责任地运用权力。"(p. 6)

构建研究项目

如果研究者旨在扩展之前研究所建立的实质性理论,那么他们可以利用现有理论所提供的洞见、方向和一组初始概念，作为发展新概念和扩展旧概念的起点。然而，研究者也应该保持开放的态度，在意识到之前建立的理论可能与新的数据并不相符时，就应该果断放弃那些旧概念。即使对经验丰富的研究者而言，保持开放性也是至关重要的。以格拉泽、斯特劳斯和贝诺利尔从对死亡的研究中得出的"意识"概念为例，这一概念在《死亡意识》（Glaser & Strauss，1965）一书中被提到。不同层次的意识的概念被用来解释各种互动者（医疗专业人员、家庭、临终者）如何处理病人对自己死亡的知识的信息。如果一名研究者有兴趣发展关于信息管理的中层理论，就可以从格拉泽和斯特劳斯描述的意识概念开始，并以此作为基础来研究婚姻不忠者、间谍和未出柜同性恋者如何透露信息或保守秘密。这样的研究很可能会发现新的概念类属，从而进一步扩展现有的类属。通过对不同人群的进一步研究，意识这一概念就如同信息管理概念一样，可能会被提升到更高的抽象层次。更多有关发展、检验和连接一般理论的讨论，请参见斯特劳斯（Strauss，1995）的文章《论一般理论的本质和发展》（Notes on the Nature and Development of General Theories）。

从扎根理论研究中发展出的理论框架还可以被用来指导未来的量化研究，有助于选择调查问卷中的研究问题和变量，并为研究发现提供解释框架。例如，万霍克（Vanhook，2007）利用科宾和斯特劳斯（Corbin & Strauss，1991a，1991b）通过质性研究得出的概念来指导她对中风女性的量化研究。这些概念为她的研究提供了分析框架，甚或能帮助她选择合适的概念测量工具。所有工具都被用来对患者恢复的各种情况进行测量：身体的康复、对患病心理的调适、重新适应生活。

提供替代性解释

研究者并不是只能从数据中发展出一种理论，秉持不同观点的研究者，甚至同一研究者也可以从中提出替代性的理论解释。例如，在对居家调养慢性疾病的患者夫妇的研究中，科宾和斯特劳斯（Corbin & Strauss，1988）的访谈最初是从"无止境的工作和照顾"的需要出发，对保持病情稳定、危机预防以及生活中的不便等情况进行分析。然而，同样的数据也可以根据夫妇在疾病管理方面发生的不同形式的互动来进行分析，如合作、争吵或分离。或者还可以从传记的角度分析数据，即当一方或双方患有严重慢性疾病时，个人和这对夫妻的生活将如何被改变或影响。

此外，还需要指出的是，即使在理论内部，也存在不符合理解预期的案例。通常，这些案例并非常态，而是代表了一个概念的极限范围（extreme range），并且可以被作为异常案例来呈现。对于那些代表一个概念类属极端一侧的案例,研究者可以提供另一种替代性解释。或者,研究者可能需要回头重新思考自己的理论,并提出一个更好的解决方案。

要点总结

本章涵盖了许多不同的主题,都与研究起步息息相关。这些主题包括:研究主题,研究问题,数据收集,开始收集数据前的重要注意事项,视角、偏见和假定,文献,理论框架。

选择一个适当的研究主题至关重要。一个好的选题应该具有为某个领域提供有价值的新知识的潜力。研究主题可以从多个来源产生,包括导师或同事的建议,以及现有文献或研究者的经验。但无论主题的来源如何,研究者必须对其充满热情,因为他们将为之投入大量的时间与精力。同时,明确研究问题也非常重要。它确定了研究要涵盖的内容,并帮助研究者保持专注,避免过度偏离主题。通常,在扎根理论研究中,初始问题是广泛和开放的,但随着分析过程的发展,研究者会发展出新的问题,引导研究者前往那些在研究伊始并未设想的方向。

扎根理论研究可以使用多种类型的数据。几乎任何东西都可以被用作数据的来源,包括回忆录、文档、电影、报纸和历史记录。同一项研究可以使用多种类型的数据。访谈和观察是最常用的数据类型。在扎根理论研究中,非结构化的访谈和观察是首选,因为它们允许参与者自由讨论他们认为最重要的问题,并深入探讨各项主题。有时研究者也会使用半结构化访谈和观察,但这种访谈形式提供的数据广度和深度不如无结构访谈。因此,如果使用半结构化访谈,应在访谈结束时给予参与者时间,让他们补充他们认为重要的主题。最后,结构化访谈提纲在调查研究中也是有用的,但我们一般并不建议在扎根理论研究中使用。

在进行扎根理论研究或其他形式的质性研究时,因为研究者将直接参与到研究过程之中,因此,保持自我意识是一个重要的注意事项。假定、价值观、视角、经验和专业背景等都会影响研究者在数据收集和分析过程中的决策。虽然无法完全消除偏见和假定的影响,但是可以将这种干扰降至最低。一般来说,研究者首先要承认存在偏见和假定,并采取以下方法来减少偏见和假定的干扰。坚持写研究日志可以帮助研究者记录在数据收集和分析过程中的所思所想,并在此基础上进行自我分析。另一种方法是使用扎根理论的分析策略,这些策略能够打开数据的"黑箱",让研究者了解数据中可能存在的所有意义。通过持续比较,研究者能够检查并重新确认他们赋予数据的意义,核查其与新数据的意义之间的一致性。

研究者都会带着一定程度的与专业、兴趣相关的文献知识进入到研究之中。在设计研究项目时，这些知识往往不可或缺。然而，重要的是了解何时以及如何使用这些文献，从而使其增强而不是削弱分析。换言之，对调查主题了解过多可能导致解释偏差，并阻碍新概念的发现。此外，由于概念是在分析过程中从数据中提炼出来的，研究者在开始研究之前不可能知道哪些概念对理论最重要。但一旦完成理论建构，研究者就可以广泛搜索文献，并将自己的概念与文献中的概念进行比较分析。

无论是研究计划委员会，还是人类研究伦理委员会和学位论文委员会，都要求研究者展现一定的文献知识以及访谈提纲或观察指南。技术性文献可以提供最初的问题和概念，并在研究过程中为理论抽样提供洞见。非技术性文献可作为主要数据或补充性数据以用于比较，并作为发展一般理论的基础。研究者要记住，如果让技术性文献挡在研究者和数据之间，那么它可能会阻碍创新。相反，如果将其用于比较，则可以增强研究者从数据中识别概念的属性和维度的能力。

虽然质性研究有时会使用理论框架，但扎根理论研究的最终目的就是建构理论，因此我们并不鼓励在扎根理论的研究中使用理论框架。即使采用符号互动论、女性主义和马克思主义等宏大的理论视角，它们通常也更多地被用以说明使用特定方法论的理由，或作为研究的指导方法，而不是用来构建分析的理论框架。此外，对发展实质性中层理论感兴趣的研究者，可以将先前建构的理论作为研究基础，在不同群体间探究核心概念，从而增加理论的深度、广度，提高抽象层次。

小组思考、写作与讨论

1. 写一段话来描述你的研究主题的主要来源。如果你没有明确的研究主题，请根据本书提供的信息，说明你认为如何才能找到一个合适的研究主题。

2. 根据你的研究主题，提出一个质性的研究问题和一个量化的研究问题。然后，描述这些问题将如何导向不同的数据收集和分析方法。

3. 讨论技术性文献如何促进或阻碍质性研究进程。

4. 仔细阅读你所关注的研究领域的期刊，标注出其中的质性研究是如何运用理论或概念框架的，提供几个例子以进行小组讨论。

5. 在课堂上讨论学科内可能影响研究的视角、偏见和假定，探讨这些因素将如何影响研究过程。讨论如何通过坚持写研究日志来加强自我意识，减少这些干扰。

推荐阅读

撰写研究计划

Denicolo, P., & Becker, L. (2012). *Developing research proposals*. Thousand Oaks, CA: Sage.

研究设计

Maxwell, J. A. (2013). *Qualitative research design: An interactive approach* (3rd ed.). Thousand Oaks, CA: Sage.

访谈

Brinkmann, S. (2014). *Interviews: Learning the craft of qualitative research* (3rd ed.). Thousand Oaks, CA: Sage.

Salmons, J., Vision2Lead, Inc., & Capella University. (2014). *Qualitative online interviews: Strategies, design, and skills* (2nd ed.). Thousand Oaks, CA: Sage.

田野调查

Lofland, J., Snow, D., Anderson, L., & Lofland, L. (2006). *Analyzing social settings* (4th ed.). Belmont, CA: Wadsworth.

Rossman, G. B., & Rallis, S. F. (2012). *An introduction to qualitative research* (3rd ed.) Thousand Oaks, CA: Sage.

假定与偏见

Wicker, A. (1985). Getting out of our conceptual ruts: Strategies for expanding conceptual frameworks. *American Psychologists*, *40*(10), 1094-1103.

研究伦理

Hammersley, M., & Trainou, A. (2012). *Ethics in qualitative research*. Thousand Oaks, CA: Sage.

Lynn, L. R., & Goldsmith R. E. (2013). *Case studies for ethics in academic research in the social sciences*. Thousand Oaks, CA: Sage.

Sieber, J. E., & Tolich, M. B. (2013). *Planning ethically responsible research*. Thousand Oaks, CA: Sage.

第4章　分析前的准备工作

在有关科学发现的阅读材料中,有时会提到一些简单、看似浅显易懂的观察,而正是这些观察产生了重大而深远的发现,使科学家名扬四海。然而当我们回顾这些发现时,我们也代入了已经确立的意义。最初,这一发现通常并不具有固有的意义;是发现者通过把它与其他知识联系起来,并通过利用它来获得进一步的知识,才赋予了它这种意义。

(Beveridge, 1963, p. 141)

关键术语

质性分析　在解释数据和赋予概念以特定意义时的思维过程

微观分析　围绕一个概念进行详细编码,寻找其属性和维度

分析工具　分析者用来辅助数据解释的心理策略。进行持续比较就是这类工具的一个例子

编码　用概念来表示某种意义

备忘录　有关分析的书面记录,参见第6章

概念　分析者用来代表解释意义的一些词汇

属性　概念的特征或性质,被用于定义、赋予特殊性、区分不同概念

维度　属性变动的范围。其在扎根理论中是一个重要概念,因为它解释了差异并使得理论更具"密度"(density)

"感觉对了"(feels right)　表示在沉浸于数据一段时间后,研究者有一定程度的自信认为其解释的意义反映了参与者试图通过语言、行动和情感表达的内容

研究者难以持续不断地收集数据,研究者迟早需要对这些数据进行一些处理,赋予其意义,这个处理过程就是分析。

什么是质性分析或编码?编码和分析通常可以互换使用。然而,对我们来说,它们之间有所区别。有些人认为编码就是查阅数据,并给出代表这些数据的概念,其最终产物就是一份编码清单。但是,这份编码清单并没有记录关于概念提出的思维过程。因

此，问题仍然存在：研究者做出的解释的基础是什么？对我们来说，分析既指概念化，也指赋予数据具体意义的思维过程。分析是探索性的，需要考量数据中可能包含的不同意义，因此在提炼出潜在的意义之前，记录下其中的思维过程是非常重要的。这一思维过程往往被记录在备忘录中。这也使得分析成为一个动态的、不断发展的过程，在与新的数据比较时，特定的意义也会被赋予或重新赋予。

为了从数据中提炼概念和发现意义，分析者会进行头脑风暴，进行比较，尝试不同的想法，舍弃一些解释，扩展其他解释，最终才能得出一个适当的解释。让我们使用以下的例子来说明这一过程，并为接下来的章节内容奠定基调。斯特劳斯博士的一个雕塑家朋友曾经邀请我们去他的工作室，我们在那里谈论了有关创造力的话题。工作室里摆放着形状各异和种类繁多的金属碎片。这位雕塑家这样解释他的工作方式：首先，他研究不同的金属片，观察其中包含的可能性，同时自由发挥他的想象力。一旦他在脑海中有了一个构想，他就会进行尝试。如果最终的雕塑作品在美学上难以令人满意，他会将其拆解，然后一次又一次地重复这个过程，直到这位雕塑家"感觉对了"为止。分析也是如此。当然，并不是仅凭同一组材料或数据就能构建出一个完整的"雕塑"或理论。最终建构的概念和理论必须让分析者认为"感觉对了"，这需要在分析过程中不断尝试不同的构想。不同的分析者可能会得出不同的理论，就像不同的雕塑家使用相同的材料创作时可能会产生不同的作品一样。

学习要点

在阅读本章时，建议读者注意以下要点：

- 研究的目标
- 质性分析的本质
- 分析工具的运用
- 扎根理论分析的逻辑
- 研究伦理

研究的目标

在进行质性研究时，有三种主要的可能结果，分别是描述、概念性排序（conceptual ordering）和理论。扎根理论的目的是建构理论，因此在本书中，我们强调理论建构。然而，并不是所有的质性研究者都对理论建构感兴趣。有些人更关注扎根描述或我们所称的"概念性排序"。在描述、概念性排序和理论之间进行选择，取决于培训、技能、时间、所运用质性方法的类型以及研究的目的。由于初学者常常难以区分不同的可能性结果，在本章的这一小节，我们将讨论描述、概念性排序和理论。

- 描述
- 概念性排序
- 理论

描　述

人们经常在日常对话中描述物体、人物、场景、事件、行动、情感、心情和期望。不仅是普通人在进行描述，新闻记者、小说家以及技术类、旅行类和其他非小说类文学作家也会进行描述。描述即借助普通词汇来传达关于事物、人物和地点的观点。例如，你可能会听到："清晨的街道寂静无声，我期待开着我的新敞篷汽车行驶在开阔的道路上。"当普通词汇无法表达观点或需要呈现更丰富多彩的心理图景时，描述也会使用明喻和暗喻（Lakoff & Johnson，1981）。想象一下马尔克斯（Márquez，1993，p. 117）所描述的场景："那是八月初的一个明媚的清晨。那是战后夏天里的一个典型的星期日，阳光如同每日的启示，巨大的船只缓缓前行，就像病人的沉重呼吸一般，在透明的静水中穿行。"这种描述形象且生动，读者很容易就可以将自己置身于这一场景之中。

描述是沟通的一部分

如果没有描述的能力，人们就难以交流。描述需要传达发生了什么、场景是什么样的、人们在做什么和说什么。描述性语言的使用可以让看似平平无奇的事件不再显得普普通通。诸如加夫列尔·加西亚·马尔克斯（Gabriel Garcia Márquez）和居斯塔夫·福楼拜（Gustave Flaubert）等伟大的作家都深知这一点，并努力使他们的作品更加生动，从而让读者能够真正地置身于他们所描绘的场景之中，仿佛可以看到、尝到、闻到和听到一般。即使是我们这些叙事或写作技能平平的人，也可以通过描述来将我们的精神冒险、具体想法和主观感受传达给他人。

描述并不客观

描述可能看似客观,但事实并非如此。即使是最基本的描述也涉及主观目的(否则为什么要描述?)、观众(谁会看到或听到这些描述)以及观众挑剔的眼光(Wolcott,1994)。例如,警察报告的重点是犯罪或调查问题,虽然这些报告肯定会受到个人观点和政治偏见的影响,但它们相对简单明了,主要是供上级和其他感兴趣的人阅读;而记者对有新闻价值的犯罪事件的报道可能就会写得更加丰富多彩。后者倾向于展现一些个体、政治或组织的立场,旨在告知和打动报刊的读者。

描述是选择性的

简而言之,作者通常是基于有意识或无意识的见闻,或是他们认为重要的事物,来选择描述性细节。虽然描述往往是为了传达可信度和描绘具体的意象,但也可以被设计用来说服、表达或唤起激情。描述性词汇可以承载公开和隐蔽的道德判断。这不仅适用于句子,也适用于一整本书——比如那些旨在揭露不公和倡导改革的严肃书籍。甚至连警察或记者的那些看似客观的报道,也可能透漏出深刻的偏见和道德判断,而部分读者可能并未意识到这些态度和情感。审美判断也是通过描写来传达的:"这位年轻的女高音声音细腻、空灵,尽管她在唱高音时偶尔会有轻微的颤抖,但总体上表现了人物的性格;她在歌剧方面大有前途。"有时,审美和道德是相互结合的。例如,批评家和观众对早期印象派画作给出了负面评价。然而,后来这些同样的画作却成了全世界的博物馆参观者和艺术收藏家的最爱。当它们被拍卖时,这些画作为其所有者带来了数百万美元的收益。

作为更高层次的抽象基础的描述

描述是进行更加抽象的解释的基础,理解这一点尤其重要。描述本身就已经(至少是隐含地)体现了概念。即使在最高层次的抽象科学中,如果没有描述,就不可能有科学假设以及理论或实验室活动。尽管描述显然不是理论,但描述的确是形成理论的基础。

> **描述性研究示例**
>
> 查亚瓦和杰泽夫斯基(Chaiyawat & Jezewski,2006)进行了一项关于"学龄儿童对恐惧的感知"的描述性研究。

此研究调查了13名3到6年级的学龄儿童是如何描述恐惧的。研究者使用了内容分析法来分析数据,并以扎根理论为分析框架。研究发现揭示了关于恐惧的一些文化特征。最常见的恐惧是对丑陋和暴力的恐惧,其他的恐惧包括独处、黑暗、见血、撞鬼,以及接触到死亡和尸体。若是对丑陋怀有恐惧,恐惧的对象则包括像鳄鱼和蛇这样的爬行动物,以及蟑螂。尽管大部分儿童表达了对鬼魂的恐惧,但这种恐惧只与具有丑陋面孔的鬼魂有关联。在对暴力的恐惧中,车祸是恐惧的主要来源,还有火灾和电视上的暴力行为。恐惧反应涉及物理、精神和行为层面。为了应对他们的恐惧,儿童也有应对策略,逃避是最常见的策略。儿童会转过头,闭上眼睛,遮住眼睛,或者跑掉。受到保护也能减少他们的恐惧。另一个应对策略是分散注意力,要么是儿童自己分散注意力,要么是被别人分散注意力。

请注意,这项研究呈现了一些有趣但并不复杂的发现。研究结果报告了三个主要类属或主题,分别是恐惧反应、恐惧类型,以及处理恐惧的策略。每个类属下都有许多描述性的信息。然而,作者没有尝试去对为何在某些条件下泰国儿童存在这样的恐惧进行解释或理论化,或者解释恐惧如何以及为何随着时间的推移而发展和改变,以及在哪些条件下哪种类型的策略最有可能减少恐惧。总之,没有核心的解释性概念来整合研究发现。

概念性排序

描述也是所谓的概念性排序的基础。概念性排序指的是根据数据的属性和维度将数据组织成离散的类属(有时是评级),然后利用描述来阐明这些类属。大多数社会科学都包含一些涉及概念性排序的分析。研究者试图按照分类方案(如类型或阶段)组织数据,从而更好地理解他们的数据。在这个过程中,研究者从数据中识别出条目(items),并根据它们的各种一般属性和维度进行定义。以《米其林指南》(*Michelin Guide*)等餐厅评级为例,餐厅通常会根据质量、味道、外观、环境、价值和酒单的复杂程度等属性,对餐厅进行从三星到五星的等级评价。每家餐厅在各个属性上的维度差异如何,为一般性的评级提供了依据。餐厅的评分往往体现了评审的偏好,并不一定能反映普罗大众的口味。然而,在《米其林指南》中被评为三星、两星甚至一星都能带来名望,确保一家餐厅的成功。在给出评级时,研究者肯定会用各种各样的描述性材料来解释他们的评级。讨论概念性排序的主要原因是研究者可以通过发展出来的这些属性和维度来进行理论化的准备工作。

我们没有概念性排序的例子,但是对大多数研究者来说,测量这种形式的概念性排序可能是众所周知的。如果一个人想要以概念性的方式来对前述研究的结果进行排序,他/她可能会选取研究的三个主要主题,首先列出最重要的,然后在每个主题下列出具体的描述性概念,并要求受访者对这些概念进行评级。例如,在恐惧类型下,可以列出每一种特定的恐惧类型,如鬼魂、死亡、血等,然后让儿童根据面对这些对象时感到的恐惧程度,打出1到5的分数。同样也可以对应对策略进行类似的处理,如:当你看见鬼魂的图像时,你最有可能使用1到5中的哪种策略?

理 论

我们所说的理论到底是什么呢? 对我们来说,理论指的是一组经过精心构建的类属(主题和概念),这些类属按照其属性和维度系统地发展,并通过关系陈述相互关联,从而形成一个理论框架,以解释现象的某些方面(Hage,1972,p. 34)。当研究者指定一个更抽象的概念(核心概念)来代表其他概念时,理论的凝聚力就产生了。核心的抽象概念用一两个词概括了理论的整体内容,并提供了将其他概念整合进其中的手段。正是这最后一步,即将若干概念整合成一个核心概念,把描述或概念性排序提升到理论这一层面。

理论仍然具有价值

近年来,理论发展似乎已经失宠,取而代之的是鲜活的经验和叙事性的故事。并不是所有的事物都可以或应该被简化为一个巧妙的理论或理论解释框架,尽管该理论可能很有帮助。然而,作为解释现象并为后续研究提供概念和假设的基础,理论仍然具有价值。人们不得不思考,如果只有故事而没有理论,世界会是什么样的。我们可能永远无法将人类送上月球、发明电脑,或者用玻璃建造房屋。研究者不仅要做出选择,并且还应该选择那些最适合所调查的主题,最适合他们的时间、兴趣和动机的研究方法。

理论化涉及定义和区分概念

理论化是解释性的,不仅需要将原始数据凝练成不同层次的概念,而且还需要根据它们的属性和维度(描述层次)来发展概念。然而,理论建构并没有就此结束。理论最重要的方面是通过以下方式展示概念之间的关系:1)定义参与者所感知到的主要调查议题、事件或主题领域;2)解释潜在的行为-互动情境;3)将行动和互动与赋予问题、议题或事件的意义关联起来,并解释这种行动和互动如何随着环境的变化而变化;4)将结果与行动和互动关联起来。建构理论需要全面地探究一个具体的观点,并从许多不同的角度或视角予以考量。研究活动包括研究者在整个研究过程中针对众多问题进行的比较、决策和行动。理论化的核心在于研究者和数据之间的互动,通过这种互动,概念被识别,并根据其属性和维度不断发展,最后通过陈述它们之间的关系,概念得以围绕核心类属进行整合。

理论发展型研究示例

佐夫曼和柯克沃尔德(Zoffmann & Kirkevold, 2005)在丹麦一所大学医院进行了一项扎根理论研究,调查了11名血糖控制不良的糖尿病患者与他们的医生之间的互动。研究者确定将"保持生活与疾病分离"作为研究的核心类属。医患关系的一个特征是脱节(disconnection)和冲突。尽管两个群体都有改善血糖水平的共同目标,但专业人员在考虑疾病及其控制方案和生活的优先级问题时,对日常生活与疾病控制给予了不同的优先级。研究者确定了医疗专业人员在糖尿病控制咨询期间使用的三种不同的互动方式,并认为互动决定了冲突的性质。当医疗专业人员对护理采取期望顺从的方式(compliance-expecting approach)时,冲突情况照常。当专业人员对护理采取期望落空的方式(failure-expecting approach)时,冲突变得更加明显,双方关系也因此恶化。然而,当护理采用相互期望的方式(mutuality-expecting approach)时,冲突则得以减少或平息。

请注意,佐夫曼和柯克沃尔德发展了一种关于特定主题的实质性理论。他们确定了冲突的性质,即医疗人员和患者之间存在脱节和冲突的特征。因此,如何"保持生活与疾病分离"解释了医患冲突,这是因为医生和患者在日常生活与疾病控制方面有不同的优先级。作者确定了医疗专业人员使用的三种互动模式,并展示了互动性质与结果之间的关系。换言之,研究者推断,医疗人员和患者之间关于血糖水平控制的互动性质导致了冲突持续、增加或减少的情况。他们通过使用"保持生活与疾病分离"的概念来定义发生冲突的中心现象,并将所有内容联系在一起。

质性分析的本质

我们之前已经表明,分析或编码不仅仅是浏览一篇文档并在每一行的末尾标注代表数据的概念。数据分析与编码往往发生于一系列心理活动之后。当然,所有从数据中提炼概念的研究者,都会经历某种有意识或无意识的解释过程。我们认为,数据解释过程非常复杂,绝不能掉以轻心,在研究中达致解释是一个有意识的过程。在本节中,我们想讨论何为分析。有了这些背景知识,我们就可以更容易地以一种有意识的方式来进行分析。现在有些学生可能会觉得这一讨论太过抽象,甚至可能还想跳过这些内容,直接进入分析策略部分。当然,本章为选读内容,但我们认为这些内容非常重要。有经验的研究者可能会觉得这些讨论能增强他们的理解,而初学者也可以在阅读了更多其他相关文献并有了一些分析经验后,再回过头来重新阅读这一小节。

描述分析的一种方式是根据分析的性质(properties)来展开描述。接下来,我们将列出分析的各种性质,并对它们进行深入讨论。以下是质性分析的性质:

- 分析既是艺术也是科学
- 分析涉及解释
- 分析者是主观意义的解释者和传递者
- 数据可以衍生出不止一种理论
- 概念构成了分析的基础
- 分析有不同的层次
- 分析是一个过程
- 分析始于第一批数据的收集
- 早期的分析是生成性的
- 描述情境是分析的重要方面
- 分析者利用分析工具来进行分析

分析既是艺术也是科学

分析既是艺术也是科学(Patton,2002)。艺术是指创造性地运用相关流程来解决分析问题,并从数据中建构一个具有连贯性和解释性的理论——一个让研究者"感觉对了"

的理论。要将艺术引入分析中，研究者必须保持对方法的灵活运用。研究者必须学会跳出固有的思维框架，相信自己的直觉，并愿意冒险尝试。斯特劳斯博士曾经说过，分析者必须能够将稻草(原始数据)变成黄金(理论)。研究的艺术性超越了所有研究的形式，伟大的研究作品都离不开艺术性的加成。贝弗里奇(Beveridge,1963)对此是这样解释的：

> 新知识往往源于在调查过程中的一些意想不到的观察或偶然事件……解释线索并意识到其重要性，需要没有固定观念的知识、想象力、科学品味，以及思考所有未经解释的观察的习惯。(p. 147)

分析的艺术性

分析的艺术性要求研究者知道自己追寻的是什么观点、如何发展这一观点、何时放手，以及如何在概念化和描述之间保持平衡。虽然质性研究是一门艺术，但也必须有科学的部分才能被称为研究。正如圣德罗斯基(Sandelowski,1994)所言：

> 赞美质性研究的艺术性并不是为了鼓励无常或无知。质性研究者无法随意进入奇思妙想的领域；他们可以创造，但不能伪造。他们也不能无视质性研究这一标签所包括的各种研究策略的逻辑和美学。(p. 58)

分析的科学性

质性研究中的科学性并不是传统意义上实验设计和假设检验中的"科学性"。科学性来自"扎根"于数据的解释。解释不是凭空猜测，而是基于数据，并且要经得起更多数据的"验证"(Blumer, 1969, pp. 25-26; Glaser & Strauss, 1967)。当我们使用"验证"(validate)这个术语时，并不意味着我们在以量化的方式检验假设。在这里，"验证"更多是指在实际的研究过程中与参与者一起将数据进行对照来检查解释，并根据新的数据修改或舍弃那些可能矛盾的解释。通过这种方式，研究者得以在分析过程中建立一套检验与平衡的体系。当然，尽管如同所有体系一样，它并非完美无缺。

平衡艺术与科学

所有的质性分析都必须在艺术和科学之间保持平衡。虽然研究结果是被建构出来的，但它们不是传统意义上的故事想象或旨在娱乐的"小说"。正如圣德罗斯基(Sandelowski,1994)所言，不能抱有任何幻想。质性研究也不是可控的实验室科学。一项质性研究的艺术性与科学性程度,取决于研究者的哲学背景、所属学科以及所使用的质性研究方法。

分析涉及解释

进行数据分析,需要在仔细思考后做出解释(Blumer,1969)。解释意味着以概念的形式对原始数据赋予意义。解释一词,暗示了概念是研究者对参与者言行中所蕴含的意义的理解。邓津(Denzin,1998)对此表示:

> 解释是一个创造性的过程,它提出了事件、对象、经验或检验(test)的多重意义。解释就是转化(transformation)。解释能够阐明和启发经验。就像提炼黄油一样,它可以从文本、对象或经验片段中筛选并提炼出意义。(p. 322)

邓津(Denzin,1998)接着说:"这样看来,意义并不在文本中,解释也不会超越经验或其表征(representation)。意义、解释和表征是深深交织在一起的。"(p. 322)

关于解释的担忧

分析数据时,人们总是担心:"我是否正确地解释了数据?""我是否忠实于数据?"研究者自然希望尽自己所能做最好的研究。即使是经验丰富的研究者,在处理数据时有时也会缺乏安全感。然而,没有必要过分害怕质性研究或分析。质性分析建立在自然的思维方式之上。正如沙茨曼(Schatzman,1986,p. 1)所言:"本文的基础观点是,分析是一种很早就在社会生活中随着语言和经验积累而被习得的自然思考过程。"作为人类,我们每天都在解释我们自己和他人的行为。唯一的区别是,在分析数据时,我们会更自觉地使用标准流程,并以更准确的解释为目标。

解释虽不准确,但依然有价值

尽管解释并不是对数据的准确复制,而是分析者对数据的主观印象,但这并不意味着研究发现就如同小说一样。解释不是,而且也永远不可能成为精确的科学。但是,这并不是说解释是无意义或无用的。开展质性研究仍然非常重要。它可以开阔思路,将他人的经历展现得栩栩如生,并解释那些我们可能无法理解的事物。就像研究可以改变或改进参与者和其他人的生活一样,研究过程也可以对研究者的生活产生影响。质性研究确实改变了我的护理实践,使我摆脱了"医疗专家"的角色,成为与患者共同协调或协商疾病护理实践的人(Corbin & Cherry, 1997)。通过质性研究,我了解到,患者经常比我更了解他们的病情、身体对疾病的反应、问题所在以及疾病控制方案,因为他们必须每天都与这些状况共同生活。因此,护理规划应充分考虑患者的意见。

分析永远不会结束

还有一点,即无论研究者在一项研究上花了多长时间,分析永远不会完全结束。由于研究者总是在思考他们的数据,他们能够扩展、修正和重新思考他们的解释,因为对数据的新见解会随着持续的思考而不断浮现。这样的修正正是质性研究过程的一部分。正如邓津和林肯(Denzin & Lincoln, 1998)在《收集和解释质性资料》(*Collecting and Interpreting Qualiattive Materials*)第二部分的导言中所说的那样:"第二部分探讨了有关解释和评估的艺术性和政治性,我们认为分析、评估和解释的过程既没有终点,也不是机械的过程;它们总是持续进行、不断涌现、不可预测且永不结束。"(pp. 275-276)

分析者是主观意义的解释者和传递者

当分析者解释数据时,他们实际上是在以概念的形式转译他人的语言和行动。他们是参与者和受众之间的中间人,能让他者顺利发声。正如每个语言翻译者所知道的那样,确定意义并不容易。在不同的语言、不同的情境下,词语可能有不同的含义。我也从经验中学到了这一点,我在国外教学时,多次和翻译者一起工作。通晓两种语言的学生无一例外地会嘲笑翻译者说的话,因为直接翻译的内容与我想要表达的意思并不相符。学生也曾告诉我,他们不确定普通听众是否理解了演讲的内容,因为翻译得非常差。显然,在翻译过程中,有些内容丢失了。虽然当我听到学生说一本书或一场演讲的翻译"不是很好"时我会感到沮丧,但这也确实为所有试图通过研究传达参与者言行的人提供了一个教训。解释并不精确,有时研究者可能会有误解。此外,有些解释者在这方面会比其他人做得更好。当然,由于质性分析并不是一门精确的科学,解释永远无法做到完全准确。

数据可以衍生出不止一种理论

因为质性数据本身涵盖丰富的内容和可能性,因此,从数据中可以发展出不止一种理论。尽管参与者可能只谈论了一个主题,但这并不能决定分析者将以哪种视角或眼光来解释它。不同的分析者可能会对相同的数据得出不同的结论,这是因为每个分析者都可能从不同的分析重点或不同的视角来审视这些数据。此外,同一个分析者在不同的时间也可能会以不同的方式来看待相同的数据。换句话说,不同的分析者会用不同的方式与数据对话。例如,对患有慢性疾病的人进行的访谈可以从疾病管理(Corbin & Strauss,1988)、身份和自我认同(Charmaz,1983)以及病痛(Morse,2001,2005;Riemann & Schütze,1991)等方面来进行研究。如果有人去检查这些研究者所进行的访谈——特别是那些无结构访谈,他们可能会发现这些访谈在内容实质上并没有太大的差异,不同的是分析者看待数据的视角。管理、身份和病痛等内容都可以在关于慢性疾病的数据中找到,并且都是有效的解释。这些解释各自从略微不同的角度提供了对慢性疾病的理解,从整体上帮助我们更全面地理解这一现象。

概念构成了分析的基础

在进行分析时,分析者会将原始数据转化为概念。分析者对参与者在数据中所传达的意义的理解,即为从原始数据中发展出来的概念。使用概念而不是原始数据的原因是,概念允许分析者将相似的数据归为一类,从而减少分析者需要处理的数据量。此外,概念是构成理论结构的基石。总之,概念是我们进行沟通的方式,它们是语言的一部分,并且蕴含着文化和个体的意义。

分析有不同的层次

分析可以由浅入深。浅层分析(superficial analysis)往往只是简单地分析数据,几乎不涉及深入思考,也不会呈现新的理解。深层分析(in-depth analysis)则需要深入数据,探索所有可能的意义。深层分析需要根据其属性和维度变化来发展概念。由于深层分析对某个主题进行了更深入的探究,因此很可能会产生新的和更广泛的知识。当然,进行深层分析需要更多的时间和精力。尽管一些研究者倾向于花时间进行深层分析,但在研究时往往受到研究者的动机、优先事项、培训、研究方向和可用资源的影响。许多潜在的质性研究者缺乏训练有素的导师来指导他们。这些研究者往往不确定该如何进行研究,并且缺乏信心,甚至不知道"好"的分析的构成要素都有哪些。他们可能会在不同的方法书籍中寻找答案,最后力所能及地完成自己的研究,但其实这样的结果远没有达到他们的预期或真实能力。此外,有些研究项目并不需要进行详细的分析,例如,在量化研究中可能会增加若干需要进行少量质性分析的问题。在这样的项目中,简要概括主题可能就足够了。一种极端是研究者过度分析,阅读这样的报告会很无聊。

分析是一个过程

分析过程贯穿于整个研究。研究者要不断地更新和修正概念、添加新的概念、确定新的属性和维度、发现概念之间的新关系。这就是质性分析的意义所在。理论随着见解的增长而增长,见解随着研究者更深入地沉浸在数据之中而增长。由于分析和再分析可能会永远进行下去,研究者必须决定在什么时候停止分析,并接受每一项研究都有局限性这一事实。

分析始于第一批数据的收集

初学者经常问:"我该在什么时候开始分析?"在扎根理论中,完成第一次访谈或观察后,分析就应该开始,并在整个研究过程中持续进行(Glaser & Strauss, 1967;Strauss, 1987)。这种将数据收集和分析整合在一起的方法,使研究者能够识别相关概念,验证它们,并充分探索它们的属性和维度。基于对先前数据的分析来收集数据的过程,被称为理论抽样(theoretical sampling)。理论抽样对建构深入和广泛的理论而言是必不可少的。我们将在第7章中对理论抽样进行更多的介绍。

一次性收集所有数据的风险

尽管完美的扎根理论研究要持续分析每一次收集的数据,但这可能难以做到。有时研究者需要经过长途跋涉才能收集数据,必须从一个数据收集环节跳到下一个。或者是,生活中的其他事情打断了研究进程,研究者在分析前一次访谈的数据之前就需要进行这一次预定的访谈。只要有可能,我们还是建议在每次数据收集后就进行分析。在分析现有数据之前就去收集更多数据主要有两个风险。首先,研究者无法跟进收集充分发展一个概念所需的数据,导致理论抽样变得困难或者不可能。其次,当面对大量亟待分析的数据时,研究者可能会感到不知所措。边收集数据边进行分析可以为研究提供方向,告诉研究者接下来要去哪里、做什么,使研究者能够掌控研究过程。

早期的分析是生成性的

最初的分析是开放和自由的,就像头脑风暴一样。早期分析的开放性和生成性性质对一些研究者来说很难理解,更难以接受——尤其是那些沉浸在量化方法的严谨性之中的人。刚开始做质性研究的人常常担心,以某种方式进行头脑风暴和尝试赋予可能的意义,表明他们正在将某种东西"强加"到数据中。而这些研究者不了解的是,对数据的意义草率地下结论有多么容易。花时间分析数据所有可能的意义能帮助研究者避免过早地封闭思维,并使他们更加了解自己的假定以及这些假定会如何影响解释。

描述情境是分析的重要方面

在收集和分析数据时,明确事件、言语、行为或感受的情境(context)或条件,就像提出"正确"代表数据的概念一样重要。情境不仅是概念的基础,而且降低了歪曲意义或误解意图的可能性。电影制作者和小说家可以将事件、言语或图像从其情境中剥离,然后将其插入其他情境中,以此来进行政治性或社会性陈述。他们可以根据自己的创作愿景,来对角色和事件进行任意调整、扭曲、增加、减少或美化,以塑造故事。但是,研究者没有这样的自由,他们必须尽可能地忠实于数据。

分析者利用分析工具来进行分析

分析工具是研究者在进行分析时使用的思考策略。进行持续比较和针对数据提问就是这类工具的例子。每个分析者都会有意识或无意识地在分析过程中使用思考策略。想象一下,你去杂货店买橙子,面对两箱不同品种的橙子时,就涉及对品种的分析。顾客从每个箱子里检查橙子的大小、颜色、质量和价格,再对价值做出判断,最后购买最符合预期的橙子。在这本书中,我们使用了日常生活中的同类型策略——只不过我们试图更有意识、更为系统地运用它们。我们介绍的分析策略包括一些我们自己的工具,也借鉴了一些其他分析者的分析工具。第5章将专门探讨这些分析策略。

策略的选择

分析者对使用策略的选择取决于他们的学习经历、经验和技能。随着分析者越来越

73

熟练地与数据打交道,他们更有可能使用多年来积累的策略。分析者应该使用他们最感舒适的策略,以适应手头的分析任务。

微观分析

在本书的1998年版本中,我们谈到了一种我们称之为微观分析(microanalysis)的分析形式,这是一种开放编码的方式。在分析数据和提炼概念时,我们其实是在编码或创建一组代码。学生经常会问的一个问题是:"微观分析与其他类型的编码或分析有什么不同?"微观分析是一种开放的、详尽的探索性编码形式。其目的在于重点关注某些数据,更深入地探索它们的意义和发展概念的属性和维度。微观分析一般被用于分析的早期探索性阶段,即当分析者试图理解数据的意义并找到反映该意义的概念时。微观分析就像使用高倍显微镜仔细检查每一项数据,是非常有价值的分析工具。我们就经常使用微观分析开启我们的研究项目,斯特劳斯在他的分析研讨会中也经常使用这种分析形式。在微观分析中,我们生成可能的概念,同时根据数据检查这些概念,舍弃不相关的内容,并根据需要修改解释(有关微观分析的简短示例,参见本节末尾的"课堂讨论节选")。接下来我们将探讨以下主题:

- 微观分析的价值
- 对微观分析的误解
- 微观分析是对一般性分析的补充
- 微观分析的示例

微观分析的价值

为什么我们如此重视微观分析? 这是因为它能让我们以不同的方式思考问题。想想爱因斯坦和达尔文,他们之所以能够得出与当时的传统智慧相悖的结论,是因为他们用心观察细节,对所见事物保持开放和探索的心态。布鲁默(Blumer,1969)的说法略有不同,但也充分说明了这一点:

> 一个人是如何接近经验社会的世界并深入探索它的? 这并不是仅接近一个特定的领域然后瞧一瞧那么简单的事情。这是一项艰巨的工作,需

要做到高度谨慎并进行实在的探索,要有创造性但遵守规范的想象力,以及研究智慧和灵活性,还要对自己的发现进行持续思考,并随时准备检验和重塑自己对该领域的观点和印象。(p.40)

对微观分析的误解

尽管大多数人都认可微观分析是一种有价值的分析工具——尤其是当他们看到它的实际应用时——但仍然存在一种误解,即认为我们主张在整个项目中都使用微观分析。那将是一项艰巨的任务,而且这样的分析很可能永远也无法完成。事实是,我们是在有选择性地使用微观分析,通常是在项目的开始阶段。其目的在于探索数据并产生进一步的分析思路,让研究者深入到数据中,并专注于那些看似相关但意义仍然难以捉摸的数据板块。它还有助于防止研究者过早地下定论,因为它迫使研究者跳出自己的固有思维框架。微观分析通常耗费时间,并需要练习,但回报是可观的。

这让我想起了我丈夫经常讲的一个故事。在他担任工程经理时,产品线上经常会出问题,他会派遣工程师去查找问题。往往,工程师会推测问题是由"或这或那的原因"导致的,而没有仔细观察和分析情况。虽是基于推测而不是观察或测试,但他们想要改变流程——如果他们的假设是错误的,这些改变可能会产生很大的成本。每当工程师这样做时,我丈夫都会问:"但你怎么知道是这个原因呢? 你是否研究了这个问题,并收集了所有能够证实或证伪你的假设的数据?"答案通常都是否定的。我丈夫会让工程师回到现场,并告诉他们,在仔细研究问题并收集所有必要的细节之前不要回来。仔细研究数据在一开始需要花费时间,但之后会节省时间,因为这样研究者就有坚实的基础继续分析。

微观分析是对一般性分析的补充

微观分析补充并完善了更为宏观的分析。微观分析关注细节,而一般性分析(general analysis)则站得更高,从更广泛的角度来观察数据:"这些数据告诉了我们什么?"这样做似乎更容易——尤其是对于那些可能对自己不太自信的初学者来说。尽管在我们的分析方法中,微观分析和一般性分析是一起使用的,但有些研究者更喜欢一般性分析——尤其是当他们旨在粗略地识别主题,并对概念发展中涉及的细节不那么感兴趣时。但是,即使要进行更为宏观的分析,研究者也仍然必须挑战自己的解释。在得出任何结论之前,应根据新的数据检查每个可能的解释。对于一般性分析,分析深度的要求没有那么高,人们更容易得出结论。我们也再次强调,问题在于平衡,不是过少或过多地进行微观分析或一般性分析,而是知道何时以及如何使用它们。

微观分析的示例

以下是一个在20世纪90年代初进行的班级课程讨论的例子。在斯特劳斯博士的指导下,班级里的同学们进行了微观分析(若想获取更详细的开放编码示例,参见Strauss,1987,pp. 82-108)。

课堂讨论节选

在进入下一章之前,我们想提供一个微观分析的简短例子,这个例子是从我们的一个课堂环节中选取的。这个环节中有趣的是,仅根据少量数据就产生了多种可能性,也可以看出语言如何因其使用或解释方式而具有不同的意义。还要注意的是,各种解释如何引导对数据进行更深入的探索,催生了比较分析。以下是田野笔记的引文:

当我听到这一诊断时,我感到很害怕,惊慌失措。这次怀孕初期一切都很顺利,我感觉自己的状态也很好:早上没有不适,而且我充满活力。突然之间,我被告知我得了糖尿病。这真是令人震惊,因为这是我的第一个宝宝。我最关心的是宝宝,我很担心宝宝,我也非常想要这个宝宝。我真的很害怕,因为我等了很久才有了这个宝宝,我不希望出现任何问题。

课堂讨论和评论

T = 教师

S = 任何学生

T:让我们看看第一个词"当"(when),它代表什么意思?

S:它对我来说代表着时间,一个时间点。虽然不太确定具体是什么时间,但是是表示过去的某个时间。

T:嗯,它也可以代表未来的某个时间,比如"当电话铃响了的时候我就去接,因为我猜他会打电话给我"。

S:"当"还表示某种条件,发生了某件事情,你被迫使着去关注某个问题。

T: 假设这个词不是"当",而是"每当"(whenever)。那又代表了什么意思呢?

S: 对我来说它意味着一种反复性的时间——一种事情发生的模式。

T: 所以那是由某事件导致的某些后续事情的不同的条件类型。

T: 但假设说的不是"当",而是"那时"(at the time)呢?

S: 哦,那可能意味着讲述一个故事,也许"当"应被追溯到更早之前。

T: 好的,到目前为止,我们一直仔细地关注"当"这个词和一些替代词。那么,"当"的可能属性是什么呢?

S: 它可能是突然的,或者也不是突然的……或者是意想不到的(或不是)……或许只有你注意到了伴生的事件,而非别人,或者别人也注意到了……它们或许不重要,或许非常重要。

T: 我们可以构想出很多这种"当"及其伴生事件的属性。它们是无止境的,其中只有一些可能与你有待发掘的调查和数据相关。但请注意我提出的这一问题如何迫使你来观察属性和维度。现在,让我们思考这句话"我听到这一诊断"(I heard the diagnosis),第一个词"我"(I)代表什么意思?

S: 如果不用"我",可能是"我们"(we)听到或被告知诊断,或是"他们"(they),比如父母。这当然会有所不同。

T: 在什么条件下会把病情告诉亲属、父母或病人? 这可能会有什么不同的后果? 现在再说说动词"听到"(heard)呢?

S: 哦,诊断可能是书面的,或是需要对患者出示(某种证据),如 X 光显示她被诊断出患有结核病或髋部粉碎性骨折。

T: 大概每个事情的发生都有着不同的条件,可能产生不同的后果。结核病很有趣,因为诊断通常伴随着听者的怀疑,因此,医生会出示 X 光。当然,患者不太可能对其进行解读判断,所以他们必须相信这一诊断——如果不信任医生,就拒绝相信诊断——所以我们正在讨论诊断的合法性问题。从方法论上讲,这让我们进入了有关诊断可能的不同的相关属性的问题。那么可能有哪些属性呢?

S: 学生列出的部分属性列表是"难以做出诊断""模糊 vs. 为人熟知""如癌症般具有象征性的,或不太具有象征性的""(对自己、对他人、对医生、对所有人)重要的""可预期或不可预期""当最坏的预期发生或经过几天的焦虑等待之后,感到更糟或感到宽慰""很容易相信"。

T: 关于宣布诊断结果,有一些有趣的理论问题,在每个答案背后也有一些结构性议题:谁(以及为什么)?(你熟悉的家庭医生、一名陌生的专家、医院的住院医生,或者,如果你是个孩子,则是你的母亲)怎么样(为何如此)?(想想在急救室里一名住院医师突然告诉一位母亲"你的孩子死了",和验尸官在敲开配偶家门后宣布其死亡,这两种方式之间的区别)何时?(是立刻,还是经过一段时间等)当父亲到达时,是不是就可以告知他们孩子的死讯了? 在医院,如果有人在夜里去世,护士通常不会通过电话告知(死讯),但很可能表示情况已经恶化,并等待配偶或亲属到来,以便医生可以做出宣判。这里的"何时"还包括父母或配偶向其他亲属宣死亡的时间——随后,有时或在几个小时后,这还涉及他们要如何进行宣告的问题:是否要面对面说,或在电话里说等。

上述问题能够在访谈中引出研究者感兴趣的问题吗? 的确如此,它们当然能够引发一些描述性的问题。

T:现在,我们看下一句话,"一切都很顺利"(everything was going well)。这可能会被认为是一个见实(vivo)概念,孕妇经常使用该短语,说明这对她们而言可能是很重要的事件,所以对于研究者而言这也是非常重要的。因此,我们也必须格外注意这点,说不定它与我们以后的工作有关……这个短语本身,从分析的角度意味着什么?

S:嗯,我觉得从时间上来看这表示,某事的过程……并且这个过程是可以预期的,有一个正常的过程(以及那些偏离轨道的过程)……这意味着他们在评估它是否正常……

T:是的,但这意味着必须有标准(属性),实际上她在之后提到了。请注意,是她自己在这个过程中认为一切都进展得很顺利。从分析上看,我们可以问为什么她(使用常识标准)而不是医生或护士认为进展得很顺利? 我们在这里谈论的是定位过程(locating process)和定位主体(locating agents)。如果你从比较的角度思考,你很快就会看到,在其他情况下,由于不同的结构原因,会有不同的定位主体。比如经济学家会告诉你,你正在进入经济衰退期——你可能从未意识到这一点。现在,这里的一个相关短语是"这次怀孕初期"(early in this pregnancy)。暂时不考虑"这次"——这里,她肯定是在与另一次或其他几次进行比较。想想"初期",她是怎么知道这个概念的?

S:每个母亲都知道怀孕的过程有九个月,所以可以定位自己。这是文化性、常识性的知识。

T:再次从比较的角度思考。为了稍微吓吓你们,我用一个极端但在分析上具有启发性的比较的例子,想想当希特勒获得高级职务时德国发生了什么事。人们以非常不同的方式解释这一事件,尽管从事后来看,我们可以看到那时的德国已经深陷纳粹主义之中。谁可以被作为定位主体?他们怎么知道德国在纳粹进程中的位置?他们是如何为其他人赢得合法性的——或者没有赢得?自己(假设你是犹太人)正确或错误地解读这一革命性进程的后果是什么?这样的问题是由这些比较案例引发的(极端的案例甚至在研究初期也是有用的)。类似的问题也可以启发你思考女性的属性,如那些正在考虑并对怀孕做出回应的受访者,也可以在如何"定位"上应用同样的问题(不过不是关于纳粹主义的观点)……还要注意,即使不像希特勒这个案例那样极端,这些比较也可以启发你提出关于自己对怀孕相关问题的假定和解释的问题。这些问题让你摆脱了关于怀孕及其性质的标准、固有观念,并迫使你思考在进行分析时所做假定的意义。

S:我觉得这是两个时间过程的交错(crisscrossing)。母亲希望怀孕过程顺利。这里还有一个婴儿出生的过程,诚然,其在生物学上取决于母亲的生理状况,但涉及一组不同的关注点(引用段落的其余部分确实也暗示了这一点)。在社会层面,其也涉及不同的行动,如为婴儿进入家庭做准备,以及为了婴儿的身心健康而在怀孕期间"正确"行事。

T:你指出了不同的现象,你也可以为这些现象创造两个不同的概念,还有一个概念来代表你所说的"交叉"。我会称之为"相交"(intersecting)或连接(linking),就像轴向编码一样。你还指出了行动和事件的顺序和阶段,这是前面提到的时间性的另一个方面。此外,还有具体行动阶段的过程或发展状况。

扎根理论分析的逻辑

了解分析背后的逻辑是非常重要的。了解其中的逻辑可以使研究者有能力调整分析流程,对研究设计重新定向,使分析更能反映数据的内容,有助于有效处理数据收集或分析过程中出现的任何问题。分析的目的是通过提炼概念来代表数据,从而减少研究者需要处理的数据量。很少有人愿意阅读研究者全部的田野笔记。在随后的章节中,我们将概述相关分析流程和过程背后的逻辑。在这里,我们将从讨论相关的概念开始。

- 概念构成理论的结构
- 概念在抽象层次上有所不同

概念构成理论的结构

布鲁默(Blumer,1969)在以下陈述中强调了概念对研究的重要性:

> 在整个科学探究活动中,概念扮演着核心角色。在学者对经验世界的先验图式中,概念是重要的因素;学者提出研究问题时,概念可能就是那些术语;概念是数据所寻求的类属,数据通过这些概念而被分组;它们通常是被用来建立数据之间联系的主要工具;它们是解释研究发现的"锚点"。(p. 26)

概念从数据中生产。它们代表了研究者对参与者在言语或行为中所表达意义的解释。概念提供了一种将数据进行分组或结构化的方式,以减少研究者处理的数据量。数据量减少是因为具有共同特征的内容被归类到相同的概念分类下。想象一只鸟、一架飞机和一只风筝,并思考它们具有什么特点。答案是"飞"。"飞"这个概念使得研究者能够将这些不同的对象组合在一起,并深入探索它们在飞行方面的相似性和差异性。例如,研究者可以问,是什么让每个对象能够飞行? 它们能飞多久、飞多远? 通过这样的分析,研究者可以发现关于飞行概念的一般性信息,以及不同飞行概念下不同对象的特殊属性。

概念在抽象层次上有所不同

其中有基本层次的概念,这些概念是研究者赋予"原始"数据的概念名称。还有更高层次的概念,我们称之为类属(categories)。类属是更抽象的术语,表示一组基本层次概念所指向的主要主题。例如,飞行是比鸟、风筝或飞机更高层次的概念。飞行解释了这些对象的共同之处,尽管每个对象的飞行距离、速度和"如何实现飞行"是截然不同的。如果我们想全面了解飞行的各个维度和变化,我们必须探究不同的飞行对象(或其中许多对象),找出异同,然后从中建构我们的理论。

通过将基本层次概念作为理论基础,我们与数据的距离就不会太远,理论也就有据可依。此外,基本层次概念提供了细节、旨趣和变化,使理论更具意义。将基本层次概念作为基础,更高层次、更抽象的概念则提供了理论的结构或框架。它们有助于将理论统一起来。随着概念向更高的抽象层次发展,它们也具有更强的解释力,即它们可以容纳更多的细节。然而,与此同时,它们也失去了一些具体性。最终,一个精心建构的理论是具体和抽象的结合。

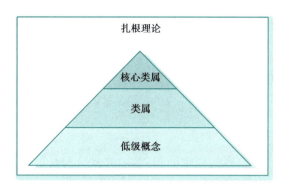

图4.1 建构扎根理论就像建造金字塔,每一层的概念都建立在其他层次的概念之上

敏感性

传统上,数据收集和分析要求客观性(objectivity)。然而,如今人们已经认识到,传统研究所定义的客观性无法适用于质性研究,原因在于质性研究者与参与者和数据存在着紧密的互动。研究者在具体的研究过程中往往掺杂着自己的视角、专业训练经验、知识、假定和偏见,这些因素反过来会影响他们与参与者的互动和对数据的解释(Guba & Lincoln,1998)。因此,质性研究者不追求客观性,而是追求敏感性(sensitivity),即仔细倾听并尊重参与者和他们提供的数据。问题是:"作为研究者,我们要如何利用自己所带入研究过程中的这些要素,来增加我们的敏感性呢?"(Glaser,1978;Glaser & Strauss,1967;Strauss,1987)本节将探讨以下内容:

- 敏感性的本质
- 专业知识和经验的影响
- 专业知识和经验可以增加敏感性
- 敏感性会随着研究的推进而增强
- 敏感性在跨文化研究中尤为重要

敏感性的本质

敏感性与客观性形成鲜明对比。敏感性意味着在收集和分析数据过程中具备洞察力,能够关注和捕捉到相关议题、事件和情况。敏感性要求研究者扮演他人的角色,换位

思考,试图理解参与者的言行意义。当然,研究者始终可以向参与者进一步询问并验证自己的解释。

敏感性并不意味着将意义强加给数据。研究者必须时刻牢记,研究发现是数据与研究者在分析过程中互动的产物,所有解释都应被视为暂定的,直到有更多的数据支持或参与者验证。

当研究者忽视自己在解释过程中的相关性,并只认为是数据在"说话",而没有考虑到"数据是通过研究者的眼睛在说话"时,研究者将自己的观点强加于数据的可能性就会更大(Glaser,1992)。研究者越能意识到数据分析中所涉及的主观性,就越有可能思考解释的暂定性本质,并在进一步验证数据、与参与者对照的基础上进行解释。

专业知识和经验的影响

对数据的洞察不是偶然发生的。即使是在无意识的情况下,理论、专业知识和经验会以多种方式影响具体的解释,并为我们的研究提供信息(Sandelowski,1993)。正如戴伊(Dey,1993)所言:"简而言之,开放的思想和空洞的头脑之间是有区别的;为了分析数据,研究者需要利用积累的知识,他们也不需要抛开这些知识。问题不在于是否使用现有知识,而在于如何使用。"(p. 63)

专业知识和经验可以增加敏感性

当研究者进一步分析数据时,他们的知识和经验(专业、性别、文化等)使他们能够挖掘数据表面之下的东西,并对数据做出回应。虽然经验可能使研究者的认知变得模糊不清,但它也能使研究者更快地理解一些事情的意义。这是因为研究者不需要花费时间去熟悉环境或事件。虽然新的视角往往很重要,但有时新手研究者在一个领域需要两到三个星期的时间才能感到适应,而在那段时间里,很多时间和数据都可能丢失了。对此,需要记住的四件事是:

1. 始终根据数据比较知识和经验,永远不要失去对数据本身的关注。

2. 根据其属性和维度来处理概念,因为概念使研究者专注于事件之间的相似性和差异,而不是被描述性细节所淹没。

3. 重要的不是研究者对事件的看法,相反,重要的是参与者在说什么或做什么。例如,在研究住院患者对医院设备的反应或经验的研究中,我可能知道医院的某台设备是用来拍X光的。但重要的不是我的知识,而是X光对参与者的意义,以及这些意义是如何在参与者住院期间形成和转化的。参与者是否将这种设备描述为过时的机器、身体上的威胁、有益或救命的东西,因此需要忍受? 这一经验是痛苦的、恐怖的还是不舒服的? 这个流程是如何被解释的,以及在过程中和之后的互动的性质为何?

4. 在研究中有一个比较基础,有助于研究者关注数据。研究者可能会对自己说:"对我来说,这是一台诊断设备、一个无生命的物体、一个有用的医疗工具——所有这些都是设备的属性。但我是从一个护士的角度来看待这个问题的。患者是否以同样的方式描述他们的经验,或者他们是否有不同的看法? 他们赋予了设备什么意义? 与这台设备接触产生了什么情绪反应?"当与其他参与者或研究者给出的描述相对比时,参与者给出的描述往往更为突出。

敏感性会随着研究的推进而增强

人们会惊讶于研究者的敏感性是如何随着数据处理的深入而增强的。有时,分析者会遇到一些数据并陷入困境,无法理解其意义。人们发现,研究者在进行日常活动时,往往会把分析问题放在脑子里。然后,也许在阅读新闻、通过电话或电子邮件与同事交流,或从梦中醒来时,就会顿悟并能理解数据的意义。从技术上讲,尽管这种洞察力是由其他经验激发的,但这种洞察力却与数据紧密相关。

背景、知识和经验不仅使研究者对数据中的概念更加敏感,而且使他们能够看到概念之间的联系。正如著名生物学家塞尔耶(Selye, 1956, p. 6)所言:"不是先看到某样东西,而是在先验知识和未知事物之间建立实在的联系,这才构成了具体发现的本质。"换句话说,无论是通过深入分析数据还是透过个人经验,我们都必须要有一些背景知识,以便知道我们在数据中看到的内容是重要的,并能够识别概念之间的重要关联。

敏感性在跨文化研究中尤为重要

虽然我不是跨文化研究的专家,但我知道,在与其他文化打交道时,敏感性尤为重要。伊娃·霍夫曼(Eva Hoffman)写了一本很棒的书,名为《迷失在翻译中》(*Lost in Translation*)(Hoffman, 1989)。霍夫曼出生于波兰,7岁时移民加拿大。当霍夫曼抵达加拿大时,她清楚地意识到,她不熟练的英语限制了她对这个国家复杂想法和回应的表达能力。

研究者应该将这一信息牢记于心——尤其是在进行跨文化研究时。除非一个人精通一门外国语言或熟悉当地文化,否则研究者就无法意识到数据中存在许多固有的复杂性。作为老师,我们注意到,在本国进行研究的外国学生经常遇到没有英文对应词的概念。例如,我们有一名学生叫山本野里子(Noriko Yamamoto),在研究家庭成员如何照顾痴呆症患者时,确定了两个日本文化中的概念,但这两个概念翻译过来却没有对应的英文单词。这些概念被用于表示随着父母的痴呆症症状加重,互动的层级和质量所发生的变化。这两个概念分别是:"amaeru"①,用于描述年轻的照顾者从仍然能够做出回应的受照顾者那里寻求溺爱;"amayaksu"②,用于描述当受照顾者不再能够用爱做出回应时,照顾者提供的溺爱(Yamamoto & Wallhagen,1998)。

研究者可以使用一些技巧来增加跨文化研究中的敏感性。例如,切斯尼(Chesney,2001)使用巴基斯坦顾问来帮助她理解参与者告诉她的内容。她表示,有时她希望自己是巴基斯坦人,以弥合文化和语言障碍。对于在研究中如何处理多样性的讨论,可以参见其他著作(Green,Creswell,Shope & Plano Clark,2007)。

研究伦理

虽然我们一般会在收集数据时讨论伦理问题,但遵从伦理原则同样适用于数据分析过程。

第一,关于数据的处理以及如何处理"特定类型的数据"。人们在接受访谈时经常会敞开心扉,有时他们会透露出看似奇怪或不真实的信息,这使研究者感到困惑,不知道如何在分析过程中处理这些数据。人们很容易忽视或低估这些数据。实际上,更重要的是确定受访者试图传达的是什么,因为不论事件是什么,对于参与者来说,提及它肯定有某种意义。如果研究者确信某些数据是"不真实"的,他们可以将这些数据放在一边。然后扪心自问,为什么它们是不真实的呢?

第二,数据极其宝贵。人们提供数据时都会假定研究者会充分利用它。这意味着研究者在分析时不应走捷径,而应投入尽可能多的时间和精力,以产生高质量的理论。转

---

①"amaeru"是一个独特的日文概念。直接翻译过来,它可能指的是寻求宠爱或行为上的依赖或撒娇。在中文中,也没有一个确切的单一词汇可以完全捕捉到"amaeru"的全部细微之处,但一个相近的词可能是"撒娇"。但请注意,尽管"撒娇"确实传达了一种寻求宠爱的感觉,但它可能无法完全捕捉到日本"amaeru"的文化深度和意义。——译者注

②"amayaksu"在中文中并没有直接的标准翻译,因为它是一个特定的日文概念。如果它与"amaeru"的描述相关,大致可以理解为:提供宠爱。因此,这个词汇的意思是"提供宠溺之爱"。但是,重要的是要记住,我们的翻译可能无法捕捉到日语词"amayaksu"的全部细微差别和文化意义。——译者注

录访谈内容、思考数据、撰写备忘录并进一步思考数据，做到这些并不容易，但如果研究者要对数据和提供数据的人做出公正的评价，这个过程就是必要的。

第三，跨文化研究加重了研究者的负担。跳出自己的固有思维框架或所属文化，并准确地解释数据，并不容易。尽管我们自认为已经理解了，但也可能事与愿违。因此，在进行分析时，获得那些熟悉当地文化的人的帮助，并将研究发现带回给参与者进行验证，就变得非常重要。

要点总结

分析是解释数据意义的行为。我们关于分析的讨论包括拆分数据，将其概念化，根据它们的属性和维度来发展概念，然后围绕一个核心类属来整合概念。在一项研究的起步阶段，分析通常是详细的，或"微观"的，因为研究者希望在专注于任何一种解释之前探索所有的可能性。之后的分析的一般性程度往往较高，以便充分发展概念并探索它们之间的关系。在我们的质性分析方法中，概念构成了分析的基础。总之，无论研究的目的是建构理论、进行概念性排序，还是描述，概念与概念化都是研究的基础。

简而言之，描述是描绘、讲述故事——有时是非常生动详细的故事，而不用过多解释为什么某些事件会发生而其他事件不会。概念性排序是根据明确指明的各种维度对事件和对象进行分类，并常常根据重要性对其进行评级。理论化是围绕一个核心概念构建一个解释性方案，系统地将概念彼此联系起来的行为。尽管理论是研究者通过自己的视角从数据中得出的产物，但进行质性研究仍然是富有价值的。研究者有责任尽其所能保持数据的完整性，并尽可能准确地用其代表参与者的意图。

专业见解：扎根理论研究

以下几页是我们一名同事的写作内容，描述了他进行扎根理论研究的经验。其中包括他的博士论文以及他发布研究结果的文章。

史蒂文·巴斯比（Steven Busby）

博士，FNP-BC，范德比尔特大学（Vanderbilt University）护理学院

学位论文

Tennessee Research and Creative Exchange(Trace)

基于博士论文研究的期刊文章

Busby S., & Witucki-Brown J.(2011). Theory development for situational awareness in multi-casualty incidents. *Journal of Emergency Nursing*, 37(5), 444-452.

我非常乐意提供一些建议,以帮助学生或其他扎根理论的初学者。我在近两年开展扎根理论研究时遇到过一些困难,我也希望可以有机会帮助他人解决这些类似的问题。我会先提供一些背景信息,这样能让我的建议更有意义。在我的博士论文中,我希望能更好地理解与现场紧急医疗响应相关的态势感知(situational awareness,SA)。我读了很久的文献,发现几乎所有关于SA概念和理论的研究都是从航空这一视角来开展的。哦,好吧,我想,理论就是理论,对吧?由于我的研究视角在总体上还不成熟,我计划继续推进,并使用因子分析进行量化研究,以评估在已有SA理论中的三个主要因子对整体概念的影响。我认为这将适用于多人伤亡事件中的SA概念。

当我更仔细地研究航空理论(aviation theory)时,显而易见,当坐在喷气式战斗机的飞行员座位上时,SA所发生的细微的变化,可能难以被很好地转化为管理大型且混乱的紧急医疗事件的整体SA需求。那么怎么办呢?关于现场紧急响应的SA,文献中并没有相关的理论。我真的需要考虑发展理论吗?这个问题必须得到解决。当我擦去额头上的汗珠,脑海中闪过之前学过的宏大理论的模糊影像时,我开始比以往任何时候都更加欣赏这种宏大理论,因为正是这些理论帮助确立了护理专业。建构这样的理论绝对是有必要的。但现在,护理显然是专业性工作,我们需要更多的中层和实质性(特定情境)的理论来推动实践,以让实践进一步推动研究,形成良性循环。

在我攻读博士学位期间,我反复听到这样一句话,即研究问题决定了最终选择的研究方法。当不存在特定情境的理论时,我该如何进行理论检验?这时我面临关键的抉择。这可真是个惊喜!你的意思是我不能用量化的"硬科学"方法回答我的研究问题吗?震惊过后,我明白了SA既是一个过程(它是如何发展的过程),也是一个产物(已知的内容和时间),因此需要同时发展这两个方面。如何才能做到呢?通过发展理论,寻找"过程",揭示"产物"是如何产生的。接受了这个事实后,我继续前行,开始了我人生中最难忘的学习和成长之旅。实际上,发展扎根理论的整个过程(有人曾劝我在博士学习期间不要追求如此高远的目标),比进行因子分析中的数学计算教会了我更多有关整体研究的知识。

在提供这些背景之后，我将以列举要点的形式分享我的建议。以下所分享的这些建议对我整体项目的成功至关重要。在每一条建议下，我都进行了简要解释。我希望这些建议在某种程度上能帮助大家顺利开展自己的理论发展之旅。

建议

1. 一旦决定使用扎根理论作为研究框架，并理解了理论发展是一个复杂而耗时的过程，那就需要为长期性的投入做好准备。

没有什么能比知道自己采用了正确的方法——不管别人是否承认——更让人心满意足的了。我感觉这好像是我生命中的一个决定性事件。不要走捷径，当你为研究辩护或呈现你的结果时，这一点最终会给予你回报。当一个人试图用问题向观众解释事情时，概念或理论发展的薄弱之处就会变得非常明显。换句话说，不要急于求成。我想说的是：一个匆忙完成研究的研究者很可能已经"完了"。理论发展需要时间，如果你不打算长时间投入，就不要开始。

在分析过程中进行逐行编码，然后进行事件间的比较，以尽可能从数据中提取更多的意义。相较于个别的编码，这可以提炼出更完整的意义和概念，也有助于总结出更宏观、更抽象的总括性概念。它还有助于进行轴向编码，或者使得概念之间的关联（即所谓的理论）变得更加可行。

2. 作为研究领域的专家，你应当成为研究中的工具，而不是研究的焦点。

你自然会倾向于选择一个你具有专业知识和兴趣的领域。在适当使用的情况下，你的知识是有帮助的。但是，和大家一起编码也是有所助益的：无论是对于你已经编码过的文本（周围的人都对你的编码一无所知），还是对于你尚未编码过的文本，这样都会有所帮助。其他人对转录文本的评论，以及你如何看待事物，都可能会揭示你的观点中的重要见解或偏见。

质性研究寻求捕捉广泛的变异性，而不是对变量的控制。要敢于被批评，甚至敢于承认错误。发现你对某些事情的看法是错误的，充分承认这一点，实则是一种解脱。这也意味着你个人的内心足够强大，可以质疑自己对某事的看法，并且也足够专业，知道"意义"的世界比你自己的观点世界要大得多。所以，不要图一时便利就妄下结论，应尝试让数据中的意义浮现出来。

对于研究的起点，需要做出慎重的决定。当你选择感兴趣的领域时，要让它足够宽泛以产生"厚度",但不要宽泛到使你无法掌握它。理论往往会"夸大其辞"。因此,要把握足够的"过程",以使其有意义,但也不要试图做得太过火。

3. 严谨行事,切不可马虎对待。

尽管强调了许多可能的方法,但有一件事再怎么强调也不为过,那就是:不仅在发展类属(概念)时要留下完整的过程记录,而且还要记下关于你如何为概念之间的关系做决策的备忘录。最重要的是要限制那些不遵循扎根理论发展基本方法的做法,尤其是当你对质性研究一无所知时。没有任何研究是完美的,认识到这一点非常关键。这也是我们不使用"证明"(proof)这个词的原因,因为研究结果只是为某些观点提供支持。因此,你需要理解质性研究的哲学基础,确定你的基本原则,并坚守它们。如果你整体上倾向于"量化"研究,一些事情起初可能看起来违反直觉。例如,在扎根理论中,分析是持续进行的,而不是仅在数据收集结束后进行(在量化研究中却并非如此)。所以,要相信质性研究的过程。

小组思考、写作和讨论

1. 对比质性分析方法和量化分析方法。

2. 仔细思考并写一个简短的段落,描述你认为研究者在进行质性分析时想要在分析方面达到的目标,以及这与量化分析的目标有何不同。

3. 从你专业领域的研究期刊中选择三篇研究文章:一篇代表描述,一篇代表概念性排序,还有一篇代表理论发展。在选择时,不必完全依赖于作者对文章的介绍。有时,一些人会错误地称他们的研究成果为"理论"。将这些文章带到课堂上,并解释你为什么认为这些文章分别代表了描述、分类或理论发展。

推荐阅读

Kosny, A., MacEachen, E., Lifshen, M., & Smith, P. (2014). Another person in the room: Using interpreters during interview with immigrant workers. *Qualitative Health Research*, *24*(6), 837-845.

Pandit, N. R. (1996). The creation of theory: A recent application of grounded theory method. *The Qualitative Report*, *2*(4). Retrieved from http://www.nova.edu/ssss/OR/QR2-4/pandit.html

第5章 质性数据分析策略

探索性调查的目的是,更清楚地理解如何陈述问题,了解什么是适当的数据,形成对重要关系线索的看法,并根据对生活领域的了解,逐步发展出自己的概念工具。

(Blumer,1969,p. 40)

关键术语

分析　获取数据、思考数据,并赋予概念来表示分析者对参与者意图的解释

分析策略　分析者用来帮助他们进行解释的思维技巧

持续比较　将不同数据的部分进行比较,以寻找异同的分析过程

提问　一种用来开启询问和引导理论抽样的分析工具

编码　从数据中获取和发展概念以代表数据

见实编码　使用研究参与者的实际语言来表示概念

理论比较　一种用来激发对类属的维度、属性的思考的分析工具

理论抽样　基于概念的属性和维度进行的抽样策略

本章的目的是为读者提供一系列分析策略,研究者可以利用这些策略来帮助他们进行分析。多年来,斯特劳斯发展了他所使用的一套分析策略,但不是只有他一个人这样做。我们每个人在日常生活中都会使用策略来分析周围发生的事情。例如,当一名女性走进商店购买连衣裙或裤子时,她通常不会购买销售员向她展示的第一条连衣裙或裤子。她会试穿几件,比较它们的合身度和价格。她会问自己或和她在一起的其他人,这件衣服在她身上看起来如何,颜色和款式是否适合她。注意,即使是无意识的,这位顾客也在进行提问和比较,这是很自然的。提问有助于人们理解事物,而对物品进行比较则能帮助人们根据物品的属性——尺寸、款式、颜色和适合度——区分物品,然后选择符合标准的物品。

分析也需要进行类似的思维过程。在分析过程中,研究者在抽象和具体之间迅速转换,他们在不断地进行提问和比较。在处理数据细节时,他们同时在寻找关系并试图识

别模式。但初学者不习惯如此深入地思考数据。斯特劳斯曾说,他的课程与其说是在教授一种方法论,不如说是在教学生如何以逻辑和系统的方式进行思考。这就是分析策略的作用所在,它们可以启发分析者进行深入分析所必需的思考。

学习要点

在阅读本章时,建议读者注意以下要点:

- 深入数据
- 分析策略的目的
- 分析策略的类型

深入数据

每个分析者都有自己的分析方法。重要的是对数据、研究目标和研究者必须投入的分析时间进行灵活变通的处理。我们不能代表所有的分析者,我们所能做的就是解释我们如何处理数据、如何理解数据。在开始编码之前,我们阅读了所有访谈记录、田野笔记或文档,也观看了相应视频,此时我们要克制住进行任何分析的冲动。首次阅读的作用是间接进入参与者的生活,感受他们正在经历的事情,并通过他们的言语或行动来倾听他们在说什么。

一旦我们阅读并理解了所有文档,我们就开始进行初始编码(关于开始进行编码和分析的例子,参见第11章和第12章)。

1. 我们在文档中寻找自然的分隔点,如小节或段落,并用这些作为切割点。通常,这些分隔点表示主题的变化,但也并非总是如此。分析者不想处理过多的数据,否则它会变得冗杂,甚至可能令人不堪重负。

2. 就此而言,我们可以采用归纳的方法,开始逐行进行编码。

3. 或者,我们可以退后一步,观察我们所选的数据片段,并思考该片段所表达的主要观点。由于开放编码的过程是探索性的,旨在识别概念,因此我们可以从数据中提炼具体问题,就此数据片段思索一番,并在提出下一个概念之前应用接下来讲述的诸种策略。当然,这个概念也是暂定的,需要在我们进一步处理数据或在随后的访谈中与其他数据进行对照。但至少我们有了方向感,有些东西可以引导我们进一步分析。

4. 然后,我们开始逐行进行更详细的分析,以验证初步的解释,如果满意,我们便开始围绕这个初步概念进行编码,寻找人们正在面对的问题的解释——人们说了什么,做了什么? 为了辅助这种详细分析,我们需要进行持续比较,并提出以下问题:是谁说了什么或做了什么? 为什么? 我们可以根据需要来使用下面一节中列出的分析策略。问题的答案和比较的结果需要验证最初的概念,并使我们能够开始发展概念的属性和维度。

5. 我们最先提出的概念可能是较低层次的概念,或者是初步概念的属性和维度。当然,最初的概念也并不总是较低级的概念。有时,最初的概念最终也会成为类属。然而,研究者可能直到研究后期才知道这一点。

6. 有时候数据的意义不太清晰,我们发现很难对其进行概念化。没有关系,因为早期的分析都是探索性的,概念的命名也是暂定的。随着对意义的敏感性在研究过程中变得更加清晰,概念可以在整个分析过程中被命名和重新命名。设计的灵活性和适时调整的能力是扎根理论方法的优势之一。研究者不会被概念(或量化研究中的变量)禁锢。随着新解释的建立,概念的名称、思考方式以及它们之间的关系也可能发生改变,以更好地匹配数据。这就是为什么这种方法被称为扎根理论,因为研究者正在不断地根据数据评估解释。

7. 如果在随后的数据或下一次访谈中主要的想法或概念重复出现,我们也就验证了这些原始概念。当我们获得更多的数据时,我们就可以继续发展概念,从新数据中获得更多的概念属性和维度。

8. 如果在进行分析时遇到困难,我们可以再次采用分析策略,如颠倒情境、使用理论比较、问一些"假设性的问题"[①],以及思考一个词不同的潜在意义。

9. 我们需要在备忘录中记录分析过程。

分析策略

语义并非固定。具体的词汇只有在使用者(研究中的参与者)和读者赋予它们具体含义时才具有意义。分析包括处理数据,其涉及获取数据、思考数据、提炼概念,以代表分析者对参与者主观意义的解释。

研究者可以将分析视为"挖掘"数据,透过表面以发现其中蕴意。迈尔斯和休伯曼(Miles & Huberman,1994,p. 59)是这样论述编码及其与分析的关系的:"回顾一组田野笔

---

①原文为"asking what if...",what if的直译为"如果……会怎么样",在此统一翻译为假设性问题。——译者注

记并有意识地分析它们,同时保持各部分之间的关系完好无损,这就是分析的实质。"

分析者在编码时使用分析策略。每个分析者都有自己的分析策略。霍华德·贝克尔(Howard Becker)将他在分析数据时使用的策略称为"窍门"(Tricks of the Trade)(Becker, 1998)。根据布鲁默(Blumer, 1969)在《符号互动论》(*Symbolic Interation*)中的说法,生物学家查尔斯·达尔文也有他分析数据的策略:

> 达尔文被公认为是有史以来世界上最伟大的自然主义观察者之一,他曾提到观察很容易受到固定观念的束缚,而且这种状态也很容易长期持续下去。他提出了两种方法来打破这种限制。一种是对自己正在研究的内容提出各种问题,甚至是看似荒谬的问题。这些问题的提出可以增加观察者的敏感性,从而以不同的全新视角进行观察。第二种方法是将所有的观察都记录下来,包括奇怪的和有趣的观察,还包括那些挑战自己所使用的概念的观察,即使它们的意义暂时还不太明晰。(pp. 41-42)

本章的这一小节将探讨以下内容:

- 分析策略的目的
- 分析者应该发展自己的策略
- 策略的使用会随着研究阶段的不同而改变

分析策略的目的

分析策略对分析者的帮助主要体现在以下方面:

- 将分析者与技术文献、个人经验分离开来,避免阻碍对数据的新解释
- 避免用常规的思维方式来理解现象
- 引导归纳过程
- 不认为事情的发生是理所应当的
- 可以澄清或推翻研究者和参与者的假定
- 观察人们的言行
- 在检查数据时,避免忽略那些潜在的有价值的信息
- 强制提出能够打破传统思维的问题
- 为概念提供多样化的标签,识别暂定的类属
- 识别类属的属性和维度

分析者应该发展自己的策略

我们的分析策略没有什么神奇之处,它们只是反映了很多人的想法。我们以自己的方式、为着自己的目的、以不同的组合使用它们。我们鼓励分析者发展他们自己的一整套策略。研究者使用的策略的数量和类型,也将随着质性研究的类型、学习训练的深化、经验的积累和学科的不同而变化。迈尔斯和休伯曼(Miles & Huberman, 1994)首先根据文献得出一系列的编码(概念),接着,他们将原始概念与实际数据进行比较来修订这些概念,根据具体情况进行修改和舍弃。格拉泽(Glaser, 1978)在《理论敏感性》(*Theoretical Sensitivity*)中提供了18个编码的列表,其目的是使研究者对数据中的可能性更敏感,并将分析提升到理论层面。沙茨曼(Schatzman, 1991)发展了一个他称为"维度分析"(dimensional analysis)的分析过程。他指出,研究发现往往讲述了一个故事,研究者需要基于一定视角来为故事选择数据,显示它们的相对重要性,并对它们进行排序。沙茨曼(Schatzman, 1991)提供了以下矩阵(类似于斯特劳斯[Strauss, 1987]的编码概念),以作为解释逻辑,从而勾勒出故事的框架。他的矩阵大致如下所示:

解释范式矩阵

(从什么)视角

(属于什么)维度-属性

(在什么)情境(中),(在什么)条件(下)

(伴随什么)结果的行动/过程

沙茨曼曾与斯特劳斯密切合作,因此,他对维度及其对分析的重要性的强调,与我们自己的分析方法非常契合。其他研究者使用不同类型的分析策略来组织或理解数据。例如,洛弗兰德、斯诺、安德森和洛弗兰德(Lofland, Snow, Anderson & Lofland, 2006)建议使用聚焦(focusing)来作为分析的"前奏"。聚焦的目的就在于使研究者专注于研究过程。聚焦的策略包括:检查数据以寻找可以关注的主题,提出相关问题来理解这些主题,以及以一种可以引发兴趣的方式来处理这些主题。当进行实际分析时,洛弗兰德、斯诺、安德森和洛弗兰德(Lofland, Snow, Anderson & Lofland, 2006)提供了以下一组理解(sensemaking)策略:社会科学框架、对焦虑进行规范化(normalizing)和管理、编码、撰写备忘录、制作图表以及灵活性思考。另一位质性研究者戴伊(Dey, 1993, pp. 86-88)提出了诸如"使用检查表(checklist)""换位思考(问假设性问题)""进行自由联想"和"通过改变顺序来思考"

等策略来捕捉数据的本质。

斯特劳斯使用的许多策略与威克(Wicker,1985,p. 1094)提出的启发式方法很相似。威克提出的启发式方法包括:(1)通过运用隐喻、极端想象、制作图表、观察过程等方式来分析数据;(2)结合情境,将问题置于更大的领域中并在问题领域之外进行比较;(3)探究假定并做出相反的假定;(4)仔细审查关键概念。

策略的使用会随着研究阶段的不同而改变

在整个研究过程中,有两种基本的分析策略,它们是进行比较和提问。有人可能会说,比较和提问是做任何研究的基本流程,但是,它们在扎根理论研究中尤其重要。事实上,扎根理论常被称为“持续比较法”(constant comparative method)。不过,也可以根据研究阶段和手头上具体的分析问题使用其他分析策略及其变体——尽管这些策略不太常用,但却更有针对性。

策略的类型

斯特劳斯是一个善于思考的人,他会把分析带入到日常生活中。在这一节中,我们想分享一些在分析数据时发现的有用的分析策略,希望读者也能把这些策略纳为己有,恰当并有意识地使用它们。同时,需要牢记的是,这些只是可选的工具,应该用来辅助分析,而不是机械运用。以下是一些常见的策略:

- 提问
- 进行比较
- 思考一个词的不同含义
- 运用反转技巧
- 利用生活经验
- 提出警示
- 关注语言
- 寻找所表达的情感
- 寻找表示时间的词汇
- 通过隐喻和明喻进行思考

- 寻找反例
- 使用其他分析工具

提　问

我们要讨论的第一个分析工具是提问。正如布鲁默(Blumer,1969)所强调以及达尔文所告诉我们的那样,提问是分析的基础。每一个研究者都想提出好的问题——尤其是那些能够帮助发现新知识的问题。

提问让研究者能够:

- 深入探究
- 形成暂定的答案
- 跳出固有思维进行思考
- 熟悉数据
- 在分析的每个阶段都能发挥作用

提问在分析的每个阶段都非常有用,从研究伊始到最终的写作都适用。它具有许多功能,其中之一是帮助研究者克服写作障碍。安妮·拉莫特(Ann Lamott)在《关于写作:一只鸟接着一只鸟》(*Bird by Bird:Some Instructions on Writing and Life*)[①]一书中,建议使用提问的方式来启动一个写作项目。拉莫特认为,提问有助于研究者克服最初的困惑,找到开始的方向。虽然拉莫特谈论的是写作而不是数据分析,但这两者有许多共同之处。例如,它们都可能遇到阻碍,难以开展。

提出的问题不需要惊天动地

开始进行数据分析时提出的问题并不需要震撼人心或充满技巧,它们只需要推动分析者对数据的可能意义进行有意识的思考。假设一名研究者正在研究配偶照顾者(spousal caregivers),他的第一篇田野记录的第一段如下:

> 把我丈夫送到养老院是一个非常艰难的决定,但我在身心上都无法再照顾他了。我已经85岁了,这事真的让我难以承受了。但我将他送到那里后只过了六个月他就去世了。现在我真希望当初能让他留在家中。

[①]此书由朱耘译为中文,书名为《关于写作:一只鸟接着一只鸟》,于2013年由商务印书馆出版。——译者注

开始一项研究后,分析者需要找到介入数据的方式。我们可以进行头脑风暴,以提出探索性的问题:"让我难以承受"是什么意思?这位妇人想要传达给我们什么信息?是关于她自己吗?还是关于她的丈夫?还是关于他们的关系?在这种关系背景下,护理安排有什么问题?如果她选择在家里照顾他,会发生什么?然后呢?结果会有什么不同吗?护理者的年龄如何影响护理决策?如果妻子较年轻,她是否能够继续照顾丈夫?她已经照顾他多长时间了?她是否得到过任何帮助?这些问题都需要我们思考。对于一名处在长期婚姻生活中的85岁的老妇人来说,将丈夫送往养老院意味着什么?

提问有助于分析者站在他人的立场上思考问题

提问并探索答案可能的范围,有助于让我们站在他人的立场上思考,以便我们从参与者的角度更好地理解问题。我们并不是暗示研究者给出的答案就是研究发现的一部分,这些问题只是让分析者思考,这位参与者以及未来的参与者可能会告诉我们什么。再举一个例子,在访问一位年轻女性关于青少年吸毒的问题时,她的评论是:"因为有很便利的供应网络(obliging supply network),所以青少年很容易获取毒品。"我们选择分析的概念是"便利的供应网络"。为了对这个问题进行思考,以及让我们知道受访者的来头,我们可以提出下面这些问题:谁在提供毒品?"便利"这个词意味着什么?便利的供应网络最有可能在哪儿运营——是在派对上,在课间休息的时候,在学生去校外吃午饭的时候,在放学后的学校周围,还是在当地青少年的聚会上?思考这些问题可以帮助分析者进入参与者的世界,并思考她和其他青少年如何以及为何如此轻易就能获得毒品。

分析者必须运用他们的常识

分析者没有必要对每一项数据都提出无限多的问题,如此详尽地分析数据是不现实的,对田野笔记进行彻底分析需要花费太长的时间。作为一名分析者,要运用常识,正确选择要针对哪些数据提问以及决定要花多长时间进行分析。分析没有对错之分,也无需在所有时候、在所有环境中遵循规则或流程。分析是直观的,需要相信自己才能做出正确的决定。

提问可以带来更多的问题和答案

针对数据提问随时随地都可能发生。研究者可以在开车或准备睡觉时思考数据。提问的价值在于,一旦研究者开始对数据进行提问,就会有更多的问题浮现在脑海中,使分析者能够更深入地探究数据,并收集更多相关的数据。在提出问题时,显而易见的是,分析者对一个主题的了解有多么浅薄——即使是他们可能熟悉的主题——以及需要多少信息才能充分发展一个概念。当分析者进行探究时,概念就不仅仅是原始数据的标签了,它们具有了意义。

问题的类型

除了"谁""什么""何时""何地""如何"以及"有什么后果"等问题之外,在进行分析时,其他类型的问题也是有用的。接下来,我们列出了一些可以针对数据提出的问题类型:

1. 敏感性问题(sensitizing questions)。这些问题使研究者了解数据的可能意义。这种类型的问题可能是以这样的方式提出的:这里发生了什么——也就是说,这里的议题、主题、担忧都涉及什么?哪些行动者参与了这件事?他们如何定义情境?或是,事件对他们来说有什么意义?不同的行动者都做了什么?他们的定义和意义是相同还是不同的?他们在何时行动,如何行动,又有什么后果?不同的行动者和在其他情境下的行动者的行动有什么相同或不同之处?

2. 理论性问题(theoretical questions)。这些问题有助于让研究者看到过程和变化,并在概念之间建立联系。理论问题可能如下:一个概念与另一个概念之间的关系是什么,即,它们在属性和维度层次上如何进行比较和联系(具体请参见下一节关于理论比较的讨论)?如果发生了什么会怎么样?事件和行动随着时间的推移会如何变化?有哪些较大的结构性议题,这些事件又有何影响,或者,其又怎么影响我所看到或听到的内容?

3. 实用性问题(practical questions)。它们是为理论抽样提供方向的问题,有助于理论结构的发展(如果理论发展是研究的目标)。这些问题包括以下类型:哪些概念发展得很充分,哪些又没有?我接下来应去哪里收集发展理论所需的数据?我需要什么样的许可?需要多长时间?发展中的理论是否合乎逻辑,如果不是,逻辑在哪里"卡了壳"?理论抽样是否达到了饱和?

4. 引导性问题(guiding questions)。这些问题指导着我们的访谈、观察、文档收集以及对这些内容的分析。

我们在项目研究过程中提出的问题会随着时间的推移而改变。问题建立在不断推进的分析的基础之上,并直接针对特定的研究。在研究开始时,问题通常是开放式的,然后随着研究的进行,问题往往变得更加集中,得以改进。最开始访谈时的一系列问题可能是这样的:你曾经吸过毒吗,如果吸过,你的经历是怎样的? 在之后的访谈中,同样的一般性问题仍然具有意义。但是,研究者会想要进一步问一些关于特定概念以及与这些概念属性和维度信息相关的问题。

进行比较

进行比较分析是社会科学研究的另一个重要特征,对扎根研究来说亦是如此。比较分析通常被显性或隐性地嵌入到项目的设计中。例如,当社会学家比较性别行为(gender behavior)与性行为(sexual activity)之间的关系时,当犯罪学家比较不同种族的凶杀率时,或者当人类学家讨论仪式或其他文化行为之间的差异时,这些都是在进行比较。这样的比较研究往往是非常有价值的,比较之于分析而言是非常宝贵的。我们提供两种不同类型的比较:持续比较和理论比较。持续比较是比较常规的,研究者会在整个分析中使用。当研究者被细节压垮,并需要与研究保持一定距离时,就可以使用理论比较。接下来将给出对这两种比较的详细解释。

持续比较

进行持续比较指的是,在文档内或文档间,将一部分数据与另一部分数据进行比较(Glaser & Strauss,1967),以确定两部分数据在概念上是否一致,在概念上看似相似的数据会被分组到同一个概念标签下。这种比较对所有分析来说都是必要的,因为比较使研究者能够将数据简化为概念,根据其属性和维度来发展概念,并将一个概念与另一个概念区分开来。回到对配偶照顾者的研究例子中,那位85岁的女性照顾者后面说道:

> 自从丈夫去世后,我的生活似乎变得非常空虚。你知道我们结婚65年了。和他在一起的时间太长了,虽然他病了,住在养老院,但至少我知道他在那里。现在我孤身一人。我知道他是时候该离开了,但我不知道我是否能从孤独中走出来。

将这一段话与她之前的话进行比较,我们可以看到访谈的每一部分都在讨论一个不同的现象。在第一段引文中,这位老妇人在讨论照料安排问题以及她对此的感受。在第二段引文中,她不仅在哀悼丈夫的去世,还谈及65年婚姻生活之后不得不独自生活所带来的失去陪伴的问题。照料安排问题和失去陪伴的问题,尽管彼此相关,但与分析者尚未确定的更大的现象有关。随着进一步分析,这些概念之间的关系性质将变得更加清晰。在后续的访谈中,被标记为照料安排(placement)的事件,将与先前同样被标记为照料安排的其他事件就异同进行比较。进行编码内比较的目的是揭示一个概念的许多不同属性和维度。每个被编码为照料安排的事件都有可能突显相同现象的不同方面。

汇总表

简而言之,人们并不是每天都在创造新的世界。相反,他们是在利用已知去试图理解未知。通过这种方式,他们发现了每个对象的相似之处和不同之处,从而定义了所讨论的对象。举个例子,如一张床和一张沙发,我们知道床可以当沙发用,反之亦然,但与此同时,每个物体都有自己的特点和功能,这使得每个物体都是独一无二的。相似性、独特性或差异性,在理论建构中都非常重要,因为它们可以使研究者区分不同的概念,最终也可以通过一条共同的线索将它们整合在一起。

理论比较:激发思考的工具

理论比较是一种分析工具,其目的是激发人们对概念属性和维度的思考。人们通过事物的属性和维度来认识它们。橙子之所以是橙子,是因为它的外观和味道与柠檬不同,尽管它们都被归类为柑橘类水果。如果一个概念的属性在数据中是明显的,就没有必要进行理论比较。但是,当我们:1)对数据的含义感到迷惑或困惑,2)不知道什么可能构成属性或维度,3)想要以不同的方式思考数据时,理论比较就是有用的。理论比较的结果不会成为研究发现的一部分。相反,它们的目的是增加研究者对数据的敏感性,或者为理论抽样提出新想法。

进行理论比较的机制

进行理论比较的机制非常简单。研究者从数据中得到一个概念,使用这一概念来探讨生活或文献中的情境,这些情境可能在实质上是不同的,但可以使用这一概念来分析。同样,比较的结果并不会被作为数据的一部分使用。因为研究者是在思考一个概念,而不是数据中呈现的具体案例,所以分析者当然可以进行这种类型的比较,例如,一名研究者在访谈一名护士时获得了以下数据:"上夜班时,我更喜欢与另一名有经验的护士一起工作。当我和缺乏经验的(inexperienced)护士一起工作时,最终我得承担大部分的工作量。"

为了理解护士所说的缺乏经验是什么意思,分析者可以使用另一种情况下的例子进行理论比较,在这种情况下,缺乏经验可能会产生影响,如驾驶汽车或建造房屋。在进行理论比较时,分析者致力于寻找缺乏经验的属性和维度,以突出经验丰富的护士试图在数据中表达的内容。例如,一名没有经验的司机或承包商可能具有过于谨慎、忧虑、频繁改变方向、害怕偏离常模、容易出错、不自信、害怕在危机中采取行动等属性。现在,在对缺乏经验可能意味着什么有了一些了解之后,分析者就可以回到数据中,看看这些属性是否也存在,但可能因为自己一开始不知道要寻找什么而被忽视了。或者,研究者也可以从没有经验的护士那里收集数据(理论上的样本),看看在这些访谈中是否出现了任何相同或额外的属性。

近距离和远距离比较

有时在进行理论比较时,我们使用所谓的近距离比较(close-in comparisons),或与类型相似的情况进行比较。其他时候,我们使用所谓的远距离比较(far-out comparisons),即在表面上看似非常不同的情况,但在概念层面上进行检查时,它们之间的共同点比一开始看起来的要多得多。在进行远距离比较时,我们试图通过引用社会学家 E. C. 休斯(E. C. Hughes)的例子,以此来打破对比较的刻板印象。休斯喜欢进行引人注目的,有时甚至令人震惊的比较,如比较精神科医生和妓女的工作。两者都属于专业行业,都有客户,都因他们的工作而获得报酬,正如他所说的:"注意不要跟与他们讨论私密问题(intimate problems)的客户过于亲近"(Hughes,1971,p. 316)。

迫使分析者进行抽象思考

进行理论比较迫使研究者从描述案例的细节转向更抽象的思考。质性分析初学者面临的一个困境是,他们过于专注于每个案例的细节或细微之处,而不能退后一步,在抽象层次上思考案例之间的共同之处,而这是建构理论所必需的。

举个例子,当一个人出去买一匹比赛用马时,问题不在于某匹马好看不好看。相反,重要的是这匹马的属性,它跑得多快,年龄多大,健康状况如何,以及它在这些属性上与其他马相比如何。当然,在投资购买一匹比赛用马之前,还有很多关于它的信息需要了解,但是从具体的属性来考虑,然后根据这些属性来检查一匹马的优劣,有助于投资者做出正确的选择。

运用比较的要点总结

比较可以帮助分析者做到以下几点：

- 捕捉看似模糊的事件的意义
- 增加研究者对于数据中的属性和维度的敏感性
- 根据不断发展的理论分析，思考进一步的访谈问题或观察方向
- 更快地从描述层次转向抽象层次
- 立即将分析提升到更抽象的层次，弱化专注于单一案例的倾向
- 考察研究者和参与者的假定、偏见和观点
- 重新检查发现，重新分析通常会修正或改变在研究伊始的初步解释
- 使分析者更有可能发现某种变化以及一般模式
- 确保对数据分析采用更为灵活和具创造性的立场的可能性
- 建立类属之间的连接，丰富类属的意义

思考一个词的不同含义

在访谈过程中，研究者往往认为，当受访者表述观点时，自己已经理解了他们的意思。然而，当他们回到家，仔细检查访谈资料时，他们才发现也许自己并没有真正理解参与者在说什么。一个单词或语句可以包含不同层次的内涵和意义，特别是当表述者的意思模糊不清的时候更是如此。研究者不应该在没有仔细探索所有可能性的情况下就急于确定其中的意义。

当我们在谈论探索一个单词或短语的不同含义时，我们不是在说分析者应该对文档中的每个词汇都使用这种策略。研究者必须对此做出选择，只探索那些意思模糊的词。有时候，从上下文可以明显看出词义，有时则并非如此。研究者也可能怀疑自己所认为理所当然的解释并不是唯一的，还有更深层的含义。当这种情况发生时，就该进行一些思考了。

从技术上讲，分析一个单词、短语或句子需要浏览一份文档——或者至少是其中的几页，然后再返回到那些让分析者感到重要和有趣，但意义不明确的单词或短语上。接着，分析者开始列出所有可能想到的含义。有了这个列表，分析者就可以转向文档，寻找指向意义的事件或单词。例如，以一名青少年在谈论吸毒时提到的短语为例，即，青少年吸毒被当作"对成年人立场的挑战"（challenge to the adult stance）。"挑战"这个词可以有很

多不同的意思。由于受访者没有具体说明她想表达的意思,因此弄清楚其中的含义对研究者来说就构成了一个挑战。挑战可能意味着用统计数据或其他信息来对抗父母,挑战也可能是一种反叛的方式,一种了解自己或吸毒的方式,一种逃离父母权威的方式,一种定义自己是谁的方式——所有这些都是可能的解释。分析者的任务是拿着这个列表,搜索数据中的线索,找出在访谈的整体背景下最准确的含义。研究者可能会发现列表上所有可能的意义都没有得到数据的支持。在这种情况下,研究者可以回过头再去询问参与者。

运用反转技巧

反转(flip-flopping)包括将一个概念进行内外或上下颠倒,以获得不同的视角。这里使用与青少年和吸毒相关的另一个概念:"获取"(access),这个词被我们的受访者描述为"容易"(easy)。为了更好地理解"容易获取"意味着什么,我们可以问相反的问题:如果获取是"困难"的,即如果要长途跋涉、四处打听才能获得毒品,或在获得毒品之前必须通过某种测试,那么青少年的吸毒情况会怎样? 难以获取是否会对使用的毒品的数量或种类产生影响? 继续看这个例子,如果考虑到获取的困难,我们可能会得出这样的结论:购买毒品的地点可能没那么多,毒品在青少年常去的地方可能更不易获取,毒品可能更贵。回到"容易获取"的概念,研究者可以退后一步,从概念上思考,寻找像获取难易程度、成本金额和可以购买的地点等属性。

利用生活经验

我们与研究参与者拥有共同的文化,并且经常以类似的文化方式体验发生的事件。为了深入了解参与者的经历,研究者有时可以利用与参与者的描述相似的个人经历进行比较。这并不是说研究者的经历与参与者的经历完全相同,而是在两种情况下都可能发现某些特征。例如,一名研究者正在研究老年人,并想知道他们如何调整物理空间以满足他们的功能需求,那么研究者可能会想到有类似问题的老年父母或姨母。既然不可能对这些亲戚的经验视而不见,那么为何不好好利用这些知识呢? 例如,为什么不利用妈妈或朱莉亚阿姨的经验? 这些经验并未被作为数据来分析,而是为了激发研究者对空间使用的各种属性和维度的思考。

作为本书的作者,我们听到有批评者提到使用个人数据时的"偏见"。我们并不建议研究者将自己的经验强加于数据之上。相反,我们建议研究者其实可以暂时抛开他们的数据,将他们的关注点放在有关概念化的思考之上,并考虑特定情境下的属性和维度。生活经验甚至可能提供若干反例或一些新的思考,这会让研究者更直观地面对他们对特定数据的假定。

提出警示

分析者和研究参与者往往在研究过程中都带着各自的偏见、信念和假定。重要的是,研究者要承认这一点,并保持警惕,寻找偏见、假定或信念干扰分析的实例。认识到这种干扰通常是很困难的,因为主观意义通常被认为是理所当然的。有时,研究者在调查中会全情投入,并没有意识到自己已经不再质疑数据和数据分析,而是开始接受自己或受访者的假定或信念。研究者必须在深入受访者的心灵和思想的同时,保持足够的距离,以便清晰地分析和思考他们的言行——这也是研究者记录自己反应和感受的重要原因。

每当研究者听到"总是"(always)或"从不"(never)这样的词时,都应该在心中提高警惕,同样地,听到"不可能是那样的"或"每个人都知道是这样的"这样的话时也应如此。请记住,作为分析者,我们是在某个维度范围内进行思考,而像"总是""从不""每个人"(everyone)和"不可能"(no way)这样的说法,往往只代表连续统上的一个点。我们还想知道"有时"(sometimes)到底意味着什么,以及什么条件可能导致这种"有时",而不是"总是"或"从不"。例如,在我们的研讨会上,一名学生正在研究有关在诊所中为亚洲女性提供口译服务的问题。学生解释说,当没有女性翻译为女性患者提供翻译服务时,有时诊所就会叫男性翻译来。在女性患者有性病或妇科问题的情况下,叫男性来翻译其实是有问题的,因为在拥有不同性别员工的公司中讨论这些话题都会被认为触犯隐私。

从分析的角度来看,"禁忌"(taboo)和"从不"这些概念脱颖而出,即刻向我提出警示(waving a red flag)。熟悉亚洲文化的人很容易接受这种观点,而不再对此提出进一步的问题。然而,禁忌这一概念会引发一些非常有趣的问题。当一名女性的生命受到威胁时,她的生活会发生什么变化? 会因为没有人愿意谈论正在发生的事情而就这么让她死去吗? 通过做出推断、提供微妙的线索或使用非言语沟通,我们能否巧妙地绕过禁忌? 熟悉这类人群的具有敏感性的临床医生会察觉到那些没有被说出的内容,并持续跟进讨论吗? 这名女性会找个借口离开,然后在其他时间回来吗? 简单地接受我们被告知的内容,而不去质疑或探索问题,就会阻碍我们发展更全面、更多样的解释。

分析的原则

分析的原则是不要认为事情或言论是理所当然的。质疑一切是很重要的——尤其是在我们发现自己或受访者已经"入乡随俗"或接受常见观点或视角的情况下,更应如此。此外,当我们听到"有时"这样的词时,我们想要探索导致"有时"发生的条件,并确定是否还有其他情况会导致"从不"或"总是"的说法。我们寻找并欢迎相互矛盾的案例,这样我们可以找到当条件变化时概念如何变化的例子。而且,即使"从不"是一种情况,我们也想知道"从不"的条件是什么。我们应该记住,人是足智多谋的。多年来,大家似乎找到了管理或避开许多不同类型情况的策略。找到这些变化会增加研究的深度,并使我们的概念具有更强大的解释力。

关注语言

人们经常以有趣的方式使用语言。研究受访者如何使用语言,可以发现很多相关情况的信息。以之前引用的老妇人把她丈夫送进养老院这段话为例,这位老妇人说:"把我丈夫送到养老院是一个非常艰难的决定,但我在身心上都无法再照顾他了。"请注意,她使用的是第一人称的"我"而不是"我们",这告诉我们,她认为把他送到养老院是她自己的决定。她丈夫对这一决定有任何看法吗？ 她是否有孩子,他们是否参与了这个决定？ 如果没有,原因是什么？ 她一个人做决定这一事实,能解释她对"照料安排"问题的看法吗？

语言也因为人们对事件进行概念化而显得有趣。参与者用来表达的日常语言在概念上是极富表现力的,我们经常可以直接将它们作为编码使用。例如,当有人说"我只能努力适应我的残疾了",这就给了我们一个"努力适应"(coming to terms)的概念。对其进行思考,我们会发现这个概念描述了所发生的事情,而且对于分析者来说很难找到更好的术语。当我们使用受访者的言语作为编码时,我们称之为见实编码(in vivo code),即使这是用参与者自己的语言生成的概念。语言往往是丰富生动的,具有很强的描述性,我们应该多多关注这样的表达。

寻找所表达的情感

在访谈中提及的足够重要的情况或事件可能会引起参与者和研究者的一系列情感

表达。在进行分析时,将情感(emotions)和感受(feelings)纳入分析是很重要的。情感和感受为分析者提示了特定事件对人们的意义。以下数据来自我对一位丈夫的访谈,他的妻子患了乳腺癌:

> 当我们第一次发现她乳房上的肿块时,我们的反应可能和大多数人一样。一开始我们以为可能没什么大不了的,但确实也应该检查一下。我想私底下我们都很不安,很害怕。她确实去做了检查,结果表明疑似肿瘤,她可能需要进行手术。然后,我们变得非常害怕,因为我们都认为癌症足以威胁生命。你必须迅速采取行动,这也是我们所做的。(摘自田野笔记)

看这对夫妇,其几乎快被癌症确诊所产生的恐惧所打败。他们认为癌症是一个"威胁生命"的事件,这使他们感到害怕,并想要迅速采取行动来应对它。

寻找表示时间的词汇

使用与时间相关的词语通常表示观念、思想、事件或对事件解释的变化或转变。与时间相关的词包括当(when)、之后(after)、自从(since)、之前(before)、万一(in case)、如果(if)等词。这类时间连接词可以帮助研究者构建起事件框架并指出条件,当我们试图识别情境和过程时,它们尤为重要。重新检查田野笔记中的记录,丈夫描述了关于他妻子需要进行乳腺癌手术这件事。"当"这个词引起了我们的注意,它框定了随后发生的事件,标志着受访者进入了对癌症的体验。在几行字之后的"然后"(then)这个词,表示了体验与经历的转变,从"可能是癌症",我们暗自害怕,到很有可能是癌症,我们需要做手术,到我们"非常害怕",因为癌症危及生命。

通过隐喻和明喻进行思考

在日常生活中,我们经常使用隐喻向别人和我们自己解释事情。当我们称某人为"狐狸"时,我们是在暗示这个人是狡猾和诡诈的,或是聪明和有目的的。如果我们说某人像一只"乌龟",我们是形容这个人行动缓慢但坚持不懈。我们的参与者经常使用隐喻和明喻来描述事件和传达情绪。莱考夫和约翰逊(Lakoff & Johnson, 1981)写了一本非常有趣的书,描述了人们如何使用隐喻来谈论事物。研究者可以使用隐喻来进行陈述或表达想法。例如,一个人可能会描述接受癌症治疗就像"经历地狱"或"打一场恶仗"。即使仅仅使用这几个词,也能在我们的脑海中形成画面,帮助我们理解癌症治疗的意义。

寻找反例

反例(negative case)是不符合常规模式的情况,是重要主题或核心概念的例外。虽然研究者可能找不到反例,但搜索这样的案例却是有用的,因为研究者可以用它来提供替代解释。寻找反例可以提供对概念更全面的探索。反例也增加了结果的丰富性,并表明生活充满不确定性,几乎任何解释都有例外。

使用其他分析工具

那又怎样?

另一种分析工具是多问"那又怎样"(so what)。研究者可以针对前面那对夫妇所描述的情况,提出这些问题:这一发现为什么会如此重要? 如果有肿块又会如何呢? 对这对夫妻而言,现在和未来意味着什么? 对这些问题的回答可以更好地帮助研究者理解为什么这对夫妇觉得他们需要立即采取行动。

叙事的结构

不过,另一种技巧涉及观察叙事的结构,即观察它是如何按照时间组织起来的,或者从生活史的哪个点开始叙述、如何继续叙述以及如何对叙事进行收尾的。故事中是否有间隔(gaps)? 叙事中是否引入了情境? 观察参与者如何构建故事,可以让分析者对参与者如何定位他们生活中的事件以及这些事件的突出性,有一定的了解。

假设性问题

分析者也可以玩"假设性问题的游戏"(what if? game)。如果这对夫妇忽略了肿块会怎么样? 现在和未来的体验会有什么不同? 如果是在乳房 X 光检查或常规体检中发现了肿块,而不是夫妻二人自己发现的,会怎么样? 或者,如果是在度假或在国外生活时发现了肿块,而不是在家里发现的,他们会有什么反应? 让思维活跃起来,多思考其他场景,有助于分析者以全新的视角看待数据。例如,在之前给出的关于乳腺癌的引文中,受访者暗示,对于一名女性来说,当她发现乳房肿块时,自然就会跑去看医生。但是,真的是这样吗? 有些女性认为肿块不重要,或者感到很害怕。分析者可能会问这样一个问题:这对夫妇有什么背景、教育水平和经历,让他们产生了怀疑,选择去看医生? 问这样的问题能使研究者了解更多情境性因素，以解释为什么这对夫妇变得多疑，而其他人可能没有。

伦理考量

分析的一个重要部分是要反思我们是谁，以及我们是如何被研究塑造和改变的。重要的是，研究者要花时间熟悉这些策略，并使它们成为自己思维方式的一部分。没有实践，策略的使用会变得生疏而不是熟练。进行质性研究的伦理要求研究者不要急于就意义得出结论，并且要尽一切努力探索所有的可能性，然后根据数据或与参与者进行核对。

要点总结

在本章中，我们介绍了一套有助于分析的策略。对于使用这些策略的重要性，再怎么强调也不为过。分析者希望得出有实质内容的发现，并对其专业领域的知识做出贡献。要产生新知识，就需要对数据中可能存在的多重意义保持敏感性。分析策略是一种启发式的手段，可以促进分析者和数据之间的互动。它们被用来分析数据、刺激概念思维、增加敏感性、促进产生替代性解释，并活跃思想。对分析者来说，最重要的是要记住，要灵活使用分析策略，要有自己的理解和目的。

此外，深思熟虑地使用分析策略加强了对偏见和假定如何影响分析的认识。尽管一些分析者声称在分析数据时他们能够搁置自己的信念和观点，但是，放弃专业观点并不总是可能的。观点和假定是根深蒂固的，它们造成的影响往往难以察觉。我们发现，承认我们的偏见，并有意识地将经验作为一种策略，帮助我们以不同的方式、更广泛的角度思考数据，会更有帮助。除使用上述的描述性分析策略外，我们建议分析者在数据收集和分析过程中坚持写个人日志。写日志可以记录研究过程中的思想、行动和感受。

专业见解:强大的数据分析工具

我的教学经验以及对科宾和斯特劳斯第5章分析工具的应用

玛丽苏·V. 海莱曼(MarySue V. Heilemann)

博士,执业护士(RN)[①],加州大学洛杉矶分校护理学院副教授

多年来,我的经验是,当UCLA的高级质性研究课程的学生开始应用科宾和斯特劳斯在第5章中介绍的分析工具进行数据分析时,他们才真正掌握了课程内容。在我的课堂上,他们要为这门课程进行初步研究,在他们自己完成了三四次访谈的转录和初步编码后才学习使用分析工具进行数据分析。

在课程的这个阶段,学生都很清楚他们需要从编码转换到通过阐述属性和维度来发展类属或概念。然而,直到我们一起在课堂上尝试第5章的一些策略,他们似乎才真正明白如何做这件事。这是思维真正活跃的时候,学生之前并不理解数据分析中有趣和令人兴奋的方面,现在他们则领悟到了。这对学生来说是非常有动力的,他们的课程体验反馈也一直是正面的。

我发现,如果我为每位学生提供一些我的数据样本,然后我们在课堂上一起进行分析,这种小组体验通常效果最好。学生告诉我,当使用别人的数据进行分析时,他们感到压力较小,也感觉有更多试错空间。通常,我会特意选择与我在数据中发现的某一特定主题或类属有关的数据片段。在介绍研究目标并简要概述样本的人口统计信息后,我会告诉学生我们关注的主题。然后,我会为学生提供一个夹在一起的数据摘录纸质副本。例如,今年,我从与不同女性进行的四次访谈中选取了一些数据,这些女性是在完成了一个创新的抑郁症治疗项目大约三个月后接受访谈的。我向学生解释说"为治疗做好准备"是我的一个主题,但我还不确定它是一个类属还是子类属,所以我希望我们一起看看这些访谈数据并分析它们。所有的数据每一行的左侧都有编号,右侧则有很宽的边距。这可以帮助我们快速定位学生可能引用的任何访谈内容。我没有提供我自己的数据编码,但学生都知道我已经对数据进行了编码,而且我对这些内容非常熟悉。在数据副本中,我对其中的每个参与者都做了简短的介绍。在介绍之后,我给了学生20~30分钟的时间来阅读摘录,并标记数据,以确定他们认为与"准备就绪"(readiness)或"做好准备"

[①]RN 是"Registered Nurse"的缩写,翻译为中文是"注册护士"。在许多国家,成为一名注册护士需要完成特定的教育和培训,然后通过国家或地区的护士执照考试。RN 标志着该护士已经获得了执业资格,并可以在医疗机构中提供护理服务。这也意味着他们要遵循特定的职业标准和道德准则。——译者注

(being ready)有关的部分。他们以小组形式分享并确定与之相关的摘录,我则在黑板上记下它们的行编号。在按照科宾和斯特劳斯在第4章中描述的方式,针对数据提出一系列问题后,我们开始进行比较。我们的目标是寻找跨案例的变异和/或模式。我们还讨论了在备忘录中要写什么、如何记录我们正在讨论的内容,以及我们如何在将来的备忘录中进一步探讨出现的问题。

接下来,我让学生在数据中找出一个引起他们注意的单词或短语。这引发了更多的提问和小组讨论,也让学生看到了他们的同学使用的语言有多么不同。对数据中不同单词或短语的意义可以有很多不同的解读,这让他们大开眼界。这表明他们不应该认为自己能够立刻理解参与者语言背后的意义。

在"观察语言"之后,我们使用了反转技巧来检查"准备就绪"这一概念。我们讨论了准备就绪的反义词,全班的每一个人都参与了讨论。学生发现,虽然许多人达成了一致,但有些人对于如何定义准备就绪的反义词表示了不同意见。这种生动的讨论使他们重新深入数据,看看参与者是如何在访谈的上下文中使用这一术语的。

我们继续使用这些技术,就这四次访谈的数据,继续一起讨论我们的想法。从"提出警示"到"寻找表示时间的词汇",再到专注于参与者使用的隐喻,学生热情饱满地"挖掘"数据,寻找他们能找到的东西。和往年一样,今年的学生发现只要理解了分析工具,分析比他们想象中的要容易。因为这不是他们自己的数据,而且我们是作为一个小组来分析的内容,所以这个练习对他们来说体现了一种探索精神,他们觉得很好玩。

学生告诉我,他们觉得这次经历对他们来说是一次突破,因为他们意识到在分析数据时,甚至在编码时(如果合适的话),他们都可以放松下来,真正做到"四处挖掘"。分析工具教会他们如何在数据中往返,所以他们更愿意"深入挖掘"。他们说,当他们在寻找某个特定的东西时,比如情感是如何被表达的,或者像"总是""从不"或"所有"这类词语是如何在数据中出现的,他们现在觉得只要他们看到这些内容,就知道该怎么做。他们感到很有信心。知道使用什么工具,然后和小组成员一起运用,这表明他们"被允许"以一种新的方式挖掘更深层次的东西。

这次课堂练习的后续任务是让学生回家使用这些分析技巧来处理他们自己的数据,然后将相关内容写下来,并提交一系列备忘录。在检查提交的备忘录时,我发现学生更喜欢采用针对数据提问、进行比较、关注语言、注意表达的情感和使用个人经验的策略。在最近的一次面谈中,我与一位来自意大利的访问学者进行了对话,她有旁听我的课程。她准备基于自己的研究发表一篇文章,我们在检查文章时注意到了一行数据。我请这位学者再次查看这行数据,她立刻带着满脸的笑容说:"啊哈! 现在我知道这些数据是在'提出警示'!"的确,在这行数据中,参与者在一个句子中使用了"总是""所有"和"每次"等词语。这一项发现使我们对那部分数据的分析更有成效。昨天,一位两年前上过我的课程、目前正在深入分析她博士论文数据的博士生打电话给我,希望回顾一些与她现在的分析方式相关的技巧。经过一番激烈且富有成效的讨论,我们注意到这些技巧在扎根理论分析的所有阶段——初期、中期和后期——都是有用的。这些经验强化了我对花时间进行的关于科宾和斯特劳斯提出的分析策略的体验性教学的重要性的看法。好处似乎是无穷无尽的!

小组思考、写作和讨论

1. 以班级为整体,或请每个学生应用本章描述的一些技巧来分析附录 A 田野笔记中的段落。这些田野笔记摘自一项生物学研究,探讨那些危及生命的事件对人们的意义,以及他们如何将这些事件融入他们的生活。田野笔记中描述的事件是胸痛。如果你愿意,你可以使用自己的或小组成员的田野笔记。与小组成员分享你的分析结果,并解释你认为这些技巧是如何加强分析的。如果你没有使用这些技巧,那么你可能会忽略哪些东西?

2. 作为一位分析者,思考其他可能会被添加到你的分析技术列表的分析技巧,并与你所在小组的成员一起讨论这些技巧。

推荐阅读

Bazeley, P. (2014). *Qualitative data analysis: Practical strategies.* Thousand Oaks, CA: Sage.

Saldana, J. (2013). *The coding manual for qualitative researchers* (2nd ed.). Thousand Oaks, CA: Sage.

第6章 备忘录和图表

为了在最大限度上控制自己的研究过程,研究者需要一个高效的记录系统。初学者可能会认为,笔记主要是帮助记忆以及信息存储和检索的工具。这当然没错,但这只是在相对机械的层面上的理解。研究者需要的是一种记录策略,使他可以作为发现者和社会分析者两种角色进行持续性的、发展性的对话。

(Schatzman & Strauss,1973,p. 9)

关键术语

备忘录　关于分析的书面记录
图表　用于描绘分析概念之间关系的可视化工具
理论抽样　为了推进分析、详细阐述类属和关系而进行的有目的的数据收集

本章旨在向读者介绍两个非常重要的分析工具:备忘录(memos)和图表(diagrams)。正如本章开头的引文所述,备忘录和图表不仅仅是分析的灵感源泉。当研究者写备忘录时,他们也在进行分析,在与数据对话并推动分析的深入进行。斯特劳斯(Strauss,1987,p. 110)指出:"即使是一位研究者独立完成某个研究项目,这位研究者也是在不断地进行自我对话——毕竟,这就是思考。"

学习要点

在阅读本章时,建议读者注意以下要点:

- 研究示例
- 备忘录和图表的共同性
- 备忘录的一般特征
- 图表的一般特征
- 备忘录分类

研究示例

在进行分析时,研究者实际上是在与数据进行互动。他们考察数据,进行比较,提出问题,提炼出代表意义的概念,并指出概念之间可能的关系。换言之,研究者的头脑中正在进行一场对话。仅仅在边缘写下一个概念并不能保留这场对话,也无法解释概念之间可能存在的联系。但幸运的是,备忘录和图表可以帮助完成这个任务。下面是一个在备忘录和示意图中记录分析过程的示例。

下文中,我们展示了一个简短的示例,其中包括分析、写备忘录和绘制图表,并展示了它们之间的关系。这个示例应该可以让读者明白,分析、写备忘录和绘制图表并不是什么神奇的事情。备忘录和图表与"疼痛体验"的分析有关。如大家所见,研究者进入分析过程所需的只是少量的数据。我们希望读者特别注意,当我们进行分析或编码时,我们不仅仅是在为概念贴上标签。虽然我们的确是在提出代表某种意义的概念,但在此之外,我们还在其属性和维度上发展概念。这两者都对下定义、充实信息量和细化概念等具有重要意义。在描述性研究中,概念发展与理论建构同样重要。

请注意我们是如何写备忘录的。备忘录的顶部是编码或概念,这是我们对数据所反映的内容的解释。但也请注意,备忘录不仅只标明一个概念。一些备忘录还将标明一些编码的属性和维度(它们也是概念,但是较低层次的概念)。其他的备忘录和图表将展示概念之间的关系。

备忘录1

备忘录示例:展示开放的数据探索

1997年4月4日

概念:疼痛经历(此处的编码或概念反映在备忘录的标题中)

(田野笔记的摘录)

在潮湿的天气下,由关节炎引起的手部疼痛真的很难受。每天早上起床时我都会感到疼痛,并持续一整天。我不太愿意吃药,因为担心可能会有各种副作用,唯一感觉好些的时候是晚上躺在温暖的床上,裹紧被子时。(与受访者1的访谈摘录,田野笔记第1页)

在我的备忘录中,这是一个分析田野笔记的示例,我记录道:这位女士正在描述她的"疼痛体验",即她是如何经历疼痛以及如何缓解疼痛的。描述是从她的角度出发的,反映了她的主观体验,并非对疼痛的任何客观度量。在她的描述中,我们可以看到她表达了她的手部很疼痛,而且这种疼痛对她来说是一个严重的问题。她的疼痛属性可以用强度、位置和持续时间等广泛的术语来进行概念化。当她说有时候疼痛让她"很难受"时,她正在告诉我们关于疼痛强度属性的维度。她告诉我们疼痛的位置是她的手部,且持续时间"很长",会痛一整天。另一方面,她也提到了缓解疼痛的方式。她告诉我们,她的缓解方式是"晚上的温暖条件",并且她"不太愿意"服用任何药物。在温暖的条件下可以缓解疼痛。至少在她经历疼痛的这一阶段,可能的药物使用被她排除在外。疼痛的所有属性,包括其管理和缓解,都构成了她的疼痛体验的一部分,当然这一体验是非常个体化的。

关于备忘录和图表的说明

先前提供的备忘录以及随后的图表(图6.1)虽然并不复杂,也不丰富,但它们确实为我们的分析提供了起点。我们已经有一个概念——"疼痛体验",并且确定了这位女士疼痛体验的一些属性和维度(强度、持续时间和位置)。此外,我们还引入了"疼痛管理"和"疼痛缓解"的概念。现在,我们可以回到原始的数据中,在同一次访谈中寻找更多有关她疼痛体验的描述,或者我们可以转向另一位研究参与者的访谈,比较两种描述的异同。不过,在采取后面这种方式之前,我们可以根据田野笔记撰写额外的备忘录,以帮助我们思考在返回田野进行另一次访谈时要探究的内容。在这里,我们想要强调一个非常重要的观点:每个分析者必须决定所追求的分析深度,以及愿意投入研究的时间。我们不希望过于简化分析过程,但我们也不想因备忘录写作而让读者感到不知所措。作为作者,我们会继续基于之前所撰写的备忘录继续撰写新的备忘录,直到我们再也无法产生新的想法,因为那就是我们的工作方式。然而,每个分析者都有自己的方法、风格和工作节奏。在这本书中,我们希望为经验丰富的研究者和初学者提供有益的信息。如果我们不提供一系列不同复杂程度的备忘录,那就不利于不同的读者理解我们的工作。因此,我们让读者自己选择分析的复杂程度,以及他们愿意在备忘录写作上投入的时间。

在撰写了第一份备忘录并绘制了示意图之后,我们继续分析,并根据第一份备忘录撰写了第二份备忘录。

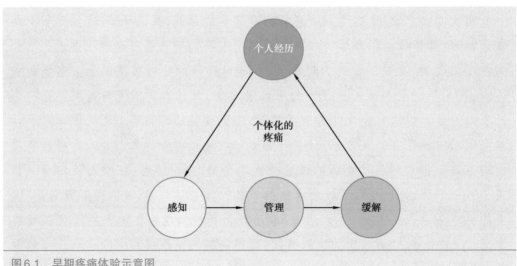

图6.1　早期疼痛体验示意图

备忘录2

备忘录示例:进一步探索疼痛体验,以确定或发展其属性和维度

这是一份基于数据的抽象层次更高的备忘录。撰写备忘录旨在加强我们对潜在属性和维度的敏感性,当查看后续数据时,我们就知道要探究什么。

1997年4月4日

概念:疼痛体验

在前面备忘录的基础上,我们可以假设疼痛强度在维度上可以从严重到轻微,它可以在身体的任何部位出现,甚至可以同时在多个部位存在,并且其持续时间长短不一,即,在这段时间里疼痛可能是连续的、间歇的或暂时的。这为我提供了一系列的维度,所有这些维度都被融入到疼痛体验中。另外,对于某些人来说,疼痛在特定条件下可能会有所缓解,因此疼痛缓解也可以从可能到不可能,从临时到永久,这取决于个体、疼痛的类型或疼痛的原因,以及个体对疼痛的反应。更为复杂的是,似乎对疼痛的感知或疼痛体验会因许多因素或条件而异,如疼痛在身体的位置(在某些区域会比其他区域更敏感)、活动的程度、一天中的时间,甚至还有像天气这样奇怪的因素。最后是疼痛的持续时间这一属性。持续时间可以在维度上被分为"连续的""间歇的"或"暂时的"。在之前的案例中,有人可能会说这种疼痛是间歇性的。然而,所有这些关于疼痛属性的不同维度或变化,将如何被纳入疼痛体验之中呢?另外,我还有一个问题:疼痛对这个人来说意味着什么?疼痛的意义表现为她因为疼痛而能够或不能够进行的行动和互动。因此,我必须检查一下,疼痛的"主观体验"包含了许多因素,我需要在探究数据时深入研究这一问题。可能还有其他因素会影响疼痛体验,但这些因素在这一项田野笔记中并没有被提及,包括现在的和过去的疼痛史以及与疼痛缓解相关的体验。哦天!我还没有探索疼痛缓解和治疗这两个重要领域,但在这项研究结束之前,我必须要继续对其进行进一步的探究。随着我继续收集数据并分析访谈,我会注意之前提到的要点是否也存在于数据中,以及其是否可以被纳入到我的理论中。

关于备忘录和图表的说明

在这份备忘录以及基于备忘录的示意图(图6.2)中,我们展示了疼痛的可能维度及其与疼痛体验之间的关系。请注意,备忘录和图表反映了对该主题系统性思考的结果。分析者利用已收集的数据来激发更深入的思考。关于备忘录的另一要点是,它们还鼓励分析者对数据提出问题,这些问题将指导理论抽样(这是第7章中要讲解的一个概念)。当分析者返回收集数据时,将对分析中提出的那些问题更加敏感,仔细倾听人们如何描述他们的疼痛体验,包括疼痛史、疼痛缓解和治疗经验。需要通过数据收集来进一步探索这些想法。

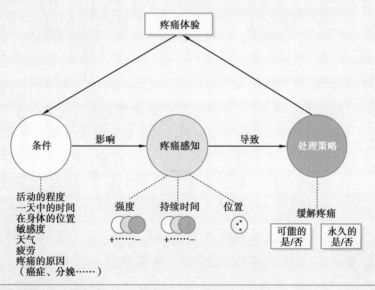

图6.2 疼痛体验概念的进一步发展

以下是另一份根据相同田野笔记撰写的备忘录。这份备忘录比之前从数据中得出的备忘录更具启发性(speculative),旨在为理论抽样提供方向,并帮助分析者摆脱阻碍思考的分析困境。注意,在备忘录中通过头脑风暴提出的想法,并没有被纳入研究。

备忘录3

备忘录示例:关于比较和提问(再次强调,这一类备忘录的目的是拓展思维,使我对数据更加敏感)

1997年4月4日

概念:"疼痛体验"及其属性和维度

基于个人经验、专业训练和文献积累,我知道关节炎并非唯一的疼痛来源。受伤也可能造成疼痛,如拉伤肌肉或轻微烧伤。因此,疼痛的类型多种多样,可能表现为灼烧感(burning)、剧烈疼痛(sharp)、隐隐作痛(dull),甚至阵痛(throbbing)。疼痛可以被描述为"可怕的"(horrible)、"难以忍受的"(overwhelming)、"干扰性的"(disruptive)或仅仅是"有刺激性的"(irritant)。疼痛是一种感知性的体验。这意味着由于每个人的身体和他们对疼痛经验的感知都是不同的,所以没有两个人会以相同的方式体验疼痛。有些人在手术后需要大量的止痛药,有些人则需求量不大,这是因为每个人的疼痛阈值和对疼痛的反应都有所不同。另一个观点是,疼痛体验有一个发展轨迹或过程。疼痛的体验并不是从这次疼痛开始的,而是可以追溯到过去,影响现在,并会接着进入下一阶段的疼痛体验。此外,这种特定的疼痛体验可以随时间变化,时而较强,时而较轻。因此,我现在有了一些关于理论抽样的想法,如寻找临时性与慢性疼痛的情况,较强与较轻疼痛的情况,以及疼痛得以缓解与疼痛管理不理想的疼痛史。正如我思考的那样,疼痛体验会被多种因素的组合所影响,如强度、持续时间、其是否能得到部分或完全缓解,或其是否能得到临时性缓解,还有疾病史。我想起了一名女士,她患有带状疱疹后神经痛,这种疼痛从未消失。她最终去世了,但她的死并不是由于疼痛本身,而可能是因为她被持续性疼痛折磨得筋疲力尽。她寻求疼痛缓解的时间很长。最后,她只能学会与疼痛共存,并每天与之斗争,这也涉及了疼痛的意义和对日常生活的影响。可以看到,我还有很多工作要做,以发现疼痛及其性质、疼痛缓解和疼痛体验之间的关系。当我进行抽样时,我还有一些问题想问。我应该观察那些有着慢性疼痛困扰的人,慢性这一属性在驱动着我在不同条件下进行数据收集,如风湿性关节炎、带状疱疹疼痛、镰状细胞贫血和癌症。但除此以外,我还应该观察那些有临时性疼痛困扰的人。在这里,疼痛是临时性的,这是驱使数据收集的另一种属性。我应该去探究与分娩、手术或受伤相关的疼痛,以定位临时性疼痛。烧伤和截肢都是有趣的领域,因为疼痛可能是临时性的或慢性的,这取决于并发症。另一个问题是,疼痛体验有哪些不同的模式?是否存在跨越各种属性的疼痛体验的不同模式?疼痛的意义是如何获取的?可预期的或不可预期的疼痛会有所不同吗?获得缓解的能力或可能性是否有一定的影响?我的意思是,如果有人期望或相信治疗后会得到缓解,相对于那些相信尽管进行了治疗仍然不会有所缓解的疼痛,这是否会使体验有所不同?如果预期会有疼痛,那么人们会采取哪些步骤来预防或减轻疼痛?人们会如何控制自己的生活或活动以在最大程度上减轻疼痛?文化、年龄和性别等因素会如何影响疼痛体验,以及疼痛持续时间、强度和进行缓解的努力会如何影响疼痛体验?

关于备忘录和图表的说明

备忘录和基于备忘录的示意图(图6.3)虽然并不完整,但也可以展示研究者如何比较慢性和临时性疼痛,以扩展他们对属性和维度的思考,然后再回到田野展开进一步研究。这一研究设计是收集这两种极端的数据,比较这些数据,看看属性和维度如何变化。理解像疼痛体验这样在本质上非常复杂和个体化的概念,需要在多个领域进行大量的思考和数据收集。在备忘录和图表中,读者也可以看到,在研究者处理数据时,其如何围绕"疼痛体验"这样的概念将类属和子类属连接起来。但是,在将备忘录或图表中的任何假设性内容纳入研究发现之前,研究者需要收集数据并进行必要的比较。为了拥有丰富、翔实的理论或描述,研究者需要进行深入的分析以及有针对性的或理论性的抽样。

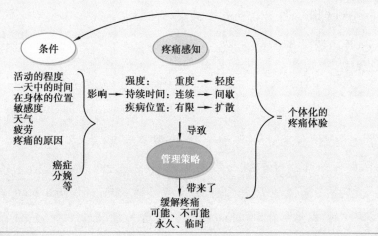

图6.3　疼痛体验的示意图

备忘录4

总结性备忘录示例:展示条件、行动-互动和结果之间的关系

1998年6月18日

概念:关于疼痛体验的更深入的备忘录

在经过数月的数据收集和对他人疼痛故事的深入了解后,应该如何从总体上来讲述有关疼痛的故事呢?我认为故事大致是这样的:除非疼痛非常轻微并且持续时间非常短,不然它就是一种充满磨难的体验。每次进行访谈时,我都能感受到那些正在经历严重疼痛的人们在谈论他们的疼痛时所承受的苦痛的强度。严重疼痛的含义就是"经历苦难"(suffering)。人们渴望找到缓解方法,但这往往是难以实现的。寻找缓解的方法常常让他们走进死胡同,他们的情绪从愤怒到抑郁不等,其中有很多原因,最重要的是他们无法控制自己的生活和所受的苦难。尽管有许多治疗选项可供选择,但找到一个适合自己的特定方法并不容易,这涉及很多试错策略。在我看来,疼痛忍耐力是一个有趣的概念,它在疼痛持续时间很长且人们因其持续性而疲惫不堪时就会被削弱。寻找缓解的方法好似在夜晚迷失在黑暗的森林中,一个人试图找到一条通路,一种逃脱的方式,但逃脱的路径在黑暗中被封锁,难以找到。人们有时会变得绝望,不知道这种痛苦是否会结束,有时甚至希望死亡能成为他们从疼痛中逃脱的出路。疼痛可以控制一个人的生活,有时生活围绕着疼痛及其缓解。在这里,"日常生活"(everyday life)是一个非常重要的概念,因为疼痛可能对日常活动产生影响,日常生活可能受到的干扰可大可小。人们寻求缓解不仅是为了"摆脱"(get away)痛苦,更是为了让他们可以"继续"(get on)自己的生活。疼痛是如此个体化的体验,很难向人解释,急性的临时性疼痛与慢性的严重疼痛非常不同。我确实发现一些模式正在浮现。有些人经历了急性的临时性疼痛,他们的疼痛体验可能很强烈,但当这一切过去时,那种强烈感会暂时被遗忘。他们的疼痛体验是由如何处理疼痛和控制疼痛的可用治疗方法来定义的。这类受访者中的一些人描述疼痛体验是可怕的或管理不善的(poorly managed),另一部分人则认为疼痛"没那么糟糕"(not so bad)。不管疼痛体验如何,它都被纳入一个人的疼痛史中,可能会在未来的急性或慢性疼痛发作中再次出现。还有些人有慢性疼痛的困扰,他们已经发展了管理策略来控制其强度及其对日常生活的影响。尽管他们希望没有疼痛,但他们通常描述他们的疼痛是可以忍受的,也在继续寻找治疗的方法。他们的疼痛体验受到一些因素的调节,如从他人那里获得支

持和认同,以及抱有希望,认为疼痛只是暂时的。对他们来说仍然有缓解的途径。最后,还有"忍受持续疼痛的患病者"(constant pain sufferers)的群体。这个群体每天都要经历疼痛,苦难是他们生活的全部。他们的日常活动受到严重限制,并伴随着从中等到严重程度的抑郁症。这也是可以预期的,因为他们几乎没有希望使情况有所改善,他们的故事令人同情。

关于备忘录的说明

这份备忘录虽然是基于推测而形成的,但也为理论抽样提供了方向,如慢性的与临时性的疼痛,以及生活被疼痛和苦难所充斥的人与已经学会控制疼痛的人。备忘录还为研究者提供了一些诸如"忍受持续疼痛的患病者"和"疼痛史"等潜在的新概念,这些概念增强了研究者的敏感性,并为未来的数据提供了观察的方向(图6.4)。

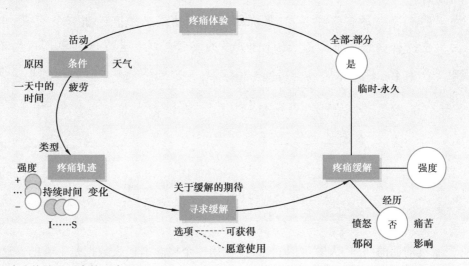

图6.4 疼痛体验进一步的示意图

备忘录5

备忘录示例:发展故事线

1998年6月20日

概念:探索故事线选项

我扪心自问:是哪些主要的概念或故事线整合了这些不同的组群? 我为此感到困惑。我知道其中有"寻求对苦难的解脱"(searching for relief from suffering),但那似乎是一个有逻辑的常见解释。这是一个持续的过程,但它并不能充分解释或准确表达这些多样化的体验。因此,必须有一个更好的解释。我想关注伴随疼痛而来的"苦难",无论疼痛是临时性的还是永久性的,我都想了解疼痛、受苦的感觉。我脑海里不断浮现出黑暗和夜晚森林的意象,这让我想起了与疼痛共处的感觉,苦痛是身体上的,也时常是心理上的,如恐惧、受阻、疲劳和沮丧,这就有了"在疼痛造成的黑暗中徘徊不前"(wandering in the darkness of pain)的故事线,但它并没有讲述完整的故事。我现在还不能把这种感觉用词语描述出来。我必须继续思考这个问题,希望正确的概念会浮现出来。

关于备忘录的说明

如读者所见,当分析者试图进行思考时,备忘录的内容是比较散乱的。有时,由于分析者还没有找到一个总体的框架,因此,他们还不准备就特定主题绘制整合性的图表。备忘录体现了分析者自己的情感和挫败感,因为他们对正在发生的事情心里有一种感觉,但在那时却无法清晰地表达出来。而且,未能绘制图表也告诉分析者,其还要进行更多的思考。写备忘录和绘制图表促使研究者继续寻找"正确"的概念,这就是为什么备忘录和图表是如此强大的分析工具。

备忘录和图表的共性

通过前面的例子,大家可以看出,仅仅用一个概念来代表数据是不够的。这并不能反映出分析的思维过程,而唯一的记录方式是通过备忘录和图表来进行。

以上内容会在本书的第二部分中得到更加清晰的呈现,我们将带领读者进入实际的研究项目示例。不过,在此之前还有几点需要说明,这一节主要围绕备忘录和图表的共性展开,将讨论以下内容:

- 形式和功能
- 养成写备忘录和绘制图表习惯的重要性
- 追踪分析过程
- 实用建议

形式与功能

备忘录和图表在研究的不同阶段具有不同的形式和功能。在撰写备忘录和绘制图表时,研究者不一定会考虑它们的种类。他们只是在进行头脑风暴,尽情地发挥自己的想象力。但如果研究者仔细研究备忘录或图表,就会发现它们实际上有多种功能。之前有一位审阅者对这些不同的功能进行了解释。尽管这些功能可能并未被穷尽,但我们接下来还是会呈现这位审阅者的总结。

备忘录的类型

> 1. 开放的数据探索
> 2. 识别或发展属性、维度、概念或类属
> 3. 进行比较并提出问题
> 4. 探索条件、行动-互动和结果之间的关系
> 5. 发展故事线

资料来源:匿名审阅者的总结。

养成写备忘录和绘制图表习惯的重要性

尽管进行质性分析涉及许多不同技能的培养,但其中最重要的技能之一就是养成"写备忘录和绘制图表的习惯"。写备忘录应该从第一次分析开始,并贯穿整个研究过程。绘制图表则是更具周期性的,但同样非常重要。写备忘录和绘制图表不应被视为琐事或煎熬,它们也不应与准备发表的论文混为一谈。相反,备忘录和图表最初便表达了研究者的基本思想,随着研究的推进,它们也会在复杂性、信息量、清晰度和准确性方面逐渐推进。我们经常听到学生抱怨写备忘录和绘制图表非常耗时,他们只想在田野笔记的页边做一些笔记,或者匆匆写几份备忘录,并就此结束。我们对这些想法感到困惑,因为写备忘录和绘制图表本身就是分析的一部分。备忘录会推动分析的进行,因此在研究过程中与数据收集一样重要。

追踪分析过程

质性分析需要进行复杂且具累积性的思考,如果没有使用备忘录和图表,将很难追踪分析过程。此外,研究者的思想也会随着时间变化。写备忘录和绘制图表能够使研究

者记录这些变化，并且可以看到分析的进展或停滞。另外，大多数研究项目至少会持续几个月，有些甚至会延续数年。如果不将思想的变化记录下来，研究者如何能记得几个月前的想法呢？而且，许多研究是由两个或更多人的团队进行的，研究者需要使用一种方法来存储和分享他们个人以及共同的分析性会话。如果没有备忘录和图表，保持沟通畅通并回溯研究者如何得出最终发现的过程将会变得困难。

实用建议

关于写备忘录和绘制图表，我们有一些建议：

- 明确备忘录和图表的日期
- 为每份备忘录和图表创建一个概念性的标题
- 撰写研究日志
- 了解备忘录和田野笔记的区别
- 在备忘录和图表中遵守研究伦理

明确备忘录和图表的日期

记录备忘录和图表的日期是很重要的，因为这可以帮助分析者追踪自己在发展理论方面所取得的进展。随着分析的深入，新的数据会带来更多的见解。通过回溯并按日期排列备忘录和图表，研究者可以观测这一进展。此外，按照日期回溯研究进展，还可以让研究者追踪他们正在使用的概念和子概念，以防止重复或疏忽。按日期检查备忘录和图表也可以让研究者注意到，几个不同的类属看起来是否相似。然后，分析者可以比较这些类属的异同，如果发现这两个类属过于相似，则可以将它们合并到一个不同的标题下。

为每份备忘录和图表创建一个概念性的标题

为每份备忘录和图表创建一个概念性的标题，可以使内容更容易理解。研究者可以交叉引用关联两个或更多类属的备忘录（包括日期、页码和所有其他便于检索的标识信息）。此外，在备忘录中，引用备忘录指向的数据（这在计算机程序中是自行操作的）。然后，在写作的时候，可以用实际的数据来说明这一概念。需强调一点，撰写备忘录时要注重概念化，而不能仅仅停留于描述性内容。备忘录不太需要涉及特定的事件或突发情况，而要关注如何从数据中得出概念。正是对概念及其关系的关注，将研究从原始数据转向理论。记住,写备忘录和绘制图表时要灵活,思维要活跃。过度担心它们的正确性会扼杀分析者的创造力并束缚其思想。因此,分析者写备忘录时,不要担心其形式或功能,只需顺势而为,发展自己的风格和技巧即可。

撰写研究日志

一项研究好比一场传记式的旅程。由于研究者在数据收集和分析过程中会象征性地进入参与者的世界,因此,他们既会影响研究过程,也会被研究过程所影响。研究者不可能让自己沉浸在数据中而不受数据影响。数据为人们提供了新的见解和理解。研究者经常会被他们听到的故事打动,并以同理心和情感表达来回应。生活经历和专业背景、偏见和假定(即使是无意识的),都会影响研究者阅读和解释数据的方式。而写备忘录和绘制图表往往会让研究者明显地感受到自己存在偏见和假定。这就是为什么需要定期做自我反思,并保留一些不同于备忘录的笔记或日志,以记录研究过程中的感受、印象和反应。自我反思有助于研究者保持距离,并更清楚地意识到偏见和假定如何以及在何时影响了自己的解释。

了解备忘录和田野笔记的区别

本文的一位审阅者认为,田野笔记在某种程度上是备忘录的一种形式。就此,巴顿(2002,p. 436)说道:"在数据收集过程中记录和追踪分析观察过程是田野工作的一部分,也是质性分析的起点。"每当对事件进行观察时,观察都是通过研究者的视角来进行的,研究者会不由自主地开始思考并对信息进行分类。这种情况往往是自发的,因为人们经常会有意识地或无意识地用概念来思考。而且,在现场记录分析思路并没有什么不妥,正如巴顿(Patton,2002,p. 406)所言:"抑制分析的见解可能意味着永远失去它们,因为它们会一去不复返。"

我们要强调的是,当研究者在田野中收集数据时,数据会刺激理论观点的产生,因此在研究者忘记这些观点之前,应适时记录下来。实际上,当我们在田野中进行观察或访谈时,几乎不可能仅仅停留在描述性内容上,因为我们会自然地为所见到的事物命名和分类(Wolcott,2001)。但是,我们希望区分田野笔记和备忘录,以免初学者混淆二者的性质或重要性。具体来说,田野笔记是数据,可能包含一些概念化内容以及对这些概念的思考。而备忘录则表示分析,与田野笔记是不同的,其比简短的笔记篇幅更长,并包括对概念进行的更深入的思考。它们通常是研究者在离开数据收集现场后撰写的。因此,它们更为复杂,也更具分析性。沙茨曼和斯特劳斯(Schatzman & Strauss,1973,pp. 99-101)也为对如何区分备忘录和田野笔记感兴趣的研究者提供了以下方案:他们建议撰写观察笔记(observational notes,ONs)来描述实际事件;然后,他们建议撰写理论笔记(theoretical notes,TNs)来表示研究者对这些事件的分析;最后,他们还建议撰写方法论笔记(methodological notes,MNs),或关于研究的某些流程方面的提示。当然,我们也不鼓励在田野调查中撰写备忘录,因为研究者可能会过于沉浸在写作中,以至于会忘记记录在田野中正在发生的事情。

洛弗兰德、斯诺、安德森和洛弗兰德(Lofland,Snow,Anderson & Lofland,2006)将观察笔记描述为,对田野中所观察到的事件或互动的记录报告。这样的笔记可能包括对场景的描述,也许还要进行一些非正式的访谈。我也遵循着类似的流程,当我在田野调查地点时,我会写观察笔记。然后在家里做分析的时候,我会写备忘录。例如,在研究护士长对患者护理情况的表达时,斯特劳斯和我基于我的观察笔记写了很多备忘录。在每次田野工作期间,我像影子一样跟随着护士长,尽我所能记录下每位护士长所做和所说的每一件事,以及对场景的描述(现场记录这些内容通常没有任何问题,除了在治疗期间)。在观察结束后,我会与护士长一起回顾当天的笔记,讨论各个事件,并听取护士长对其行动和互动的解释,仿佛是进行一次非正式的访谈和验证工作。

在接下来的一两天内,我会与斯特劳斯见面。我们会选一个在田野笔记中描述的事件进行分析,并根据我们的讨论写备忘录。我们使用的方法与访谈分析类似。正是在分析期间,对事件的解释和感想会逐渐浮现出来,并以此形成备忘录。因此,我们对田野研究者的建议是,记录每个事件时都应该撰写观察笔记,其中应包括尽可能多的描述。然后根据观察笔记所记录的每个事件,再撰写备忘录——和处理访谈数据的方式类似。但始终要记住的是,在收集数据时可能会有一些有意识和无意识的分析。

在备忘录和图表中遵守研究伦理

当研究者在撰写备忘录和绘制图表时,其通常都位于概念层次,因此他们不太可能会在其中放入可能侵犯参与者隐私的个人信息。但是,在与同事分享备忘录和图表,或将它们用作示例之前,应删除所有可能的可识别信息。还有一点需要注意:研究者对参与者负有道德责任,应以公正的方式呈现参与者的真实情况,以及展示参与者在日常生活中所面对的问题的复杂性和范围。如果不在备忘录中记录类属的属性和维度,也没有绘制图表,那么就很难构建一个信息量丰富且呈现动态变化的理论。

备忘录的一般特征

研究者应该熟悉备忘录的一些一般特征。接下来我们将讨论这些特征：

- 备忘录具有多样性
- 每个分析者都有自己的风格
- 备忘录除了存储信息外还有其他功能
- 备忘录可以进行分类、排序和再排序
- 研究者应该在每次分析讨论之后撰写备忘录
- 总结性备忘录有助于进行整合

备忘录具有多样性

备忘录的内容、概念化程度和篇幅因研究阶段、意图和研究者所使用的材料而异。在分析的初期阶段，备忘录可能显得比较粗糙和简单，但这并不是问题。请记住，除分析者（可能还包括委员会成员）之外，没有人能够看到这些备忘录。随着分析的深入，备忘录会变得更长，也更有深度。如果使用计算机辅助进行质性数据分析，撰写任何篇幅的备忘录都不是问题。如今，质性数据分析（qualitative data analysis，QDA）的计算机软件已经被广泛使用，大多数软件都可以将备忘录和图表整合到分析中。

我们也建议研究者不要直接在他们的田野笔记或访谈记录上写备忘录。之所以这么说，主要出于以下几个原因：

1. 由于田野笔记的空间和篇幅有限，所以很难在田野笔记上写长备忘录或绘制图表。

2. 随着分析的推进，一些原有的概念可能会被修改，而当分析者回到文档进行重新编码并在页边看到之前的编码时，这些内容可能会引起误导和混淆。

3. 如果田野笔记或访谈记录的边缘是唯一能存储信息的地方，那么就很难检索信息。换言之，很难对备忘录的内容进行分类或排序。

每个分析者都有自己的风格

每个分析者都有自己撰写和存储备忘录的风格。有些分析者偏好使用计算机程序，另一些人则更喜欢使用彩色卡片或白板，还有一些人喜欢将备忘录副本放入活页夹、文件夹或笔记本中。当然，后面两种方法似乎在广泛使用QDA程序的时代显得有些过时。不过，分析者使用何种方式来撰写和管理备忘录并不重要，重要的是所记录的内容。

备忘录除了存储信息外还有其他功能

虽然备忘录的内容对于分析记录至关重要，但除了存储信息之外，它们还有其他功能。其中最重要的是，它们可以推动分析者去处理概念，而不是原始的数据。此外，它们能鼓励分析者发挥创造力和想象力，促使他们对数据产生新的见解。备忘录是分析思维的体现，这也是它的另外一个功能。当分析者必须将想法写在纸上时，可能很快就会发现自己的思维缺乏逻辑性和连贯性。因此，备忘录可以表明，类属何时在其属性和维度方面发展完善，何时又需要进一步发展。之后的数据收集可以直接被用于填充这些类属的细节。

备忘录可以进行分类、排序和重新排序

备忘录的一个最有价值的方面在于它们可以根据不断发展的分析方案进行分类、排序、重新排序和检索，特别是在使用QDA程序时更是如此。当需要处理某个话题，或者当分析者想交叉引用类属或评估他们的分析进展时，这种功能就会变得很有用。此外，回顾备忘录还可以揭示哪些概念需要进一步发展和完善。

研究者应该在每次分析讨论之后撰写备忘录

事实上，备忘录的撰写是一个分析的过程，尤其是对那些独立工作的分析者来说。然而，分析者并不总是需要写篇幅很长的备忘录。当他们被一个想法刺激时，分析者应该停止正在做的任何事情，并在纸上记录下这一灵感。几个包含自己创意的想法或句子往往就足够了。当然，如果分析者有更多时间的话，他们可以撰写篇幅更长的备忘录。

总结性备忘录有助于整合

应该定期撰写总结性备忘录。总结性备忘录往往汇集了研究者对一个概念所拥有的所有信息，以了解主要概念是如何组合在一起的。由于总结性备忘录包含了研究的所

有主要思想,因此,它不仅有助于推进研究,还有助于最终的整合。整合性图表可以被用来直观地展示这些想法。通过总结性备忘录,研究者可以更容易地确定核心类属,并撰写学位论文或研究报告。

图表的一般特征

上述关于备忘录的讨论内容同样适用于图表。然而,还需要强调一些关于图表的特定问题。这一节将讨论以下内容:

- 图表的定义及其用途
- 图表的示例

图表的定义及其用途

每个人都应该对图表比较熟悉,它们是对数据的概念性的可视化呈现。由于其概念性的特点,因此图表有助于将研究者的思维提升到描述性层次之上。它使研究者能够组织数据、记录他们提出的概念及概念间的关系,并整合他们的思想。图表可以帮助研究者以非常系统和有组织的方式向同事和其他人解释他们的研究发现。最重要的是,绘制图表还可以促使研究者以“精炼的方式”(lean ways)思考数据,即是说,将数据简化到其本质。虽然研究者也可以在不绘制图表的情况下进行质性分析,但常言道:“一图胜千言。”迈尔斯和休伯曼(Miles & Huberman,1994)是两位使用大量图表来组织数据并说明概念关系的研究者。他们对图表的使用有以下心得:

> 概念框架最好以图表的方式呈现,而不是以文本的形式。为了将整个框架放在一个页面上,你就必须去指定包含离散现象的“箱子”,绘制可能的关系,划分在概念上或功能上不同的变量,并同时处理所有信息。(p. 22)

图表的示例

早期的图表并不复杂。与早期的备忘录一样,它们非常简单,只暗示(hint at)某种关系,而不是描述关系。以下是一些来自先前研究的图表。请注意,它们非常简单,但也有助于研究者思考可能的关系。下面这些图表摘自斯特劳斯(Strauss,1987)的研究。

表6.1　同质性病人/异质性病人:轻松的工作/困难的工作

	同质性病人	异质性病人
轻松的工作		
困难的工作		

资料来源:改编自斯特劳斯(Strauss,1987)。

表6.2　疾病过程:"机器-时间"维度

病情阶段	机器数量		频率			持续时间	
	少	多	低	断断续续	高	临时	永久
早期							
中期							
晚期							

资料来源:改编自斯特劳斯(Strauss,1987)。

表6.3　平衡矩阵

疼痛任务/管理	结果						
	疾病轨迹	生死	坚持	互动	病房工作	情感秩序	个人身份
诊断							
预防							
最小化							
受苦							
缓解							
忍受							
表达							

资料来源:改编自斯特劳斯(Strauss,1987)。

　　随着时间的推移以及对实际数据可能存在的关系的验证,关于关系的概念会得到巩固,图表也会更具整合性和复杂性。在最终定稿之前,研究者也会对这些图表进行许多修订。

　　图6.5和图6.6出自《无休止的工作与护理》(Corbin & Strauss,1988)一书中的研究。

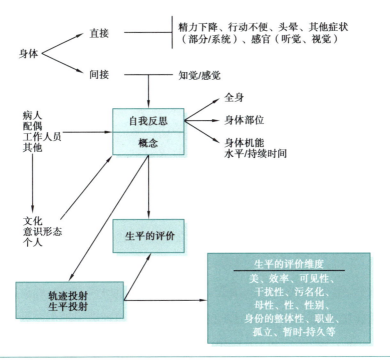

图6.5 身体、生平和轨迹

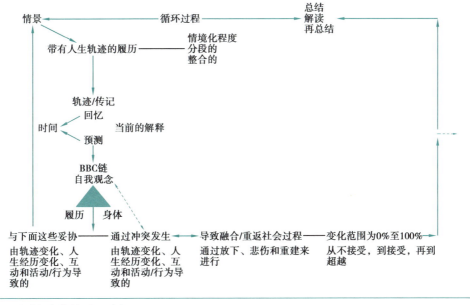

图6.6 随时间变化的反思过程

备忘录分类

当我想到备忘录分类时,我脑海中浮现的情形是,一个没有经验的研究者,手中拿着一堆备忘录,然后一份一份地将它们丢在地上,任其散落一地。地上所堆叠的备忘录代表了概念的偶然分类。有时候我们都会有这种感觉——尤其是当我们被概念性的想法所淹没,却不能完全理解它们如何联系在一起的时候。然而,我们这些有经验的人也知道,研究最终是靠它们整合而成的。经过几个月的数据收集、数据分析、备忘录撰写和图表绘制,我们内心深处都会有一种感觉,或者说直觉,知道这些数据所代表的含义。这可能很难解释,但参与者的故事已经成为我们的一部分。这并不是说我们患有慢性疾病,或是成了吸毒者、赌徒或新手妈妈,而是说,我们听到了他们的声音,观察到了他们的行动,感受到了他们的情感,承担起了他们的重担,所以我们理解了他们的处境。最后的故事可能很难用几句话来概括,但它们深深地镌刻在了我们的脑海里。通过整体性地阅读备忘录,我们可以写出一个描述性的故事(参见第16章)。然后,随着时间的推移,我们也可以发展出类属或主题,并将描述性的故事转化为书面的分析性诠释,以建构出理论框架(参见第16章)。

通过构建书面的分析性诠释,研究者可以进一步与参与者、同事、委员会成员、朋友、配偶和伙伴分享自己的分析方案。最后,通过将备忘录按特定主题以及整体框架进行分组,研究者能够详细地撰写每个主题,并呈现出一个整合性的理论。

要点总结

当分析者开始分析那些最初的田野笔记时,他们常常会感到面前的任务令人不知所措。对于新手来说,很难知道从哪里开始,要寻找什么,或者在看到"它"时要如何识别出来。页面上的文字可能如同一团乱麻,除了字面意思外几乎没有其他意义。我们所有人都可能面临这种情况,所以,如果你也遇到了,请不要担心。关键是要拿出第一份数据,坐下来撰写相关的备忘录。对于早期的备忘录和图表,感到困惑和不确定是很常见的。但是要记住,重要的是,研究者要着手进行分析,而非在备忘录或早期图表中填入内容。

早期分析是为了产生见解和初步概念。为了理解数据,研究者首先必须要"咀嚼"它,"消化"它,并"感受"它。研究者必须扮演他者的角色,试图从参与者的角度理解世界,这可以在备忘录中完成。无论研究目标是描述性的还是理论性的,备忘录和图表都是分析的基本组成部分。正如前面所解释的那样,备忘录和图表不仅仅是一系列概念的列表,它们还能够激发和记录分析思维过程,并为理论抽样提供指导。

并且,没有备忘录和图表,就没有准确的方法来追踪那些随研究的进展而逐渐形成的累积性和复杂性思想。图表是概念间关系的可视化呈现,其目的是促进而不是妨碍分析过程。它们也会随着研究的进展而不断发展并变得更加复杂。一些人比其他人更擅长绘制图表。如果在绘制图表时遇到困难,不需要担心,这只能说明你不太擅长可视化呈现而已,只需尽力而为即可。

最后,并没有一定的规则规定如何撰写备忘录或绘制图表。在研究过程中,每个分析者都会发展出自己的风格。此外,在后期的发表和关于研究的展示中,备忘录和图表也是非常有用的。

专业见解:撰写备忘录和绘制图表

玛丽亚·玛雅(Maria Mayan)

关于儿童、青年和家庭的研究的社区-大学合作项目副主任(Assistant Director),阿尔伯塔大学持续教育学院(Faculty of Extension)副教授

马克西·米夏克(Maxi Miciak)

博士候选人,阿尔伯塔大学康复研究中心研究助理

撰写备忘录(memoing)。备忘录的作用可能并不为人所熟知,也可能没有被充分重视。我们愿意从学生和导师的角度分享一些关于撰写备忘录的见解。

我们发现,一些学生通过与数据进行永无止境的对话来"进行"备忘录的撰写,在数月甚至数年的时间里,他们的想法不断转换。结果就是一堆凌乱的记录,它们之间没有任何连贯性,同时也会有人小声质疑:"为什么她要花这么长的时间才能完成?"

然而,还有一些学生认为备忘录只是待办清单上的一项任务。他们会创建一个"完美"的备忘录,以向监督委员会证明他们懂得如何撰写备忘录,然后就不再深入。备忘录被视作不重要,甚至会妨碍到分析的进行。

但实际上,撰写备忘录就是进行分析。如果没有备忘录,就无法得出那些研究发现,也就无法完成学位论文。对我们而言,我们会使用备忘录来澄清、放大和生成我们的观点。我们使用备忘录来澄清观点,因为它要求我们去丰富一个观点的可能特质、环境和

后果。备忘录还可以放大重要的观点,这些观点可能不会立即从数据中浮现出来。花时间写下一个看似无关紧要的观点,可以阐明数据中那些可能被忽略的方面,因为这些内容在编码时可能会被忽略。备忘录还通过将分析引入可能不会涉及的领域,从而生成特定的意义,带来新的思考方向和对数据的讨论。此外,澄清、放大和生成观点都会影响编码过程,例如,未来的编码就可能从备忘录中产生。

因此,备忘录推动了分析的发展。

我们把它看作一种"解冻"(thawing)的过程。也许我们之所以把它想象成解冻,是因为我们是在北方的初春进行写作的。但对我们来说,解冻可以被用来表示我们的思想是如何变得自由、流动的,或者从固体变为液体,以呈现出不同的形状,就像冰块融化一样。这种流动性不仅允许我们的思想自由流动,还允许它们朝着不同的和未预料到的方向发展。当我们让思想解冻时,自己也就在主动地持续思考。

将备忘录或"解冻"与编码放在一起,理解起来就更容易。有时候,我们会生成成百上千个编码——特别是在分析初期,然后从这些编码中构建我们的类属,以建立稳定的结构。编码可能会促使我们以一种非常浓缩的(compressed)方式来思考数据。这个过程可能导致我们在寻找"正确"的词汇的时候将数据"冻结"了。因此,在试图寻找某种解决方案时,编码可能会让你的思维变得僵硬。

这就像冰块一样。

备忘录打开了分析的空间,并有可能带我们走向意料之外的方向。当然,(冬天终究会来临)最终可能会再进行一次收缩(contraction),但这仅仅是在见证了更广泛的可能性之后才会进行。

你是怎么做到这一点的?

当然,我们都习惯了使用文档或软件包中提供的备忘录功能,但还可以使用一些非传统的方法来扩展我们的创造力。绘制思维图有助于将观点、编码和类属之间的关系可视化。绘制图表可以快速记录新生成的思考内容,而无需立即建立连贯的表达,如此,思考得出的观点就不易丢失。与绘制图表类似的还有绘画。观点可以以视觉符号的形式出现,然后再用文字表达。通过实际的绘图以探索视觉内容,有助于丰富编码的意义。例如,马克西通过反复绘制"钩子"(hook)的意象来探究"连接"(connect)这一编码,这一意象在她撰写关于连接的备忘录时反复出现在她的脑海中。绘制"钩子"使她不必费力地寻找合适的语言来描述"连接"。此外,绘制的图表和图画可以作为视觉提示而被保留在记忆中,进而成为分析的跳板。另一种方法是通过录音记录口头表达的观点。将具体的思考内容进行口头表达可能会很有成效,特别是在你没有写作环境或者正在与他人交谈时。就算面前没有电脑,你也可以撰写备忘录。现代技术使录音变得很容易,因为大多数智能手机都内置了麦克风。你甚至可以在公共场所记录自己的想法。在讨论马克西的分析时,我们通常会打开录音设备。最后,还可以使用录制视频或拍照的方式记录想法,这些内容可以独立使用,也可以在之后和写作相结合。

当然,这并不是说我们应该放弃写作,而是说,我们还可以采用其他形式来记录,而不仅仅是规规矩矩地打字或写备忘录。马克西经常会通过电子邮件向玛丽亚发送有关数据的想法,因为她觉得将自己的思想传达给他人同样有助于她的思考。然后她会打印、扫描电子邮件并将其导入数据分析软件。她还会复印和扫描手写的笔记,甚至是餐巾纸上的笔记。

我们最喜欢备忘录的一点在于,我们相信它是治疗"分析惯性"(analytic inertia)的良药。当你在研究中用力过猛,以及当你试图以高度逻辑和线性的方式来看待某些事物时,这时候,备忘录就会发挥最有效的作用。

接下来是另一个专业见解。这一见解指出了图表的价值,并解释了作者如何使用它们。

专业见解:属性、维度和图表

斋木繁子(Shigeko Saiki-Craighill)
庆应义塾大学护理和医疗学院护理系儿科护理学教授

扎根理论方法的核心是将概念组别作为类属,并将其关联起来表示现象,以此发展理论的过程。这一过程看似明晰,但其中最难理解的部分是如何应用属性和维度来表示类属之间的关系。为了帮助理解这一点,可以使用图表作为将这些关系可视化的方法。在这个练习中,研究者为每个现象绘制了单独的图表,把每个类属都放在框里。初始条件被放在图的顶部,结果放在底部,各种"行为-互动"放在中间。在每个类属框下面,列出各种属性(在这个示例图中,它们是通过加粗和加下划线来表示的),并在属性的每一侧写下极端的(polar)维度(用斜体表示)。然后从类属框的每一侧绘制箭头指向其他类属框,表示该框一侧相应维度的结果。

下面用一个简单的例子来说明,这是一个关于儿童癌症经历的简单示意图。初始条件是接受疾病。在一侧,如果属性"被接受程度"是高维度,"对疾病和治疗的了解程度"

和"现实感受"也很高,那么这一条件组合将导致"建立目标"的行动-互动。然而,如果这些属性都很低,就将导致"对抗疾病的动机减弱"。按照这个示意图再进一步,建立目标拥有"具体化"(particularization)的属性,目标要么非常详细,要么非常简要;"时间框架"(time frame)要么朝向出院,要么朝向完全治愈;"实现的可能性"(possibility of realization)要么是高,要么是低。根据这些属性的维度,患者要么保持与疾病作斗争的动机,要么动机减弱。可以在整个示意图中对这些关系进行追踪,这一现象的最终后果,要么是儿童进一步康复,要么是儿童没有对抗疾病的动力。

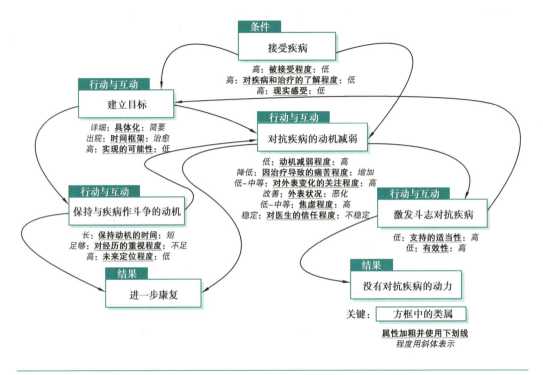

斋木繁子的示意图

这种关系的可视化表现形式,使得与同事分享想法,探讨类属之间的关联性和特定属性维度变化的含义变得更加容易。此外,它通过强调类属之间的逻辑关系,将其与时间关系(即它们在数据中的呈现顺序)分离,有助于减少研究者的偏见。

此外,这个练习还有其他作用。它能够帮助研究者发现其中的错误和遗漏之处。如果生成的类属和属性不合适,在绘制图表的过程中很快就能发现。同时,如果存在缺失的类属或属性,图表中也会出现相应的空白。研究者可以在进行进一步的数据收集之前,思考为什么会有这些空白,并将这些信息用作发展适当理论抽样方案的工具。总之,这个练习提供了一个强大的工具,不仅可以超越研究者可能使用的最明显的框架来处理数据,还可以通过溯因的过程来将那些未预料到的观点可视化。

该图最早出现在 2008 年由东京大学出版社出版的著作《关于生活和疾病的叙事》(*Narrative on the Life and the Illness*)中。如果将该图表的标题翻译过来,则是"儿童对抗小儿癌症的经历"(The Experiences of Children Fighting With Pediatric Cancer)。

参考文献

Saiki-Craighill, S. (2006). *The grounded theory approach* (Shinyosha, in Japanese).

Saiki-Craighill, S. (2008). *Applied grounded theory approach* (Shinyosha, in Japanese).

Saiki-Craighill, S. (2012). *A seminar in qualitative research methodology* (2nd ed.) (Igaku Shoin, in Japanese).

Saiki-Craighill, S. (2013). *Data collection methods using the grounded theory approach* (Shinyosha, in Japanese).

小组思考、写作与讨论

1. 请查阅附录 A 中的田野笔记。现在,请开始分析数据,将你的想法记录在备忘录中,并以本章提供的备忘录作为模板,尝试撰写不同类型的备忘录。当然,由于数据有限,你可能无法撰写整合性备忘录,但你应该能够撰写关于确定部分概念以及这些概念的部分属性和维度的备忘录。

2. 绘制一些可以反映你分析成果的图表。

3. 请把你的备忘录和图表带到小组会议上展示,并与其他小组成员进行讨论。

4. 每个小组成员都可以提交一个备忘录以供讨论。

5. 根据小组讨论,撰写一个总结了所有观点的小组备忘录。

6. 绘制关于小组讨论的图表,将所有的观点整合在一起。

推荐阅读

Strauss, A. (1987). *Qualitative analysis for social scientists* (pp. 109-128, 170-182, 184-214), Cambridge, UK: Cambridge University Press.

第7章　理论抽样

最具生产力的科学家并不满足于解决眼前的问题,而是在获得一些新知识后,利用它来揭示更深入的、更重要的东西。

(Beveridge,1963,p. 144)

关键术语

饱和　饱和通常被解释为"没有新的概念出现"。但饱和不仅仅涉及是否有新概念的问题,它还表示概念在属性方面的发展,也能揭示它们的维度变化。

理论抽样　一种基于从数据中所提取的概念的数据收集方法。理论抽样的目的是在最大程度上从地点、人物和事件中收集数据,从而可以从属性和维度方面发展概念,揭示相应的变化,并确定概念之间的关系。

对于扎根理论研究者而言,他们面临的一个主要问题是在何时、何地收集数据以及如何收集数据,以对知识领域做出重要贡献。本章探讨了理论抽样这一概念,即扎根理论特有的数据收集方法。理论抽样与传统抽样的不同之处在于,其数据收集过程更加开放和灵活。它使分析者能够遵循研究方向,并将数据收集引向那些最有助于发展理论的领域。研究过程依赖于研究本身,研究需要在其自身力量的驱动下持续进行。在理论抽样中,研究者就像侦探一样,沿着概念的线索展开调查,虽然永远不能确定它们会将自己引向何方,但始终要对可能的发现保持开放态度。

本章的讨论模式将不同于之前的章节,将围绕扎根理论初学者经常面临的问题来组织内容。

理论抽样的问题和回答（1—6）

1. 什么是理论抽样？

请记住，在分析过程中得出的概念构成了理论的基础。在理论抽样中（图 7.1），被抽取的是概念，而不是人。因此，当研究者进行理论抽样时，他们会参考那些可以提供更多有关所需概念信息的地点、人物和场景。与传统的抽样方法不同，研究者不会在开始分析之前收集所有数据，而是在收集第一批数据之后才开始进行分析。数据收集根据分析结果进行：分析产生了概念，概念引发了问题，问题又能引导进一步的数据收集，以便研究者能够更充分地了解这些概念。这一循环过程会持续进行，直到研究到达饱和点，即研究中所有主要类属都得到充分发展、呈现出变化且完成整合的时候。

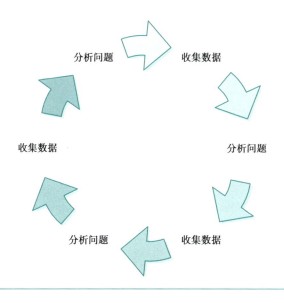

图 7.1 理论抽样

2. 理论抽样可以保证灵活性吗？

在传统抽样中，数据收集往往是预先制订（结构化）的，研究设计确定了谁将参与、在哪里参与、有多少人参与以及是什么类型的参与者等信息。相比之下，在扎根理论研究中,虽然有一个明确的总体(如患有慢性疾病的孕妇)和场景(如高风险的产科诊所),但其余部分是开放性的。它并没有确定参与者的规模和类型,因为在理论建构中,研究者需要基于不断发展的概念,保持抽取研究参与者和研究场景的灵活性。我们将寻找可以展示不同概念属性、呈现其变化的场景进行抽样。然而,我们也需要向伦理审查委员会提供预估的参与者数量。如果研究并不需要那么多参与者,那自然就没有问题。但是,如果需要更多的参与者,研究者将不得不修改研究设计,并再次向伦理审查委员会申请以获得纳入额外参与者的许可。因此,最好一开始就申请纳入更大数量的参与者。

现在看来,研究者必须更加务实。研究者可能无法灵活地按照上述建议的方式进行理论抽样,他们可能受限于数据收集的地点、时间以及对象。当研究者与参与者相隔一定的距离,或者当参与者只能在特定时间内接受访谈时,就可能会出现这种情况。

单纯收集数据而不进行后续数据分析的问题在于,当要开始进行分析时,研究者可能会被他们收集的海量数据所淹没,不知道从哪里开始。此外,如果有必要使特定类属达到饱和状态,但却没有可能的机会再收集额外的数据,这将使得理论产生空白。在本章后面,我将解释如果无法收集到额外的数据,研究者可以做些什么。

3. 相较于其他形式的抽样,理论抽样有何优势?

理论抽样是由概念驱动的,它使研究者能够发现与该问题和该总体相关的概念,并允许研究者深入探索这些概念。当研究新领域或未知领域时,理论抽样尤为重要,因为它允许研究者从许多不同的角度来探索问题,并保持开放的思维以寻求新的发现。最重要的是,它使研究者能够充分利用偶然事件(fortuitous events)。以科宾和斯特劳斯对医院护士长对保持工作顺利进行的作用的研究为例,我们在其中关注的一个概念是"工作流程中的混乱情况"(Disruptions in Work Flow)。

在我收集数据的过程中发生了7.4级的地震,这个自然事件为我们提供了机会。我们再次回到数据收集现场,对护士长应对工作流程中的混乱情况的方式进行抽样,并检验我们对当工作因意外事件而被"打乱"时的"变通方法"的思考。对此,我们提出了以下问题:工作流程是否有所变化?是怎样变化的?采取了什么样的新安排来继续进行病人的护理工作?结果非常有趣,因为我们发现,工作流程并没有被长时间打乱。实际上,相关工作很快就以创造性的方式回归正轨了。病人更多地参与了对自身的护理。护理单元进行了合并,有些单元整个都被转移到了其他楼栋,工作人员还张贴了标识以标明单元特征,对工作人员也进行了重新分配。如果我们使用了更传统的抽样方法,我们可能无法利用这种情境更多地了解变通办法及其与工作中的混乱情况的关系。

再补充一点,理论抽样是累积性的。每个被抽取的新事件都建立在从先前数据收集和分析中得出的概念的基础上,并为特定概念增加新的属性、维度、特征(specificity)或变化。此外,随着时间的推移,抽样会变得更加具体,因为其目的是填补概念属性中的空白并增加相应的变异度。在最初的数据收集中,研究者通过让参与者自由发言或进行一般化的观察,收集各种领域的数据。这有点像钓鱼,研究者希望从数据中得出一些重要的东西。一旦进行了初步分析,分析者就有了一些可以使用的概念。

4. 如何进行理论抽样?

在进行理论抽样时,研究者需要按部就班地进行。首先要做的是收集一些数据,然后进行分析,随后进行更多的数据收集和分析,直到每个类属在致密性(density)和变异性(variation)方面都得到充分发展。在理论抽样中,研究者会对数据提出问题,然后寻找最佳数据来源以找到这些问题的答案。尽管人类研究伦理委员会和学位论文委员会希望事先知道将抽取哪些人或群体,以及将向这些参与者提出什么问题,但理论抽样确实很难预先确定这些问题的答案。使用理论抽样的研究者永远不知道研究将经历何种曲折,但是,也有办法解决委员会这边的问题。研究者可以向委员会提供一个大致的数字,以及访谈提纲或观察指南,并在研究计划中说明,如果在访谈或观察中出现了初始指南未涉及的新问题,则可以进一步询问有关新概念的更多问题。此外,如前所述,在撰写研究计划时,研究者可以申请超过自己预期的参与者或观察的数量,以便在必要时可以更加灵活地收集更多数据。

理论抽样的流程很简单:研究者只需要遵循分析线索进行。最能直接传达我们想法的方法是跳到第12章,阅读有关越南战争作战人员的研究项目示例。在对第一次访谈的记录的分析中,我得出的一个重要概念是"战争体验"。在第一次访谈中,参与者(一名护士)将他的越南战争体验描述为"没那么糟糕"(not too bad),其中"没那么糟糕"是他体验的一个维度。这引导研究者继续提问:"这一体验从何而来?为什么'他的体验'没那么糟糕,而我所听到的有关战争的一切都是那么可怕?这种差异是否可以归因于这位参与者并非'作战人员',而是'非作战人员'?是否还有其他影响因素使他拥有这样的战争体验?"这个问题引导我开始收集有关作战人员的数据,以确定作战人员的身份是否会影响对"战争体验"的看法,或者是否可能有其他影响士兵对战争体验看法的变量。

第二次访谈是与一名作战人员进行的。这次访谈揭示了受访者对战争体验的谈论存在相当大的差异。在对第二次访谈的分析中,让我感到印象深刻的是,这名作战人员的战争体验在很大程度上以"生存"(survival)为中心。因此,生存成了我想要进一步了解的另一个概念。从第二次访谈中得出的另一个重要概念是"愤怒的程度"(the degree of anger),还有"未能得到治愈"(lack of healing)。这些要素在退伍军人讲述的故事中依然存在——即使已经过去了三十年。这引导我继续提出了以下问题:"为什么这么久之后还会有如此大的怒气?不管士兵是否参战,战争体验中的愤怒情感是怎样的,为什么不能使他得到治愈?"还有一个概念是"沉默之墙"(wall of silence):"退伍军人不愿意谈论的体验是怎样的?"面对这些新概念和许多未能得到解答的问题,我必须收集更多关于这些概念的数据。但我在和退伍军人接触并交流相关内容方面遇到了困难,这也促使我阅读了许多越南退伍军人撰写的回忆录。我还阅读了退伍护士写的回忆录,以获得一个可以比较的样本。此外,我还研究了其他战争参与者,如空军和海军飞行员,将他们的体验与海军陆战队员和陆军服役人员的体验进行比较。

在分析了更多的数据后,我发现在越南战争背景下的"文化"概念似乎变得相当重要。因此,我再次回到数据,但这一次不是通过回忆录,而是通过历史文档来了解更多关于"战争文化"的信息。通过分析有关战争文化的数据,我得以识别一系列威胁作战人员"生存"的"问题"(problem)。这一发现引发了对作战人员在战斗中如何采取策略以求生存,并克服与参战相关的一些生理和心理风险的进一步探讨。基于这些发现,我想更加深入地了解具体的"生存情境"(survival situations),以及个体是如何应对这些情境的。研究的最终问题是:"什么核心概念能最好地描述应对身体、社会和心理风险的能力?"答案是"协调多重现实"(reconciling multiple realities),进一步的提问是:"士兵在战区生活中必须面对哪些不同的现实?""

需要注意的是,随着研究的进行,我不断跟进从分析中获得的线索。我无法事先确定自己将会遵循哪种抽样方法,但我始终围绕越南退伍军人这一目标总体进行研究。正是对数据的分析和在分析中浮现的关于概念的问题,决定了我需要收集哪种类型的数据,并专注于这些数据中的哪些内容。其他的研究者可能会采取不同的方案,但是,那些阅读了我在后续章节呈现的具体分析过程的读者,应该可以理解我的逻辑。研究的方向取决于数据的性质以及分析者对数据的解释,这些内容能够在研究过程中将研究者与数据紧密联系起来。

5. 研究者如何在不使过程僵化的情况下保持抽样的系统性和一致性?

在理论抽样中,研究者关注的不是一致性,而是跟进重要的理论线索。随着分析过程中出现新的分析概念,研究者需要开放式地追踪问题,而不必担心之前是否向先前的参与者提问过相同的问题。同时,一致性通常并不只是同一个问题,而是说人们在讲述他们的故事时,故事之间通常会出现很多一致性。我从阅读越南战争回忆录中获得的一项重要信息是,每个回忆录似乎都是根据同样的基本"脚本"来编写的,即生存的欲望,尽管因为个体和情境的差异,许多细节不太相同。请记住,抽样的对象是概念,通常重要的概念会出现在从其他参与者那里获取的数据中,尽管它们的形式可能会有所不同。如果它们没有出现在其他数据中,那么研究者应该提问:"为什么没有呢?"如果在非结构化的访谈或观察结束时,相关的主题没有被涵盖,研究者当然可以提出这些问题,尤其是当研究者认为这些主题与研究相关时。

6. 必须进行多少抽样?

这个问题的答案既简单又复杂。从简单的角度来看,研究者会继续收集数据,直到达到数据"饱和"水平。但从复杂的角度来看,实现饱和并不容易。饱和通常被解释为"没有新的类属或相关主题出现"。但饱和不仅仅是没有新的类属或主题出现的问题,它还涉及类属的发展。换言之,研究者必须要承担更多的工作,不仅要列出类属或主题的列表,还必须根据其属性和维度来定义类属,显示在不同条件下该概念会如何变化,并将这一类属与其他的类属以及核心类属关联起来。为了完成这些解释,研究者必须继续进行数据收集,直到理论变得致密(dense)且合乎逻辑,在解释中没有漏洞和空白点。仅仅将作战人员在战争中的体验简化为生存问题是不够的,研究者必须解释何时以及如何生存才有了这层意义,不同条件下的生存状况是什么样子,以及生存的一些后果是什么。

只有当研究者在一定的深度下探讨了每一个类属或主题,确定了在不同条件下的各种属性和维度,研究者才能说,研究已经达到饱和水平。实际上,研究者可以永远地持续收集数据,为类属增加新的属性和维度。但是最终而言,研究者必须说,这个概念已经在该研究目的下得到了足够的发展,并将未涵盖的内容作为研究的局限之一。重要的是,研究者不要过早地结束研究。有时,当研究者说他们的类属已经达到饱和时,他们并没有真正理解饱和是什么意思。或者,他们已经没有愿意参与的受访者,或者用以研究的时间、金钱或精力都消耗殆尽,因此相较于预期,他们不得不更早结束研究,从而在整个故事中留下了空白点。研究者应该记住,虽然指明具体的数字很困难,但很少有只进行了五六次的一小时访谈,就声称自己有足够的数据来达到饱和水平的研究。类属不仅在属性和维度上难以充分发展,而且也没有机会通过进一步的数据收集来验证不断发展的理论,也没法与参与者一起来验证理论的正确性。我们认为,从这样的研究中得到的是相当浅薄和不成熟的理论,也许它看起来更像是一个框架,而不是一个完全充实的理论,甚至可能也未包含任何新的内容。唯一的例外是硕士研究生,他们进行研究的目的是学习研究的过程,而不一定是发展新的知识。

理论抽样的问题和回答(7—12)

7. 研究者要在哪个研究阶段进行理论抽样?

　　理论抽样始于第一次数据分析之后,并贯穿整个研究过程。也就是说,从收集的第一批数据中得出的概念,为下一批数据的收集提供了方向。在下一次访谈或观察中,研究者并不一定要通过询问概念来启动访谈或观察,而是允许参与者按照自己的节奏进行,但同时也要在心中记住该概念。如果参与者没有提及与相关概念有关的事件,那么在访谈或观察结束时,研究者可以补充用来获取关于该概念信息的问题。甚至在撰写研究发现的时候,研究者通常还会有新的见解,发现某些类属比其他类属发展得更翔实,或者是发现整体逻辑中还存在漏洞。出现这些情况都表明还需要进一步收集数据或重新分析以前收集的数据。研究者需要给出类属问题的答案,而信息往往就在数据中。在分析的早期阶段,研究者对于数据重要性的感知往往不足,这是很常见的。不过,对于数据意义的敏感性会随着对数据的深入分析而增长。后期对数据进行重新检查,通常是具有启发性的,研究者会发现他们正在寻找的许多答案可能就在其中。

8. 研究者如何知道已经进行了足够的抽样?

　　当主要类属具有一定特征,在属性方面的信息量足够大,显示出维度上的变化,并且能充分整合在一起时,研究者就能发现自己已经进行了足够的理论抽样。在进行理论抽样时,研究者要寻找将概念内和概念间的相似性和差异性最大化的机会或情境。同时,在整个研究过程中,研究者也应该学会利用发生的偶然事件。然而,无论如何,研究者通过理论抽样收集的任何数据都必须与分析相关。换言之,如果研究者在一个设施中进行观察,重要的管理者去世了,管理者的死亡本身并不重要,重要的是研究者在研究过程中形成的概念,如工作流程或组织结构。有时委员会成员有自己的想法,会让初学者去进行那些与研究无关的数据收集。对于初学者来说,因为有很多有趣的事情正在发生,因此他们在田野调查中可能会忘乎所以。仅仅因为有人说"这样做会不会很有趣"(就会采取行动),但这并不是进行进一步研究的充分理由。请记住,研究需要保持专注,要寻找那些可以提供概念不同属性或变化的情境。也无需担心,如果某些内容真的很重要,它也会在数据中再次出现的。

9. 如果我在进行分析之前已经收集了所有的数据该怎么办?我还能进行理论抽样吗?

理论抽样是基于概念对数据进行抽样,以便进一步发展这些概念的属性和维度,并增加变异性。你仍然可以使用已经收集的数据。我在研究越南退伍军人时使用了回忆录作为数据,以进一步发展概念。由于研究者抽取的是数据,而不是人或地点,他们可以对任何提供了更多概念信息的数据进行抽样。如前所述,研究者通常会回顾之前分析过的数据,并在研究的后期阶段以不同的视角审视它们。那些曾经被忽视或被轻视的事件,现在可能会变得重要起来。如果分析者不能收集额外的数据来填补空白,那么这些空白就会成为研究的局限之一。

10.研究者从哪里获得样本?

在寻找抽样的领域时,分析者需要确定哪种类型的数据最有可能提供问题的答案,并填补类属中的空白。在继续探讨这一思路之前,让我们先澄清一点。在第12章的越南退伍军人研究中,很明显,我必须出去寻找一些作战人员,这样我就可以尝试确定作战人员与非作战人员之间的区别。虽然我确实也获得了一些访谈的机会,但在当时也仅此而已了,机会并不多。于是我尝试翻阅回忆录,继续寻找我的答案。然而,当我对特定背景产生兴趣后,我还要去翻阅相关的历史文档,因为我知道这些资料最有可能提供相关问题的答案,如:美国是如何卷入这场战争中的,为什么?特定政策是怎样的,是谁制定的,为什么会有这些政策?然后,当我需要更多关于生存概念的信息时,我又返回分析回忆录。之后,我再次回到访谈数据,尤其关注在不同条件下被我标记为"生存"策略的事件,并对这些内容进行了更深入的分析。有时,为了进行理论抽样,研究者可能需要收集更多的数据,或者再次回过头来分析自己已经收集到的数据。

11. 研究者在开始研究前必须考虑哪些抽样问题?

在开始研究之前,研究者必须考虑多个抽样问题。关于项目的最初决定为研究者提供了大致方向,并为数据收集奠定了基础。一旦开始收集数据,关注点就转向了初步决定其与研究者在分析中发现的内容是否吻合的问题。整体而言,初步的考虑应包括以下要点:

(1)关于拟研究地点或群体的决定。当然,这取决于主要的研究问题。例如,如果研究者对高管的决策过程感兴趣,就必须去那些高管做决策的地方,观察发生了什么。

(2)关于要使用的数据类型的决定。研究者是否想要使用观察、访谈、文档、回忆录、传记、录音或录像,或者是这些数据类型的组合?研究者的选择,应该是基于哪种数据有最大潜力捕捉到所需的信息类型而做出的。例如,研究者在研究高管决策时,可能希望除了进行访谈和观察外,还要使用回忆录和其他书面文件。如果研究者正在研究群体间的互动,那么除了进行访谈外,进行观察也是合理且有必要的,因为观察更有可能揭示出互动的微妙之处。

(3)关于研究一个地点需要多长时间的决定。只要一个地点提供了研究者所需的数据,就可以对该地点进行研究。请记住,分析的对象不是地点或人本身,而是概念。通常情况下,研究者对地点或人的选择建立在需要进一步发展的概念的基础上,其可能性是无限的。最初,关于地点数量、观察次数或访谈次数的决定取决于获取权限、可用资源、研究目标,以及研究者的时间和精力。而随着研究的进行,这些决定可能会根据分析过程中出现的问题而被修改。最后,数据收集将持续到所有类属达到饱和为止。

12. 访谈提纲和观察指南可以被用来收集数据吗?

在理论抽样中,访谈提纲和观察指南没有太大意义。这是因为,在研究过程中,正在抽取的概念以及抽样的程度都会发生变化。然而,研究者在没有表明将要询问参与者哪些问题或进行哪些观察的情况下,是无法通过伦理审查委员会或研究计划委员会的审查的。学生或有经验的研究者在编制问卷或观察指南时,通常可以从以往经验或文献中获得一些基本知识。制订问题清单或确定观察领域并不难。但如前所述,为了能够灵活地进行理论抽样,研究者可以在研究计划中增加一两句话,说明在数据收集的过程中,可能需要收集被认为对参与者而言很重要但却未在初始研究计划中列出的概念的相关数据,以便充分发展理论。既然是参与者主动提及这些事件,应该也不会存在问题。

实际上,一旦研究者确定了目标总体、地点、时间以及要收集的数据类型,他们就可以开始制订访谈问题或观察领域的清单。最初的访谈问题或观察领域可能是基于文献或经验得出的概念,或者最好是通过初步的田野工作得出的。由于这些早期概念并不是从"现实"数据中发展而来的,因此任何通过这样的方式衍生出来的概念都应该被认为是暂定的,研究者会根据数据呈现的情况,选择保留或丢弃。然而,早期的概念往往提供了一个启动数据收集的出发点,许多研究者(以及委员会成员)会发现,如果没有对他们将要研究的内容进行一些广义上的概念化处理,就很难进入田野。

一旦开始进行数据收集,最初的(用于满足委员会要求的)访谈提纲或观察指南将会让位于从分析中得出的概念。在整个研究过程中,严格坚持最初的问题会阻碍研究发现,因为它限制了可以收集的数据数量和类型。根据我的经验,如果研究者带着一份结构化的问卷进入田野,受访者只会回答他们所问的问题,而且通常不会进行深入的阐述。受访者可能还有其他信息可以提供,但如果研究者没有提出正确的问题,或者不允许受访者引导访谈或观察,受访者就不愿意主动提供额外的信息,因为他们担心额外的信息可能会干扰研究过程。非结构化的访谈通常使用一般性的问题,如"告诉我你对……的看法?"或"当……时发生了什么?"或"你在……方面的经验有哪些?"这些问题会给受访者更多的空间,来解释那些对他们而言很重要的事情(Corbin & Morse,2003)。

理论抽样的问题和回答(13—18)

13. 理论抽样形式是否存在差异?

与所有研究一样,理论抽样也存在"理想方式"(ideal way)和"现实方式"(practical way)两种不同的行事模式。有时候,研究者不得不选择后者。以下是一些有关理论抽样的差异:

(1)研究者可以有目的地寻找人、地点或事件,从中收集与特定类属、属性和维度相关的数据。例如,当斯特劳斯及其合作者在医院中进行关于医疗技术使用的研究时,其中一个团队成员注意到,医院的机器具有几个属性(Strauss, Fagerhaugh, Suczek & Wiener, 1985)。这些属性包括(但不限于)成本、大小和地位等。然后,团队开始在医院内对事件和地点进行抽样,以将机器属性之间的相似性和差异性最大化。他们对计算机X射线轴向分层造影(computerized axial tomography, CAT)扫描仪进行了观察,这是一台造价昂贵且在诊断医生中享有相当地位的大型机器。但是,CAT扫描仪只代表医院机器的一种极端类型,这是收集数据时需要牢记的事实。同样重要的是,为了有一个比较基础,还需要抽取那些可能成本较低、地位较低且不太可靠的机器。在前面提到的案例中,研究者抽样的动机是基于这样一个概念,即"病患护理工作"(work of patient care)可能受到医疗设备特定属性(作为护理的一部分)的影响,从而将"病患护理"(patient care)和"医疗技术"(medical technology)这两个类属整合在一起。

(2)研究者可能会以非常系统的方式收集数据(根据清单一个一个寻找人或地点),或者基于便利性进行抽样(即走进门的人或同意参与的人)。这是在收集数据时更加实用的方式,也可能是初学者最常使用的方法。换言之,研究者取得的样本取决于他们能接触到的对象,并希望他们能提供所需的数据类型。但这并不意味着在分析过程中不会根据概念进行比较。只是因为研究者必须接受他们所得到的数据,而不能主动选择下一步应该去哪里或见谁。

通常,由于各种情境会发生自然的变化,数据之间的差异也会自然浮现。例如,当我们开始研究医院中的工作流程时,我们对特定医院、病房或护士长的了解很少,我们只是从一个科室到另一个科室,花时间与愿意参与研究的任何一位护士长待在一起。最后,我们发现每个科室在组织条件、病人数量、工作类型,以及工作流程的组织和维持方式等方面都有所不同。出于这些差异,我们可以有充足的机会来根据概念进行理论抽样。但在理想情况下,应让从分析中得出的有关概念的问题,来指导下一步的数据收集。

(3)研究者可能会发现,差异往往是偶然出现的。研究者经常在进行观察、访谈或阅读文献时意外发现具有理论意义的事件。重要的是要认识到这样的一个事件在分析上的重要性,并尝试去理解它。这需要拥有开放和质疑的头脑,也要保持警惕。当分析者偶然发现某些新的或不同寻常的情况时,他们必须停下来追问:"这是什么? 它可能意味着什么?"

(4)研究者可能会返回到数据本身,根据理论上相关的概念来重新组织它们。在对高风险孕妇进行研究时,便出现了这种抽样形式的例子。研究者发现,她是按照自己(研究者)对风险的医学感知来对这些女性进行分类的。但是,这些女性是根据她们自身对风险的感知来行动的,这有时与医学定义并不一致。换句话说,相较于医护人员对于风险的看法,这些女性有时候会认为风险更高,有时候则认为风险更低。当我观察女性的管理策略或行动,并尝试将其与风险水平相匹配时,这种差异就会变得明显。诚然,这并不总是奏效:女性并不总是遵循医学的方案,有时她们甚至不听医生的劝告离开医院。我对此十分好奇,并再次查看数据以寻找线索。很明显,这些孕妇有时会根据她们对风险的理解自行采取行动。她们决定了自己认为需要采取的行动,以控制她们所看到的风险。然后,我回过头来重新组织了她的发现,并集中关注这些女性的行动,再将其与女性如何定义风险联系起来。终于,这些女性的行动开始具有分析意义。

请注意,在任何一次访谈或观察中,往往有几个事件与同一个概念有关,但每个事件都是需要单独编码的。例如,在对高风险孕妇的研究中,甚至在一周之内,对风险的看法都会因慢性病、婴儿和怀孕的状况而有所不同。这意味着需要将每个事件单独编码,因为风险定义和管理策略往往也会发生相应的变化。

(5)在分析过程中,研究者可能希望对突发情况和事件进行抽样(可以是新收集的数据,也可以是之前收集的数据),以便能够识别显著的变化。通过询问某种特定类型的机器对患者的护理类型的影响,研究者能够将"护理类型"与"机器类型"相关联。可以提出的问题包括:患者如何准备,如何管理风险,工作如何分配,谁负责安排和协调,等等。

(6)概念之间的关系,就像概念本身一样,是跨地点、人(群)进行比较的。

(7)在无法选择某个地点或者无法接近与理论相关的地点或人(群)的情况下,研究者绝不应该感到沮丧。相反,研究者应该充分利用现有的资源。当涉及事件和突发情况时,研究者很少会找到两个或更多的在各方面都完全相同的例子。相反,无论是条件、互动还是后果,每一个事件都会有所不同,这些都为进行比较和发现差异提供了基础。如果分析者是基于概念比较事件以寻找属性和维度,那么无论实际上是如何进行数据收集的,他们都在进行理论抽样。当研究者无法有目的地选择人或地点以将差异最大化时,揭示过程和变化以及达到饱和,就可能需要更长的时间。但通过持续不断和坚持不懈的抽样,差异终将会显现。

(8)在研究的最后阶段,当研究者在充实类属时,他们可能会回到之前的地点、文档和人那里,或者选择新的地点、文档和人以收集必要的数据,使类属达到饱和,从而完成研究。分析者不断地将他们的分析成果与实际数据进行比较,再根据这些比较进行必要的修改或增删。因此,他们也在不断地验证或否定自己的解释。

14. 我可以从图书馆对数据进行抽样吗? 如果可以,要如何操作呢?

一些研究需要使用文档、报纸或书籍作为数据来源。那么该如何进行呢? 答案是,你可以像处理访谈或观察数据一样进行抽样,其中编码和抽样的相互作用也一如既往。

如果你使用的是档案资料库,也就相当于使用访谈记录或现场笔记的集合(Glaser & Strauss,1967,pp. 61-62,111-112)。但是,文档数据可能不在一个地方,而是分散在一个或几个图书馆、机构或其他组织中。因此,你必须像对待其他类型的数据一样,推断在哪里可以找到相关的事件或突发情况并对其进行抽样。它们会在关于特定组织、群体或地区的书籍中吗? 解决方法是,你可以通过使用常规的计算机文献检索技术来定位这些材料。互联网是一个很好的信息来源,但是你在使用时,也需要特别验证该信息的准确性,因为它们通常都是未经编辑的材料。

还有一种特殊类型的文档,即另一位研究者的访谈记录或田野笔记。对这些材料的分析,我们通常称为二次分析。研究者也可以对这些材料进行编码,并结合通常使用的编码流程进行理论抽样。

15. 研究者在团队收集数据时如何保持一致性?

当与研究团队一起工作时,每位成员都必须获得所有的田野笔记、访谈记录,还需要获得由单个团队成员撰写的备忘录,以及在团队会议中撰写的那些备忘录。确保每位研究者都知道正在研究的类属非常重要,这样他们就知道要听取什么内容,在访谈结束时要问什么样的问题,或者在田野工作期间要注意什么要点。同样,团队定期、频繁地会面以共同分析数据也非常重要。随着数据的积累,让每个团队成员都读完所有的访谈记录或田野笔记是不太可能的。在这种情况下,召开团队会议和分享备忘录就非常重要;否则,沟通会中断,过程会变得混乱,个别研究者甚至可能都不知道哪些概念需要进一步发展。

16. 理论抽样与传统的抽样形式有何不同?

在量化研究中,抽样是指随机选择特定总体的一部分,以代表想要推论的总体。因此,最重要的考虑因素是:就某些特征而言,目标总体在多大程度上能代表较大的总体?实际上,研究者永远无法确定样本是否完全具有代表性。在量化研究中,随机化和统计测量等程序有助于确保获得代表性样本。在质性研究中,研究者则并不那么关心参与者在多大程度上代表了较大的总体,他们所关注的更多是概念的代表性,以及进一步寻找发展这些概念的事件。

17. 理论抽样难学吗?

理论抽样并不难,但需要对自己和研究过程充满信心,让不断发展的分析来指导进一步的研究。这些需要时间和经验的积累。

18. 那研究设计呢——它与理论抽样的关系是什么?

不同于统计抽样,研究者无法在开始研究之前就设计理论抽样。具体的抽样决策会在研究过程中不断变化。当然,在开始调查之前,研究者可以推断出在特定的地点和总体中可能会找到相关事件。在现实情况下,在撰写向资助机构提交的研究计划时,研究者需要解释如何进行抽样以及这种抽样方法的合理性,这一点非常重要。

要点总结

在理论抽样中,研究者要使用在分析过程中得出的概念来引导数据收集过程。抽样的基础是概念,而不是人(persons)。通过有目的地接近那些能在最大程度上发现这些概念属性和维度的群体和地点,相关的概念才可能得到详细阐述、整合和完善。理论抽样会持续进行,直到所有的类属都达到饱和水平——也就是说,直到确定所有相关的属性和维度,并在理论中构建了足够的变异。然而,在进行研究时,实用性也是一个重要的概念。研究者可能无法根据他们希望的对象、地点和时间来收集数据。然而,随着研究的进行,研究者对数据意义的敏感性会逐渐增强。当他们回顾数据时,研究者经常会惊讶地发现他们正在寻找的答案就在其中,他们可能只是在首次查阅这些数据时忽略了它们。在研究调查过程中,总是存在一些限制,研究者应该尽其所能,充分利用手头的资源,并接受自己研究的局限性。

专业见解:在扎根理论方法论(GTM)中进行概念化练习

以下的专业见解并不直接涉及理论抽样。相反,它总结了本书已经涉及的许多主题,以及本书余下部分将会涉及的其他主题。尽管对于初学者来说,这些内容有些抽象,但它为深入思考提供了丰富的材料,并为在课堂上展开讨论提供了良好的基础。

马西米利亚诺·塔罗齐(Massimiliano Tarozzi)

博洛尼亚大学生活质量研究系,《百科全书》(*Encyclopaideia*)[①]期刊主编

从描述到概念化的转化是一个大胆且艰难的认知性和启发式过程,就像跳入多维空间(hyperspace)一样。但在扎根理论方法论(ground theory methodology,GTM)的分析过程中,总有一刻你需要从更为描述性、更加忠于数据的初级编码阶段,向更高的抽象层次过渡,这是通过构建概念、类属和主题来实现的。概念化是扎根理论方法论的一个显著且无法回避的特点,也可以说是其标志性特征(Charmaz,2006)。没有它,分析只会产生一个平庸的、无足轻重的、与理论化无关且信息量少的理论:它当然是扎根于数据的,也完全与之契合,但却是毫无意义的,也没有用处。格拉泽和斯特劳斯(Glaser & Strauss,1967)在他们的开创性研究中明确表达了这一观点,而这一逻辑在扎根理论方法论的归纳推理中是毋庸置疑的。然而,概念化的实际作用往往被低估,对于新手来说,其应用与实践则非常困难。实际上,一名出色的研究者也是追求准确和严谨的,他们经过训练后,往往已经接受了这样一个普遍的观念,即研究者不能说出任何超出数据所提示内容的事情。概念化属于理论家,属于那些以思辨性和抽象的视角处理社会、政治、教育、心理甚至宗教问题并合理地进行概念阐述的人,其也并未参照经验现实。那些接受过经验研究训练的人,特别是那些从量化研究转向扎根理论方法论的人,坚定地接受了维特根斯坦的说法,即一个人应该对自己不能谈论的事情保持沉默,以至于当在研究中需要从描述过渡到概念化的时候,他们陷入了僵局。而概念化恰恰意味着需要谈论那些应该保持沉默的内容。

我最优秀的两名学生有着截然相反的特点:其中一名学生接受过哲学教育并研究过神学。他有着出色的抽象思维能力,能够进行有效的推理,可以将无关的现象分类,并将它们综合到一个单一的类属中。不过,在收集数据和分析的初步阶段,他往往显得急躁

[①]别名为《现象学和教育期刊》(*Journal of Phenomenology and Education*)。《百科全书》是一份同行评议的国际性期刊,于1996年在博洛尼亚大学创刊。在意大利的文化和科学背景下,这是一本教育学的期刊。该期刊从多学科和现象学的视角,发表关于教育领域关键问题的理论、方法论和政治文章。——译者注

和错乱,常会过快地得出结论。另一名学生接受的则是人类学方面的训练,她会非常谨慎地进行民族志田野调查,尊重数据。她在数据收集和编码的早期阶段表现非常出色,小心翼翼地对待每一项数据,不将任何事情视为理所当然,并尝试发现文本中的内在意义,仔细且专注地进行转录,也会对自己处理数据的方式进行自我反思。不过,当从初始概念过渡到将其组织成类属,然后凭直觉判断它们之间的联系时,她表现得就不太好。对她来说,更加困难的是将理论整合起来,并将整体理论概念化操作为一个图表,将来自数据的难以捉摸且离散的信息汇聚在一起。两位都是非常优秀的学生,看到他们一起研究是一种乐趣。即使有时他们不可避免地会发生冲突,但他们之间依然维持着真挚的友谊。当他们能够合作时——这种情况经常发生,他们就形成了一股强大的研究力量。

上述两个案例非常典型。我认为出于从事研究的人的天性、教育或个人经历,他们要么更倾向于描述,要么更倾向于概念化。但要践行扎根理论的方法论,这两种技能都是必需的,同时也需要以某种方式学会做那些自己不太擅长的事情。从这个意义上说,与那些愿意合作的研究伙伴一起工作也是一种学习的经历,就像我在上文所描述的两名学生的例子那样。

践行扎根理论方法论需要严格的训练和一定的理论敏感性(Strauss & Corbin,1990,chap. 6),即便方法的学习和敏感性的提高不能通过机械性的重复练习来达成,但更重要的是要理解,某些重复练习具有一种基本的启发式特质,因为它们有助于研究者培养所需的特质和技能。我已经在其他地方详细介绍了练习的优点,在此,我再总结如下:

1. 能够处理混乱状况
2. 能够暂缓下决断(括号法[①])
3. 提高理解能力,赋予世界以意义
4. 关注关系性维度
5. 培养洞察力
6. 提高概念化的能力

最后一项能力(概念化的能力)与抽象思维、理论化和哲学思维(philosophizing)都有关联。扎根理论方法论不仅需要理论化和理论技能,还需要哲学的立场,以便能够进行

---

① "括号法"英文原文为 bracketing,这是一种源于现象学的研究方法。它要求研究者在进行观察或分析时将他们自己的先入之见、偏见或预期暂时悬挂起来,或"放在括号里",以尽可能纯粹地理解研究对象或现象。因此,在此句中,括号法是指研究者能够暂缓下决断的能力,即不立即做出评价或得出结论,而是保持开放的心态,从一个更中立、无偏见的角度去观察和理解。——译者注

概念化,从而超越描述。基本上,这是一种哲学思维,它要求将某些形式的抽象思维应用于经验研究中。归根结底,抽象思维从各个方面而言都是一种哲学探索。从描述到概念化的心理转变的需求,是理论敏感性的主要特征,也是创造洞察力条件的基础。洞察力通常会突然出现,在最意想不到的时刻给我们带来惊喜,它们似乎来自遥不可及的地方,甚至不像是我们自己的一部分。然而,我们可以培养它们,或者至少不要抵制它们的到来。例如,在分析过程中,当你的整个思维完全沉浸在编码过程中时,可能会面临分析崩溃的风险,陷入自我参照和无效概念的网络中。然后,你需要停下来思考,暂停编码,远离数据分析和收集,将思绪转移到其他地方。这些定期的休憩时刻为洞察力的出现创造了空间。你应该走出办公室,远离电脑,远离编码表、转录稿和书本,取而代之的是到户外散步、游泳、跑步和爬山。

对于质性研究者来说,培养这种概念化的能力往往是违背直觉且几乎不太自然的。我也发展了一些个人策略,后来还尝试将这些策略教授给进行扎根理论方法论探究的学生。显然,它们是个体化的经验,而不是普遍性准则。每个人都必须找到与自己的性格、世界观、文化和成长背景相契合的策略,但我希望以下提示可以提供一些启发性的例子。

第一种策略,也是许多扎根理论者广泛使用的策略,并经由克拉克(Clarke,2005)进行了更为深入的发展,那就是概念定位图(conceptual mapping)。概念定位图有助于进行综合,并找到统一的要素;通过遵循那些有希望的描述性线索,被引导到不同的方向,它们可以作为将概念和类属联系起来的共同线索。根据我的经验,在大型共享白板上绘图是非常有用的。这种方式结合了图表设计以及研究团队内部的集体讨论,有助于逐步地详细说明每一个出现在白板上的图形符号。我通常会对这些长时间进行的讨论进行录音。或许,与定位图本身相比,在构建概念定位图过程中所进行的讨论,往往对于概念化而言会更具相关性和启发性。

然而,随着时间的推移,我也意识到每个研究者的认知风格是不同的,从通过经验确定的类属到概念化的转化路径是极其多样的。并不是每个人都有视觉思维(visual thinking),也不是每个人都能以几何形式——连接线条和箭头的方式——看到概念及其关系。其他人可能更倾向于叙事的方式。实际上,我经常发现,通过使用叙事策略,以系统和统一的方式将研究者从描述性层次推向概念化层次,是非常有效的。这种策略涉及向另一个人——一个挑剔的朋友——讲述一个故事。叙事遵循整个研究的路径、研究问题的发展,通过各种转折点、反思,再到类属的详细阐述。故事策略最有可能帮助研究者识别核心类属,即整合分析性故事的关键概念。事实上,讲述研究的自然历史

(Silverman,2000),总结建构理论的步骤,也意味着确定叙事中心,有助于统一类属所朝向的许多方向。

讲述长期研究过程的故事的方式是一项侧重理论建构的分析性工作,研究过程往往充满困惑、修正以及反思等,正如每一项质性研究所要经历的一样。如果受众对该主题了解不多,那么这项工作将更富成效。这样,我们将迫使自己不把任何事情都视作理所当然。这使我们能够对现象和解释性类属提出问题,确定联系,阐述步骤,并如同把几条不同的支流汇合为一条河流那样,将所有这些内容整合为更宏大的叙事。

我自己经常采取的最后一个策略,就是明确改变我进行分析的环境,这也是我向自己学生推荐的策略之一。在早期的开放和集中编码阶段,不管是用笔和纸,还是使用特定的软件,我通常是在办公桌前进行编码的。在这个阶段,因为分析者所有的注意力都必须集中在要编码的文本细节上,因此需要在一个不受过多干扰的空间中工作。与之相反,理论编码中的概念化阶段则需要开放和自由的空间。因此,即使我已经战胜了内心的抗拒,我也会关掉电脑,把备忘录和转录稿放在一边,然后前往户外。就我个人而言,我发现长时间散步特别有效。当我在特伦托大学任教时,我有幸住在阿尔卑斯山附近,在那里进行登山活动真的非常棒。

我经常带着我的学生去爬斯蒂沃山(Mount Stivo),这是一座我们都非常熟悉的美丽的山峰。从我学校的办公室窗户就能清晰地看到它俯瞰着罗韦雷托山谷(the Rovereto's valley)。除了在学校办公室工作和接待学生,我也喜欢通过步行和攀登来扩展另一种思考方式的精神空间,并扩大我的视野。对于深陷于文本之中的分析者而言,走向开阔的空间往往具有强大的符号意义和影响力。在攀登过程中,我们要沿着一条小径前行才能达到山顶,还要努力攀爬并遵循路标(尽管不走寻常路也有其乐趣在)。但努力总会有回报,最终我们会达到山顶,这也意味着到达了一个完全不同的地方,能拥有更广阔的视野。有时,我眼前甚至会出现我之前从未见过的新的山峰。此外,就像我可以通过办公室的窗户看到斯蒂沃山的顶峰一样,从山顶向下望去,也可以看到我办公室所在的建筑物。这种以激进的方式改变观察视角的方法,也让我学会用不同的方式看待事物;这是一种有用的概念化练习,有助于培养不同的思维方式。除此以外,它还有助于进行深层次的思考、"集大成",以及大型推测性情境的构建。

从描述向概念化转化当然是困难的,因此,这在某种程度上偏离了经验研究者的一般经验。但是,这种转变在扎根理论方法论中是至关重要的,也是可以通过个人策略来实现的,对于研究本身大有裨益。

参考文献

Charmaz, K. (2006). *Constructing grounded theory*. Thousand Oaks, CA: Sage.

Clarke, A. E (2005). *Situational analysis*. Thousand Oaks, CA: Sage.

Silverman, D. (2000). *Doing qualitative research*. Thousand Oaks, CA: Sage.

Strauss, A., & Corbin, J. (1990). *Basics of qualitative research*. Thousand Oaks, CA: Sage.

Tarozzi, M. (2011). Foreword. In P. N. Stern & C. J. Porr (Eds.), *Essentials of accessible grounded theory*. Walnut Creek, CA: Left Coast Press.

小组思考、写作与讨论

1. 请思考,理论抽样背后的逻辑是什么? 它如何强化研究过程? 在你看来,这种类型的抽样方法有哪些缺点?

2. 用几句话简要写下你将如何在自己的研究中进行理论抽样。

3. 在小组中讨论你将如何在提交给人类研究伦理委员会的研究计划中解释理论抽样。

推荐阅读

Clarke, A. E. (2005). *Situational analysis*. Thousand Oaks, CA: Sage.

Glaser, B., & Strauss, A. (2009). *The discovery of grounded theory*. Rome: Armando.

Tarozzi, M. (2007). Forty years after discovery. Grounded theory worldwide. Barney Glaser in conversation with Massimiliano Tarozzi [Special issue]. *The Grounded Theory Review*, 21-41.

Tarozzi, M. (2008). *Che cos'è la Grounded theory* [What is grounded theory?]. Rome: Carocci.

Tarozzi, M. (2011a). *O que é a grounded theory?* Brazil: Editora Vozés.

Tarozzi, M. (2011b). Translating grounded theory into another language. When translating is doing. In V. Martin & A. Gynnild (Eds.), *Grounded theory: Philosophy, method, and the work of Barney Glaser* (pp. 161-175). Boca Raton, FL: BrownWalker Press.

Tarozzi, M. (2013). Translating and doing grounded theory methodology. Intercultural mediation as an analytic resource. *Forum: Qualitative Social Research*, 14(2).

第8章　情境

事件与其前置条件的关系会即刻构成历史,而事件的独特性使得这段历史与该事件紧密相关。所有的过去都存在于现在,因为逝去的过去都因条件而发挥作用,而所有的未来都源于当下所发生的独特事件。

(Mead, 1959, p. 32)[1]

我在前面的章节中指出,理论与描述不同:理论不仅告诉我们发生了什么,还能提供解释。因此,为了超越简单的描述并建构理论,我们必须将行动-互动与其发生的条件联系起来,并关注当人们采取行动时的各种回应,以及采取某些行动和互动后所产生的结果。那么,我们如何超越描述来建构理论呢? 一方面,我们必须设定一个前提,即当人们采取行动和互动时,是有意识地对那些需要做出回应的事物做出回应。这种事物被赋予了某种意义,而采取的任何行为和互动都基于个人赋予这些事物的意义。因此,在为了建构理论而分析数据时,我们要寻找的是事件或事情(一系列条件),以及人们如何对其下定义或赋予其意义(如问题、挑战、障碍、目标等)。我们要寻找的是他们为了应对这些问题、挑战或目标而采取的行为和互动,然后我们要观察的是行为和互动产生的结果。在这个过程中,我们将行动-互动与条件相联系,从而使我们的理论能够解释并控制某些

---

①总体而言,米德在这里强调了时间的连续性,事件的独特性,以及过去、现在和未来之间的互相影响;他认为过去的事件塑造了现在,而现在的事件将塑造未来。——译者注

结果。在研究完成后,我们应该能够这样说:在这些条件下,考虑到这些意义,可以预期人们会采取这种或那种行动,并且这就是结果。我想指出,涉及人类行为的研究总是存在一些无法预测的意外因素,人类行为远比物理现象复杂,并不总是可预测的。例如,当我在一所为老年人提供护理的诊所工作时,我注意到一个有趣的现象,每当一位男士来到诊所或来看医生时,他的血压就会升高,显然,他应该服用降压药来降低血压。于是,我想询问他是否在服药。他回答道:

> 我年纪大了,走路有些困难。洗手间通常不在附近。因此,当我去到诊所或去看医生时,为了防止我的膀胱因为服药发生"意外",早上我就不会吃降压药。

在这种情况下,他不吃药的行为是完全合理的,尽管后果是血压升高。了解到这一点,医生可以这样说:

> 如果给老年患者服用降压药会产生副作用,而且当患者不在家更难控制这种情形发生时,患者很可能不会服用这种药物,结果很可能是血压升高。因此,我会给他开一种副作用较少的药物,希望能让他的血压更稳定。

不同的研究者在处理情境概念时有不同的方法。例如,格拉泽(Glaser,1978)提出了他的"6C法则",而克拉克(Clarke,2005)则谈到了情境分析。我建议读者可以将本章与第14章结合起来阅读。

学习要点

在阅读本章时,建议读者注意以下要点:

- 什么是情境
- 什么是范式
- 什么是条件/结果矩阵

什么是情境

为了发展理论和充分理解、解释行动-互动的目的,我们必须将其置于具体的情境中。否则,我们只讲述了故事的部分内容,并导致我们只是在描述而不是在建构理论。

根据情境分析数据,比在边缘处列出各种编码要复杂得多。有些人先会对概念进行编码,然后回头再撰写关于这些概念的备忘录并将这些概念关联起来。我们并不会这样做,因为我们认为这是重复的工作。相反,根据具体的研究阶段,我们试图在初步分析中发展我们的概念,并尝试将它们联系起来,以避免在后期不得不去猜测它们的关系,或再次阅览所有数据以确定概念是如何关联到一起的。在本章后面,我会提供一些分析工具来帮助研究者在他们的分析中建构情境。本章的这一节将讨论以下内容:

- 情境的定义

情境的定义

情境是一个涵盖很多内容的广泛术语,包括事件、构成任何背景的一系列环境或条件、人们赋予这些内容的意义(如问题、目标等)、人们为了应对或达到预期结果而采取的行动和互动,以及由他们的行动所产生的实际结果。从分析的角度来看,情境通常表现为人们对他们生活中发生的困境(problematic situations)或事件所做出的解释或推理,包括他们的所说、所思、所感和所做(行动-互动)等。请阅读下面的访谈节选,其为科宾和斯特劳斯(Corbin & Strauss,1985)关于夫妻在家庭中如何管理慢性疾病的研究的部分内容。受访者是一名因从树上摔下而导致四肢瘫痪的男性。

有时,我自我感觉良好,有时则不然。我会问自己,我是谁? 我是一个四肢瘫痪的人。考虑到我的伤势,我觉得自己还算看得起自己。作为一个40岁的男人,我在28岁时受了伤,从那以后我感觉自己很难走太远。我无法为她做些什么,或给予她我想给的东西。我希望能给我的妻子一栋漂亮的房子。但无论她想在家里做些什么,都需要有生理能力的人来完成,无论是挂一幅画还是其他任何事情,我都不能为她做。我受伤前的爱好都是一些运动,而现在我再也做不了这些了,再也不能。我身体上的弱势让我常常遭遇很多与膀胱有关的问题,这意味着我必须要待在家里、喝大量的水、吃药等。这也限制了我走出家门去做其他事情的能力,这让我感到不满。但另一方面,我并不会整天坐在这里,陷入这些沉思中。如果我能完成日常的活动,不管是什么,我都会感到很满足。我并不觉得自己有抑郁倾向。也许在事情发生的第一年,我确实很抑郁。但现在,大概就和其他人一样,我对我的生活很满意。如果不是因为发生了这些事情,我可能不会结婚。坐在轮椅上以及与此相关的所有问题都被放大得过于夸张,简直令人难以置信。除非我确信她对我有价值(asset),而不是我的负担,否则我不会承担婚姻的责任。在我结婚之前,我并不过于关心钱的问题。

我买了一份20年到期的保险,这样在我离世后她会有一些保障。她可能并不太在乎,但让她有一些保障对我来说很重要。我觉得我的生命被缩短了。如果有人每天坐在轮椅上,像我一样有这么多的膀胱和肾脏问题,服用低剂量甲醛之类的药物,并像我这样做大量的X光检查,没人会活得很长。(摘自田野笔记)

在阅读了一次田野笔记后,我回过头来,更仔细地阅读了一遍。请重点关注受访者如何解释以下内容:(1)对于他自己和婚姻的感受;(2)他想做但做不到的事情(失败的行动-互动);(3)他能做什么以及为什么这样做(已完成的行动-互动);(4)他对未来的规划(预期结果),所有这些内容都发生在他残疾的背景下(主要条件)。换句话说,他正在进行情境化。他解释了对他来说残疾意味着什么、他因残疾而需要面对的问题,以及他因为残疾而能够或不能够完成的行动。他将一些可能的未来结果与自己和妻子联系起来,也与他现在正在采取的行动相联系。如此,他也将背景条件与行动-互动和结果联系在一起。

当根据情境分析数据时,研究者使用的是他们在早期分析中使用的相同的基本分析工具。他们提出问题并进行对比,撰写备忘录并绘制图表。当研究者根据情境进行编码时,他们其实在进行斯特劳斯(Strauss,1987)所说的"轴向编码"。他们在一个由子概念组成的框架内定位并关联各种行动-互动,这些子概念被赋予了意义,并且,其能够解释正在发生的互动是什么、为什么发生,以及由于这些行动-互动而产生的实际或预期结果是什么。现在,读者或许可以看到实用主义者和互动主义者的观点对研究者采纳的方法所产生的影响。

当研究者进行编码时,他们确定的一些概念可能会涉及条件因素,一些概念可能表示行动-互动,而其他概念可能代表预期或实际的后果或结果,这些都是构成情境的组成要素。然而,由于概念不会被贴上标签,表明它们代表行动、条件还是结果,初学者可能会难以区分这些差异。这就是范式和条件/结果矩阵在分析中起作用的地方。

什么是范式

范式是一种分析工具,能够帮助研究者进行轴向编码,或围绕类属进行编码。它主要包括以下特征:

- 条件
- 行动-互动
- 结果或后果

在进行简要介绍后,本章的这一节将深入探讨这些特征。

范式简介

当研究者分析数据时,他们会将其分解成若干部分,这些部分通常代表数据的自然断点或参与者对话题的转移。随后,这些部分会被进一步拆分,以使研究者可以将不同的数据片段进行比较,并标记出代表这些数据的概念。但仅有概念列表并不能建构理论,这些概念需要被"编织"(weaving)或关联在一起,以便用概念性的语言讲述研究或观察的初始故事。

这里所说的"编织",并不是指最终的整合,而是将更低层次的概念围绕更高层次的概念(我们称之为类属)进行关联。当类属之间存在重叠时,可以将它们合并,从而减少构成最终理论的类属数量。编织始于研究者对他们正在处理的这部分数据所表达的主要思想或主题的解释。

举一个关于类属的例子,回顾一下在本章开篇呈现的数据。这些段落的一个主题可能是"身体失能"(body failure)。"身体失能"表示分析者对研究参与者受伤的意义的解读。这种解释建立在参与者所使用的词汇的基础之上,他表示由于受伤,他不能再做他以前做过或现在想为自己和妻子做的许多事情。我们还可以进一步说,他的身体失能对他来说造成如此影响,是因为其具有永久性、影响广泛等属性,而且还使他更容易出现并发症,并且还可能导致"失败的行动"。正是身体失能的属性给他带来了一系列必须通过利用他所剩余的身体能力来应对或克服的问题,包括身体、心理的问题,以及社会性或关系性的问题。

从参与者自己概述的问题中可以看出,身体失能对他来说意味着什么。这里有关系性问题:这导致了他的第一次婚姻破裂。也有身体性问题:他的膀胱有问题,必须服用那些在长期来看可能有毒性的药物。此外,他没法工作,给他的妻子建一栋漂亮的房子,或者做他以前喜欢做的运动。然后,他继续告诉我们,通过行动-互动,他能够利用他所剩余的能力为自己、他的妻子和他们的家做一些事情,他知道这将减轻他妻子的负担,她要工作,还要上学。他采取的行动的结果是,他对自己感觉良好,而且相对满意。

范式中使用的术语借鉴了科学家在讨论与理论有关的主题时所使用的标准科学术语。它由条件、行动-互动和结果组成。此外,范式中使用的术语与人们在日常描述事物时使用的逻辑和术语相一致:"当事情发生时,我会这样做,并预期会产生这样的结果。"重要的是要记住,范式只是一种工具,而不是一套指令。范式背后的逻辑是分析者可以利用它,通过提问和考虑可能的联系来对概念进行整理和排序。扎根理论初学者常见的错误是过于专注范式的细节,且只对这些细节性特征进行编码。对识别条件、行动-互动或结果过于关心会使分析过程变得僵化。当分析者只根据范式的具体内容进行编码相关的思考时,总会缺少一些东西,而那正是赋予质性研究灵魂的深度(eloquence)。[1]

条 件

条件只是范式的一个方面,它回答了关于为何、何时和如何等问题。这些问题指的是,人们认为这些事情发生的原因,以及他们对通过何种行动-互动方式进行回应的解释。这些解释在田野笔记中可能是隐性的,也可能是显性的。也就是说,有时候人们会使用特定的词汇来提示分析者,他们即将解释自己的行为或给出其原因,如因为(because)、既然(since)、由于(due to)和当(when),下文伴随而来的就是行动-互动。思考以下摘录的内容:

> 我娶了我的妻子,因为她似乎对自己感到满意,不像我,我有那些无法实现的目标,我很想要实现它们,但无法做到。她信仰基督教,具有很高的道德标准,这对我来说非常重要。我不希望因为与我结婚,她就必须放弃很多东西。不过,她似乎对现状感到满意。她依然每天都与坐轮椅的人打交道,有很多关于轮椅的参考资料,但她却把鞋子随意放在卧室地板上,或者自己上车了却把我的轮椅留在外面。她并没有因为我是坐轮椅的人而

---

[1]原文中的"eloquence"通常用来描述富有说服力和表达清晰的语言或方式;它涉及用词精确、结构清晰和情感深沉的能力,以深深地影响听众或读者的情感和观点。在上述语境中,"eloquence"应该是指研究中的深度、情感和人性的一面。当分析者只关注数据的编码或仅从一个特定的范式来看待数据时,他们可能会忽视数据中的真实、生动和复杂的情感和意义。简而言之,"eloquence"在这里表示的应该是超越纯数据分析的那种深度和情感。——译者注

过分关心我。我告诉她，我永远不希望我的孩子嫁给坐轮椅的人，她几乎要气炸了。她说："你有什么资格做这种价值判断？"在我遇到她之前，她的价值观就已经形成了。(摘自田野笔记)

注意第一句中的"因为"这一词汇。在引文中，他告诉了我们他为什么娶了他现在的妻子(他采取的行动)。这些理由(婚姻的条件)是：她对自己和现状感到满意、拥有基督徒身份、拥有高道德标准、不把他看作坐轮椅的人、拥有吸引他的价值观。

行动-互动

行动-互动构成了范式中的第二个重要类别。它们是个体或群体对生活中发生的事件或困境所做的实际回应。事件或一系列境况与随后的行动-互动之间，并不是直接的因果关系。人们赋予事件意义，对其有感觉，对其进行思考，然后将其视作问题、挑战或目标，然后才会通过行动-互动做出回应。行动-互动回答了以下问题：这些条件或一系列事件被赋予了什么意义(以问题、目标等形式)？采取了什么特定的行动-互动来处理这个问题或达到那个目标？下面，我将继续用相同的访谈内容进行探讨：

在受伤后我做的第一件事就是努力实现自立。如果我必须在疗养院里生活，或者必须一直依赖别人来照顾我，我会觉得生活没有价值。放弃自立的想法是我不愿再婚的原因之一。我的第一次婚姻因为我的残疾而破裂……我在医院待了六七个月，之后也不断回到医院。当我最终出院时，她[他的第一任妻子]告诉我，她已经厌倦了和一个残疾人生活在一起，希望再也不要看到轮椅，然后就离开了。我永远都会记住那一刻。(摘自田野笔记)

在这里，受访者解释了残疾对他来说意味着什么：如果他必须住在疗养院或者终身依赖他人，生活就没有价值。正是想到要依赖他人或住在疗养院，给了他走向自立的动力。请注意，他赋予自己残疾的意义，不仅源于自己对无法再进行的行动或活动的认知，还源于与第一任妻子的交流互动，以及她对他残疾的态度，这反过来导致了第一次婚姻的破裂(从他的角度看)。而另一个结果是他不愿再婚。

结　果

结果是行动和互动的预期或实际后果。通常在采取行动之前，人们会考虑可能的后果(例如,如果我不遵守我的糖尿病治疗方案,我可能会出现并发症)。然后基于这些可能性,人们在备选方案中做出选择,采取一定的行动-互动。有时结果会如预期那样发生。然而,有时也事与愿违,行动者必须调整自己的行动-互动以适应新的和不断变化的情况(接下来的第9章将进一步探讨这一过程)。预期或实际结果可能对自己或他人产生影响(可能是身体、心理或社会方面的)。结果也可能会引发情感(愤怒、内疚、恐惧),并会激发进一步的行动或导致行动-互动的方向的改变。让我们继续来看这次访谈:

> 如果我不在家里做点什么,我就会有负罪感。我一个人住的时候,就得做这些事。事实上,现在更难了,因为当我一个人住的时候,我不需要收拾别人的东西。我不能出去实现那些更大的成就,无论是钓一些鱼回来,还是带给家庭可观的薪水。帮忙做家务是我能做的事。这对我来说是一种精神上的生存之道。(摘自田野笔记)

请注意,在引文中,正是出于受访者对负罪感的预期,他想要在家里做些事情,帮助他的妻子(也因为他爱她)。做这些可以帮助她的事情会产生几个结果。首先,他在家里帮助做家务减轻了他妻子的负担,让她在完成一天工作后能够休息。其次,这也使他减轻了自己的"身体失能"感,因为他认为通过做一些力所能及的事情,可以在某种程度上弥补他的失落感。能做一些事情,本身就是一种精神上的生存之道。

需要注意的是,在这段简短的摘录中还有一些其他的内容。实际上,在整个访谈过程中,这些内容无处不在,但其相对表现得更隐晦。这名男性总是在衡量他的能力,以及强调自己无法按照社会期望行事,这尤其体现在他对性别角色和价值的认知上(例如,为家庭带来收入是男性的作用)。也许他没有意识到自己在这么做,但事实上他确实是这么做的。文化和社会期望是在任何情境中都会起作用的重要条件,因为它们可以间接或直接地促进或限制行动和互动的能力。在本章的下一节,我将讨论条件/结果矩阵,这是一种工具,可以使研究者对情境中可能存在的条件和结果的范围保持敏感性。

什么是条件/结果矩阵

范式是帮助分析者组织和连接概念的工具。它提醒我们要探寻人们采取行动的原因或解释。从这里开始,我们将条件/结果矩阵称为矩阵。我不认为在研究中必须提出每

一个可能的条件或结果。相反,我希望研究者能使用这个分析性工具来丰富他们的分析。本章的这一节将讨论以下内容:

- 矩阵与范式之间的差异
- 对矩阵的描述

矩阵和范式之间的差异

虽然范式是有所帮助的,但它不能帮助研究者将复杂性引入分析中。矩阵通过以下几个方面来填补分析中的空白:

- 条件范围和可能结果的范围
- 条件、行动-互动和结果间关系的复杂性
- 不同的行动者,不同的视角
- 微观和宏观的重要性
- 将所有内容综合起来

条件范围和可能结果的范围

研究者非常清楚他们带到研究中的假定、视角、文化背景、期望和经验,以及这些因素如何影响他们用概念的形式来解释原始数据。研究参与者也将他们的经验、期望、假定、文化背景、经济状况和教育经历带入事件或困境中,这些因素都影响了他们解释和赋予事件或事情以意义的方式,以及他们最终采取的行动-互动形式。在能力、动机等方面,除个人带到困境或事件中的这些因素外,还有许多个体之外的条件可以影响行动-互动的形式和范围。外部或宏观的条件通过提供或限制人们可以利用的资源,制定政策、规则和法规,以及建立文化期望等方式,来促进或限制行动-互动。同样,个人或群体采取的行动在个体之外也会产生后果,这反过来又可以改变政策、规则、文化、资源的可用性等。并非所有可能的条件都会出现在任何一组数据中,但当它们存在时,研究者应该尝试将这些条件进行整理与分类,并追踪它们与行动-互动的关系。

条件、行动-互动和结果间关系的复杂性

条件和结果不存在于真空中,它们以各种多样且动态的方式相互影响和作用,这增加了情境的复杂性。人们总是通过行动和互动来塑造或处理因他们生活中发生的事件

而产生的问题或情形。由于一个事件及其后续的行动通常会导致另一个事件,再引发另一个事件,这就像链条中的环节一样,事件和行动-互动之间的关系通常是复杂且难以整理的。此外,条件、后续互动和结果之间的关系很少呈线性路径。条件和随后的行动更有可能像台球一样相互碰撞,导致无法事先预测到后面的结果。在麦克马斯特(McMaster,1997)关于越南战争的著作中,这一要点得到了清晰的表达(见以下引文)。他指出,美国在没有做好参加长期战争准备的情况下就被卷入了越战。最初,他们派遣了一些部队去训练越南南方士兵。然而,由于在美国和越南都发生了各种事件,如肯尼迪总统遇刺、美国船只在北部湾遭遇的"所谓的"攻击("supposed" attack)以及越南南方士兵数量的不足,这些事件在肯尼迪派遣第一批部队时是无法预见的,而美国和越南北方采取的后续行动导致美国被卷入到了一场大规模的战争中:

> 1963年至1965年,越南战争的美国化是个人和环境之间不寻常的互动的产物。美国军事干预的升级源于一系列复杂的事件和错综复杂的决策,这些事件和决策逐渐将越南冲突转变为一场美国战争。(McMaster, 1997, p. 323)

条件和结果通常以群集(clusters)的形式存在,并且它们以许多不同的方式相互关联或共变。这种关系既可以与彼此关联,也可以与相关的行动-互动关联。此外,随着时间的推移和事件的出现,条件和结果的群集可能会发生改变或重新组合,使它们与行动-互动之间的关系或关联的性质发生变化。想想美国是如何进入伊拉克的,其目的是除掉一名独裁者及其所谓的化学武器,而实现了这一目标后,美国却发现余下的伊拉克已经是一个破碎的国家,于是又开始参与国家建设。

不同的行动者,不同的视角

行动和互动不仅限于个人,它们还可以由国家、组织和社会世界(social worlds)①等代表来实施。此外,互动也可以指向代表国家、组织和社会世界的个体或群体。

下面的事件说明了这一点,在越南战争的早期阶段,海军飞行员阿尔瓦雷斯中尉被越南北方击落并被俘。有一天,包括阿尔瓦雷斯在内的一群囚犯从囚室被带出,并被强迫在河内的街道游行。当囚犯们穿过街道时,站在街道两旁的越南人民开始在口头和肉

---

①"社会世界"(social worlds)是一个社会学术语,通常被用来描述一个共享活动、兴趣、承诺或目的的人群或团体。在不同的社会学或人类学理论中,它可能有不同的含义或应用,但通常,这个术语被用来指那些有自己的文化、规范和组织结构的群体。——译者注

体上虐待囚犯。尽管这些囚犯已经不能再投掷炸弹,但他们仍然是美国和这场战争的象征,因此,他们也被视为越南北方人民发泄怒火的合理目标(Alvarez & Pitch,1989,pp. 144-149)。

微观和宏观条件之间的关系对于个体研究参与者来说通常并不总是可见的。但这一点对数据收集有着重要意义。在情境中,每个参与者都有自己采取某种行动-互动的原因,很少有人会完全了解整个情况。因此,我们需要倾听多种声音,以了解整体状况。

微观和宏观的重要性

研究者通常会人为地区分微观和宏观,但实际上大多数情况是微观条件(与个人有关的条件)和宏观条件(独立于或外在于个人的条件,如历史、社会、政治等条件)的组合,其中微观和宏观条件在相互作用。作为分析者,我们对微观条件和宏观条件之间的相互作用非常感兴趣,因为正是这些条件之间的相互作用为情境带来了复杂性。例如,一名患有糖尿病的人可能想要吃健康的水果和蔬菜,但由于他年事已高,只靠养老金生活,没有钱购买所需的食物。在这里,我们看到微观和宏观条件相互作用,限制了这个人以期望方式行事的能力。他想要吃正确的食物,但他缺乏经济资源来做到这一点。他的养老金太少,不足以支付他所有的生活费用。与研究者交谈的受访者可能会这样说:"我的养老金勉强够付房租,只剩下很少的钱来买食物。而保健食品又太贵了。"在此处,个体将微观条件与宏观条件结合在一起,将他自己的处境、低收入以及保健食品的高昂费用(外在于他自身)联系在一起。

将所有内容综合起来

上述讨论呈现的分析图景是多种连接模式中的一种,随着时间的推移,其互动模式也会发生明显的变化。尽管经验丰富的研究者通常有自己的方法来追踪一系列复杂的关系,但对于刚刚接触质性分析的研究者来说,可能会感到不堪重负。但重要的是牢记,研究者所走的每一条路的终点不一定都埋藏着分析的宝藏,辨别出条件、行动-互动和结果之间所有可能的连接也是不可能的。事实上,每个研究者都必须接受,由于数据获取、分析经验和个人资源的限制,所能发现的东西是有限的。我承认进行这种复杂的分析工作并不容易,相信读者会适当地选择如何进行自己的研究工作。

对矩阵的描述

在这部分内容中，我一直在讨论矩阵这一观点集合。但真正的问题在于如何将这些抽象的概念转化为易于理解的图表。我所设计的图表并未完全展现我之前所提及的这些观点的复杂性。

矩阵模型由一系列相互连接的同心圆组成，并由双箭头连接（图8.1）。箭头代表条件和结果的交汇处以及随后发生的一系列事件。条件朝向并围绕行动-互动移动，创造出一个复杂的背景，在此背景中行动-互动得以发生。其他箭头远离互动，代表行动-互动的结果向外移动。该图的一个局限性在于，呈现的流程看似是线性的。更恰当的比喻是台球，每个球以不同的角度击中另一个球，引发连锁反应，最终将合适的球击入洞中。

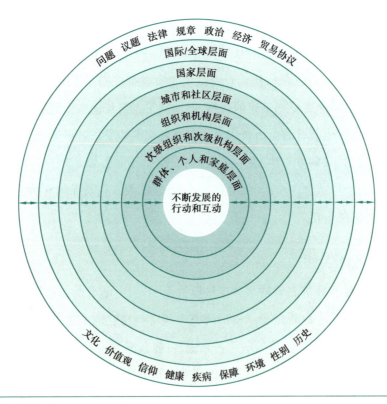

图8.1　条件/结果矩阵

矩阵仅仅是一个概念性的指导，它能提醒我们情境有多么复杂，但它并不是一个明确的流程，如可以进行比较的流程。矩阵可以根据每项研究和数据进行修改。为了最大限度地使用矩阵以作为分析工具，每个区域都以最抽象的形式被呈现。要包含的项目

(条件和结果的来源)必须源于数据,因此取决于所研究的现象的类型和范围。通常,使用矩阵的研究者已经修改了分类方案以适应他们自己的研究目的,或者基于他们的批判,发展出了替代方法(参见Clarke,2005;Dey,1999;Guessing,1995)。

从圆的最外缘开始,我在一些可以影响矩阵的其他层面同时也可以被任何层面所影响的条件上标注了名称。这些条件包括但不限于:国际和国家政治、政府法规、政府内和政府间的协议和冲突、文化、价值观、哲学、经济、历史,以及诸如全球变暖之类的议题。接下来的区域我称之为国际/全球层面,然后是国家或地区层面。接下来就是社会区域,即州和城市层面,这个区域包括了先前列出的所有条件,但它们是针对特定社会区域的,使它相对于所有其他社会区域都有其独特性。接下来的圆代表组织和机构层面。每一个组织或机构都有它自己的目的、结构、规则、问题、历史、关系和空间特性(有些机构和组织的范围可能是国际性的,但如何解释和践行规则往往是针对社会区域甚至个人进行的)。另一个圆代表次级组织和次级机构层面。下一个圆代表群体、个人和家庭层面。最重要的是中心,它代表了由个人、群体和集体进行的不断发展的行动和互动,向其他每个层面流入或流出。它就像车轮的辐条,能量从中心流向外部,也从外部流向中心。

研究者可以在矩阵的任何区域内研究任何实质性主题。例如,研究者可以在国家层面研究医疗保健,重点关注最近的立法、政策,以及可能与国家医疗保健计划有关的新兴组织。或者,研究者也可以在矩阵的几个层面进行移动,研究最近的国家医疗保健法如何影响家庭对慢性疾病的管理。或者,研究者还可以研究组织中的决策制定,如保险公司如何决定承保哪些程序和疾病,以及每个群体的保险费用将会是多少。然而,无论关注的区域是什么,重要的是要记住,外部层面的条件(如国家的医疗保健政策,或国家医疗保健政策的缺失)会逐渐渗透,并影响矩阵中每个层级的个人和群体。相反,在矩阵较低层面的个体或群体中出现的问题,最终可能也会影响当前或未来的立法。一个很好的例子是美国最近就涉及堕胎这一生育控制措施所产生的争议,这一争议最终被提交到最高法院裁决。在这个例子中,一家由家族经营的小企业对国家新通过的医保法提出了质疑,该法规定,拥有50名以上员工的企业必须在其医保政策中为员工提供避孕和堕胎保障。运营该企业的家族辩称,他们愿意为16种避孕方式提供保障,但不愿意为他们认为会导致堕胎的另外4种方式提供保障,如宫内节育器和紧急避孕药。下级法院的审理未能令企业满意,于是最高法院对这一事宜进行审理。在听取双方意见后,最高法院裁定,强迫公司的所有者提供导致堕胎的避孕措施,违反了宪法规定的宗教信仰自由的权利。

因此，为保护宗教信仰自由的宪法权利，医保法必须进行一定的修改。

其他可能被研究的实质性领域包括但不限于：身份认同（identity）、决策制定、社会运动、场域（arenas）、冲突与共识、意识、社会变革、工作、信息流动和道德困境。每个实质性领域都可以在矩阵中的任何区域内进行研究。时间、历史、生平、空间、经济、性别、权力、政治等都是可能与矩阵中任何实质性领域相关的条件。重要的是，除非有数据支持，否则不应该声明任何项目（无论是性别、年龄、权力等）与正在发展的理论相关。

我们对矩阵的讨论到此结束。你需要牢记，要创造性地使用它，并使其与自己的研究相契合。"要点总结"之后的"专业见解"展示了一名扎根理论研究者如何在她的学位论文中创造性地运用矩阵这一工具。

要点总结

从分析的视角来看，当人们面对生活中出现的困境和事件时，他们对所说、所思、所感和所做（行动-互动）所赋予的意义或所给出的解释和原因（也就是条件），就构成了情境。为了建构理论，分析数据的情境是至关重要的，因为它将行动-互动定位于一系列条件中，并确定由该行动和互动可能产生的结果。理论的这一方面使其能够提供关于行为的详细解释。不断发展的行动和互动是情境的核心，它们是人们根据赋予事物的意义，来对其进行应对和处理的回应。作为日常生活的一部分，人们寻求解释并会给出解释。在提供这些解释时，人们是在指向条件或原因，即他们为什么这样做或不这样做，从而将行动-互动与条件以及实际或预期结果联系起来。尽管有表示条件的关键词，比如"既然"（since）和"当……"（when），但对于初学者来说，从原始数据中区分条件、行动-互动和结果之间的差异，可能会非常困难。范式作为一个分析工具，能够帮助分析者始终将行动和互动置于中心地位，同时梳理其与在分析过程中衍生出来的概念的关系。其中一些概念表示条件，而另一些表示实际的或预期的结果。用以下内容举例："如果我不帮我妻子做家务，我会感到内疚。她整天都在外面工作，但由于身体残疾，我不能工作。"不帮忙（做家务）的预期结果是感到内疚。受访者给出的帮忙做家务的原因或条件是他的残疾状况，他因此无法工作，而他的妻子则必须工作。

条件/结果矩阵是另一个分析工具，它同样将行动-互动置于中心。其目的是帮助研究者理解，条件和结果经常以动态和复杂的方式相互作用，并且有许多区域可能产生条件，同时行动-互动的结果也可能影响这些区域。条件体现在人们赋予事物的意义，以及可以促进或限制行动/互动的微观或宏观因素中。从分析的角度来看,重要的不是抽象意义上的条件。重要的是研究参与者如何赋予条件以意义,并通过行动-互动做出回应。例如,一个人可能会说:

> 我昨天没有去看医生,因为在最后一刻,我姐姐打电话告诉我说她的车坏了,不能送我过去。所以我打电话预约了下周看诊。这次我打算坐出租车去,并且要提前安排好,这样就不必依赖我姐姐了。我早该想到她会找借口不带我过去。

姐姐的车坏了不能接送她,是她没有按原计划去看医生的条件(她给出的原因)。这也是她决定下次乘坐出租车去看医生的条件(她给出的原因)。

专业见解:灵感来临的一刻(The "Aha Moment")

P. 泽斯勒·布兰登(P. Sessler Branden)教授
圣心大学护理学院,费尔菲尔德,康涅狄格州

作为一名刚刚接触扎根理论的研究者,我希望我的数据分析尽可能地不带偏见。为了减少潜在的偏见,我在研究调查期间一直在撰写日志。在日志中,我记录了自己在数据收集和分析过程中可能存在的偏见。我经常回顾日志并对内容加以补充,这对我的扎根理论研究工作非常有帮助。

随着我的研究继续开展,我还在备忘录中记录了有关分析和头脑风暴的内容,同时附上了我的概念图。撰写备忘录对扎根研究至关重要,它让我有机会从不同的角度看待数据和概念。这使我能够识别和理解概念的深层含义,并确定它们如何被归入类属。从数据中派生出类属和子类属后,我开始看到模式(patterns)。我试图将这些概念放入图表中,以在视觉上展示它们彼此之间的关系,以及它们与研究主题之间的关系。这些步骤需要花费时间,需要研究者拥有耐心并积极参与讨论,也需要花费大量的精力来重新思考这些关系。

当我开始分析电话访谈记录时,我选择使用范式模型(paradigm model)作为辅助工具,以帮助我思考数据内部的关系,同时确定情境,并将其与过程联系起来。我使用开放编码、集中编码和轴向编码来确定编码或概念,并最终将它们归入类属。这个分类也是一个动态的过程,是在对每个访谈记录进行分析以及对数据进行持续比较时完成的。在调查的早期阶段,我会扩展用到的编码,然后根据数据再进行"收缩"。在使用范式模型

后，一共出现了10个类属和89个编码。为了更深入地了解扎根理论分析的过程，我选择手动处理这些数据。尽管范式模型在研究的这个阶段是一个有用的工具，但我意识到，从数据中浮现出来的信息比线性范式模型能够描绘的要更丰富、更深入、更动态化。这使我开始应用条件矩阵来研究"倡导"(advocacy)[①]。

正如科宾和斯特劳斯(Corbin & Strauss, 2008, p. 91)所解释的那样，条件矩阵被用于阐释主题的复杂性。它通过丰富分析内容，并帮助研究者系统地整理事件发生及其反应相关的条件和结果，特别是这些因素如何随情境变化而变化，来实现这一目的。除了使用范式模型，按照科宾和斯特劳斯的阐述，条件矩阵还使我能够通过更深入、更实质性的分析和数据比较，更好地理解数据。通过不断的持续比较、理论抽样、与科宾博士的讨论以及进一步的数据图表绘制来表明编码之间的关系，上述编码过程使一些类属和概念被归入较少数量的类属及其相应的子概念下，因此有了6个类属和55个编码。

通过使用少量的编码，我试图构建编码之间的关系，并将其进行可视化处理。绘制这个初始图是向创建泽斯勒·布兰登倡导矩阵(Sessler Branden Advocacy Matrix，SBAM)[②]迈出的第一步。在创建了初始的SBAM后，我与科宾博士进行了一系列的讨论，以进一步完善正在成型的内容。最后，通过对数据的持续分析，我重新思考概念的类属关联，多次绘制数据图表，最终确定了包括3个主要类属、8个子类属和41个编码的模型。随着我不断进行持续比较，我明确地认识到，浮现出的主要类属是行动，其子概念则代表了行为、互动和知识。在这个过程中，我对数据的分析更加深入，相关研究发现也更加清晰，最终建立了泽斯勒·布兰登倡导理论(Sessler Branden Advocacy Theory，SBAT)。所有这些内容都在SBAM中进行了图解，包括中心现象、最终的五个组件行动(component actions)、由内部和环境特征组成的基础条件(foundational conditions)、干预条件(intervening conditions)和条件情境(conditional context)。

SBAT可以展示倡导的动态性，因为它与过程、结果/目标以及从数据中浮现的条件都具有相关性。倡导矩阵并不是一个流程，而是对在数据中出现的关于护士倡导行动的行动和互动的展示。

[①]在医疗或护理领域，当提到"nurse advocates"时，通常指的是护士为病人的权利、需求或利益而发声或行动的角色。这可能涉及为病人提供必要的信息，以帮助他们做出医疗决策，或者为确保病人在医疗体系中受到公正和恰当的对待而进行倡导。总之，"advocate"可以被理解成支持、拥护或推荐某种观点、事物或行动。——译者注

[②]泽斯勒·布兰登倡导矩阵(SBAM)是一个以作者名命名的研究工具，被用于表示和理解倡导的动态本质。其主要被应用于护士行为研究。SBAM的创建是为了帮助研究者更深入地了解数据，将各种分类和概念组织成一个有意义的结构，并揭示它们之间的关系。——译者注

接下来,让我来描述矩阵是如何被构建的。首先,我会通过一段故事情节来解释,这段故事情节从最开始就反映了行动的归纳本质。同时,这段故事情节不仅解释了理论的复杂性,还通过叙事(Sandelowski,2004)对其进行简化,并且超越了对数据的单纯呈现,达到了对原始数据进行实用思考的更高层次。

内部和环境特征的基础条件构成了 SBAM 的基石。当护士考虑进行倡导时,他/她必须确定内部特征。围绕护士的环境特征可能会影响护士的行动路线。内部和环境特征以多种组合的方式被汇总在一起,从而创造出条件情境,形塑了倡导行动。在护士决定进行倡导之前,必须要确定条件情境,并且在护士遍历矩阵的每一个层面时,它都会出现。

如下面的矩阵所示,基础条件和情境导向了重要的主题——“倡导”。“倡导”由若干组件行动所组成,包括两个评估组件(assessment components)和三个目标组件(assessment components)。评估组件,即识别和策划,是倡导行动的起点。如果护士无法完全和/或成功地对某个问题进行识别和策划,那么护士可能需要根据反馈箭头返回到其中的一个评估组件。这些箭头象征着护士在 SBAM 继续推进之前,返回到任何一个行动以成功完成这些步骤的能力。

三个目标组件包括“促进”(facilitate)、“赋权”(empower)和“推动”(promote)。护士在评估组件完成后,还需要对其进行确定,并根据特定问题的条件情境进行调整。如果情境发生变化,可能还需要更改或调整。每个目标组件可能不会在每个倡导行动中都能实现,并且可能还需要在整个倡导矩阵中进行持续的重新评估。因此,策划、识别、促进、赋权和推动等五个组件在大三角形中构成了核心现象(“倡导”)的主要行动。主要的倡导行动可以由护士进行,包括必要的评估和目标组件,且这些组件在矩阵的每个层面上都是相同的。

可以在倡导三角形上方的同心弧中清晰地看到 SBAT 矩阵的层面(即倡导行动发生的各个层面),这些层面包括个人、群体、组织、社区以及国家、国际和全球领域。正如倡导三角形指向每个圆心弧层面的箭头那样,倡导的行动可能影响个人、群体甚或多个群体,并且在这之后,这些行动也可能影响到较大的群体,甚至是较小的群体,这一点可以从分别向外和向内穿过弧的组件的箭头看出。

数据显示,随着人们逐渐深入到 SBAM 的不同层面,倡导可能会变得更加困难和复杂,这一点反映出需要对更大、更复杂的系统建立多层面的理解,也需要对更多人建立的关系建立多层面的理解。不过,在矩阵中,早期的成功可能会加速倡导的过程,因为护士已经建立了更多的关系,获得了更多的知识,并了解到了更多的信息,可作为下一次倡导行动的基础。因此,建立关系和获得知识,并结合自身的规划,对护士在SBAM中的成功至关重要。决定倡导方向的是倡导行动的成功,或者是为了继续推进而获取更多的信息或知识的需求。

当护士在倡导矩阵中有一定进展时,这一过程不一定是直接的或线性的;相反,其动态性允许护士根据需要在矩阵中后退或前进。在通过矩阵后退或前进时,护士倡导者将对各个层面和倡导组件进行重新评估。

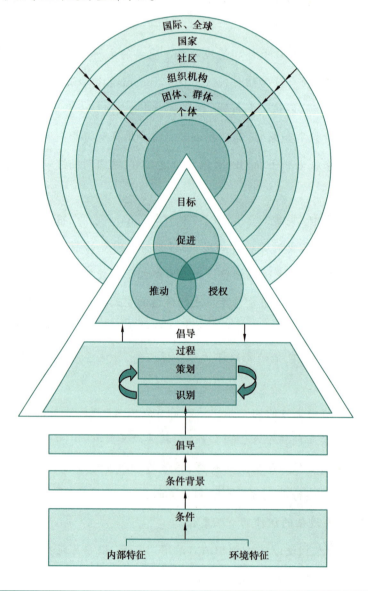

泽斯勒·布兰登倡导矩阵

当护士在倡导矩阵中前进时,消极和/或积极的影响可能会改变护士在矩阵中前进的方向。从数据中得到的构念表明,参与者普遍认为负面影响是障碍,它们可能会阻止护士倡导者进入下一个阶段和/或层面,而正面影响则被参与者认为对倡导过程有益,有助于促进护士倡导者在倡导矩阵中前进。我将这些负面影响和正面影响称为干预条件。

护士需要不断地重新评估、策划、识别,以建立支持、关系和联盟,从而在矩阵上向外移动或前往更复杂的层面。在SBAM的任何两个阶段或层面之间,护士都可能会受到干预条件的影响,其可能需要停留在矩阵的某个层面,或者退回到前一个层面来完成倡导的步骤,就像每个倡导矩阵层面向前和向后、向外和向内的指示箭头所指示的那样。护士受到负面影响的概率,可能会因与同事/团队成员、导师以及他人的互动而降低。最后,成为一名倡导者的时间线并不总是以时间单位来衡量,而是以护士职业生涯中的经验来衡量。

可见,倡导的过程和情境是密切关联的,如果情境条件发生了变化,那么为了实现目标,行动-互动的过程也需要修改或调整。由于经常会出现干预条件,情境会发生变化,回应方式也会发生调整,因此这一过程对于倡导活动是很重要的。SBAT已经将现有的知识与一个实质性的实用主义理论相结合,每一位护士在需要进行倡导的任何情境下,都可以应用这一理论。

参考文献

Corbin, J., & Strauss, A. (2008). *Basics of qualitative research* (3rd ed.). Thousand Oaks, CA: Sage.

Sandelowski, M. (2004). Using qualitative research. *Qualitative Health Research*, 14(10).

Sessler Branden, P. (2012). *The nurse as advocate: A grounded theory perspective* (Doctoral dissertation). Available from ProQuest Dissertations and Theses database. (UMI No. 3556945)

小组思考、写作与讨论

1. 以你生活中的一个问题或事件(你不介意和大家分享的问题或事件)为例。思考你是如何通过行动-互动来做出回应的,并解释你采取行动或未能采取行动的原因。把这些内容放在从宏观到微观的条件或结果的框架中,并以此撰写一份备忘录,带到课堂上进行讨论。

2. 以班级为单位,讨论本章提供的"专业见解"的内容。你对学生使用矩阵的方式有何看法?

推荐阅读

为了更好地讨论矩阵，并更好地理解如何在研究中使用矩阵，可以阅读以下文献：

Clarke，A. E.（2005）. *Situational analysis*. Thousand Oaks，CA：Sage.

Hildebrand，B.（2007）. Mediating structure and interaction in grounded theory. In T. Bryant & K. Charmaz（Eds.），*The SAGE handbook of grounded theory*. Thousand Oaks，CA：Sage.

第9章　过程

对于科学家而言,真理并不是我们所崇拜的教义体系,这些伟大的原理早就被比我们更聪明的人发现了,而我们却只能对它们进行阐述。相反,真理是一个不断发展、充满活力的存在,它如同生命般温暖,并经常沿着意想不到的方向发展;它不会被束缚在任何书籍中(无论这些书有多么华丽),它被写在无比庞大的宇宙之书中,其中还有许多字句等待着人类去学习和解读。

(Sinnott, 1968, pp. 197-198)

关键术语

情境[①]　这是一个概念性术语,用来表示概念之间的关系,并将行动和互动定位到围绕概念的条件和结果的网络中

过程　代表行动和互动的节奏及其变化和重复的形式,同时还包括人们为达到目标或解决问题而进行行动和互动时发生的暂停和中断

在上一章中,我提到,为了发展理论,行动和互动必须与人们在互动时所回应和试图管理或塑造的条件联系起来。同时,行动和互动也必须与其结果相联系。如果不建立这些联系,那么研究发现更多的是描述性而非理论性的。这些发现可以提供信息和见解,但它们缺乏解释人们如何通过行动和互动以塑造并掌控其生活境况的能力。然而,到目前为止,我们谈论行动-互动的方式还相对静态。但条件并非静态的事件,条件会受到时间和地点的影响。为了达到期望的目标或结果,行动者必须将互动与条件的变化相匹配。我所提到的这种具有回应性和动态性的形式的互动,被称为"过程"。作为过程,互动既有变化又有重复的形式,还包括暂停、中断等不同的形式。本章可以与第15章结合进行阅读,后者展示了如何根据情境分析数据。

---

①本书中,同一术语可能会出现在不同章节的"关键术语"栏,作者会根据章节的侧重点对术语做出不同的解释,请读者注意。——编者注

过程简介

我将用两个与研究无关但能帮助解释我所说的"过程"含义的场景,来作为我们讨论的起点。

场景1

当聆听一段音乐时(好吧,来点儿音乐),一个人不禁会被音调和声音的变化打动。我们知道,无论是爵士、流行、古典还是这些风格的任何变种,所有音乐都是由一系列音符组成的,有的快,有的慢,有的响亮,有的柔和,并常常在不同的音调之间来回切换。即使是停顿也有其目的,也是声音的一部分。正是这些音符的各种变化和协调顺序的演奏赋予了音乐运动感、节奏感、流畅性和连续性。对我来说,"过程"就像一段音乐。它代表了节奏,也代表了行动和互动的变化和重复形式,以及为了达到目标或解决问题时,人们在行动和互动过程中发生的暂停和中断。

场景2

接下来,第二个场景或许更能生动地说明我对过程的理解。最近,我曾坐在一个小型机场的候机室里等待航班。在这个过程中,除了等待无事可做,于是我便对附近咖啡店里发生的事情产生了兴趣。这是一家普通到可以在美国的任何小镇找到的咖啡店。咖啡店里坐着20到25人,有的坐在桌子旁,有的坐在吧台旁。咖啡店里还有一名女服务员和一名厨师。女服务员在各个桌子之间移动,接受点餐,然后将订单交给厨师。厨师准备好食物后将其交给女服务员,由她送到等待的顾客手中。同一名女服务员也会收取顾客的费用并在收银机前结账。女服务员会不时地停下来与顾客交谈,为他们倒咖啡,并清理桌子。她的目光通常都在移动,观察顾客是否有需求。尽管各种情况都略有不同,她的互动形式和内容也有所不同,但它们都是一系列与整体过程有关的行动,这个过程可以被称为"餐饮服务工作"(food servicing work)。这个场景并没有那么引人注目。事实上,它相当日常,并且在全国各地的咖啡店中几乎每天都在以相同的方式重复着。尽管这是日常,但活动流程持续不断,从一个行动序列流向另一个。工作流程中存在中断,也有一些小问题需要解决,但这些问题往往被作为持续行动流程的一部分而得到解决。观察这一场景使我意识到:"啊,这就是'过程'!"

当有多个行动者一起努力实现一个目标或解决一个问题时,事情就变得更为复杂。这是因为他们必须协调彼此之间的行动-互动,并克服可能阻碍或以其他方式改变行动和互动的意见分歧或条件变化。以刚才描述的餐厅为例,服务员和厨师必须调整他们的行动,以便在合理的时间内为顾客提供服务。厨师负责准备食物,而服务员负责在食物还热的时候上菜。顾客也必须将他们的行动与厨师和服务员的行动相协调,这意味着他们必须耐心等待食物,一旦厨师开始准备食物,他们就不能改变订单。现在想象一下,如果我们改变了条件,这一行动或"工作流程"会发生什么变化。如果几大群人同时进来,但仍然只有一名厨师和一名服务员为他们服务,会怎样呢?想象一下这将如何改变工作的节奏,这涉及厨师接受订单和准备食物的能力,以及服务员将订单送给厨师、倒上额外的咖啡,并在食物冷却之前上菜的能力。顾客可能需要等待更长时间才能获得食物,如果等待时间过长,他们可能会抱怨。如果厨师突然生病,服务员不得不既烹饪又上菜,或者决定关店,让坐在那里的顾客白白等待,又会怎么样?假设服务员经验不足且动作缓慢,顾客厌倦了等待食物并开始抱怨。他们之间友好、愉快的互动会不会演变成不耐烦、沮丧甚至愤怒的情形?每一种不同的场景都可能改变行动-互动的性质。由于条件往往会发生变化(想想进出餐厅的顾客的数量和类型的变化),随着时间的推移,为了使顾客满意并愿意再来光顾,必须调整点餐、准备、烹饪和上菜的时间。

过程概述

过程是分析的一个重要面向,因为它赋予了行动-互动以生命。它展示了人们对周围发生的细微变化做出调整和反应的能力。过程具有以下属性:(1)可变性(variable nature);(2)用不同的方式来进行概念化过程;(3)拥有常规的行动-互动;(4)过程可以被分解为更多的子过程。

过程的示意图如图9.1所示。

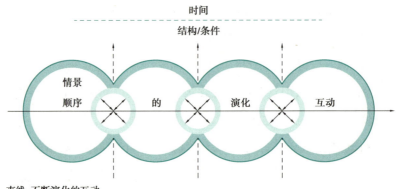

直线=不断演化的互动
圆圈=互动的情境
交叠内圆=条件和结果的交集，指向情境中的变化和互动中产生的调整，以保证互动的继续

资料来源：Guest，MacQueen，& Navey，2013。

图9.1　过程的可视化展示

过程的可变性

行动与互动都由一系列相互关联的行为（acts）组成。当谈论"过程"时，我们指的是人们为适应不断变化的环境条件，在行为中所做的持续性调整。在最好的情况下，可以把过程比喻为精心编排的芭蕾或交响乐，每一个动作都是优雅、有序、有目的的，有时候深思熟虑，有时候又偏日常，由一个行动流向另一个行动。相反，在最差的情况下，它可能像一场足球赛事后的暴乱，其中的行为无序、混乱、随机、不受控制、没有方向性，有时还可能会造成伤害。而大部分的人际互动可能介于这两者之间。这些行动和互动的顺序不如芭蕾中的动作编排那么优雅，但也不像足球暴乱里那么混乱。事实上，作为分析者，我们所看到和听到的很多东西可能都是枯燥乏味的。

过程的概念化

对"过程"的描述通常具有发展性的特征，如"时期"（phases）或"阶段"（stages），暗示它有一种线性或递进的特性，有时这就是最好的方法。然而，如果人们认为行动和互动由一系列相关的行为组成，那么，并非所有的过程都是发展性的。过程不一定总是按照递进和线性的方式进行。过程可以是为了某个目的而采取的一系列相关行动。构成过程的行动和互动可能会中断一段时间,然后向前或向后、向上或向下发展,但总是在不断调整。还是以餐厅为例,服务员和厨师之间的行动和互动并不是发展性的,他们是为了更好地服务顾客而对他们的行动-互动进行协调。使用一个发展性的模型无法捕捉到行动-互动的动态性质,以及为了跟上条件变化而在行为顺序中不断进行的调整和改变。此外,还应该记住,过程不一定总是具有社会心理性(psychosocial)的特征。构成过程的行动和互动也可能是教育、法律、管理、政治、军事等方面的内容。

日常的行动-互动

关于过程的研究对理解日常、非日常或困境都非常重要。研究日常的行动-互动往往涉及那些定期进行的行为。然而,尽管行动-互动是日常的,但这并不意味着行动者不会进行调整。例如,一名患有糖尿病的人为了保持血糖水平处于可接受范围内,注射胰岛素可能是每天必须进行的行为。然而,由于每天的饮食和运动可能都不一样,糖尿病患者可能不得不调整注射胰岛素的时间和剂量,以保持血糖稳定。研究日常的行动-互动对于知识发展具有广泛的意义,它使研究者能够识别行动-互动的模式,从而能够建立和维护社会稳定和社会秩序,扩展我们对个人或群体如何应对日常生活的理解。例如,当斯特劳斯和我在研究医院工作时,我们发现每个医院单元都有其例行程序,包括传统做法、政策、流程和规则,这些例行程序保障了单元的持续运作,以向患者提供医疗护理服务,工作人员也不必每天都琢磨该做什么。甚至还有处理意外事件的例行程序,如帮助心脏骤停患者的例行程序。了解到这些例行程序如何使工作流程持续进行,我们能够更好地理解,尽管每天都会出现工作人员更替和患者病情变化的情况,但是医院的各个单元还是能够提供24小时不间断的医疗护理服务。

子过程

过程可以被分解为子过程。子过程也是概念,它们更详细地解释了较大的过程是如何被表达的(expressed)。例如,在对患有慢性疾病孕妇的研究中,我确定了主要过程——保护性管理(protective governing)。保护性管理代表了孕妇、她的伴侣和医疗团队一起努力,以最大限度地降低与妊娠并发症相关的风险,并增加母亲和婴儿获得积极结果的机会的手段(过程)。这一管理模式被分解为显示如何进行保护性管理的子过程。这些子过程包括评估风险、权衡选择和采取行动以控制风险。为了控制风险而进行的行动和互动，往往会随着孕期疾病和怀孕条件的变化而变化。行动和互动的变化基于对风险水平的全新评估和对风险管理可用选项的审查。保护性管理的主要过程及其评估风险、权衡选择和采取行动以控制风险的子过程，在每个案例中都会发生，并且自始至终贯穿于整个孕期。

在推进我们的讨论之前，还需要澄清另一个关于过程的要点。有时候，人们会问，现象和过程有什么区别？对我们来说，现象代表被讨论的主题或发生的事情，如生存。而过程代表人们为达到目的实际所说或所做的事情（采取的手段）。例如，前往越南的作战人员希望能够在战争中存活下来。而过程就代表了作战人员采取的增加他们生存机会的行动-互动或策略。

根据过程分析数据

根据过程分析数据具有一定的优势。除了赋予研究发现一种"生命感"（sense of life）或动态性（movement）之外，它还能鼓励发现模式，并将各种变化纳入研究发现。这些模式及其所显示的变化，展示了在不同条件下行动-互动是如何改变的。根据过程分析数据使用了比较和提问等标准的分析技术。它要求分析者追踪一系列的行动-互动，观察任何可能的变化，并将变化与条件联系起来（再次建议读者阅读第15章）。

请仔细阅读以下田野笔记。这些记录来自对一位丈夫的访谈，他的妻子曾患有乳腺癌。这一段记录描述了其在发现妻子乳房上有一个肿块后所采取的一系列行为。这对夫妇表示愿意接受手术，并解释了为什么手术对他们来说是当时最好且唯一的选择。

> 当我们第一次发现她乳房上的肿块时，我们的反应可能和大多数人一样。一开始我们以为可能没什么大不了的，但确实也应该检查一下。我想私底下我们都很不安，很害怕。她确实去做了检查，结果表明疑似肿瘤，她可能需要进行手术。然后，我们变得非常害怕，因为我们都认为癌症足以威胁生命。你必须迅速采取行动，这也是我们所做的。我认为我们之所以迅速采取行动，是因为我们曾在国外生活了三年半。我们对这里的很多事情都不太了解了，包括健康、医疗和其他替代疗法。当然，如果你身边从未有人患有诸如癌症这样的慢性疾病，你可能也从未考虑过这个问题。你也

不会对替代疗法太感兴趣，因为你认为自己不需要它们。我们一直都很关注健康，但我们的饮食习惯和其他人没什么两样。所以，M（代指妻子）接受了手术，我认为我给予了她很多支持。这件事让我变得非常情绪化，也让我非常难过。由于我们刚回来一个月左右，我当时正在寻找新工作，也在进行一些咨询，同时还在整理行李，所以那是一段非常艰难的时期。但不知怎么地，我们总是能够一起渡过难关，我想这是因为我们在相互支持。但有时候，我想可能我们太紧张了，以至于会因为害怕而发生争执。（摘自田野笔记）

现在，让我们比较一下第二段与第一段。当对生命的直接威胁被解除，以及在收集更多关于癌症可能的原因和治疗方法的信息后（新的条件集），这对夫妇不再认为传统的医学方法是他们唯一的癌症治疗选择。他们觉得应该更积极地参与，并在生活中进行必要的改变，以提升他们的健康状况，并最大限度地降低癌症的复发概率。请注意，丈夫在解释夫妇为何要主动掌控局面时，他将行动置于条件的变化之中，这不仅包括手术结束，还包括对更好的健康状况和降低癌症复发概率的预期考虑。

> 她接受了手术，而且不需要再进行任何形式的治疗或放疗，所以我们对此感到非常高兴。有那么一两天，你会觉得她已经渡过难关，一切都会好起来。然而，当你开始阅读相关资料，你可能意识到并不能说一切都会好起来——也许肿瘤并没有被完全切除，而医生告诉你不需要进行任何治疗，你可以放手去做你想做的事。当然，在健康领域或任何与健康相关的主题上，M（他的妻子）的阅读量都比我大很多。她开始阅读、与人交谈，并且凭直觉地想成为一名素食者。因为她才从医院回家几天，那时我们还在吃肉——我买了有机饲养的鸡，而她决定要成为一名素食者。

在形式理论层面根据过程分析数据

当研究的焦点是建构形式理论（formal theory）[①]，而不是生成实质性理论（substantive theory）时，情况会如何呢？分析会有很大的不同吗？当建构形式理论时，不同之处并不在于所问问题的类型，而在于数据收集的方法。一般的理论建构是由概

---

①"formal theory"（通常被译为形式理论或正式理论）通常指的是在研究中，理论的构建并未基于某一特定背景、场景或群体，而是试图达到更普遍、更广泛的适用性。这种理论的构建不局限于任何特定的场景或群体，而是寻求一种更普遍的、在多种场景中都适用的理解。而实质性理论则是基于特定的背景、情境或群体的研究结果。——译者注

念驱动的。研究者从"意识"(awareness)或"污名"(stigma)①这样的概念出发,通过选择不同的群体或地点,在概念层面对各个群体或地点的数据进行比较和对照。这种在研究开始时使用的概念,是从之前的研究中得出的,目的是为已知的概念增加额外的属性和维度,并发展新的概念——这些可能是在之前的研究中没有得出的概念。增加属性和维度以及发展新的概念,提高了抽象层次,增加了信息量,并扩展了原始理论的适用性。例如,斯特劳斯(Strauss,1978)希望建构一个关于谈判(negotiations)的形式理论。他从谈判的概念开始,研究了在各种不同条件下的谈判。他考察了国家代表、法庭法官、政治机器、宗族和族群之间,以及保险公司和其客户之间的谈判。通过比较和对照这些不同群体的相似性和差异性,他能够确定超越所有群体的谈判过程的组成要素,从而为谈判提供更抽象、更广泛的理解。与此同时,他能够识别出每个群体特有的谈判特质,展示了不同群体之间的广泛差异。而对于那些在实质性层面对谈判概念感兴趣的研究者,他们会将数据收集限定在一个主要的群体上,例如,在房屋交易中买方和卖方之间的谈判。

接下来是一份关于(疾病)恶化(deterioration)过程的备忘录。这份备忘录是我们研究项目的一个组成部分,该项目调查了夫妻在家中管理慢性疾病的情况。这份备忘录概述了恶化过程,并为撰写有关这一主题的章节提供基础。请注意,恶化被描述为疾病发展轨迹中的一个阶段,并且恶化又被细分为几个小阶段。每个阶段都涉及不同的情境和各自的管理策略,而这些阶段都通过向下发展而相互联系。

备忘录

疾病轨迹的恶化阶段——1984年10月

疾病的恶化阶段是人们最为熟悉的疾病发展轨迹阶段。在研究中,我们发展了相比传统更为复杂的概念化方式来理解恶化阶段,并强调其对轨迹管理的意义。

恶化是指在疾病或条件轨迹中,疾病管理的努力不再能有效地阻止进一步的生理恶化。恶化可能导致死亡和/或更严重的症状,身心受到更多限制。除恶化的生理影响外,还有其对人生轨迹的影响,以及它给日常生活带来的

---

①"stigma"(耻辱标记或污名)指的是一个社会学概念,被用于描述因其特定特质、行为、身份或健康状况而被社会主流群体所贬低或排斥的人或群体。它可以被视为一个负面的标签,这个标签使被标记的人在社会中遭受不平等待遇、歧视或排斥。例如,患有某些疾病(如艾滋病或精神健康问题)的患者在某些社会中可能被污名化。这些患者可能会因为他们的健康状况而遭受歧视或被社会边缘化。"污名"这一概念强调的是,因社会文化的背景和信仰,某些特质或身份被认为是"不正常的"或"不可接受的",从而导致受害者遭受负面的社会后果。——译者注

变化。医学管理的目标是减缓恶化速度,寻找处理失能和症状的新方法,或者使患者尽可能感到舒适,同时接受可能面临的死亡,并为家庭护理做好准备。

为了更深入地理解恶化阶段,请思考以下内容。恶化只是一个人在疾病或其他条件过程中可能经历的几个轨迹阶段之一。恶化可能进展缓慢或迅速;可能是预期的或非预期的;并且可能被患者、伴侣或其他家庭成员怀疑或知悉。并非每一种疾病或条件都会经历恶化阶段。有些条件在一个人的一生中始终保持稳定,而他们可能因其他原因去世。对恶化进行管理的大部分努力实际上是在家中进行的,不太可能在医院或疗养院进行,除非该个体在家中没有人照顾。这意味着必须平衡照顾个体与维持家庭所涉及的其他活动之间的关系,同时还要考虑伴随恶化而来的心理影响。家中可能有也可能没有外部服务,如临终关怀等,但在初始阶段,通常只需要提供临时的帮助。除非患者接受临终关怀,否则他们在恶化期间可能会因处理并发症或其他危机而被迫多次住院,在此之后才会被送回家中。

阶段细分(mini phases)

早期阶段

当症状加重并首次出现恶化的早期迹象时,医疗团队与患者或其伴侣会努力稳定病情,以减缓进一步的恶化。尽管人们可能偶尔会觉察到未来会进一步恶化,但患者、伴侣和家人仍抱有希望,期待病情能自行逆转或至少恶化速度大大减缓。这对夫妇可能会想听听其他医生的意见,到专科诊所,寻找其他的治疗方案,参与临床试验,或同意接受带有多重和有害副作用的痛苦的治疗(包括药物治疗)——这些都是他们在以前可能没有考虑过的事情。有些人可能决定去旅行、进行财务规划、完成项目,或进行他们以前因太忙而一直想做但不断推迟的活动。在这个阶段,尽管许多人可能因患病无法每天上班,但他们仍然能够进行日常的活动。然而,他们也可能会出现抑郁、情绪波动,也会回首往事并试图让生活重回正轨,因为人们正试图理解正在发生的事情,接受自己余下的时间在减少的事实。虽然有些人仍然活跃并直面当前的情况,但也有些人否认现实,拒绝接受自己和他人正在经历的事情。

中期阶段

恶化可能暂时减缓,甚至有了些许改善。这让有些人对自己的状况抱有希望,拒绝承认不可避免的事实。然而,其他人可能因为注意到症状恶化,以及自己活动能力受到的限制不断增加而感到担忧。此时,他们更需要与过去妥协,并解决工作或人际关系上未完成的事务。实际上,他们大部分时间都在与自己或他人回顾过去,同时也尝试在心理上处理那些因未来不再可能实现某些生活计划而带来的失落感。有些人选择进一步沉浸于自我之中,而有些人选择与他人交往,不愿思考自己所经历的事情。现在,生活中有了一种紧迫感,人们更多地选择活在当下。对于一些人来说,每天都是一场管理疾病和处理新症状的斗争,这些症状可能可以用药物控制,也可能无法控制。现在,每天都在变得更加虚弱和不适。人们现在必须接受他们没有完成的事情,某些梦想和希望也不再可能实现。夫妻和家庭的劳动分工可能需要进行调整,也需要为护理制订新的安排,并为家里引入新的资源来帮助夫妻和家庭面对实际情况。这时候,咨询可能是有必要的,以帮助夫妻处理绝望、无助和恐惧的感觉。不过,即使在这个时候,仍有人拒绝接受或面对正在发生的事情。他们仍然抱着会好转的希望。虽然在某些情况下这可能是有帮助的,但在更多情况下,这阻碍了家庭卸下心理负担以及进行必要的计划,以便在生病的人离开后回到"正常"的生活。

末期阶段

在疾病恶化的最后阶段,可能会出现更多的症状,如疼痛和疲劳,以及在活动能力上会受到更多的限制。患者可能会被转移到疗养院,但通常会在临终安养院的帮助下被送回家中。无论哪种情况,个体都无法再进行正常的生活,或在某些情况下自己照顾自己。家庭成员在日常生活中需要具备更多的灵活性,以适应越发困难的状况,而且这种局面是不确定的,每天甚至每个小时都可能有所不同。整个家庭可能都处于某种生活的"悬浮"状态,因为他们不确定病人还能撑多久,害怕离开城市或离家太远。此外,由于家中的情况并不稳定,他们可能还需要求助于外部资源。不同的资源提供者团队可能会整天进出住宅。像家人和朋友这样的访客,知道患者可能时间不多,会过来道别——这更多的是为了他们自己,而不是为了那位身患疾病的人,但这位病人即使身体极度痛苦或非常疲惫,也会对访客露出笑容。他们会花更多的时间回顾过去,并且可能希望解决任何尚未完成的与生活相关的事宜。在病人进入垂死阶段之前,这个时期会持续多长是不确定的。尽管这个阶段对所有家庭成员来说都很困难,尤其是伴侣,但这并不意味着所有的生活都停止了。随着人们试图让生活回归正轨,大部分日常生活仍然会继续,甚至在剩下的时间里还可以再制造快乐的回忆,并对此抱有感激。然而,对于那些极度痛苦并服用大量药物的人来说,可能死亡来临得越快越好。

备忘录

备忘录示例：面对条件变化的非发展性适应过程

这份备忘录是我们（我和斯特劳斯）研究护士长如何保证医院的病患护理工作顺利进行的部分内容。这项研究探究的是"维持工作流程"的过程。备忘录描述的是外科重症监护室，以及护士长针对当时医院经济变化所采取的各种行动-互动的类型。备忘录的标题是"经济约束条件下的人员配备：维持工作流程"。请注意护士将如何权衡她的选择，并尝试想出适当的行动和互动，以使她能够在医院管理层为她设定的财务范围内提供患者所需的护理服务。

此时，该单元的主要问题似乎是在经济约束条件下保持足够的人员配备。由于今年的新预算尚未分配，他们目前面临一定的资金短缺，这让护士长受到了某些限制。实际上，人员配备通常由白班护士负责，但由于财务限制，护士长重新接手了这项工作，她知道如何用更少的资源获取更多的效益。因此，我们可能会说在经济限制的条件下，组织目标（organizational climate）变成了削减成本和增加成本效益，而行动和互动都旨在尝试寻找方法，以在不增加额外花费的情况下，提供足够的人员配备和可靠的病患护理服务。

医院的工作必须每周7天、每天24小时不间断进行。那么在适应医院每个单元的差异和紧急情况的同时，如何保证工作的持续进行？哪些结构条件是可操作的，哪些过程允许在这些条件下维持工作流程？其中重要的结构性条件包括每天的班次（通常每天有三个不同的员工团队）以及护士长的设置，护士长主要在白天值班，但在她不上晚班和夜班时，必须将管理责任委托给其他护士。此外，还有要维持的医院评审标准、要管理的财务，以及许多不同类型的病患护理单元和部门，它们都有自己的员工和要完成的工作。"维持工作流程"的核心子过程还包括计划、安排、建立标准和例行程序、委派责任、分工以及维持沟通渠道。在接下来的示例中，我们将看到护士长为解决她在人员配备上遇到的问题而采取的回应的过程。

护士长目前所面临的条件或约束

1. 这是一间重症监护室（ICU），因此，医院评审机构规定了一定的护士与病人比例（医患比）。

2. 由于手术数量较少，近期这个单元（外科重症监护室）的患者数量较少，而全科单元、精神科单元和疗养院已经满员。这些单位也为医院带来了更多的收入。重症监护病房的人员配置已经被削减，员工被重新分配到其他工作更为饱和的单位。而由于经费不足，重症监护室（ICU）的可用人员减少，同时也无法在病人数量增加时雇佣更多的人员。

3. 护士长被告知,除非遇到紧急情况,否则在呼叫护士登记处(nurse registry)、使用临时员工、提供补偿休假或支付加班费上是没有可用的经费的。换句话说,她必须先尝试所有其他的选择。这是因为该单元目前已经累积了大约9000小时的补偿(休假)时间,但可用账户中只剩下1200美元可供支付。

4. 目前,护士长有一定的员工储备,因为她永远不知道什么时候会发生紧急情况,哪些患者会被送到这里。她必须确保人员配备能满足医院的审查要求。然而,她被要求将部分员工调至内科ICU,但她并不想这么做。

5. 今晚,她要求更多的员工来值班,因为预计会进行两台"心脏直视手术",手术后的患者会被送到她的护理单元,她必须为此做好人员安排。然而,有时手术会被取消,这时她必须给员工打电话,告诉他们不用上班。

在前述条件下护士长所采取的人员配备策略

1. 她可以给固定值班的护士打电话,跟她商量,如果她今晚从晚上7点工作到早上7点,就可以休息一个晚上。夜班护士今晚真的很需要其他护士协助。

2. 她可以通过患者病情严重制度(patient acuity system,即根据患者的病情和需要的护理量进行员工比例的调整)向医院管理层证明,患者的病情严重,至少需要X数量的员工。

3. 她可以打电话给护理主管(管理层级的上一级)并询问她能否取消"不增加额外员工"的规定,今晚能否增加一名额外的护士值班,并为那名护士提供补偿时间。

4. 她可以先给工作能力最强的但薪水最低的员工打电话,然后再找一名兼职人员,或者找一名不需要支付加班费的人。实际上,她之所以接手确定人员配置的工作,其中一个原因就是因为她知道每位员工的薪水情况,包括谁是薪水最低的。最合逻辑的解决方案是叫来不定期工作但能力最强的员工,但她必须从成本上考虑这一点。她不想违反规定,因为"钱总得从某处来"。

5. 她将进行人员配置称为"令人抓狂的噩梦"。她是根据预期的需要安排员工,还是等等看是否有一两台手术被取消后再安排? 她不想到最后请来的额外员工无事可做,还要支付他们费用。

6. 此外,她不能让员工在正常上班时间赶过来,因为如果手术没有结束,或者患者直到晚上8点才从康复中心(recovery)出来,那么从下午4点到晚上8点就会有多余的人员。最实际的做法是在最需要的时候再叫护士过来工作,让护士从晚上8点工作到早上8点。这将意味着需要让在康复中心的病人耐心等待,直到护理人员到位。

7.她还可以只让一名员工"随时待命",在她确保手术进行之后,再让这名员工过来上班。

8.如果她找不到合适的员工,那么她就不得不自己来完成这项工作,即使她白天一直都在工作。

9.她可以致电其他单元,如内科ICU,看看他们是否有多余的员工可以调遣。

10.她可以与员工协商不同的休假日,这样在每周早些时候,需要进行更多手术时,就可以有灵活的人员配置。

护士长做出的决定及其结果

1.护士长花费大量时间四处打电话并试图与员工进行协商,这使她无法处理病房里发生的其他问题。打完电话后,她决定要自己上阵来保障人手。

2.护士长必须把她在班次中没完成的所有文书工作带回家完成。

3.为了保障额外的人手,她不得不放弃一些个人计划。

4.员工对工作条件感到非常失望和不满。

5.由于护士不得不长时间工作,可能会出现失误或对患者护理不周的情况。

要点总结

过程是一个概念,描述了人们如何调整行动-互动,以满足不断变化的条件所产生的竞争性需求,最终达到预期的目标或结果。尽管人们通常以发展的视角来描述过程,但有时过程更多是基于情境的,如某个人或团队试图解决问题的情境,就像前面备忘录提到的护士长的示例,或者本章开头提到的关于在小咖啡店里的服务员和厨师合作为顾客提供服务的例子。在根据过程分析数据时,研究者应致力于捕捉人类思考和调整他们的行动与互动以解决问题和达到目标的能力,无论是单独行动还是与他人合作。不论研究者是在关注一个发展性过程,如成为母亲、士兵或研究者,还是在研究一个动态性过程,如在战争的风险中求生存,这一原则都适用。要在数据中捕捉过程,意味着研究者需要分析性地追踪那些他们在研究中确定为行动-互动的主要目标的过程,如"维持工作流程",并通过提问和比较来进行分析。同时,还需要注意在不同条件下行动-互动是如何变化的,然后进一步确定是否达到了预期的目标或结果,以及带来了什么后果。

小组思考、写作与讨论

1. 回顾本章和前一章(第8章)的内容,读者应该发现实用主义和互动论的许多理念被纳入了我们的研究方法之中。在课堂上,讨论你如何看待这些理念或原则在方法中的运用。

2. 找到你感兴趣的研究领域的期刊文章,展示其中呈现的过程,并讨论这些文章是如何呈现过程的。你认为它们呈现过程的方式与该研究是否契合? 还可以以不同的方式呈现吗?

专业见解:关于过程的备忘录

马里特·容内维格(Marit Rønnevig)

副教授,专业护士教育 ABIOK (C)[1],奥斯陆和阿克斯胡斯大学应用科学学院(Oslo and Akershus University College of Applied Sciences)

起初,我并不认为"过程"这一概念难以理解。在我看来,行动、互动或情感只是人们所做的有意义的事情,这些都被视为过程。后来,我意识到行动、互动或情感只是对情境的静态描述。也许是因为我没有仔细阅读相关理论,毕竟我认为我"已经明白了"。但在某一时刻,我在某种程度上理解了应该怎么做,但从静态描述到将行动的概念与条件的概念联系起来(展示过程),对我来说太难,我也感到畏惧,因此最后我也只是停留在描述层面。我想再次强调,将行动、互动或情感与结果、目标或问题相联系在某种程度上是可以理解的。困难在于以解释性的方式展示这种联系,而不仅仅是陈述。

另一个挑战是,我自认为理解了"情境"和"条件"的含义,但实际上并没有。花了一段时间,我才意识到"条件"构成了情境。如果要理解过程,我认为你必须理解概念的含

---

[1]原文中的"Specialist Nurse Education ABIOK (C)"是一个具体的教育或培训项目的名称,很有可能与特定的护理专业或技能有关;"ABIOK (C)"可能是某个专业护理课程或认证的缩写或代号。——译者注

义。我花了一些时间(不要问我为什么)才意识到,在扎根理论中,概念并不一定由一个词组成,概念可以由几个词组成,比如"科学之墙"(the wall of science)或"变化中的自我"(the changing self)[1] (BQR,2008,p. 183)这样的短语,它们代表了分析的想法和成果。

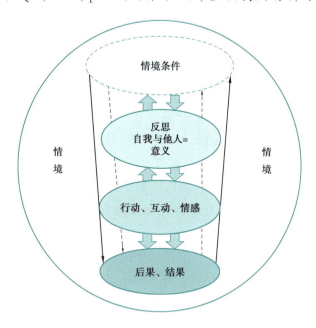

撰写这份关于过程的备忘录有助于厘清我的思路。

我认为,若要独立地、创造性地思考,你必须了解扎根理论的全貌。而我自己也的确是这样做的。

推荐阅读

Ching, S. S. Y, Martinson, I. M., & Wong, T. K. S. (2009, March). Reframing: Psychological adjustments of Chinese women at the beginning of the breast cancer experience. *Qualitative Health Research*, 19(3), 339-351.

Escadón, S. (2006, August). Mexican American intergenerational caregiving model. *Western Journal of Nursing Research*, 28(5), 564-585.

---

[1] "the wall of science" 和 "the changing self" 是两个抽象概念。"科学之墙"通常指科学领域内的障碍或限制,可能涉及尚未解决的问题、研究中的困难或科学知识的界限,也可以指引介新知识或技术时遇到的困难。例如,某项技术或理论在某一时刻可能看似已经达到了其最大潜能,像是遇到了一堵墙,无法进一步发展,但随着新的发现或技术的出现,这堵墙可能会被打破。"变化中的自我"是一个深入的心理学和社会学概念,涉及个人身份和自我的发展与变化。人们在其一生中会有各种经验,这些经验可能会导致他们的自我观念、价值观和认同发生变化。例如,经历文化震撼、人生转折点或重大事件都可能导致一个人对自己的看法发生变化。——译者注

第10章 实现理论整合的技术

在最终分析中,无论有多少示例(illustrations),读者还是只有在实践中使用这些技术才最有可能达到理解。把这个过程再次类比为体育训练是很有启示性的。这些程序并不是自动生成的,而是需要持续地进行思考。但正是这种努力,使得理论建构变得有趣,也让研究者富有成就感。当我们取得一些进展时,比如发现一些新的概念或理论陈述,我们的耐心会得到回报——我们对人类世界有了新的认识。理论建构就像是探险一样,它既包含了冒险的乐趣,又需要辛勤地工作。

(Hage,1972,p. 5)

> **关键术语**
>
> 核心类属　一个足够宽泛且抽象的概念,用几个词汇就描述了研究想要表达的主要观点
>
> 整合　围绕中心或核心类属来连接其他的类属以形成理论

哈格(Hage,1972)所说的理论建构其实就是一次颇具挑战性的冒险。这是一种全新的思考方式,需要我们掌握理论抽样的技术,将其作为数据收集的一种形式,还要对相关流程进行熟练掌握。既需要我们克服障碍,也需要我们做出艰难的选择。很少有扎根理论研究者在开始研究冒险之前,就能预知这条路的终点是什么样子的。然而,这本身就是发现的一部分。尽管读到此处的读者已经经历了一次深入且富有思考性的学习之旅,但在旅程结束之前,仍需要到达最终目的地,这个最终目的地就是整合(integration)。我建议将本章与第16章结合起来阅读,以便更完整地理解我所提出的观点,并获得相应的实例支撑。

关于整合的一般性要点

在展示实现整合的技术前,有必要先回顾关于整合的一般性要点:

• 整合非常重要
• 核心类属的定义
• 选择核心类属的标准
• 提炼核心类属的难点

整合非常重要

整合对于理论建构具有重要意义。一把伞有许多辐条,而辐条构成了伞的结构,并让伞呈现特定的形状。但直到辐条被某种材料覆盖,这个物件才会真正变成一把可被用来为人遮雨的伞。换句话说,单靠辐条并不能使伞成为伞。同样,理论也是如此。概念本身并不能构成理论。概念必须被关联起来,并用各种细节填充,才能构建出一个严密而具有解释性的理论。诚然,对于初学者来说,整合并非易事。保罗·阿特金森(Paul Atkinson)是一本优秀的田野研究教科书(Hammersley & Atkinson, 1983)的合著者之一,在一次私下交流中,他曾指出:

> 这一方面——把所有东西结合在一起——是最困难的事情之一,难道不是吗？除了实际实现这个目标外,很难注入正确的混合原料(mix): (1)相信这一目标能够并且将会实现;(2)认识到必须经过努力才能实现,而不是基于浪漫的灵感;(3)它不像是一个谜题或数学问题的解决方案,必须以创造性的方式来实现;(4)你不能总是把所有东西都塞到一个版本中,任何一个项目都可能以几种不同的方式来进行结合。

核心类属的定义

核心类属或概念,也称中心类属(central category),代表了研究者确定的主要研究主题。核心类属是一个概念,它足够抽象和广泛,可以代表研究中的所有参与者。此外,在众多的类属中,它拥有最强大的解释力,并且能够与其他类属相关联。最后,核心类属足够抽象,并且可以被用于未来那些可能在本质上并不完全相同但在概念层面上相似的研究,从而将理论提升到更一般的水平。

选择核心类属的标准

斯特劳斯(Strauss,1987,p.36)提供了一系列能被应用于特定类属的标准,以帮助研究者确认一个概念是否具备作为中心概念的潜力。

1. 它必须足够抽象,这样它就可以被用作将所有其他类属联系在一起的首要解释性概念。

2. 它必须在数据中频繁出现。这意味着在大多数甚至所有的案例中,都有指向该概念的指标。

3. 它必须符合逻辑,且与数据一致。研究者不应将自己的主观想法强加在类属上。

4. 它应该足够抽象,以便可以进行进一步的研究,从而发展出一般性理论。

5. 当通过关系陈述将其他每个类属与其相关联时,它在深度和解释力上应该有所增强。

提炼核心类属的难点

对于初学者来说,提炼核心类属往往是一项具有挑战性的任务。这一类研究者通常过于关注研究的细节,以至于难以从中抽身,无法从众多概念中确定哪一个代表了贯穿研究的主要主题。

在整个研究过程中未能撰写备忘录

一些研究者难以形成理论的原因之一是,他们未能在整个研究过程中写出翔实且经过深思熟虑的备忘录。如果在研究结束时，分析者只有一张概念或编码的清单，以及从原始数据中摘取的与概念相关的引文，而没有撰写重要的备忘录，那么研究者就不能期望达到整合的目的。建构理论是一个从原始数据出发，思考这些原始数据，描述代表原始数据的概念，然后对这些概念进行关系陈述，并将它们全部关联成一个理论整体的过程。每一个步骤都需要以"备忘录"的形式记录下来。

未能理解描述和理论之间的差异

另外一些研究者之所以在最终整合中遇到困难，是因为他们不理解描述和理论之间的差异。在建构理论时，二者的不同之处在于"解释性"（explanatory）。一方面，描述指的是对事件的描述——如伴侣去世、孩子生病或组织被接管等事件。它描述了事件的性质、人们对它的感受、他们当时做了什么以及他们现在正在做什么——所有这些描述内容通常都相当详细。深度新闻报道就是一个有关描述的很好的示例。大多数描述性研究呈现了从数据中得出的一系列主题，没有表明这些主题如何相互关联，也无法预测其他人在类似情境下会如何行动。另一方面，理论解释了为什么事件会发生，以及人们如何赋予这些事件以意义，然后基于这些意义和他们拥有的资源，以及他们的所思、所做和所说——独自或与他人一起——来回应、适应、改变或塑造他们的世界，以应对这一事件。理论显示了过程或人们在行动和互动中所做的各种调整，以使他们的行动和互动与正在变化的条件相协调或匹配，同时达到心中所期望的目标或结果。

对自己的分析能力缺乏信心

第三个提炼核心类属的难点在于，一些研究者可能在确定核心类属时，缺乏对自己分析能力的信心。学生常常担心可能会对数据赋予不准确的意义或做出错误的选择。的确，初学者总是有可能犯分析错误。然而，研究者必须相信，当准备整合类属时，他们对研究的重要主题是有一定的理解的，即使他们还不能完全意识到主题的具体内容是什么。毕竟，他们已经沉浸在数据中多个月，很有希望写出具备思考性的备忘录。这时候，他们可能只需要来自同事或老师的鼓励，就能实现最后的概念飞跃。通常，向另一个人讲述分析性的故事就可以帮助分析者获得新视角并产生信心。

两种或多种可能性

有时分析者无法在两个或多个可能的核心类属中做出抉择。当这种情况发生时，我建议研究者重新阅读几次访谈记录或观察笔记(ONs),尝试每一种可能的选择以探究其是否与核心类属契合。通常,在进行了几次验证契合程度的比较后,研究者会发现某一个概念确实比其他概念具有更强的解释力。

辅助整合的技术

一旦研究者选定了一个核心类属,就是时候围绕这个核心类属整合他们的研究发现了。本节将介绍几种旨在帮助他们完成这项任务的分析技术。这些技术在分析者感到困惑时尤其有用,例如,当他们感到数据开始汇集但却不确定如何将这种直观感受清晰地表达出来时,有一些技术可被用于促进整合过程。以下是其中的几种:

- 撰写描述性的总结性备忘录
- 撰写概念性的总结性备忘录
- 使用整合性图表
- 回顾和整理备忘录
- 运用隐喻或明喻进行思考
- 与教授或同事进行交流

撰写描述性的总结性备忘录

当研究者开始思考如何整合内容时,他们通常已经沉浸在数据中有一段时间了。虽然他们或许对研究主题有了一种直观的把握,但往往可能难以将其清楚地表达出来。解决这一难题的一种有效方法是,静下心来,写下几个描述性的句子来讲述数据的故事情节。这里的故事(story)实际上指的是主题(theme)。在这个阶段,你不必受限于任何特定的形式或被概念束缚,最佳的方法就是进行描述。研究者可能需要尝试两三次,甚至更多次,才能用几个描述性的句子将研究内容概括出来。

如果尝试撰写研究的总结性备忘录两三次了也仍未成功,研究者可以重新阅读几次访谈记录或观察笔记。通过采取这种方式,他们可以进行提问:"从一般意义上说,这里发生了什么?当我阅读这些访谈记录、观察笔记或观看视频时,反复出现的主题是什么?尽管可能没有明说,但是数据中有没有传达出某些概念?"这种技术只有在研究者从整体角度去阅读访谈记录或观察笔记,而不是关注每个细节的情况下才能发挥作用。

以下是我撰写的一份关于患有慢性疾病的孕妇的研究描述与总结性备忘录:

> 故事的主线似乎是关于患有慢性疾病的孕妇如何采取保护性行动来管理怀孕期间对婴儿和自身的风险感知水平。当怀孕/疾病条件得到控制,且她们认为自己和婴儿的风险水平为低到中等时,她们将怀孕/疾病定义为"正常进程"。当怀孕或医疗条件被认为已经无法控制,且她们认为风险水平为高或达到危机水平时,她们会将怀孕/疾病定义为"非正常进程"。她们期望的结果始终是生下健康的婴儿;这些研究中的女性认为有必要控制怀孕和疾病,在最大程度上减少风险,以达到这一期望的结果,即使这意味着有时要违背医嘱。女性在这个过程中不是被动的参与者。她们不仅要通过如胎动这样的提示来监测怀孕情况,还要在家执行医疗方案。她们在管理决策中也扮演了非常积极的角色,并且不愿意随便接受她们认为对宝宝有害(相较于有益)的试验或医学治疗。她们认真权衡风险,并判断做什么才是正确的。

(另一份关于描述性故事的备忘录,参见第16章。)

撰写概念性的总结性备忘录

一旦分析者对研究主题有了一定的理解并确定了核心类属,他们便可以开始撰写概念性的总结性备忘录。我在这里所说的总结性备忘录指的是对研究发现的精简概述。然而,在这种备忘录中,主要论点应围绕在研究过程中得出的类属展开,包括对这些类属间关系及其与核心类属的关系的陈述。这种备忘录呈现的仍然是一个抽象的故事,并不涵盖所有细节,但应提供足够的信息,为撰写学位论文、学术文章或专著搭建基本框架。以下是我为先前所提及的孕妇研究整理的概念性的总结性备忘录示例。

备忘录

关于保护性管理的实质性理论

"保护性管理"被确定为本研究的核心类属(Corbin, 1993)。这一概念指的是孕妇(在医疗团队的协助下)在患有一种或多种慢性疾病的情况下,为了最大限度地提高生育健康婴儿并保障自身健康的概率,所采取的行动和互动。

保护性管理包括三个主要的子过程:通过解读线索来评估风险、权衡管理的选项、采取行动以控制风险。

评估指的是通过确定和解读线索以对潜在风险进行定义的过程。风险水平的定义更多是感知性的,而不是实际性的。女性用于评估风险的数据源于生理性线索、互动性线索、客观性线索和时间性线索。

生理性线索包括疾病状况、症状的数量和类型,以及怀孕状态,包括出血、宫缩、水肿等或存在或缺失的线索。互动性线索涉及来自女性伴侣、家人、朋友以及医疗团队的言语或非言语暗示。客观性线索是指为检查疾病、妊娠状况或婴儿状态所进行的检查的结果,如羊膜穿刺和超声波等。时间性线索与怀孕阶段和婴儿在早产时的潜在生存能力有关。对于某些疾病条件,最大的风险出现在怀孕早期,而某些疾病的风险则在怀孕后期出现,如糖尿病,最大的风险出现在大约第36周之后。

权衡指的是考虑采取所有潜在医疗和产科手段的过程,以维持疾病和妊娠状况的稳定,或在医疗条件恶化或产生孕期并发症时将疾病和妊娠恢复到稳定状态。此外,还需要考虑其他的儿童和家庭责任,这也是权衡的一部分。

"采取行动以控制风险"指的是女性与医疗团队为达到健康结果而采取的"联合行动"(joint actions)。女性和医疗专业人员采取的主要行动-互动旨在通过控制和减少风险,以最大限度地增加女性顺利产下健康婴儿和保障自身健康的机会。"风险"具有以下特点:其水平从高到低,并且在怀孕期间可能会因某些条件而发生剧烈变化。这些条件包括疾病的严重程度及其在怀孕期间的稳定程度、使用医疗和产科治疗以检查可能出现的并发症、产科并发症是否存在,以及是否接近分娩时间。重要的是要指出,尽管存在实际已知的风险,但问题并不在于"实际"的风险。影响他们行动的是女性和医疗团队对风险水平的感知。因为是对风险的感知,而不是实际的风险,所以这项研究的一个有趣之处在于,女性和医疗专家有时对风险水平持有不同的看法。由于女性是基于对风险水平的评估(可能与医生的评估一致或不一致)来采取行动的,所以她们有时会违背产科医生的医嘱。只有在危机情况下,这些女性才倾向于放下对风险处理方式的保留意见,并完全委托医生来管理风险。

风险水平指的是被确定为出现"保护性管理"或管理过程的情境。因为对风险水平的感知甚至可以在一天之内发生剧烈变化,控制行动也需要进行迅速的调整,所以"保护性管理"被视为一个动态性的变化过程。我们确定了四种不同的情境:正常进程的低风险情境、正常进程的高风险情境、非正常进程的非关键情境(off-course noncritical context),以及非正常进程的关键情境(off-course critical context)。

正常进程的低风险情境

评估线索:风险水平并不比正常怀孕的情况高很多,但怀孕期间需要密切观察。

问题:保持怀孕进展正常并降低风险。

掌控辅助性控制(controlling adjunctive control):医疗团队"监督母亲和胎儿的健康",而母亲"为健康的宝宝和自己投入精力(investing)"。

权衡:"为宝宝做准备"和"进行情感投资"(告知每个人、用起好的名字呼唤宝宝等)。

当女性和医疗团队的认知存在差异时:采用"策略和反策略"来说服对方,如教育、协商、对可能的结果予以警示。

由于没有稳定住疾病的情况而失去对结果的控制,但最终恢复了控制。

回报:生下健康的婴儿。

正常进程的高风险情境

评估线索:风险稍高,但仍在正常进程中,因为母亲和婴儿状况良好。

掌控合作性控制(controlling cooperative control):医疗团队"关心女性和婴儿",母亲"保护婴儿免受伤害"。

权衡:当可供选择较少时,"处理结果的不确定性",产生"恐惧感",并"推迟为婴儿的到来所做的准备"。

致力于更好地控制疾病和妊娠,并降低风险水平。然而,疾病恶化或在怀孕期间出现问题的可能性始终存在。

结果:我很高兴我们做到了。

非正常进程的非关键情境

评估线索:由于怀孕或疾病状况已偏离正常进程,风险水平被定义为上升状态,疾病或怀孕的相关症状增加,如与正常情况相比,胎动不频繁或胎儿在子宫内未发育完全。

问题:"重新控制怀孕和/或疾病状况"。

控制:"委托控制",医疗团队"加大努力"控制疾病或怀孕的相关症状(进行更多检查、住院治疗),女性"采取必要措施",如同意住院或在家休息。

权衡:"进行取舍""重新调整在家或工作中的工作量""暂时住院""推迟为婴儿的到来所做的准备""失去信任""取回管理控制权"。

通过"重新获得某种程度的控制"以减少与疾病和怀孕相关的风险。

结果:生下健康的婴儿——真是极大的宽慰(a fantastic relief)。

> **非正常进程的关键情境**
>
> 评估:线索显示风险水平很高。需要进行直接干预来救治孕妇和婴儿,如婴儿心音变弱或消失、母亲出现毒血症症状等。
>
> 问题:通过重新稳定疾病和怀孕状况来"降低风险水平"。
>
> 控制:"放弃控制",医疗团队"全权接管","女性让出控制权"。
>
> 权衡:"没有选择"和"感到无助"。
>
> 通过救治母亲或放弃婴儿(一个婴儿死了,一个婴儿有问题)来控制风险。
>
> 结果:如果婴儿不健康,冒这种风险是不值得的。
>
> (关于概念性故事备忘录的另一个示例,参见第16章。)

使用整合性图表

图表在整理和展示类属之间的关系上具有显著作用,它也可以作为撰写概念性故事的有用框架。图表的主要优势在于,它鼓励分析者从类属的角度来处理数据,而非仅关注每个类属的特定细节或与之相关的属性和维度。此外,绘制图表还需要分析者对关系的逻辑进行深思熟虑,因为如果关系的逻辑不够清晰,图表的呈现可能会显得混乱或引发读者的困惑。在绘制图表时,我们并不需要将从研究中得出的所有概念都包含在内,而是应将重点放在类属上。图表应具备流畅性和明确的逻辑性,无需过多的附加解释。此外,整合性图表的设计应避免过于复杂。过多的文字、线条和箭头可能会使读者难以理解。相反,详细的描述和解释应留给文字部分来处理(图10.1)。

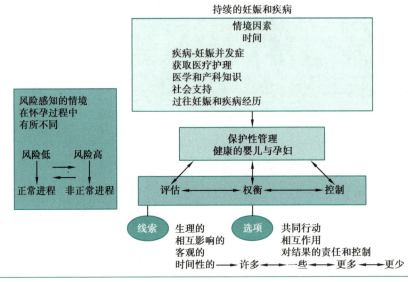

图10.1 保护性管理

回顾和整理备忘录

备忘录是分析过程中的"思想宝库"(有关备忘录的更多细节,参见第6章),为研究提供重要支撑。备忘录通常从简单的文档起步,涉及某一概念,并对其进行探究,其中产生了更多的问题,而非解答。随着研究的推进,备忘录的篇幅逐渐变长,更有可能探讨两个或多个概念间的关系。这意味着后续的备忘录通常包含整合的线索,尤其是总结性备忘录。有时主要概念在研究早期就已出现,但研究者直到很久后才意识到其重要性。

通常按照类属对备忘录进行整理。然而,随着在备忘录中越来越多的概念被关联起来,整理备忘录的难度也逐渐加大。当概念间存在大量联系时,计算机辅助分析程序的检索功能最能发挥作用。这些程序能让研究者对概念进行整理,直至构建出具有逻辑性的理论结构。根据我们的经验,学生能够做到识别模式和过程,但即使备忘录摆在面前,他们在进行最后的分析整合时仍可能遇到困难。面对众多概念和类属,他们可能变得无所适从,拿不定主意,这是在所难免的。重新阅读备忘录可能会很有帮助,特别是当研究者关注备忘录中呈现的观点并寻找反复出现的主题时。只要坚持,迟早会有"柳暗花明又一村"的体验和收获(the "aha!" experience)。

运用隐喻或明喻进行思考

如果之前提到的方法都无效,研究者可以尝试运用隐喻和明喻的方式进行思考。隐喻和明喻可以帮助研究者暂时从研究中跳出来,在概念层面与之保持距离,从而抽身以审视细节,揭示主要的故事情节。例如,将理论建构比作一次冒险就是一个例子。有些研究者会查阅文献,寻找可能会有用的隐喻或其他概念。虽然这不是我们通常的做法,因为从文献中选取的概念可能只解释了部分研究发现,甚至可能使分析者比之前更加困惑,但此时查阅文献可以帮助研究者开始思考,如何将他们的发现置于更大的专业知识体系中。我们的经验表明,尽管需要付出一些努力,但核心类属或概念在研究中是可以找到的。

与教授或同事进行交流

如果研究者还在整合上遇到困难,那么,是时候与教师、顾问或同事进行交流了。教授或同事可以要求研究者用简短的话语来解释其研究内容,以帮助研究者与自己的研究保持距离。每当研究者开始探讨细节时，教授或同事可叫停并引导其返回到研究数据的基本思路。让研究者在老师或同事面前绘制图表，也是非常有益的。在与学生探讨有关整合的问题时，斯特劳斯总是要求他们在绘制的图表中呈现主要类属，并同时向他解释这些类属间的关联。他会鼓励学生对类属进行排序或再排序，直到发现某个类属优于其他所有类属。

完成理论的必要步骤

一旦研究者给出整体理论结构的概览，那么接下来要做的就是完成理论了。完成理论包括以下内容：

- 检查理论的内部一致性和逻辑性
- 补充不完善的类属
- 精简理论
- 验证理论
- 处理异常案例
- 检查变异性

检查理论的内部一致性和逻辑性

理论的构建需要逻辑清晰，不应存在不一致之处。如果分析性故事、备忘录和图表足够明晰，就代表具有一致性和逻辑性。有时，在最后的写作过程中，研究者会感觉"某些东西"不太对劲，觉得一个或多个概念，或是最终呈现的观点需要进一步完善。当这种情况出现时，研究者应回顾备忘录，并重新绘制图表。不过，除非分析者清楚自己要寻找什么或者缺少什么，否则绘制图表也将无济于事。

可以中心类属为起点。和任何类属一样，中心类属也需要根据其属性和维度进行定义，而定义应源于数据。即使早期的备忘录并未对中心类属进行命名，当研究者回顾备忘录时，应在数据中找到相关观点的参照内容。有时研究者几乎就快要找到答案，但却没有意识到自己对数据采取了错误的立场，也就是容易从研究者的角度看数据，并假定受访者也持有相同的观点。例如，当我在撰写学位论文，也就是探究孕妇如何管理由慢性疾病引发的复杂情况的研究项目的时候,我总觉得我的研究在逻辑上似乎有些问题。女性采取了一些行动,如反对医嘱而离开医院,认为医院采取的治疗对婴儿有害。这让我很困扰,直到我最终意识到,即使我认为我是客观的,但实际上我是基于自己(作为医疗专业人员)对风险的定义来为女性划定风险水平,而没有从女性自身的角度来看待风险。女性对风险的看法完全不同,她们会根据自己对风险的定义来采取行动,例如,当她们认为被用于控制疾病的药物可能伤害婴儿时就会离开医院。换句话说,研究者很容易被自己的观点所蒙蔽,这种现象甚至是在无意识的情况下发生的。通常,直到研究者返回数据以检查最终的分析结构时,专业性的偏见才会浮现出来。有了这种意识,研究者可以带着敏锐性和洞察力返回数据,并重新进行分析。当我从女性的角度回顾风险时,这样的视角解释了为什么女性会这么做,我也得以重新撰写概念性故事,使其与数据相契合。

下一步是通过验证每个类属的发展程度和饱和水平来检查理论的内部一致性和逻辑性。研究者应在属性和维度上充分发展每个类属,类属也应该具有较高的变异程度。为了检查理论的内部一致性和逻辑性,研究者可以提出以下问题:类属之间是否具有明确的区分度? 类属是否已经根据其属性进行清晰的定义? 维度是否存在变化范围? 如果类属之间的区分度不够明显,或者某些类属的详细信息不足,那么研究者应该回顾备忘录或重新对数据进行更深入的分析。

补充不完善的类属

在建构理论时,分析者旨在获得致密性(density)和抽象性(abstraction)。我所说的致密性是指已经识别出类属的所有(在合理范围内)明显的属性和维度,并且这些属性内部也有明显的变化。类属的致密性和变异性是提高其精确性和增强其解释力的关键因素。在绘制图表和整理备忘录的过程中,可以很容易地发现那些发展不充分的类属。

可以通过查阅备忘录或原始数据,寻找可能被忽视的数据来对类属进行补充。或者分析者可以重返田野地点,通过理论抽样(参见第7章)选择性地收集关于该类属的额外数据。对数据进行补充通常会持续到最后的写作阶段。当分析者开始写作时,他们总是会发现其中的空白之处。至于决定何时结束研究,这是个问题。并非每一个细节都会得到阐明。在接下来的第12章至第16章关于越南战争士兵的研究示例中,关于"回家"(home coming)的概念并未得到充分发展。尽管我意识到这是一个重要的概念,但由于时间限制,我无法收集必要的数据来详细阐释这个概念。

确定一个理论是否完整的最终标准是类属的理论饱和水平。这个术语可能是在扎根理论和其他质性研究中最常被误解和误用的概念。它经常被用作在5到10次访谈后就中止数据收集的借口。然而,达到理论饱和并不是这么简单的事情,它不是由访谈和观察的数量来决定的。理论饱和意味着对每一个类属都进行了明确的定义,并根据其属性和维度得到了充分的发展,同时也包含了足够的变化来展示类属的适用范围。如果到最后有一些类属缺乏定义细节,研究者有责任弥补这些空白,以确保理论的完整性和精确性。

精简理论

有时候问题不在于类属发展不完善,而在于那些似乎不符合整体理论或难以为整体理论增加任何内容的概念,这些通常是多余的概念。虽然可能有可取之处,但它们从未得到充分的发展,可能是因为它们在数据中很少出现,或是因为它们似乎不能将研究者引导到有意义的方向上。我的建议是在研究中放弃它们,尤其是当研究者希望在合理的时间内完成学业时。如果这些概念很有趣,分析者可以在未来的某个时候进一步研究它们。然而,我们并没有理由使用那些没有实质性贡献或对理解理论帮助不大的概念,这反而会将理论变得更复杂。

验证理论

在谈到验证时,我指的并不是量化意义上的检验(关于这一主题,我将在第18章进一步探讨)。我所指的是以下内容:理论是由数据构建的,但经过整合后,它代表了对原始数据的抽象性呈现。因此,重要的是要确定这一抽象的产物与原始数据的契合程度,并确定理论体系是否遗漏了重要内容。这里有几种验证理论的方法。其中一种方法是返回理论并将该理论与原始数据进行比较,进行一种高层次的数据比较分析。如此,理论应该能够解释大部分的案例。另一种验证理论的方法是向调查对象解释研究发现,并要求他们评论该理论是否符合他们对所研究问题的理解,或是否有遗漏的重要内容。当然,理论都是一般性的。它不适用于每个个体的细节,因为理论是对数据的简化,并建立在对一系列案例汇编的基础上。然而,参与者应该能够在每个类属的更广泛意义上认识自己,即使细节有所不同。

处理异常案例

在研究中,研究者经常会发现异常案例(outlying cases)——那些落在概念的维度范围的两个极端上,或似乎与正在发生的事情完全相反的案例。在大多数情况下,这些异常案例代表理论的变体(variations),或提供了替代性解释,因此应该在理论分析中予以重视。

检查变异性

一些理论框架的问题在于,它们未充分考虑变异性。它们以发展的方式呈现过程,暗示每个案例都以相同的速度从 A 到 B 再到 C,而未明确说明推动案例向上或向前发展的具体条件,或是那些暂时或永久地阻碍其推进的条件。这是有问题的,因为它使得理论看起来不够真实,好像每个人或组织都在相同的时间里经历相同的步骤,也拥有相同的条件。我明白,生活并不能被简单地框定在小小的盒子里(life does not fit into neat little boxes)①。过程中总是存在变异性——有些人进展得更慢,有些人进展得更快,有些人选择退出,有些人则走了另一条路。这意味着即使在模式和类属中,由于某些属性在不同的维度上存在变异性,不同的人、组织和群体的表现也会有所不同。因此,研究者应该仔细检查他们的理论,确保已经充分考虑了大量的变异性。

> **要点总结**

本章为那些对理论建构感兴趣的研究者提供了一些有助于整合的策略。本章的要点在于,整合是围绕核心类属进行的。核心类属是一个广泛而抽象的概念,用几个词汇便描述了研究者认定的主要研究主题或研究发现。一旦确定了中心思想,其他的类属就能通过解释性的关系陈述来与其建立联系。尽管人们通常认为,整合是在分析的最后阶段发生的,但实际上它在分析的早期就已经开始启动,并在研究过程中不断缓慢发展。然而,最后的或有意识的整合通常发生在所有的类属都达到饱和,且研究者准备结束研究之后。但即使在撰写理论时,研究者仍然可能需要完善某些类属,或验证类属之间的

---

①这句话是一个比喻,用于描述生活的复杂性和不可预测性。它意味着生活中的事情、情感和经验不能被简单地进行分类或标签化,其也不会总是按照我们预期的方式进行。简而言之,这句话强调了生活的多样性和不确定性,告诫我们不应该试图将生活进行简化或将其局限于固定的范畴或期望中。——译者注

某些关系。为了促进整合过程,研究者可以使用多种技术,包括提供描述性的概要、撰写描述性和概念性的总结性备忘录、绘制概念性图表,以及整理和回顾备忘录。

而一旦完成了理论框架的概述,分析者就可以通过精简多余的部分,并对不完善的类属予以补充来完善这一理论。不完善的类属可以通过进一步的理论抽样达到饱和状态(参见第7章)。最后,可以通过将理论与原始数据进行比较或将其呈现给受访者以获得他们的反应来验证理论。扎根于数据的理论应该能被参与者识别,较大的概念或类属也应适用于每个案例。然而,类属内部的细节或变化可能并不适用于每个参与者。

专业见解:创造性地研究创造力

卡莉·拉西格(Carly Lassig)

博士生讲师,昆士兰科技大学文化与职业学习学院教育系

我对扎根理论的初步了解,是在进行博士研究期间,为了探究青少年学生的创造力经验而开始的。显然,即使是对于具有创造力的研究者而言,创造力也被普遍认为是难以把握和解释的:"在所有难以理解的事物中,创造力无疑是最难理解的,也是最神秘的。"(Baer, 2003, p. 37)然而,这并非我退缩的理由。实际上,我并不希望逃避挑战,而是渴望理解这个世界,并以某种方式做出贡献,这种观察方式只会激励我。我对于青少年创造力的过程及其产物感到好奇,也想知道他们的个人性格和生长环境是如何影响他们的创造力的。扎根理论的吸引力在于,虽然就创作者自身的角度(在本示例中是高中生)而言,研究领域中还没有太多与创造力相关的经验知识,但扎根理论能在这种领域中进行理论建构。我认同斯特劳斯对理解社会现象复杂性的热情,以及为经验研究和专业实践发展理论的目标。我开展的研究越多,对创造力复杂性的认识就越深入。同时,我也在奋力应对挑战:如何构建一个解释青少年创造性经验的复杂性的扎根理论,而不会使现象过于复杂或过于简化?我在发展核心类属时的经验就是其中的一个例子。

在我研究的早期阶段,一个反复出现的主题或概念是"差异性"(difference),其与创造力息息相关:"与众不同""不同的思维方式"或"不同的行为方式"。然而,这种表述过于简单,无法完全表现整个过程的复杂性。在整个数据收集和分析并行的过程中,我通过焦点小组、个别访谈、在线论坛,以及与20名在数学、科学、技术、虚构与非虚构性写作、音乐、戏剧、视觉和多媒体艺术、电影以及日常生活等多个领域都有创造性经验的高中生所进行的邮件沟通,来进一步探索这一概念。这些学生有时还扮演共同研究者的角色,

为我提供反馈，让我知道我的新发现是否反映了他们的经验，这有助于理论的发展和饱和。我撰写了大量且多样的备忘录，也绘制了大量的图表，以帮助我理解这些数据。同时，我使用了扎根理论分析策略——如范式，从不同的角度审视我的数据。我看到了这些策略的价值，它们推动我将分析从原始数据和个体的层面提升到抽象概念、类属和理论的层面。数据收集和分析持续了大约两年。因此，我需要使用一种方法来追踪我不断累积和发展的思维内容，随着时间推移，这些内容变得越来越复杂。备忘录和图表则帮助我记录了这一过程。

备忘录本身就是一种分析形式，因为在我撰写备忘录的时候，分析和洞见也会应运而生。我将备忘录用作与自己进行持续对话的工具。早期的备忘录还没有得到充分发展，很多记录内容体现了我的不确定性。我很庆幸地发现，在尝试理解数据的初始阶段，这种情况是很正常的。这些备忘录的范围各异：从对数据收集提出进一步的问题（作为理论抽样的一部分）到给出潜在的"回答"或发现；从思考可能的概念、类属或关系，到挑战研究发现的可信度和让人产生共鸣之处；从比较到对照；从猜测到验证；还有其他各种形式的数据探索和理论发展。最重要的是，它们帮助我在从对青少年创造性的思考、行为以及他们身份的描述，提升到对青少年经验复杂性和多样性的抽象思考（他们如何发现和追求机会以进行创新和打破常规）的过程中，发展出了我的核心类属（在此过程中，我始终努力提供新的内容，同时又不会过于简单或复杂！）。

图表在视觉呈现和描述数据关系方面发挥着重要作用。在扎根理论分析过程中，我首先借助"范式"工具，以此为基础构建了一个初步的结构框架以探究"过程"，这个方法也是被扎根理论研究广泛提倡的。与早期的备忘录一样，初期的图表相对简单，更具描述性。然而，随着时间的推移，这些图表变得越来越复杂、整合性更强，并开始向理论化方向发展。我会定期回顾这些图表，因此每个图表都经历了多次思想的迭代（iterations）。它们对于澄清我的思想、揭示我理解中的不足以及与其他人交流我的发现，都非常有用。反思、解释和质疑这些图表"都是关于什么"的问题，非常有助于我发展核心类属。当我的思考开始变得清晰时，图表也为检查每个概念或类属是否与核心类属相关联，以及这些关联是否更好地阐明了我的理论，提供了分析焦点。

扎根理论鼓励我使用"创造力和想象力以刺激新的洞见"。这并不是说它允许我随意创造我想要的结果或简单杜撰事实，也不是迫使我用现有的框架或理论来构建我的发现，而是重视在数据基础上建构的知识。因此，我的研究意想不到但备受欢迎的一点在于，它挑战了我自己的创造力，让我构建了一个关于青少年创造力的原创理论——我需要用创造性的方式研究创造力。通过我作为研究者的经验,以及参与者的经验,我对创造力有了更多的了解。反思性增加了我对数据和研究者自身之间的相互影响的认识,同时确保我没有将自己的观念强加于数据之上。这种反思的好处在于让我对潜在的重要问题有了敏锐的感知。这种抽象思考的过程推动了我发展核心类属,即"发现和追求机会以进行创新:非常规"。

小组思考、写作和讨论

在期刊中找到一篇扎根理论研究的文章并带到课堂上来。以班级为单位,探讨该文章并确定以下内容:

1. 探讨该研究是理论性的,还是仅仅是描述性的。说明你这样认为的理由。

2. 如果确定该研究是理论性的,其中的组织性概念(organizing concept)①是什么?

3. 主要类属是什么,它们与组织性概念有何关系?

4. 这个理论的属性是否得到了充分的发展,并显示出一定的变异性?

推荐阅读

Lassig, C. J. (2012). *Perceiving and pursuing novelty: A grounded theory of adolescent creativity* (Unpublished doctoral dissertation). Queensland University of Technology, Brisbane, Australia.

---

①"组织性概念"是研究中的一个中心思想或核心概念,它为研究提供了一个明确的方向或框架。在许多研究方法中,特别是在扎根理论研究中,组织性概念能帮助研究者组织并解释他们的发现,使其成为一个有意义和连贯的整体。——译者注

第11章　使用计算机程序分析质性数据

分析质性数据的计算机软件

问题："我听说有一些非常好的计算机软件可以帮助进行分析。你了解这些程序吗？怎么使用它们？"

回答：在1962年，一位名叫道格拉斯·C.恩格尔巴特（Douglas C. Engelbart）的人被要求为位于加利福尼亚州门洛帕克市斯坦福研究所（Stanford Research Institute）的空军科学研究办公室（Air Force Office of Scientific Research）写一份总结性报告。[①] 最近，当我浏览网页时，我偶然找到了那份报告的副本。考虑到这份报告产生于1962年，我发现它非常吸引人，因为其中的文字很有预见性。看看从报告中摘取的以下段落：

> 如果你能快速且灵活地修改你的工作记录，你就可以更容易地整合你的新想法，从而更持续地发挥你的创造力。如果能更新你工作记录的任何部分以适应思想或环境的新发展，你会发现，将更复杂的流程纳入你的工作也变得更容易。这可能会使你能够承受与之相关的额外负担，例如，以灵活的方式保存和使用特殊文件，这些文件的内容既可以被添加到当前工作中，也可以为任何其他的当前工作所使用。这能进一步使你设计并采用更复杂的流程，以便在特定的工作环境中更好地发挥你的才能。（Engelbart, 1962, p. 5）

[①] "Air Force Office of Scientific Research（AFOSR）"是美国空军的一个研究机构，主要负责资助和支持空军的基础科学研究项目。AFOSR的目标是通过对基础科学研究的投资和支持，为空军及更广泛的美国国防部提供长远的、革命性的科技进步支持。这些研究可以涉及多个领域，如空气动力学、材料学、电子学等。"Stanford Research Institute（SRI）"，后更名为"SRI International"，是美国的一家非营利研究机构。该机构成立于1946年，最初是作为斯坦福大学的一个分支机构，但后来与大学分家成为一个独立的研究机构。"SRI International"从事广泛的研究和开发活动，涉及许多不同的领域，如生物技术、计算机、教育和医学。它已经为政府、企业和非营利组织提供了众多的研究服务。而道格拉斯·C.恩格尔巴特则是计算机科学和人机交互的先驱，他的很多想法和研究对今天的计算机科技有深远的影响。——译者注

恩格尔巴特(Engelbart, 1962)在其报告中指出,计算机能够通过完成许多任务中涉及的繁琐的细节性工作来增强人类的思维能力,从而使用户从这些事务中解放出来,更具创造性和思考力。同样,这也是计算机程序在质性分析中所承担的任务。它们使许多杂务——如记录、筛选和整理数据——变得更为容易,为研究者提供了更多的自由去进行各种"高质量"(quality)分析。然而,这并不意味着使用计算机程序就一定能得到高质量的质性分析结果。在各自的领域中,许多经典质性研究都不是用计算机程序完成的。安塞姆·斯特劳斯尝试过各种计算机程序,尤其是 ATLAS.ti 和 NVivo(当时的名称是NUD*IST),因为他发现了这些程序的迷人之处。然而,当实际进行研究的时候,他仅使用他的计算机来进行写作或整理备忘录,从来没有真正把它作为分析的一部分。我相信,如果安塞姆生于现在这个时代,情况可能会有所不同。他会充分利用计算机程序所提供的数据分析功能,并将其用于增强他本已经非常丰富且富有创造性的思维。

请注意,恩格尔巴特(Engelbart, 1962)并没有声称计算机在替分析者或软件用户进行思考。虽然计算机的精密程度日益提高,但在这一点上,它们所谓的"大脑"仍然无法与人类相提并论。即使是最先进、最精密的质性分析软件程序,尽管它们能完成许多任务,但也只能按照程序员的预设程序来执行,只能按照用户的指示来运作。在讨论计算机软件程序能为质性研究者做些什么之前,请允许我提供一些建议。新手在分析取向上往往表现得非常犹豫不决,他们不信任自己或研究过程,而把方法论流程或计算机软件视为救星。研究者必须记住的是,不是计算机程序带来了伟大的发现或创造性的研究成果,而是研究者利用这些程序来增强了他们自己的创造力和发现力。

如今,在QDA领域中使用计算机程序已经非常普遍。这是因为现在这一代人是伴随着计算机长大的,他们非常了解计算机的潜力。计算机已经成为他们扩展自我、增强能力的重要工具。虽然我们无法预测未来的数据分析计算机软件可能带来的各种可能性,但就目前而言,我们可以简要介绍一下它们的使用方法。

在我看来,软件程序对QDA的一些最重要的贡献大致如下:

- 研究者可以处理不同类型的数据,包括文本、音频和视频。
- 计算机程序有助于促进创新,让研究者能够尝试采纳不同的观点,先以"这种方式"看待关系,再以"那种方式"进行观察,而不必花费大量时间来检索和整理数据。计算机进行检索和布局等"体力活",而研究者从事脑力工作。
- 通过使用计算机程序,研究者总是可以追溯他们的分析步骤,使研究过程对自己和他人透明,研究者也能够轻松构建审查追踪轨迹(audit trail)(Guba & Lincoln,

1998)。

- 此外,研究者也不必猜测他们在几个月前想的是什么或在备忘录中写了什么。这些内容可以很快地从数据库中检索出来,使研究者所进行的分析更一致,所得出的发现更可靠。

- 研究者不必问:"我是否已经使用了这个编码,如果是的话,我是怎么使用它的?"只需参阅编码表,然后回到原始数据和任何与该主题有关的备忘录即可。

- 想要绘制一个图表?这很容易,计算机程序可以轻松实现数据可视化,研究者可以通过该程序的绘制图表功能轻松做到这一点。

- 计算机无疑能增强研究者的"方法论意识"(Seale, 2002, p. 108),因为研究者对其所做的每一个决策拥有确切的记录。研究者面前的画面就像一面镜子,能显示出逻辑上的缺陷、未发展完善的类属和概念化的不足。

- 有了现成的数据,研究者无法在没有实现饱和或概念致密程度的情况下,假装已经实现了这些目标。

- 计算机程序最大的价值之一体现在研究报告撰写的阶段。它能够非常方便地帮助研究者获取概念、返回原始数据进行验证、查找示例和引用、检索备忘录、绘制图表、纠正错误、找到逻辑中的缺陷等,最重要的是,它能协助研究者进行重新撰写。

尽管计算机程序具有上述优势,但我还是担心它们在分析过程中可能会抑制某些人的创造力,导致分析过程机械化,甚至出现阿加(Agar, 1991)以及菲尔丁和李(Fielding & Lee, 1998)所担忧的情形——引导用户走上一条屈服于"技术决定论"(technological determinism)的道路,或者让计算机程序而非分析者来进行分析。此外,有些软件程序可能比其他软件程序更加复杂,有些软件程序则可能比其他软件程序更难使用。因此,我的建议包括以下几点:

- 尝试不同的软件程序。许多程序可以从网上下载并进行有限范围内的使用。

- 找到最适合你的程序。但请记住,不要过于将注意力集中在学习和使用新的软件程序上,以至于使研究成为次要任务,或在过程中迷失方向。

- 你所面临的挑战应该是开展研究,而不是花时间学习如何使用某个软件程序。

- 没有人想要让计算机软件程序来指导研究。换言之,研究者可能会很容易遵循软件程序设定,从而让软件程序指导研究过程,而不是让研究者将软件程序作为自我的延伸来存储、检索、组织和重新组织关于数据的想法。

- 分析与思考息息相关,而思考是计算机目前还无法实现的功能。

接下来,我借鉴了格斯特、麦奎因和纳梅(Guest, MacQueen, & Namey, 2012)在选择 QDA 时对特征和考虑因素的精彩总结(表11.1),这些内容摘自他们共同撰写的教科书《应用主题分析》(*Applied Thematic Analysis*)(pp. 226-231)。

表11.1　选择QDA时的特征和考虑因素

组织工作		
特征	需要考虑的问题	有何差异
价格	你能为 QDA 分配多少预算？你是准备一次性使用 QDA 还是长期使用？你的组织或机构是否拥有站点许可或支持使用特定的软件包？	QDA 的费用范围从免费共享软件,到学生优惠价格和教育机构折扣,再到商用全价(0~2000美元)。
平台/操作系统	这款软件是否与你的计算机和操作系统相兼容？如果你在团队中工作,团队中所有成员是否均使用适配的计算机？	大多数的 QDA 程序是基于 PC 端并且在 MS Windows 操作系统上运行的;其中有一些也可以借助 Parallels、BootCamp 或类似程序,从而能够在 Mac 系统上使用。
速度和稳定性	你将拥有多少数据(总体文件大小)？你想对整个数据集进行多少(复杂)搜索？你的计算机内存和处理器的规格是什么？	一般而言,QDA 可以处理大体量的数据,但是你的文件越大、任务越复杂,程序运行的速度越慢(参见凯尼格[Koenig]对QDA的版本比较)。
支持语言	你是否需要或更倾向于软件界面使用除英语以外的语言？	尽管这款软件界面使用英语,但 QDA 程序也允许你处理任何语言数据。除了英语,一些程序现在也提供西班牙语、法语、葡萄牙语、日语、简体中文以及德语等版本界面。
消费者支持	你所在的组织或机构是否支持使用软件？你更倾向于使用何种方式获取正式软件支持？	消费者支持服务的范围很广,既有非常容易获取和能提供帮助的服务,也有难以获取和理解的服务。有些机构有时会购买站点许可和/或聘请特定 QDA 程序的驻点专家。
文件位置	**数据安全事项** 如果你将文件储存在本地,你是否会对计算机设置密码？如果你储存在网络上,你是否设置了获取限制?(如果是的话,你能远程进行操作吗?)如果你使用 QDA 程序中的基于网络的储存系统(web-based storage system),是否有准备适当的安全措施？需要什么级别或速率的互联网连接？ **文件共享事项** 你是准备独自工作还是与团队协作？你需要跟同事分享一个分析方案的多种版本吗？	**QDA 文件位置** 一些程序需要特定的数据储存位置,而另一些则更为灵活。主要的数据储存选择包括储存在本地、储存在共享网络上或是储存在互联网上(web)。每种方式的数据的安全性和文件共享的便携性的情况都不一样。 **数据文件位置** 许多程序会制作原始数据的副本,并将其作为内部数据合并到"项目"(projects)中。还有一些程序则要求数据应按照特定的文件路径来存储,以便程序将其作为外部数据访问。前者相较后者更便于进行文件共享。

续表

组织工作		
特征	需要考虑的问题	有何差异
用户界面	你更倾向于一次同时查看好几个窗口吗？你愿意多查阅手册吗？比起鼠标，你更喜欢使用快捷键吗？你曾经使用过QDA吗？(如果有的话，在这个程序中哪些部分是你喜欢或不喜欢的呢？)	大多数QDA软件在某种程度上都是基于Windows的，但它们奠基于该系统的程度和其适配的Windows版本差异很大。一些QDA程序更加直观易用，能够提供多种执行同一任务的选项，并且支持对主要字段和工具栏进行自定义。

基于团队的功能		
特征	需要考虑的问题	有何差异
团队访问（access）	你希望如何组织和分配团队的编码和分析任务？	大多数QDA程序允许分析者在同一QDA项目的不同副本中工作，然后合并版本；少数程序允许同时在同一项目中工作，所有更改都会自动保存。
合并功能	你会需要合并不同项目或合并同一项目的不同版本的功能吗？你会更喜欢同时在同一个项目中工作并让程序操作处理所有的合并吗？	大多数QDA软件包都提供一定的合并功能；然而那些拥有同步访问和即时合并功能的软件，可能不太能够很好地将不同的项目合并在一起。
编码者间一致性（intercoder agreement）	你是否需要软件来促进编码者间的一致性评估？你想如何度量编码者间的一致性？	编码者间一致性的功能在QDA软件包中有所不同，具体取决于评估一致性的方法：有些测量每个编码百分比的一致性，有些提供每个编码的kappa值[1]，还有一些则允许将数据导出到其他程序中进行一致性计算。
研究日志	如果进行了文件共享和合并，你会如何进行版本的管理？你会怎样记录谁在这个项目中做了什么？你对记录中的哪一种分析活动最感兴趣？如何在特定的软件系统中进行操作？	一些QDA程序包含命令日志或文档功能，以便记录各种操作和更改。通常，也可以采取一些变通的方法，如通过保存技术、备忘录或笔记组合在其他QDA中写维护研究日志。在某些情况下，简单地保存单独的活动日志会更有效。

数据类型		
特征	需要考虑的问题	有何差异
文件类型	你要处理哪种类型的文件？	有一些QDA程序会限制你能导入到软件中的文件类型，但大多数程序支持如下类型：txt，rtf，doc，docx，pdf。
多媒体文件	你要处理哪种类型的多媒体文件？你是否希望能够在程序内部进行音频转录？你是否想要解析视频？对你来说音频/视频与文本同步是重要的吗？	程序各有不同。若支持使用多媒体文件，则可能支持以下类型的文件：mp3，wma，wav，mpg，mpeg，mpe，mp4，avi，wmv，qt，bmp，gif，jpeg，tiff。

---

[1]"kappa值"，也称"Cohen's Kappa系数"，是一种统计方法，用于测量两位评估者对分类任务的一致性程度，并同时考虑由于随机因素造成的一致性。简而言之，特别是当评估者在进行分类或编码任务时，该统计量是一个很好的衡量编码者间一致性的指标。——译者注

续表

数据类型		
特征	需要考虑的问题	有何差异
量化数据	你会在你的分析中纳入量化数据吗?	程序各有不同。若支持使用多媒体文件,则可能支持以下类型的文件:xls,xlsx,txt,mdb。
质性数据集	你会需要将先前已经编码过或已经分析过的质性数据纳入到你目前的分析中吗?	一些QDA软件包可以轻松导入来自其他软件程序的分析项目;对于另一些软件包,虽然可以导入,但需要一些技巧;还有一些软件包则没有导入功能。
地理空间数据	你是否想要将数据与空间参照关联起来?	一些QDA程序允许与Google Earth地图进行联动;至少可以将Google Earth的屏幕截图导入作为可视化数据(尽管你也可以手动做到这一点)。
编码本	你是否有特定的方式来组织你的编码本?你是否更偏好按照字母顺序或层级形式进行编码的排列?你是否希望将编码定义与编码相关联,或者希望直接通过编码本进行访问?你是否希望QDA能够扫描你的数据并提供编码建议?你是否希望通过编码功能内部添加编码到编码本?你是否希望能够从其他程序导入或导出编码本?	QDA程序在左侧所列问题上存在差异。就结构而言,大多数程序允许在编码列表视图中按层次结构和/或字母顺序对编码进行排序,而有些程序则允许进行进一步的自定义。其中一些程序具有包含预定义字段的独立"编码本"功能,而许多程序只是将编码添加到列表中并允许你定义其属性。编码本的导入/导出功能在实操时各有不同。
数据标记和编码功能		
特征	需要考虑的问题	有何差异
编码应用	你喜欢哪种编码模式?你会在屏幕上进行所有编码还是先在纸上进行编码后面再进行输入?你是否希望能够按说话者或问题自动对结构化文本进行编码?	QDA编码功能包括拖放编码(drag-and-drop coding)、自动编码(autocoding)、快速编码(按行号)、基于菜单的编码选择、右键编码和类似的取消编码功能。大多数程序为编码应用提供了多种选择。
编码应用显示	你是否希望每次对数据添加编码时都能通过可视化方式进行确认?你希望能查看所有应用于某数据片段的编码吗?你希望能开启/关闭编码显示功能吗?你希望能为特定的编码分配特定的颜色吗?	所有QDA都可以看到已应用于数据片段的编码。在大多数情况下,此信息的显示是默认的,但在某些情况下,你必须打开显示功能或将鼠标悬停在数据片段上以查看已应用的编码。
备忘录、评论与注释	你在编码和分析时是否希望记笔记和进行评论?你是否希望将笔记附加到特定文件、文件组或整个项目(或所有这些内容)中?你是否需要将笔记与其他笔记或其他文件关联起来?你是否希望在查看编码数据输出时查看所有附加的笔记?你是否需要看所有未附加数据的笔记?	几乎所有的QDA都有一些功能,以帮助你对数据进行评论,无论它被称为备忘录、评论还是注释。一些程序具有多个功能,每个功能都发挥着不同的作用。

续表

数据标记和编码功能		
特征	需要考虑的问题	有何差异
人口统计学信息	你打算如何将人口统计学信息融入分析中？你是否想将人口统计学特征与整个文件相关联？你是否想通过定义人口统计学特征来对文件进行分组？	鉴于大多数QDA接受的文件范围很广泛,通过导入文件(如xls格式),将之前收集的人口统计学信息与项目中的质性数据进行关联,变得越来越简单。许多程序还允许在QDA内为数据文件添加定义特征。在任何一种情况下,人口统计数据和数据之间的关联都可以进行分组和过滤筛选。
数据探索和简化功能		
特征	需要考虑的问题	有何差异
编码文本检索	你想如何查看编码数据(你想要多少标题或附加信息)？你希望编码数据报告是交互式的吗(点击特定数据片段会带你返回到该条目)？	所有的QDA都擅于搜索和检索,程序之间的不同之处在于使用的便利性、互动性以及提供额外信息的选项(应用于同一数据片段的其他编码、人口统计学或类属信息)。
编码搜索	对你来说,哪些搜索技术最有用(例如,AND,NEAR,XOR, PART OF)？	如前文所述,QDA程序通常擅于搜索编码,但在易用性方面存在差异。大多程序均包括布尔(Boolean)、邻近(proximity)和语义(semantic)等操作符,可组合使用这些操作符以定义不同的搜索标准。
矩阵	你希望在矩阵显示中包含哪些类型的数据？你喜欢数字还是文本格式？矩阵输出中的单元格处于"活动"状态对你有多重要(即,可以点击以带你回到源数据)？你希望以何种格式导出矩阵？	QDA程序通常会提供一组矩阵函数,用于辅助寻找和探索数据、来源、编码等之间的关系,特别是编码频次和共现(co-occurrences)。其中一些函数直接与各种数据显示相关。查询的保存和/或导出方式因程序而异。
单词搜索	你想进行单词搜索、字数统计,以及关键词上下文(keyword-in-context)或正则表达式模式报告吗？你是想搜索一个文件,还是整个数据集？你对什么类型的输出文件感兴趣？	大多数QDA软件都提供一些单词搜索或词频计数的功能,(在文件间和文件内)自定义搜索的灵活性各有差异。
数据呈现	你认为什么样的数据呈现方式有帮助？你想在软件内构建自己的理论模型吗？你希望软件根据你提供的来源、编码或数据来绘制表格、聚类分析树状图或其他图像吗？	QDA程序正在不断拓展呈现数据的方式。各种地图、图表、模型、聚类分析和多维缩放(multidi-mensional scaling)都是可用的选项。

计算机辅助分析的要点

由于这一章的篇幅非常短,并且其中包含了很多总结性内容,因此无需在此进行重复——就像我选择了用问题而非引言来开启这一章节,并以结论而非总结来结束这一章节一样。戴伊(Dey,1993,p.227)指出:"计算机可以帮助我们更有效地面对数据,通过不同方式分析数据变得更加容易。"尽管计算机辅助分析拥有许多价值,得到了广泛应用,但我还是对利用计算机程序进行质性分析可能产生的无实际价值的发现以及其他潜在的问题表示担忧。仅仅是这些软件程序的名字——计算机辅助分析——就在某种程度上暗示了这些程序将引导研究者完成分析过程,而不是由分析的实际需求来决定程序的使用。然而,我也认识到我接触使用计算机的时间相对较晚。如今的年轻研究者无疑具备技术能力,可以创造性地使用计算机程序,并以一种能够提高其研究质量和可信度的方式使用它们。而谁又知道计算机程序的未来会是怎样,也许有一天,它们可能真的会替我们进行思考。

专业见解:关于扎根理论和QDA软件的一些讨论

塞萨尔·A.西斯内罗斯·普埃夫拉(César A. Cisneros Puebla)

质性计算咨询公司(COMPUTACIÓN CUALITATIVA CONSULTORES)

自戴伊(Dey,1993)到萨尔达尼亚(Saldaña,2009),编码方法已经得到了广泛的讨论,皆旨在引导初学者和学生理解、掌握质性数据的概念化和理论化的技巧。这些著作包含了关于软件使用的讨论。此外,还有一些其他的重要书籍以及软件操作手册与质性数据分析相关,它们对于任何有兴趣使用计算机的研究者来说都是不可或缺的。在此,我将重点介绍使用质性软件的基本优点和缺点。我不会特别推崇其中任何一个程序,在此我只是假设读者需要一个相关的概述。

多年来,由于一些软件使用了这种术语,人们一直轻率地将扎根理论方法与QDA软件联系在一起。与此相反,弗里泽(Friese,2012,p.73)非常明确地指出,这种巧合并不意味着它们是相同的。她多次提到这种巧合(Friese,2012,pp.44,63,v.gr.),并明确表示"ATLAS.ti中的开放编码选项与扎根理论中的开放编码过程无关"(Friese,2012,p.89)。她所称的NCT分析方法与扎根理论非常不同,因为它没有任何有关特定编码方式的规定(Friese,2012, p. 93)。

当前的讨论似乎聚焦于当我们运用扎根理论方法来构建有用知识时,是否需要计算机程序来协助。弗里泽(Friese,2014, p. 19)关注编码树中的类属名称,并据此得出结论,认为在本书第3版展示如何使用MAXQDA时,科宾和斯特劳斯(Corbin & Strauss,2008)使用的一些截图并无太大用处。她关注的是如何进行"好的计算机辅助分析",然而,讨论似乎并未集中在这一点上,反而更像是关注商业质性软件程序之间的竞争。

莱温斯和西尔弗(Lewins & Silver,2007)以及西尔弗和莱温斯(Silver & Lewins,2014)的著作有助于了解七种不同的程序(第1版包括Qualrus,第2版则没有,Dedoose替代了它)。比较这些程序在功能上的差异是非常重要的,这些功能包括:规划和管理项目、撰写分析性备忘录、阅读和评论数据、搜索单词或短语、发展编码方案、进行编码、检索已编码数据片段、重新编码、组织数据、为数据创建超链接、检验观点、生成报告,或是绘制有关发现的图表。

扎根理论方法论正在全球范围内不断发展,同时新的方法也在不断涌现。例如,卡麦兹(Charmaz,2014)在听取不同的意见,反思著作中有争议的内容,对其进行修订。然而,正如伍尔夫(Woolf,2014)所努力展示的那样,问题始终在于,哪种特定的流程或策略,而非哪种软件应用,最适合基于斯特劳斯和科宾或卡麦兹方法的特定编码。从我的角度来看,重要的是要意识到每种计算机程序的可用性和局限性,而不是过于关注哪种软件的策略更加接近该方法论,正如保卢斯、莱斯特和登普斯特(Paulus, Lester, & Dempster,2013)最近所指出的那样。

现在,我们不仅可以利用文本数据来应用扎根理论方法论,还可以利用图片、音频和可视化数据,甚至地理坐标来做到这一点。因此,我建议,我们应该根据研究问题和需要分析的基本社会过程,来决定选择哪种软件程序。

根据我们的计算机技能和研究兴趣,任何一种质性软件程序都可以被用来帮助我们进行理论和模型的建构。在选择软件工具时,我们需要考虑许多问题:软件工具如何访问不同类型的备忘录?如何让我们对编码本进行重命名和使用?哪些工具是被设计来提供项目外的资源的超链接的?此外,任何软件程序的用途取决于研究者对数据的创造力和敏感性。可见,复杂的数字世界为我们带来了分析各种数据的挑战,而扎根理论方法论不能只与特定的软件绑定在一起。

质性研究软件

1. 商业软件程序

ATLAS.ti	HyperRESEARCH
MAXQDA	NVivo
QDA Miner	Qualrus
Transana	

2. 开源软件程序

开放编码(Open Code)这一软件最初是由瑞典的于默奥大学开发的,旨在遵循(follow)扎根理论方法论的初期步骤。

3. 基于网络的软件

Dedoose

有用的资源

CAQDA Networking Project
ATLAS.ti blog
The Qualitative Report

参考文献

Charmaz, K. (2014). *Constructing grounded theory* (2nd ed.). Thousand Oaks, CA: Sage.

Dey, I. (1993). *Qualitative data analysis: A user-friendly guide for social scientists.* London, UK: Routledge

Friese, S. (2012). *Qualitative data analysis with ATLAS.ti.* Thousand Oaks, CA: Sage.

Friese, S. (2014). *Qualitative data analysis with ATLAS.ti* (2nd ed.). Thousand Oaks, CA: Sage.

Lewins, A., & Silver, C. (2007). *Using software in qualitative research: A step-by-step guide.* Thousand Oaks, CA: Sage.

Paulus, T., Lester, J. N., & Dempster, P. (2013). *Digital tools for qualitative research.* Thousand Oaks, CA: Sage.

Saldaña, J. (2009). *The coding manual for qualitative researchers.* Thousand Oaks, CA: Sage.

Silver, C., & Lewins, A. (2014). *Using software in qualitative research: A step-by-step guide* (2nd ed.). Thousand Oaks, CA: Sage.

Woolf, N. (2014). *Using quotation names for coding: An illustration from grounded theory.*

小组思考、写作和讨论

1. 由于学生通常都已经接触过或使用过不同类型的QDA软件,因此可以请他们在课堂上分享这些经验,包括他们是如何使用这些软件的,以及他们打算如何进一步运用这些软件。此外,还可以讨论他们在使用过程中发现的优点和缺点。这些讨论将会非常有帮助。

2. 尝试一些数据分析的免费试用软件,并说明哪些软件最适合你。

第二部分
研究项目示例

    本书的第二部分并不需要与第一部分分开阅读。我期望学生和他们的教授以及有经验的研究者，可以将第一部分所提到的对方法的更加抽象的解释，与第二部分的内容进行来回对照理解，因为我们将在第二部分中展示，如何将第一部分讲述的方法应用于具体的数据。例如，在阅读讨论备忘录的第6章时，读者可能想要参考第12章到第16章提供的一些备忘录，看看如何使用它们来促进和追踪实际的分析过程。

    多年来，我发现，阅读有关质性分析的内容是一回事，而实际操作则完全又是另一回事。因此，接下来的五章将致力于展示斯特劳斯博士和我在过去是如何进行分析的，我在现在又是如何进行分析的。这个项目示例背后的初衷是让学生明白，分析并不是一件让人痛苦的事情，它涉及的是一种自然的思考方式。它是一个流动的生成性过程：将数据分解，试图理解其中的意义，用概念表示该意义，并将概念编织在一起，使得分析成果可以以抽象但有代表性的方式再现个人或组织如何经历事件、进行过渡和处理困境。当阅读接下来的五章时，读者会注意到，建构理论的过程是如何从早期的概念识别阶段过渡到整合阶段的。接下来的分析将以一系列备忘录的形式呈现，详细描述了研究者为了得出对数据的最终解释而经历的思考过程。

    在整个第二部分中，我将使用不同类型的数据，包括访谈、回忆录和历史资料，并且每一章都将侧重于分析的不同方面。

    第12章的重点是概念识别或开放编码；第13章的重点是概念阐述或轴向编码；第14章则将重点放在分析数据的情境上；第15章解释了如何将过程引入分析；

第16章则展示了如何进行整合。读者会注意到,出于教学目的,我将分析过程分解成几个主要环节。我承认,实际的分析要比在这里分解出的几个环节复杂得多,因为人的思考过程本身就要复杂得多。在分析者分解数据的同时,他们也会注意到其中的关系。在描述概念的同时,他们也在识别属性和维度。在整个分析过程中,他们也朝着整合的方向迈进。这种分解方式是为了让新手能够为他们所做的事情命名,并在分析时既具有一定的系统性,同时又保持一定的灵活性。

由于从阅读本书的前几章到最后几章之间通常会有一段时间的间隔,因此在阅读接下来要介绍的内容之前,回顾一下扎根理论方法可能会有所帮助。回顾性内容将以一系列陈述的形式呈现。同学们在进行自己的分析工作时也可以好好利用这一份总结。

1. 被用来进行分析并代表数据的概念被称为"编码"。

2. 编码意味着"抽象思考"。编码背后的观点并不复杂。人们不能仅从原始数据中提取一个短语,然后就把它用作标签;更确切地说,编码需要找到一两个能够在概念上最好地描述研究者认为可以代表数据意义的正确词汇。有时参与者会为我们提供有用的概念。我们称这些参与者提供的概念为"见实编码"。

3. 使用这种方法分析数据有两种基本的策略,即对数据进行比较和对数据提出问题。此外,研究者可能会使用其他启发式方法或分析性策略来走出偏见(step outside of biases)和"进入"数据("get inside" data)。这些方法或思维策略,对于识别那些可能有助于理论抽样的情境也很有用。思维策略包括:思考词汇的各种含义、进行理论比较、使用反转技巧,以及根据隐喻和明喻进行思考。

4. 概念有很多层次。概念代表研究者对数据所包含的意义的解释。虽然我们无法确定地说关于数据的解释都是绝对正确的,但通常随着研究者不断地与数据打交道,其对于数据意义的敏感性会得到增强。随着敏感性的不断加强以及对新数据解释的反复检查,如果研究者犯了大错,很快就能觉察到。而且,这种方法提供了与参与者核查意义的可能性,因为他们与研究者一样构成了研究的一部分,因此任何误解都可以被修正。

5. 概念的层级范围从低到高排列,中间还存在多个不同的层次。所有的概念,无论层次如何,都是从数据中得来的。只不过有些概念会比其他概念更为抽象。在分析的早期,可能会有很多概念,但随着分析的深入,概念往往会被分类、合并,有些概念会被纳入到其他更为抽象的概念之下。回想第4章中提到的鸟、风筝和飞机的例子。虽然这些事物各不相同,但它们合在一起可以被归类为"飞行物体"。

6. 高层次的概念被称为类属,低层次的概念被称为子类属。类属是更抽象的概念——低层次概念可以被分到这些概念之下。较低层次的概念或子类属,可以为类属提供定义和解释。类属表示研究的主要主题,要达到类属的层次,指向该类属的数据必须以某种形式在所有数据中都能体现。因此,不可能在分析早期就知道主要类属是什么,因为没有足够的数据来支持它们的相关性。有些初始概念可能最终会成为类属,而有些则可能不是。如果一个概念不能将一些较低层次的概念进行分类组合,那么它可能难以达到类属的层次。

7. 旨在建立理论的任何研究"工程",都必须有一个基础。一旦有了基础,就可以继续开发剩余的"建筑"。低层次的概念就可以提供这一基础。它们指向并引出了代表一组低层次概念共同要素的类属。一旦被归入到一个类属下,这些低层次的概念就成为说明和区分类属的属性和维度,并在类属内部显示出变异性。

8. 对最初的几次访谈或观察进行详细的分析,可以让研究者深入了解数据、增强敏感性,并对研究内容有一个较好的认识。一旦初步分析基础得以确立,分析就可以顺势而为。关于研究的想法会变成令人兴奋的发现,分析也会以更快的速度进行下去。因为研究者有概念可以使用,所以分析会进行得更快。数据的意义会更清晰,因此不再需要头脑风暴和比较每个单词或短语。后期的分析就是细化和填充细节,这些任务并没有那么费力。

9. 在进行扎根理论研究时,为了增加理论的解释力以及对研究领域相关情况的适用性,指明情境、过程和进行整合是分析的必要步骤。

10. 事件——发生的事情——不仅是现实中存在的事物,而且还会带来一系列影响个人和群体的条件或情境。事件或情境可以是任何事情,例如,可以是教一群孩子代数,建造一个美丽的雕塑,安排家庭或公司在公园野餐,或者是有残疾或疾病的人,以及城市缺乏资金或需要对商业版图立即做出决定。参与这种情境或事件的人赋予了它以意义。这种意义可以是:它是有问题的(problematic),它是需要进行处理的,或者是它涉及一个有待达成的目标等。因为人不是被动的条件或情境接受者,而是深思熟虑和反应灵敏的行为主体,他们会采取某种形式的行动-互动以解决问题,获得对情况的控制,形塑结果,并达到目标。在根据情境分析数据时,研究者要寻找的是,人们为他们所采取的行动和互动给出的原因。但是,人们可能意识不到或无法清楚地说出,促进或限制他们行动能力的条件范围,尽管他们感受到了这些条件的影响。例如,在随后的越南战争研究项目示例中,战争所依据的交战规则是有其政治原因的。那些参与战斗的人可能并不知道规则制定者的政治动机或规则的具体内容,但他们因规则对他们采取防御性行动-互动的限制而感受到了规则对其生存的风险。行动-互动可以受到个人能力、动机、知识水平、环境因素、文化习俗和禁忌、经济和政治因素等条件的制约或促进。作为分析者,我们不仅要了解人们对行动-互动给出的原因,还要了解产生困境的一系列广泛条件,以及促进和限制人们采取行动和互动的能力的因素。(在可利用的时间和资料有限的情况下)将这些解释内容编织进我们的解释中,无疑会大大增加我们理论的解释力。

11. 结果也成了情境的一部分,因为在采取有计划或有策略性的行动之前,人们往往会对这些结果做出预期。结果也是行动的后果,因此经常成为导致下一组行动-互动的条件。

12. 过程表示行动-互动中的适应性变化。行动-互动是按顺序发生的。随着时间的推移——即使是很短的时间——构成行动-互动情境的条件也可能会发生变化。条件的变化可能是由于外部事件或者是在互动序列(transactional sequence)[1]中发生的事情。随着条件的变化,为了达到期望的结果,可能也需要改变行动-互动——也就是说,要使行动-互动与不断变化的环境相匹配。

13. 整合指的是围绕一个核心概念来组织各种类属。核心概念代表研究者确定的研究主题。核心类属在每种案例中都应该以某种形式显现。

14. 备忘录和图表是分析的资料库。随着时间的推移,备忘录会变得更加抽象和复杂。备忘录对于追踪类属的各种属性和维度以及记录类属之间可能的关系都很重要。它们包含了理论抽样的想法,并使研究者保持诚实、脚踏实地。图表迫使研究者使用概念"并显示逻辑上存在的空白"。当需要撰写研究发现时,研究者所需的所有信息都可以在备忘录和图表中找到。

15. 在扎根理论研究中,研究设计不能提前确定。这是因为从分析中得到的概念才是研究的驱动力。基于概念的抽样被称为"理论抽样"。理论抽样的目的是找到那些能在属性和维度上最大限度地发展类属的人和地点。

16. 直到所有类属都完全饱和,研究才算完成。饱和常常会被误解,分析也会因此过早结束。仅有几个类属是不够的,这些类属必须得到充分的发展和整合。

17. 在进行任何详细分析之前,研究者必须要通读整份文档,抑制住在页面边缘写东西的冲动。这样做是为了让研究者对整个访谈或观察有一个整体的印象。如果没有全局考虑的话,研究者可能会太过专注于几个单词或短语。

18. 一旦研究者通读了访谈和观察的文档,他们就可以启动发展和阐释概念的过程。一个很好的方法是寻找文档中的自然断点。有时受访者会不断地讨论一个话题,分析者可能需要进行打断,以免过于冗长。一旦分析者决定了要处理的内容,他们可能会采用两种不同的方法的其中一种。

19. (第一种方法是)研究者的站位可能要更高,从更广泛的角度出发,提出这

---

[1] 在社会学和心理学中,"transactional"这个词常被用于描述两者或多者之间的互动和相互影响。因此,"transactional sequence"在此指的是一系列的互动,这些互动构成了一种有序的模式或连续性。它强调行动和反应之间的互动性,即一个行动可能导致另一个行动,然后再导致另一个行动,以此类推。——译者注

些问题：从更大的意义上来讲，在这部分数据中看似发生了什么事情？所表达的主要思想或进行的主要活动是什么？从一般意义上来讲，这个人想告诉我什么？有时候对于"数据中发生了什么事情"的回答并不明确。这时候编码者就需要"跳出固有思维框架"（thinking outside the box）（Wicker，1985）。这意味着，研究者要放下在研究中期望发现的预设概念，让数据为自己发声，同时安静地倾听。

20. 第二种方法是从头开始，采用真正的归纳方法，也就是我们所说的逐行分析。如果数据模糊不清，或者研究者难以从中挖掘出新的发现，也就是说，研究者的先入为主或偏见妨碍了他们对页面上文字的理解，那么这种方法就显得尤为重要。

21. 通常研究者会结合使用刚才介绍的两种方法，也就是说，对文档的某些部分进行详细分析，可能还会使用在第5章中提出的一些分析策略。对于文档的其他部分，研究者可能会选取一个部分，在抽象的意义上提问其中发生了什么事情，提出一个概念，然后围绕它进行编码。

22. 一旦研究者对某一部分数据所表达的主要思想有了一定的了解，他们就可以开始对这一部分进行更详细的分析，具体的方法是提出一系列问题，例如：正在采取什么行动？谁在做这件事？什么时候？在哪里？如何进行的？为什么？然后分析者可以对每个答案进行概念性编码。

23. 分析者采用的任何实际流程都不如识别数据的本质或意义重要。你在前面章节中看到的分析策略都只是工具。研究者可以利用的最厉害的工具是他们的思维和直觉。编码的最佳方法是放松，让思维和直觉为你服务。

第12章　开放编码：识别概念

但是,我最喜欢的概念发展方式还是与经验数据进行持续对话。因为概念是总结数据的方式,所以重要的是要让它们适应你要总结的数据。

(Becker, 1998, p. 109)

关键术语

概念　代表数据解释意义的词语,概念名称使研究者能够将"原始数据"与其他具有共同意义或特征的"原始数据"进行组合,如共同具有飞行特征的鸟、风筝和飞机。这减少了研究者必须处理的原始数据量

属性　定义和描述概念的特征。例如,飞行具有持续性这一属性。飞行持续时间的长短取决于飞行的物体

维度　属性内的变化。维度为概念提供了明确性和范围

编码　描述概念以代表数据的解释意义

类属　分析者将较低层次的概念进行分组,然后使其成为高层次概念的子类属。类属有时被称为主题。它们代表相关的现象,使分析者能够简化、合并并整合数据

在开始本章之前,我们建议读者阅读第2部分引言中的扎根理论方法论回顾。这里的回顾将帮助读者重新梳理在前11章中提到的主要观点,并阐明我在分析越战研究数据时将采取的分析策略。

学习要点

在阅读本章时,建议读者注意以下要点:

• 将数据分解为可处理的分析片段
• 对数据进行头脑风暴,以得出可能的意义
• 描述概念来代表意义

- 区分不同层次的概念
- 运用比较分析、提问技巧,并使用其他分析技术
- 开始发展一些概念
- 生成作为分析过程的一部分的备忘录
- 运用理论抽样

第一次访谈的分析

这个研究项目展示了我们是如何工作的。请注意,其他研究者的工作方式可能略有不同。我在本章和以下章节中将会使用如下的分析方式:

1. 首先会有一部分原始数据,这部分数据将被用作分析的跳板。我会用备忘录来说明我在分析数据时的想法。在每个备忘录的顶部会有一个概念,代表我对正在处理的数据的理解。其他研究者可能会有其他的解释或持有与我不同的意见。这里的目的不是要对我说的每一件事都进行争论,而是要注意我正在经历的过程。有时,我在分析开始时给出的概念名称会随着研究的进行而改变,因为我对研究材料进行了重新思考,更深入地进行了分析。

2. 接下来,我将展示一份备忘录,以反映我在分析该数据片段时的想法。读者不必详细阅读每一份备忘录。这样做的目的是了解分析是如何随着时间的推移而深入发展的。

3. 每份备忘录都有编号、日期和概念标题。分析者总是想要提出尽可能抽象的概念,如此,这些概念就可以在特定事件或参与者的范围外进行应用。

4. 有些备忘录的篇幅会比其他的要长。但记住,这是对第一次访谈的第一次分析。随着分析结果的积累,备忘录在之后的研究中会变得更准确、复杂,篇幅也会更长。

5. 我会定期写一篇方法论笔记(methodological note,MN),解释我们正在做什么或已经做了什么,以及为什么这么做。

请参考针对参与者1的附录B,并完整阅读访谈记录。

备忘录1

2006年6月10日

概念:在参军时定位自我

原始数据

总的来说,我来自一个中产阶级家庭——非常爱国,敬畏上帝,十分虔诚。我们是一个充满爱的家庭,现在仍然如此。我有三个兄弟和一个姐妹。我的父亲已过世,母亲在80多岁时去世。我们每年至少会进行一次家庭聚会。我16岁离家,之后做了几年粗活(menial jobs)——好吧,不一定有那么卑微(menial),但工资确实不高。我在医院当过护工,也正因这段经历,我了解到了护理行业,并决定从事这一行。我在21岁时首次取得了护士执照。现在我50岁了,在护理行业从事了很久的工作。这要追溯到20世纪60年代。我在X市的一家退伍军人医院工作了一年,那是我第一次接触到退伍军人,那些参加过战争的人。其中主要是参与"一战"的老人、参与"二战"的中年人,还有一些参与朝鲜战争的退伍军人。我非常喜欢听他们谈论自己的经历,所以,在1966年,当政府终于向越南做出承诺,决定派遣大量的人员和物资时,我也志愿加入其中。

对原始数据的分析性备忘录

在刚刚呈现的数据中,参与者提供了一些基础的背景信息,描述了他之前是什么样的人,并解释了他为什么参军。尽管如此,这些数据仍然是重要的。访谈开始时,受访者向我们讲述了他参军前的生活,并以这种方式解释了他参军的原因。我不确定他为什么要以这种方式开始访谈,因为我没有参与这次访谈。也许在访谈开始前斯特劳斯有要求他提供这些信息,或者是因为参与者觉得有必要为他当时的身份提供一些背景信息,解释那时的他和现在的他有什么不同。我将这一段的核心概念概括为"定位自我并解释他自愿参军的决定"。在同一段中,有几个较低层次的概念暗示了在他真正参战之前,参战对他的意义。这里,受访者谈论的是他的"战前自我"(prewar self)。我之所以要做这样的区分,是因为在他去了越南之后,他可能会以不同的方式"定位自己",当然,现在回想起来,他对那段时间的看法也会有所不同。他给出的解释中包含的另一个概念是"家庭背景",其中包括更多的特殊性,如"中产阶级""虔诚""敬畏上帝""亲密",最重要的是"爱国"。

"爱国主义"(patriotism)是有待进一步探索的有趣概念。我怀疑每个在越南服役的人都是出于爱国才这么做的。在越南战争期间,征兵制仍在实行。我认为在这里,爱国主义的重要性在于,这位参与者在后来的生活中对于国家和爱国主义变得更加愤世嫉俗。在参军时,他深受国家和爱国主义思想的影响。爱国主义暗示了战争对他的意义,即当国家需要你时,你就应该响应国家的号召。

另一个可能的概念是"参战之路"(path to war),因为他描述的都是那些让他去往越南的理由。后面我们可能会认为"参战之路"是一个比"定位"更好的概念,但当时的我还未意识到这一点,因此将"参战之路"归入了"定位"之下。"参战之路"之下的概念包括倾听战争故事、成为一名护士、志愿(这也是我们想要返回的一个概念)、创造"六周奇迹"(six-week wonder)、成为一名少尉、迅速被派往战区。我必须说,他的"道路"具有"笔直"和"迅速"(quick)的维度。没有迹象表明他因参战产生过内心冲突,也没有迹象表明他在当时对战争本身抱有负面情绪。

方法论笔记

注意,在前面给出的备忘录中有一个主要概念——"定位"(locating),我认为它描述了第一段的主题。如果我是通过在页边空白处加上标签而不是通过撰写备忘录的方式来分析数据,我会在适当数据旁的空白处标注"定位"和我在同一段中所描述的其他概念。研究者分析数据的方式是个人化的事情,人们应该按照他们感到最舒服的方式去进行分析。我进行分析的方式是将其记录在备忘录中,因为我不只是给数据加上标签,也会同时识别并开始发展概念。在这种情况下,我在"定位"和与之相关的较低层次的概念("家庭背景""爱国主义""参战之路")之间建立了一些联系。需要指出的是,虽然我将概念称为高层次概念和低层次概念,但重要的并不在于其层次高或低。我之所以称它们为"低层次"概念,如"家庭背景""参战之路""爱国主义",是因为它们对"定位"做出了限定或扩展。换言之,它们是"定位"的属性和维度,并解释了参与者在参战前如何确定自己的位置。初学者分析时常犯的一个错误是不能区分概念的层次。他们只是给概念加上标签,而不是早早地在分析过程中建立概念。当研究者只建立概念清单,并且不能区分哪些是高层次概念,哪些是这些概念的描述性内容(descriptors)或属性时,其在后期的分析过程中建立概念就要花费更多的工夫。

高层次概念表示该部分的数据所表达的主要思想或主题。高层次概念能帮助研究者在分析后续的访谈数据时对类似的数据进行命名。当研究者分析下一次访谈时,他们可以比较两次访谈的数据,并确定这个人是否也在进行"定位"。下一个人关于"定位"的说法与第一次访谈中的数据有何不同或相似之处,将使我进一步发展我们命名为"定位"的概念。例如,新的受访者可能会这样说:"在我被征召入伍之前,我总是惹麻烦,让我的家人非常难过,所以参军对我和他们来说都是最好的选择。"或者,他们可能会说"我报名参军是因为我的家庭没有什么积蓄,这是我能攒钱上大学的唯一途径"或者"我来自一个移民家庭,我想为新的祖国做点什么,所以我志愿参军"。在这些情况下,受访者在参军前都在"定位"自己,展现出"家庭背景"概念以及"志愿"原因的维度变化。确定概念中的维度变化增加了理论的致密性,并使理论能够解释差异。

在这部分数据中,可以对"定位"进行更具体的限定,如将其限定为"在参军时"。然后,分析者可以查看数据,通过在整个访谈过程中追踪这个概念,来确定一个人在战争前、战争期间和战后时期如何"定位自我",从而确定"自我"在参战后的变化。明确地说,"定位自己"是分析者在提供有关受访者如何看待自己的细节时,对受访者所说内容的解释。

备忘录2

2006年6月10日

概念:战争体验:作为一名非作战人员 vs 作为一名作战人员

原始数据

我……在那里的大部分时间都在转运后方医院工作。我们乘直升机出去,在救助站接人,这些救助站都很……很难说,因为并没有明确确定路线。路线每天在换,一天换两到三次,但是救助站位于冲突区。我们会把伤势最严重的人运回大约75英里外的西贡,把伤势较轻的人运回大约25到30英里外的后方医院。

备忘录

这一段的重要概念或主题是"战争体验"(war experience)。这是我在页面边缘写下的概念,或者如果我想通过对数据加上概念标签来分析数据,我会在计算机程序中指定其为编码。但由于我在备忘录中分析数据,所以我在备忘录的顶部写下了这个概念,然后继续进行以下分析。相较于参与者之前所告诉我们的关于他家庭背景的数据,"战争体验"体现了变化和转变。现在他正在谈论越南以及他在那里的体验。因为他是一名护士,所以他可以被概念化为"非作战人员"。非作战人员似乎是一个相关的变量,可能影响所谓的"战争体验"。我想知道作为"非作战人员"与作为"作战人员"或实际参与前线战斗的士兵有何不同。成为非作战人员并不一定意味着一个人可以避免经历战争,正如这次访谈所指出的那样。这名男性确实进入了战区(battle zones),我在概念上将战区称为"冲突区"(zones of conflict),之后他再将伤员运送回我称为"安全区"(zones of safety)的地方。安全区距离冲突区约75英里,但他从未为了拯救自己而杀人。那么,什么是"作战人员"呢? 我需要更多的数据来理解战争中作战人员和非作战人员的区别。但是,基于我从关于战争的一般读物中所了解的信息,我可以玩一个分析性的比较游戏。作为一名作战人员意味着一个人在很多时候"生命受到威胁";作战人员看到他们的"战友受伤"和"被杀";作战人员在"战斗"中要么抱着"杀死别人",要么抱着"被别人杀死"的心态;此外,作为作战人员意味着在与敌人接触期间有着持续的"恐惧和压力"。在某种程度上,参战就像是一场"狩猎",但作战人员同时是"猎人"和潜在的"猎物"。它就像一个疯狂的电子游戏,双方都想消灭对方,但在战争中,"杀戮"是"真实"的。"敌人"就在那里,要杀了你,如果你不先杀了他的话,他会杀了你。除非一个人拥有亲身体验,否则我不确定这个人是否可以完全理解战争的意义,以及与同时作为猎人和猎物有关的持续压力和恐惧。

除非非作战人员在错误的时间出现在错误的地点,否则他们不会参与战斗。他们不会离开安全区去杀敌,只有在受到某种程度的攻击时才会这么做。这位特定的非作战人员的工作是"照顾伤员"。他暴露在"敌人火力"下的情况是"间歇"的,主要是当他执行任务从战场上接走伤员时。作为非作战人员并不会减少对战争的贡献,但它确实会以不同的框架形塑这种体验。当然,这也取决于一个人的角色。尽管他们没有直接参与战斗,但战场上的医务人员确实会受到射击并受伤。我从阅读材料中知道,许多去越南的护士在战争期间都有许多与作战人员相同的压力,并且在战后也出现了许多与作战人员相同的适应问题(Moore,1992;Smith,1992;VanDevanter,1983)。

这种比较也使我对"作战人员"进行了一些理论抽样。

方法论笔记

在上述备忘录的开头中出现了一个新概念。在比较第一段和第二段的数据之后可知,这两段的主题明显是不同的。这一段讲述了他在越南的实际体验,因此从概念上可以被视为他的"战争体验"的起点。这个概念很好,因为研究中的每个人都拥有战争体验,而每个人的体验都可能略有不同。然而,这篇备忘录虽然描述了一些低层次概念,但仍然是探索性的,因为它引出的问题远比回答要多。除了进行比较和提问,我们还使用了另一种分析性策略——"假设性"策略,并提出了一个比较问题:作战人员和非作战人员之间有什么区别?通过比较"作战人员"和"非作战人员",这位参与者的体验就显得更加突出。当我进行这种比较时,我还没有关于"作战人员"的数据。我必须进行我们所说的"理论性比较"(theoretical comparison)。在"理论性比较"中,分析者依赖经验或轶事材料进行比较,而不是将一个数据片段与另一个数据片段进行比较。源于"理论性比较"的关于"作战人员"的所有想法都不会被放入研究中。在这份文档中,"理论性比较"这种方法只是被用来放大关于作为"非作战人员"意味着什么的数据的意义。更重要的是,进行这种"理论性比较"使我开始思考,并让我想要更多地了解作为"作战人员"的意义。

备忘录 3

2006年6月10日

概念:一般性备忘录:军事体系

备忘录

这份备忘录与具体的原始数据无关,是我在撰写刚才的备忘录时产生的一个想法。当读到如何根据伤员受伤的程度将他们带到不同的地方时,我想起军队是一个由"规则"(rules)和"制度安排"(arrangements)所组成的"巨大系统"(giant system)。军队必须把士兵和物资从一个地方运送到另一个地方,照顾生病和受伤的士兵,给部队提供食物,提供弹药,提出进攻计划,等等。在军队里,做任何事情都有政策、安排和制度。此外,还有严格的纪律——这是集体福祉的必要条件。不然你怎么能让一群年轻人出去向敌人射击,还要承受敌人的回击呢?士兵必须服从命令,即使这些命令是错误的或没有意义的。进行一场战争所需的后勤保障令人难以想象。当我在电视上看到伊拉克战争相关的新闻时,我注意到为了发动和支持战争,国家建立了一个完整的军事体系。没有士兵,就不会有战争;没有这个完整的后勤和支持体系,士兵就打不了仗。我认为士兵对战争的感受有一部分在于,他们是否觉得得到了这个后勤体系的支持,以及他们如何看待他们正在参与的战争:当你需要后勤体系的支持时,需求是否被满足，如直升机支援和额外的部队？物资是否充足？在两次战斗之间，你是否有时间休息？当你受伤时，你是否得到了充分的照顾？这就是参与者1能切入的面向：他是这个支持体系的一部分，负责为伤员提供照顾。

方法论笔记

需要注意备忘录中数据和研究者之间的心理对话或头脑风暴。在备忘录中，我提出了问题，进行了比较，并提出了想法。虽然与数据对话可能看起来很乏味，有时还杂乱无章，但它对分析很重要，因为它刺激了思考过程，并通过引导进一步的数据收集，即所谓的理论抽样，从而指导整个研究的进行。最重要的是，它帮助分析者进入到数据内部，并开始从内心深处感受它们。

研究者通常对研究主题充满好奇，但往往对这些主题缺乏经验。为了理解参加战争的感受或"战争体验"，分析者必须通过参与者的话语来感受这种体验。注意，这种分析似乎并不"勉强"（forced）。在处理数据时，提出问题和进行比较是很自然的。尽管分析者永远无法完全理解另一个人的体验，但与数据打交道越多，他们对其中的意义就越敏感。还有一点在于：如果我在一个更大的团队中工作，那么团队成员之间就会进行类似的讨论。作为团队的一员进行研究会很有趣。其他人的想法会激发思考，很快，每个人都会参与其中，并推动分析向前发展。由于这种互惠式的思想刺激，分析似乎进行得更快。然而，重要的是，应该指定一名"记录员"（note keeper），这样就可以在当时或之后撰写备忘录。

备忘录4

2006年6月11日

概念：定位自我：试图找到意义

原始数据

让我想想……我那时还很年轻，只有21岁，非常爱国，非常积极，认为我们完全有权利在那里做我们正在做的事情。我非常反越，就像大多数士兵对敌人的感觉一样。

备忘录

再一次，受访者对自己进行定位，试图找到他参军和去越南这一决定的意义。他列出了一些个人特征:爱国、积极,并且他认为"我们完全有权利在那里做我们正在做的事情"。他之所以"反越",是因为这就是"士兵"对敌人的"感觉"。在进行这些阐述时,他几乎像是在回顾过去,试图向自己,也向研究者解释他为什么参军。但是这种定位说明了一个非常重要的问题。要从参战者的角度来理解"战争体验",研究者只能通过参与者"回顾过去"以解释他们当时的情况才能做到。在接受访谈时,他们对自己的体验和战争的看法可能与他们当时的感受大不相同。从去越南到这次访谈,这名男性对战争有了不同的看法。在随后的访谈中,他提出了一个非常重要的观点。当你"置身其中"(living it)时,是很难评价一段体验的。一种是你"置身其中"的体验,另一种是你对其"反思"(reflect)的体验。只有回顾过去,我们才能正确看待自己的行动和体验。对过去的回顾总是建立在对现在的认识的基础之上。参与者还做了另一个假设——士兵对敌人也应该有这样的感觉。士兵的感觉应该是怎样的? 我不知道。

备忘录5

2006年6月11日

概念:战争中的矛盾

原始数据

我想,在那里的那段时间,我开始意识到我的良心受到了一些小小的刺激(little nips)——出现了一些矛盾,但我不认为我有对它们太过关注。当时发生的事情太多了,我没怎么认真思考过。我不确定这是否为某种无意识的机制,让你不去看你正在做的事情,并对其进行评价。我不知道这是因为你不想这样做,还是你选择不这样做。我也不确定。当你在做一件事的时候,对其进行评价是很困难的。

备忘录

正是在"越南战争的体验"中,我们的参与者第一次意识到"良心受到了一些小小的刺激",这导致了他对战争态度的改变。发生在他身上的事情改变了他,使他从一个进入战区的相当天真的年轻人,变成了一个意识到一切并非电影中描绘的那样的人。使他"良心受到了一些小小的刺激"的是他认为矛盾的事件,但矛盾之处在哪里? 我猜,他指的是与他所处社会的道德标准相矛盾。"矛盾"这个词的含义是什么? 他继续告诉我们,当时他并没有对"良心受到了一些小小的刺激"有过多想法,因为他当时正"置身其中",忙于照顾伤员。

备忘录6

2006年6月11日

概念:心理生存策略

备忘录

这是基于先前提供的田野笔记所撰写的另一份备忘录。当然,每个人都有处理道德矛盾的"心理策略"——"回避"就是其中一种策略。我将他的"回避"编码为"心理生存策略",因为正如受访者在稍后的访谈中告诉我们的那样,如果一个人过于纠结于他所看到或所做的事情,那么,无论是在心理还是在身体层面,都很难在战争中生存下来。他也谈到自己不去细想或"评估"。在后面的访谈中,他谈到了这次体验让他"变得麻木"(becoming hardened)。也就是说,随着时间的推移,他学会了不再进行那么深刻的感悟。持续接触某件事确实会使人变得不那么敏感,也许这就是他所说的"麻木"。现在有两种不同的心理生存策略:"回避"和"麻木"。我相信随着这项研究的进行,我还会发现更多。

备忘录7

2006年6月11日

概念:我对"战争体验"的反思

备忘录

我想跳出这次访谈,写一篇有关"战争体验"的更宽泛的备忘录。我想让大脑去思考"战争体验"的一些属性。看来,战争体验的范围可以从"没那么糟糕"(他也没有说它好)到"非常糟糕"。这种体验会"随着时间"持续下去,因此,一个人的体验可能会随着时间的推移而变化。尽管体验是"持续"的,但它通常发生在青年时期。因此,战争体验对个人的现在和未来生活都有可能产生影响。它可以迫使一个人变得负责、自立和能干,从而使其更加成熟。它也可能产生负面影响,尤其是当一个人受伤或变得痛苦、愤怒和不宽容时。大多数参战的人起初都对战争意味着什么一无所知。"战争的形象"被浪漫化,来源于口述故事和各种读物。在越南战争之前,电影倾向于美化战争英雄,而没有真正展现其恐怖的一面。参与战争,"置身其中",往往会让一个人对什么是战争有了更现实的看法。他将这段经历称为他成长过程中的"奇怪"(strange)时期,我对其仍然感到困惑。也许他指的是战争是一种超现实的体验,无论你受过多少军事

233

训练,你永远都不可能真正做好参与战争的准备。你必须"体验"它,然后才能真正感受它。这就像步入了一个即使在你最糟糕的噩梦中也永远无法想象的世界。

备忘录8

2006年6月11日

概念:战争文化及其矛盾

原始数据

很多我认为神圣不可侵犯的东西,比如人类生命的价值,我想我看到……其正在被侵犯。我在1966年到1967年参与了越南战争的"Tet攻势"(Tet Offensive)[①],当时越南北方反击并取得了重大胜利。我还记得在一个叫"Cu Chi"(音译为"古池")的村庄,越南南方的军队被打败后,那里有许多被杀死的越南南方人民,他们的尸体像柴火一样被堆放在路边。那时,我对此并没有任何情感上的波动。就像:"嘿,这就是战争!"事情就是发生了。这让我感到困惑,因为在此之前,一旦想到有人死去,我会非常慌张。在医院工作时,如果有人快要死了,你真的会为此感到担忧和难过。

备忘录

当我们读到这些话时——"很多我认为神圣不可侵犯的东西,比如人类生命的价值,我想我看到……其正在被侵犯"——我们对所谓的"战争文化"及其隐含的道德矛盾感到震惊。当一个人被迫在这种文化中生活和生存时,这个人就会发生变化。因为杀戮和死亡是如此普遍,人们开始接受把这些事情作为常态。我认为"战争文化"是贯穿这次访谈的一个重要主题。它是战争意义发展的背景,也是行动-互动发生的情境。随着分析的深入,"战争文化"可能会成为一个类属,因为研究越深入,我对"战争文化"这个概念的印象就越深刻,它肯定不同于"民间文化"(civilian culture)。那么,什么是战争文化,它与民间文化有何不同? 民间文化包括人们所处社会的价值观、传统、信仰和标准。这些价值观等要素决定了我们日常的态度和行动。什么是战争文化呢? 战争文化是由军事体系定义的。它也有自己的一套规则和规范。要在战争文化中发挥作用,必须抛开民间文化中的态度和信仰,接受新的内容。在战争文化中,射杀被指定为敌人的人是没问题的。战争的目的是在"交战规则"的范围内用任何手段

---

① "Tet攻势"是越南战争中的一次关键性军事行动,其发生在1968年的春节(Tet是越南新年的名称)。——译者注

击败敌人。在民间文化中,我们通常不会到处开枪,如果有人生病或受伤,我们会尽我们所能去救那个人。那么,要把社会"灌输"给你的价值观撇在一边,是多么困难啊。无论如何,一个人必须"调和"平民生活和战争之间的"矛盾",才能发挥作用,从而生存下去。"嘿,这就是战争!"就说明了一切,因为战争意味着死亡和毁灭。这是我们的参与者和其他人使用的"心理生存策略"之一,用于"调和"平民生活和战争之间的"矛盾"。现在我发现了另一种"心理生存策略",那就是"重新定义道德价值观以适应环境"。

备忘录9

2006年6月13日

概念:回家并继续生活

原始数据

我在那里待了一年。回想起来,那一年还不算糟糕。时间过得非常快。我因此成长了不少。嗯……我是1967年回来的。那时和平运动正在兴起。我记得我在离开西贡之后的第一站是旧金山机场。他们让我们脱下制服换上便服,因为在机场有人向从越南回来的士兵扔东西,说他们是杀人犯之类的。这让我非常生气。我认为我去那里做了一件很有意义的事,他们怎么能那样对待我们呢?

备忘录

在刚刚给出的话语中,受访者把话题从越南转向了"回家"。这一部分很吸引人,因为他在其中描述了从战场到家乡的过渡。对他来说,过渡相当顺利。他继续过他的生活,进行着他在越南时就计划好的事情。他给出的进行战后计划的原因能说明很多事情。这为他提供了依靠,可以帮助他活下去。他为我们提供了另一种生存策略:"计划未来"。

他还指出,当他回到家时,他发现了另一个矛盾。对于战争和他的参战,国内的人们并不持有与他相同的观点。想到他和其他人响应国家号召,冒着生命危险返回家园,却因此被视为"不洁"(unclean),他感到愤怒。

备忘录10

2006年6月13日

概念:日益幻灭:战争的新意义

原始数据

这些年来,我对这件事的看法已经改变了。我们当时去那里是毫无意义的。失去你的爱国主义是很难的,放弃它很难。

备忘录

这是一条简短的信息,但很重要。这能与他所说的"战争意义的改变"(evolving meaning of war)很好地联系在一起。当他参加战争时,他认为这是"正确的事情",多年后,他开始认为战争不过是"徒劳"(futile)。但从那时到现在,发生了很多事情。不仅是战争,还有社会动荡、随之而来的战争,以及艾滋病的出现。从某种意义上说,战争是变化的催化剂,它使他睁开了双眼,认清了事实。目睹人们受伤和死亡的现实播下了幻灭的种子。此后发生的事件帮助了这些种子生长。当第一次出现"道德矛盾"和"良心受到了一些小小的刺激"时,变化就开始了,并且一直持续到现在。"不断变化的自我"和"战争意义的改变"是贯穿这次访谈的重要主题。我认为部分幻灭感也与和平游行者有关,他们给回国的士兵制造麻烦,而这些士兵也因缺乏社会认可而感到愤怒。此外,人们还对政府感到愤怒,因为是政府将这些年轻人送上战场,同时又没有做出全面的承诺。我想知道在越南战争中服役的人中,这种愤怒有多普遍。人们不必去越南就能对战争或政府感到失望。我们的受访者似乎在努力寻找这段体验的意义,其中充斥着情感和矛盾。

方法论笔记

在之前的备忘录中,我本可以将受访者的感受编码为"态度的转变"(change in attitude)或"失去爱国主义"(losing patriotism),就像初学者经常做的那样。但是,分析者试图做的是深入理解所说的内容的本质——也就是说,试图了解潜在的问题,而不是关注显而易见的事情。我们还将"幻灭"这一概念与"战争的意义"这一概念联系起来,描述了这种意义是如何随着时间和地点而发生变化的,所有体验都相互影响。还要注意,一些备忘录将两个概念——如"战争体验"和"心理生存策略"——结合在一起。这些备忘录是轴向编码的示例,我们将在第14章进行进一步解释,因为它们展示了两个或更多概念之间的关系。

备忘录 11

2006 年 6 月 13 日

概念:作为成长之阶(a maturational stepping-stone)的战争:不断变化的自我

原始数据

我认为这段经历给了我做事的动力。那时候我大概 22、23 岁。具体多少岁我也不记得了,但那时候我已经制订了退伍后要做什么的计划。我回到 X 是为了在那里完成我的(军事)服役。我申请了这所大学,并拿到了护理学的学士和硕士学位。

备忘录

这位参与者指出,参加战争给了他继续接受教育的动力,让他在生活中有所作为。他在后面的访谈中提到了几个原因,说明为什么参战对他来说是一次走向成熟的体验——如不得不承担责任、做好的榜样,以及最终学会接受自己是同性恋的事实(参见附录 B 中的完整采访)。这只是"他生活中的一年"——他整体成长历程中的"一个时间点"。我不会说战争对他来说是一个重大的"转折点",但它确实是一个重要的"发展里程碑"。所以在这些数据中有另一个被描述的过程:"不断变化的自我"。对他来说,这是一个走向成熟的过程。战争是自我变化的进阶之石。

备忘录 12

2006 年 6 月 13 日

概念:沉默之墙

原始数据

我很忙。我做兼职工作,还要去上学。我实在太忙了,没有时间去想那段经历。我只是把它放到一边,继续我的生活。到目前为止,我真的可以说战争对我的生活没有任何重大的负面影响。多年来,我对战争和杀戮的感受到底发了什么改变,真的很难说清楚。很难说是什么导致了这种变化——是我变得成熟了,还是逐渐意识到所有的矛盾并感受到战争是一场徒劳。我通常都会回避那些会让我重新意识到这些事情的场合。我从未,从未看过关于越南的电影。这些电影对我来说没有一点吸引力,我不知道它们为什么对我没有吸引力。我从未试图与我在越南认识的人保持友谊。我从军队退伍。我知道我再也不想要那样的生活,所以我退伍了。

备忘录

对我们来说，关于整个越南体验的一个吸引人的方面是"沉默之墙"———一堵围绕着"战争体验"而建成的内在之墙(internal wall)，也是一堵围绕着自我内部感受和外部体验而建成的墙。退伍军人不愿意思考或谈论战争，尤其是与外人。当我试图为这项研究寻找参与者时，我就遇到了"沉默之墙"。一开始只有一个人自愿参与我的研究。另一个人响应了我们的邀请，但不愿接受访谈。他说："我都不会和我妻子谈论越南，那我为什么要跟你说?"(他指的是我，研究者)我所能得出的结论是，对许多越战退伍军人来说，这场战争是一段非常"令人不安的体验"。当士兵们回家时，他们受到的对待更把他们推到了墙后。他们甚至不喜欢在内部进行交谈，正如这次访谈中所表现的那样。这个人从未和他的伴侣或兄弟谈论过战争。这位参与者通过"保持忙碌""不与他人交谈""不阅读关于越南的书籍或观看关于越南的电影"来使得他的沉默之墙完好无损———换句话说，不做任何可能唤起"记忆"的事情。根据我在退伍军人管理医院对护士长进行研究时的经验，我知道一些退伍军人仍然会做噩梦，也有"闪回"(flashbacks)的体验，有些人求助于毒品和酒精，以抹去战争和发生过的一切。

方法论笔记

到目前为止，读者应该对开启分析的方式以及备忘录在分析过程中的作用有了一个很好的了解。在分析开始时，所有概念和任何类属或主题都被认为是暂定的，将根据进一步的数据进行核对：或添加，或丢弃，或修改。下面的备忘录是在进行了整个访谈之后撰写的，总结和综合了我当时对"战争体验"的思考。

备忘录13

2006年6月14日

概念：对整个访谈的总体印象

备忘录

经过几天的访谈和思考，我深感贯穿其中的潜在矛盾心理。从他的话语中，我仍然可以看到对战争的许多愤怒和隐藏的情感。这很难解释，但我会尽我所能。我觉得有很多事情被掩盖了———也许不是有意为之，但也被掩饰或者美化了。不是说参与者没有说出他的想法,实际上他确实说了。但这仅仅是他在谈论他对古池"像柴火一样被堆放在路边"的尸体的反应时所说的话语。一切都被解释为"这就是战争",而这样的事情属于"意料之中"。这次访谈就像电视记者报道最近的伊拉克战争一样,一切都被进行了处理。这位参与者在战地医院工作,乘坐直升机执行任务,前往战区接伤员。他一定见证了可怕的事情:士兵的四肢被撕裂,内脏暴露在外,以及成堆的尸体袋。他一定与那些因持续的恐惧和压力而发疯的士兵有过接触。他没有谈论这些。这里缺少的是情感,是真实的感受。他确实说过,在越南的体验改变了他对事物的看法,那次经历让他变得"麻木"。但战争激起的原始情感却被封闭在某个阴暗的深处。在他的故事背后,你可以感受到他的愤怒和内疚。人们对政府有怒气,因为他们将士兵带到越南,然后又没有充分支持他们,宣布他们经历了一场"战争"。对于一场徒劳的"没有解决任何问题的战争",人们感到愤怒。对和平游行者来说,这场战争是错误的,他也感到愤怒,因为他知道他的战友为人们认为是"错误"的战争献出了生命。他对自己感到愤怒和内疚,因为他相信国家,让自己被爱国主义的概念和浪漫主义的形象所欺骗。还有对敌人的内疚,他没有做到更多地同情或关心"敌人",因为他们也是人,也会受伤。他的越战纪念碑之旅很感人,发人深省。他希望那些献出生命的人能得到认可。他希望那里有乐队,有人群,也希望有人说这场战争是有价值的,但他却独自站在那里。有趣的是,他去纪念碑是为了找他朋友的兄弟的名字,看到后他就走开了,埋藏所有情感,不想再回来。正如他在后续访谈中说的,政府从未真正宣布越南战争是"战争"。这就是事后访谈如此有趣的原因。从他那里,我得到了"回顾过去的视角"。我通过他的角度看到了不同的战争。我也看到,即使过了这么多年,那堵沉默之墙也很难被穿透。

备忘录14

2006年6月14日

概念:主题/类属的总结性备忘录

备忘录

在这次访谈中,我们看到了几个主题或类属的演变。

第一个主题或类属是"战争文化"。我的意思是,战争有自己的文化,在这种文化中,发生的事情经常与"民间"规范和行为标准发生"冲突"。这些冲突让

"良心受到了一些小小的刺激",或者更好的说法是"矛盾"。除此之外,战争文化是一种超现实的文化——发生在一个如此陌生的国家。有一个"敌人",如果给他一个机会,他会杀死或俘虏你。这是一种由军事机器设定和执行的规则文化,这个机器负责打仗,每个士兵都必须服从——它告诉你去哪里、什么时候去,以及你要做什么。如果它告诉你要进入丛林与敌人作战,即使你很害怕,你也必须这样做。这是一种充斥着战斗、死亡和毁灭的文化,有时还伴随着压倒性的恐惧,需要心理和身体上的生存策略。仅仅是承担责任和维持生存,这种文化就让人们快速成熟。在这一主题或类属下,我会列出一些概念,如"敌人""冲突区""安全区""军事体系""作战人员""非作战人员""心理和身体上的生存策略"等。

这里还有一个主题或类属,目前我称之为"不断变化的自我"。我现在不太确定要如何处理这个类属,但它似乎与战争体验带来的自我变化有关。刚开始这个个体非常爱国、积极进取。这些参战的很多都是年轻人,在越南那一年或更长时间的经历中,这些人有时会变得更好,有时会变得更糟。对于我们的受访者而言,在越南的体验是一个走向成熟的过程。它帮助他认识到自己是谁,并为未来制订计划。其他士兵可能会受到非常不同的影响,这在未来的数据中还有待观察。受访者很快就意识到"在那里"的人想杀死他。我认为在这个主题下的概念包括"参战之路""自我定位""作为进阶之石的战争""战争期间的体验",以及"战后体验",如"继续生活"。

第三个主题与"战争意义的改变"有关。许多年轻人,正如我们的受访者,充满热情并带着对战争的浪漫主义想象参加了战争。最后,他们对这场战争不过是一场徒劳感到失望。"没有任何改变,没有任何成就。"在这一主题或类属下,我列出了如"志愿""和平运动""沉默之墙"等概念。我在这次访谈中发现了沉默的存在。退伍军人不想谈论他们的战争体验。他们不去观看关于战争的电影或阅读关于战争的书籍。文献中提到的造成这种沉默之墙的原因之一是体验本身的性质——战斗的残酷和敌人的坚韧,以及看到如此多伤亡时的沮丧,尤其是当伤亡的是战友时更是如此。正如艾萨克斯(Isaacs,1997)所明确指出的那样,当士兵回家时,他们所经历的牺牲和痛苦没有得到认可。他们没有像其他战争那样的乐队演奏和游行。实际上,士兵经常因战争和在那里造成的破坏而受到谴责。此外,有些士兵,如我们的受访者,觉得政府从未真正投身于这场战争。其派遣士兵去战斗,除了一些模糊的反对共产主义意识形态的原因,没有明确的目的,然后在士兵到达那里后也没有给予他们足够的支持。政府不了解敌人,低估了敌人的战斗力。

备忘录15

2006年6月14日

概念:理论抽样的问题和方向

备忘录

对这次访谈进行编码给我们留下了一系列问题,这些问题将被用于指导进一步的数据收集,或是我们所称的理论抽样。这名参与者在军队中是一名"非作战人员"。在进行完所有与这次访谈有关的分析之后,我还有一个重要的问题:从作战人员的角度来看,这场战争是什么样的?

方法论笔记

从方法论的角度来看,前面提出的问题很重要,因为它们指导着下一步的数据收集。分析从提供了"作战人员"和"非作战人员"概念的访谈开始。受访者是一名非作战人员。分析结果表明,这个人的战争体验在很多方面确实与我们预期的非常不同,因为他说在越南的体验"没那么糟糕"。用方法论的语言来说,他将这种经验"维度化"为"没那么糟糕",这引导我提出了这些问题:对于作战人员来说——一个必须与敌人作战的人——这种经历会是什么样的? 它会以相同的方式被体验和解释吗?

这就是理论抽样的由来。"战争体验"的概念是维度化的——用这位参与者的话来说,"没那么糟糕"。我的直觉告诉我,他之所以认为没那么糟糕,是因为他没有参与战斗,没有杀人。这个问题促使我从作战人员那里收集数据(理论抽样),以确定作战人员描述战争体验的方式是否与非作战人员相同。在这样做的过程中,我不仅扩展了我对战争体验的理解,而且还探讨了"作战人员""非作战人员"和"战争体验"这三个概念是如何相互关联的。

概念或编码清单

在这个时候,我已经有了许多的概念或编码,还撰写了相关的备忘录。重要的不是清单本身,而是我用备忘录来探究这些概念。这些相同的概念将在下一章中被继续发展。或者,它们可能会被组合起来或被丢弃,这具体取决于我对新数据的解读。此外,我将会撰写新的备忘录,并将更多的概念添加到清单中。

1. 定位自我:在参军时

2. 志愿入伍 vs 应征入伍 vs 逃避兵役

3. 非作战人员 vs 作战人员

4. 敌人

5. 安全区、冲突区或杀戮区

6. 军事体系

7. 战争体验和排除或减少矛盾的策略

8. 战争体验

9. 战争文化及其矛盾

10. 心理生存策略

11. 敌人与心理生存策略

12. 放下情感防备

13. 战争的道德矛盾与心理生存策略

14. 军事体系内部的矛盾

15. 常态化:另一种生存策略

16. 道德矛盾

17. 回家和继续生活

18. 美国的失败:对战争充满敌意的环境

19. 日益幻灭:战争的新意义

20. 作为成长之阶的战争:不断变化的自我

21. 沉默之墙

22. 打破沉默之墙

23. 生存

24. 寻找意义:前往战争纪念碑

方法论笔记

列出这些概念的目的是在我进入下一章时为读者提供一个回顾的基础。如果研究者正在使用计算机程序,那么这些概念或编码清单是随时可用的。但请记住,仅列出概念并不是扎根理论研究的全部内容。重要的是对这些概念进行深入思考以及在属性和维度上发展概念的过程。

要点总结

本章展示了早期的编码过程。一开始，我将数据分解为可管理的片段，通过备忘录反思这些数据，并根据我们对数据意义的解释来对数据进行概念化。为了得到解释，我进行了大量的头脑风暴，对数据提出问题，进行比较，并进行了大量的反思性思考。我试图发展了一些概念，如在参军时的"自我定位"。此外，我还描述了几个可能的主题或类属。尽管到目前为止，这些类属仍然未经验证，也没有得到充分发展。本章中几乎所有的分析都为下一次数据收集提供了方向。指导下一次数据收集的问题是："'作战人员'对'战争体验'的看法有何不同？"在下一章中，我将接着上述内容继续分析，对下一组数据的使用将建立在之前的分析基础上。然而，我们的重点将放在基于属性和维度的概念发展上，而不仅仅是放在概念的识别上。

小组思考、写作和讨论

1. 在阅读本章时，请回到"学习要点"的部分，并针对这些要点寻找我的编码示例。把这些示例带到课堂上来讨论。

2. 撰写一篇关于分析过程和从本章中学到的内容的备忘录。与小组成员讨论你的备忘录。

3. 以小组为单位，用小组成员或导师提供的数据片段、访谈记录或观察笔记进行一次数据分析。试着用不同的方法进行分析。首先，在页边空白处标注概念。接下来，不要只是加上标签，而要撰写一些备忘录，详细说明你在想到的概念层次背后进行的思考。讨论这两种编码方法有何区别。

第13章 基于属性和维度来发展概念

从研究者的角度来看,富有创意且扎实的数据分析需要机敏的提问、对答案的不懈追求、积极的观察和准确的回忆。这是一个将数据整合在一起的过程,使不可见的连接变得显而易见,并将结果与其前因相连。这是一个关于推测和验证、纠正和修改、建议和辩护的过程

(Morse & Field,1995,pp. 125-126)

关键术语

比较分析 通过对事件与事件进行比较,探索它们之间的相似和差异之处。那些在概念上与之前编码过的事件类似的事件,将会被赋予相同的概念标签,并归入同一编码类别之下。每一个被归入某一编码类别的新事件,都将丰富该编码的一般属性和维度,有助于进一步详细阐释该编码,并增加其变异性

概念饱和 从概念的属性和维度方面获得足够的数据,全面发展每个类属或主题,以解释其中的变异性

开放编码 将数据分解并描述概念,以代表原始数据的解释意义

理论抽样 基于与不断变化的故事情节相关的概念所进行的数据收集

在本章中,我们将继续探讨关于越战退伍军人的研究项目示例,并在第12章的分析基础上进行拓展。指导这一分析阶段的问题是:作战人员和非作战人员的越南战争体验有何不同? 数据收集和分析将按以下步骤进行:我将从作为作战人员的参与者2和参与者3那里收集数据,并将其与作为非作战人员的参与者1进行比较。比较将在概念层面上进行。具体而言,数据将被分解为可管理的片段,我们将仔细探究每个数据片段。如果两次新的访谈数据在概念上与第12章中分析的访谈数据类似,那么我们将使用相同的概念名称进行编码,但这次我会问这样的问题:关于这个概念还有什么其他发现? 这个问题使我能够在属性和维度上对概念进行详细阐述,以扩展我对该概念的理解。例如,如果在第二次访谈中的一个事件被编码为在参军时的"自我定位",我便想知道这位参与者在参军时是如何定位自己的。我会问,对于"在参军时的自我定位",还有什么需要了

解的。任何被注意到的差异都将被用来阐述和扩展原始概念。此外,我还会探索在之前的数据中可能没有的概念。

除了根据概念线索进行比较,我还将继续提出基于理论的问题,这些问题将引导进一步的理论抽样。研究是一个不断收集数据,随后进行分析和撰写备忘录的过程,这又引发了新问题,可以指导进一步的数据收集。在这种方法中,研究者会在分析期间根据所发现的情况一次又一次地对原始问题进行修改。这意味着,尽管原始问题在设定研究的参数方面很重要,但它并不如研究过程中出现的问题那么重要——这些问题旨在推进分析和研究。整个数据收集和分析过程将持续进行,直到研究者满意地认为他们已经获得了足够的数据,根据其属性和维度全面地描述了每一个类属或主题,还解释了其中的变化(这其实就是我们所说的概念饱和)。

在分析第一份访谈记录之前,我只有一个一般性的、非常开放的问题。这个问题就是:"在战争期间,在越南服役的人的战争体验如何?"我并不知道自己的研究方向,只是基于对第一次访谈的数据的解释来进行下一次数据收集。对第一次访谈的分析引发了我的一个问题,即作战人员和非作战人员在战争体验上到底有何差异。请注意,在对第一次访谈进行分析之后,问题变得更加具体了。我在探究"战争体验"这个主题的过程中,使用了比较分析,以对比作战人员和非作战人员之间的情况,并寻找属性和维度上的相似性和差异性。这就是理论抽样的全部内容。这是一种有意识地寻找事件和情境、进行比较并在此过程中进一步发展概念的方法。对某些研究者来说,让数据指导研究可能过于开放(open-ended)了——尤其是对于那些初学者而言。有些研究者及其团队更喜欢采用一种更为结构化的方法。当然,更为结构化的方法并不一定是错误的。然而,如果研究者可以自由地寻找在分析过程中出现的问题的答案,那么就更有可能实现概念的理论发展。扎根理论是一个学习的过程,有了动力、时间和实践,研究者就会更愿意相信自己的直觉,并追踪有趣的数据线索。

学习要点

在阅读本章时,建议读者注意以下要点:

- 沿着概念线索比较不同的访谈数据
- 通过理论抽样提出进一步发展概念的问题
- 识别暂定的类属
- 将属性和维度与概念进行关联

半结构化的访谈

本章使用的访谈与第12章的有所不同。在上一章中，我使用了一种可以被称为"非结构化访谈"的方式。参与者可以按照自己的视角讲述他的故事，只有在他停止叙事后，研究者才会针对在访谈中出现的需要进一步阐述的要点进行提问。接下来的两次访谈与此不同，可以被称为"半结构化访谈"，因为参与者回答了研究者提出的问题。这些问题源于对第一次访谈的分析，研究者允许参与者补充他们可能想要提供的任何其他数据。以这种方式进行访谈并非基于我自身的选择。

尽管我更喜欢进行面对面的非结构化访谈，但在这个时候进行这样的访谈是不可能的。不过，我确实获得了额外的访谈材料，这对推进分析非常重要。在分析了第一次访谈之后，我意识到我们必须访谈"作战人员"。不幸的是，对于越南战争中的作战人员，我并没有足够的信息，更不用说邀请他们来做访谈。我决定上网寻找越南战争的退伍军人，这样或许可以找到一些潜在的研究对象。我找到了一个越战退伍军人的聊天室，并请求寻找研究参与者，但是只有一个人回应了我的请求。

我起初感到很失望，人们并没有想要参与我的研究。事实上，一名退伍军人写道："我都不会和我妻子谈论越南，那我为什么要跟你说？"这说得很有道理！唯一同意接受访谈的对象，即参与者2，表示愿意回答有关越战体验的问题，因为他希望通过这种方式让其他人了解越南战争。事实上，他经常与各种群体谈论战争。参与者2对问题的回答虽然非常简洁，但非常坦率和有感染力。

伦理考量

此外，我想向读者保证，在通过互联网进行访谈时，我们采取了一定的措施来保障研究伦理。我使用的网站是一个封闭的平台，参与者必须主动联系我。我可以在网站上留言，但不能与任何人聊天。我最终在网站上找到了两位参与者，我告知了他们访谈的原因和数据的用途。我甚至向参与者发送了使用他们访谈材料的章节副本，以便他们可以反馈并提出任何异议。我也获得了他们签署的知情同意书，并采取措施确保保密性和匿名性（Flicker, Haans, & Skinner, 2004；Hamilton & Bowers, 2006）。

访谈资料的分析

与参与者2的访谈被分为两部分,均可在附录C中找到。我们的分析将从第一部分开始。

备忘录1

与参与者2访谈的第一部分

2006年6月20日

概念:定位自我:参战

原始数据

去越南那年我21岁。我来自北卡罗来纳州的一个普通家庭——我的父亲是一名教师、教练和体育指导,我的母亲是一名家庭主妇,我还有一个妹妹,比我小19个月。我没有结婚或订婚。我父亲是一名"二战"退伍军人,当时在意大利托雷塔(Toretta)驾驶B24轰炸机,他有50次飞行作战经验。尽管我家人支持我的选择,但他们并不一定支持越南战争。

备忘录

"定位自我"这一概念也适用于本次访谈。在这次访谈中,应研究者的直接提问,受访者提供了他的生平信息。这位受访者的"家庭背景"与参与者1非常相似。参与者2来自一个亲密且相互支持的中产阶级家庭,以此为背景走进了战场。他的父亲在"二战"期间在军队服役。现有的两位参与者都来自完整的中产阶级家庭,这一点非常有趣,因为我们经常听说,在越南服役的男性主要是少数族裔或来自低收入家庭。尽管可能有不成比例的参战男女来自少数族裔或拥有低收入背景,但显然并不是每个人都符合这一描述。这两位男性的不同之处在于,第一位参与者接受过护理培训,因此不太可能成为作战人员。他没有志愿成为一名海军陆战队员,成为一名海军陆战队员意味着你将作为"作战人员"奔赴前线。回到我分析中的"在参军时的自我"这一概念,我们已经确定了与"年龄""教育"和"家庭背景"相关的属性。从这个案例中,我们可以推断年龄的一个维度是"年轻"(25岁或以下)。家庭背景的维度包括"中产阶级""完整""爱国""有责任感"和"相互支持的家庭"。教育的维度包括"接受过一定程度的大学教育"。

方法论笔记:计算机分析

在分析过程中,研究者的脑海中会涌现出许多不同的想法。计算机可以帮助建立概念清单和撰写备忘录日志。在第11章中,我解释了计算机程序如何使分析者能够切换概念、检索备忘录,以及便捷访问已完成的内容。从这个意义上讲,计算机是很好的分析工具,可以与本书介绍的其他分析工具结合使用。但是,计算机还是无法推动研究所需进行的思考。如前所述,只有人才能做到这一点。这就是为什么人这一因素在质性研究中如此重要。计算机程序当然很实用,但分析者也不应被误导,认为这些数据分析程序能将他们从分析中解放出来。回想上一章,我们的分析重点是"战争体验"的概念。我假设,如果一个人是"作战人员"而不是"非作战人员",那么"体验"可能会截然不同。因此,我决定从一名作战人员那里收集数据。这个想法是为了验证我的直觉,即他们描述体验的方式可能会有明显不同。

从比较的角度来看,有趣的是,我们的两位参与者在参军时的身份和家庭背景方面有很多共同点。因此,后续的差异可能与他们抵达越南后的经历有关,尽管这还需要进一步验证。在检查数据时仍然存在的问题是,需要确定是什么因素使得两者的体验有所不同,这是否与其中一人是战斗者而另一人是非战斗者有关,还是有其他重要的因素造成了这种差异。当我继续推进这一章时,读者会注意到,在我进行分析时,我经常使用我们或我们的(we、us或者our)这些代词。这些词语是指读者以及研究者,因为我正在带领读者进行一次分析之旅。

读者并不需要阅读第12章至第16章的全部内容。我为那些对观察分析过程的展开感兴趣的人提供了大量的细节。但其他人也可以快速浏览这些备忘录,仅关注他们感兴趣的部分。

注意:前一章的分析重点关注开放编码,即概念的识别和探索。本章在此基础上进一步详细阐述了概念,同时也识别了新的概念。

备忘录2

2006年6月20日

概念:成为"志愿军"(volunteer)

原始数据

我在1964年志愿入伍,就像所有的海军陆战队员一样。在越南服役期间,我并没有和那些应征入伍的人一起在越南服役。

备忘录

同样地，这名受访者也是一名"志愿军"。他在一支全是志愿军的海军陆战队中服役，海军陆战队内部认为这是一支"精英"队伍和"训练有素"的部队。这与参与者 1 形成了鲜明的对比，后者自称为"六周（军队）奇迹"（six-week［army］wonder）。这名受访者提供了他加入海军陆战队的年份：1964 年。从战争的角度来看，这一点非常重要，因为在他志愿入伍的时候，唯一被派往越南的美国军事人员是以顾问的身份前往的。他们的任务是培训和支持越南南方军队。这告诉我们，这名受访者并不是特意为了去越南而加入海军陆战队的，他最终去了越南纯粹是巧合。他说，并不是"事业"本身吸引他加入海军陆战队，而是海军陆战队所代表的意义，即保卫我们的国家和捍卫宪法保障下的权利。这与我们的第一名受访者形成了一些对比。参与者 1 志愿加入陆军护士团，在应征入伍之前便加入了军队。当时，美国加大了对越南的干预，他知道自己很可能会被派往越南。他并不介意，因为"那时"他认为国家"完全有权利在那里"并且这是"正确的事情"。如果参与者 1 不认为他会被征召，他可能也不会志愿参军。另一方面，参与者 2 去越南是因为他已经是一名海军陆战队员，而恰好战争正在升级。两人的"参战之路"是不同的，但他们都最终到达了同一个地方：越南。

备忘录3

2006 年 6 月 20 日

概念：作为一名作战人员

原始数据

我是一名海军陆战队步兵，还取得了 3.5 口径火箭发射器的使用资格。

备忘录

现在，我们进入问题的核心。这位参与者是一名"作战人员"。实际上，他也是这样定位自己的。他是一名前线士兵，与"敌人"作战，这与我们的第一位参与者形成了对比，因为只有当敌人碰巧受伤时，后者才可能接触到敌人。追踪这些数据，并关注他"作为一名作战人员"的经历如何形塑我们对战争体验的理解，是很有趣的。

备忘录4

2006年6月20日

概念:敌人、战争体验与战争文化:概念关联备忘录

原始数据

越共是一支训练有素、纪律严明的军队,他们通过各种强力手段在当地村庄站稳了脚跟。

备忘录

根据这段引文和我们到目前为止的分析,我们可以假设"战争体验"在一定程度上是由所对抗的"敌人"来定义的。这位参与者对敌人的定义是"训练有素"和"纪律严明"(这些是他所描述的"敌人"概念的属性)。他甚至对纪律和训练进行了限定,称敌人"训练有素"。他向我们提供了更多关于"敌人"的信息。他说,这些敌人经常通过"强力手段"来"控制村庄和村民"。因此,这里的部分"战争文化"是普通人被"卷入战争",为"敌人"提供庇护和支持,尽管通常这与他们的意愿相悖。这使得美国士兵难以定义谁是"敌人",因为每个市民(无论男女老少)都是潜在的"敌人"。因此,作战人员不仅要与"训练有素"的敌人相对抗,还必须应对村民,因为他们认为村民也对自己的安全构成了威胁。

方法论笔记

请注意在上述备忘录中几个概念之间的关联:将"战争体验"与"敌人"和"战争文化"联系在一起。尽管这只是第二次访谈,但关联已经开始形成。这些关联仅是暂定的,我们将根据后续收集到的数据对这些概念之间的关系进行核对。

备忘录5

2006年6月20日

概念:战争体验、军事体系以及战争文化(三个相关联的概念)

原始数据

像我这样的海军陆战队员接受过大量服从命令的训练,不会问为什么,也不会过问当时的政治局势。我能够并且会毫不犹豫地杀人,因为那是我的工

作,我受过这样的训练。当看到自己的朋友受伤和被杀,我们很快就能适应这种情况。随着时间的推移,你要活着,那杀戮就变成了一种习惯和自卫手段。海军陆战队员为了其他的陆战队员和部队而战,而不一定是为了事业。

备忘录

这里我应该注意,他告诉我们,那些海军陆战队的"作战人员""接受过大量训练",并被要求服从命令,这至少向我们描述了这群作战人员是"谁",以及他们的工作是"什么"。"战争文化"是一种"杀戮"文化,是这名参与者的"工作"。我想这确实定义了"作战人员"和"非作战人员"的区别。与非作战人员相比,他们不仅会实际接触"敌人",还接受了"杀死"这些"敌人"的训练。杀人或被杀的概念在"作战人员"的日常"体验"中占据了很大一部分。杀人变成了理所当然的事情,这对他们任何人来说都习以为常。作为一名士兵,你可能不喜欢杀戮,但正如这位参与者所说,你会为了"生存"去做必须做的事情。我对这位参与者对他战友受伤和牺牲的反应很感兴趣。人真的能够"适应"死亡吗? 或者说"适应"那些"阻碍",是一种为了生存所必需的"心理生存策略"? 这位参与者提出的另一个观点是,他并没有为"事业"而战。在你进入战场的时候,"事业"过于抽象、过于遥远了。"在战斗中,士兵是为了他们自己和战友的生命而战。"就是这么简单。

备忘录6

2006年6月20日

概念:卷入战争(新概念)

原始数据

当我在服役时,我总是能得到各方面的支持。我们中有一些人并不想待在那里,但如果可以选择的话,没有人愿意处于生死攸关的战斗状态。

备忘录

正如他所说的,很少有人愿意去打仗,没有人愿意被射杀或射杀别人。问题是,年轻人会出于各种原因参军——有些出于意识形态,有些是为了冒险,有些是为了获得技能或接受培训,还有些可能仅仅是为了远离家庭。当踏上这段旅程时,他们并不知道参与战争意味着什么。当战争的现实打击到来时,对于一个过着中产阶级生活(人们相处友好)的年轻人来说,这一定很令人震撼。

备忘录7

2006年6月20日

概念:背负重担(新概念)

原始数据

每一个参战的退伍军人,甚至一些没有参战的人,都会受到杀戮、重伤以及失去亲友的影响,而且这种影响可能会笼罩他们一生。有些人比其他人更容易背负这些重担,至少从表面上看是这样。

备忘录

在这里,我们的受访者很清楚地为我们描述了这一点。杀戮和死伤给退伍军人带来了终身的重担。"背负重担"是一个见实编码。那些参加了越南战争的人最终都因战争"背负重担",这与那些延期服役或前往加拿大逃避兵役的年轻人形成了鲜明的对比。他们为了生存而战斗,而他们很多待在国内的朋友却没有经历过这些,并且,很多人至今仍然因为输掉了战争而身负"重担"。有趣的是,有些退伍士兵已经能够与战争体验和他们所遭受的众多损失和解。也许这是因为他们在过去和现在都拥有更丰富的"心理生存策略",或者是因为他们已经能够谈论它,并在谈论中卸下一些重担。我想标记这个概念——"背负",因为对我来说,它解释了一些退伍军人残留的怒火和"沉默之墙"。

备忘录8

2006年6月20日

概念:背负重担与战争意义(关联备忘录)

我对这个人至今仍然背负着"战争重担"所震撼。与这种重担相伴的是"未化解的愤怒"(unresolved anger)。我将"背负重担"加入不断发展的重要概念清单中。我还意识到我在进一步发展另外一些概念,如"战争意义"这一概念。对这个人来说,越南战争被视为"不光彩的和平"。这与他入伍时对国家和战争的态度形成了鲜明的对比,这也向我们表明,战争的意义是在不断变化的。在他看来,荣誉来自赢得战争,而不是退出战争。在他看来,因为接受谈判达成的协议,美国背叛了约5.8万名牺牲者和约30万名伤员。

日志记录

作为一名研究者,我发现处理这些材料非常困难。我能感受到这些人的痛苦。我知道,只有那些以特定身份参与过战争的人才能够理解这种体验。在传达这些文字所包含的情感深度方面,我觉得自己还非常不足。我知道,作为一名研究者,我对那些信任我并分享他们故事的人有着非常重大的责任,我要准确、公正地呈现那些故事。我在这项研究中试图捕捉的是他们所讲述的故事。为了真正展现他们体验的复杂性,必须将体验放在当时所发生的一切事情的背景下,包括和平游行。

方法论笔记

基于对参与者2的陈述的分析,我提出了更多问题来引导进一步的理论抽样。我想要更多地了解"战争体验""战争文化"和"未化解的愤怒"。为了做到这一点,我需要收集更多的数据,深入挖掘成为"作战人员"意味着什么。

备忘录9

与参与者2访谈的第二部分

2006年6月10日

概念:战争的心理创伤与沉默之墙(关联两个概念)

研究者向参与者2提出的问题:在第一次访谈中,顺便一提,第一次访谈是与我的一位好朋友进行的,浮现了几个主题,我想知道你是否可以对它们做出回应。我也想知道你是否可以对以下的观点进行一些补充。一个是关于"战争文化"的问题,以及战争文化如何与规范行为发生冲突。由于这种冲突,我的朋友有时对自己所看到的和所做的事情感到"良心不安"。但唯一能生存下来的方法就是抛开这些想法,把敌人视为"仇敌"——一个如果有机会就会杀掉你的人,只能将他们称为"gook",与他们保持距离,并对他们闭口不谈。事实上,直到这次访谈前,他从未在战争期间或战争结束后与任何人谈论过战争。回家后,他完全融入大学校园,避开了校园里的所有反战活动和讨论。这些事情也在战时或战后困扰过你吗?你是如何处理的?

原始数据:参与者的回答

那段经历每天都在困扰着我。我没有一天不想那个时期的某些事情。直到20世纪90年代末,我都从未向任何人提起或谈论过关于越南的事情,包括与我结婚已经37年的妻子。

备忘录

这些话语非常有力度。这位参与者非常明确地表示，一个人在战争中杀人或看着战友被杀，然后从那样的经历中毫发无伤地走出来是不可能的。总有情感上的痛苦、悔恨、遗憾和可怕的记忆与之相伴。在日常生活中，一种应对方式是将那些记忆深埋在"自我"深处，并避免任何可能引发痛苦的事情，就如参与者1所描述的那样，建立一堵"沉默之墙"。但我也在想，不谈论越南经历的部分原因是否是担心其他人不会理解，因此会对你的行为做出评判。你如何解释你所经历的一切，困扰你的种种幻象，那些你不得不做的事情，以及午夜梦回的恐惧？这种经历持续了这么多年——而且无法释怀——确实说明了这种体验的深度和其持久的影响。这种痛苦几乎使人麻痹，即使与最亲密的人提起都很困难。

备忘录10

2006年6月20日

概念：生存：运气问题？

研究者的问题：我想说的是，你说你将战争看作一种生存体验，但让你能够生存下来的策略是什么？

原始数据：参与者的回答

在战争中幸存纯粹是运气问题。你只是恰好没有在错误的时间出现在错误的地方。那只是运气。即使你小心谨慎、胆小怕事，或者带着装备躲在后方，也是无法在战争中幸存下来的。我认识一些人在整个战争中甚至都没有被划伤，而我也认识其他人在那里待了不到30天，就几乎被炸成两半。

备忘录

我们的受访者在这里谈论的是"物理生存"（physical survival），他将其描述为"运气问题"。这场战争的伤亡率很高，正因为敌人"纪律严明""训练有素"，有一些甚至被描述为"狡猾"。实际上，正如穆尔和加洛韦（Moore & Galloway, 1992, p. 49）所说的那样："我从那次访问中得到一个教训：低估这些顽固敌人的代价就是死亡。"根据我对资料的阅读，敌人经常藏在村庄里，沿着他们知道的海军陆战队员会经过的路径放置地雷和陷阱。尽管村民经常沿着这些相同的路径走，但他们不会受伤，这表明他们可能知道地雷的位置（Anderson, 1981）。当士兵受伤时，敌人会利用他作为诱饵，因为他们知道海军陆战队员永远不会将任何一名战友——无论死亡还是受伤——抛在身后（Waugh，2004）。敌人的狙击手会藏在树上，由于树叶茂盛，很难看到他们——因此他们会使用"橙剂"（Agent Orange）来毁灭林区。如果你看不到敌人或陷阱，那么你的"生存就会受到威胁"，你必须通过使用凝固汽油弹焚烧或投放橙剂来清除树叶。从军事角度来看是有道理的。不幸的是，这些军事策略给那些"卷入战争"的无辜村民带来了严重后果。

备忘录11

2006年6月20日

概念：关于心理生存策略的更多内容

研究者的问题：你是如何应对身边发生的死亡的？

原始数据：参与者的回答

在战争中，死亡和伤残无处不在，你会逐渐接受并习惯。你会努力在心理上将自己从所有的屠杀中抽离出来，让自己进入另一个空间和时间。你的心会长久地置身于家中温暖、干燥、干净、安全的床上，与家人和爱人在一起。在我看来，海军陆战队员受到的训练比其他一些军种更能应对这种屠杀——并不是说他们是更出色的士兵，只是受训更好，彼此之间的联系也更紧密。

备忘录

死亡、毁灭和伤残"构成了战争文化"。如果要"在战争中生存"，就必须接受这些"现实"，并妥协于杀戮和死亡。有趣的是，这位参与者告诉我们的，与参与者1所说的非常相似。我们的第一位参与者表示，"构想未来的计划"和"在心理上将自己从场景抽离出来"这些策略可以帮助他继续生存。他幻想着自己退伍后会做什么。这位参与者也在心中想象自己回到家中，回到那温暖安全的床上，回到家人的身边。我想，"想象未来"和思念家园不仅能帮助你在心理上逃避，还可以为你注入"钢铁般的意志"，让你在面临伤亡和种种困难时仍能继续前行。我将这种心理生存策略编码为"心灵的逃避"（mental escaping），但这个标签很难公正地描述策略的复杂性或深度。这句话告诉我，无论是作战人员还是非作战人员，都必须使用心理生存策略来支撑自己继续前行。

备忘录12

2006年6月20日

概念:心理策略:心理上的自我抽离

研究者的问题:你是如何做到不去想这些的?

原始数据:参与者的回答

我能够在心理上将自己从屠杀中抽离出来。我总觉得如果老想着这件事,让它消耗我,我就会成为下一个被击中的人。

备忘录

这段简短的引文说明了一切,验证了之前关于心理策略作用的假设。人必须在心理上将自己从正在发生的事情中抽离出来。过分关注当下会严重影响一个人在"战争体验"中的身体和心理生存能力。

备忘录13

2006年6月20日

概念:缠绕心头的幽灵

研究者的问题:你是否与敌人有过任何接触……那是怎样的体验?

原始数据:参与者的回答

与我接触的敌人要么死了,要么也快死了。我目睹几个人断了最后一口气,我今天回想起来依然历历在目。我们与越南南方军队(越南共和国军队)有过密切的接触,在当时的情况下,我确信越共是敌军。对于普通人来说,越南的敌友之间没有区别。他们有着不同的文化和宗教背景,但都是人。我从未将朋友或敌人视为非人或坏人。

备忘录

这些话语非常有力,多年后他仍然能够在脑海中看到那些已死或将死的敌人,也能回忆起朋友的死亡。这些都是永远"缠绕心头的幽灵"。当受伤或死亡时,朋友和敌人都是一样的。他们会流血、感到疼痛、遭受折磨,并害怕死亡。许多越南人在这场战争中也牺牲或受伤了——这是一个需要记住的重要事实。

备忘录14

2006年6月20日

概念:战后:未化解的愤怒、抑郁和沉默之墙(关联多个概念)

研究者的问题:跟当时相比,现在又如何呢?(Then and now?)

原始数据:参与者的回答

从当时到现在,我和朋友、家人和爱人在一起时,完全不会想这件事。我完全戒酒,因为酒精会引发强烈的愤怒和抑郁情绪。如果不是我新兵训练营的好友在40年后找到我,所有的记忆因而复苏,我今天可能都还不会谈论这个话题。与一同服役的兄弟交谈很简单,但与公众交谈就没那么容易了。这个人是我战斗小组的机枪手,现在我们经常见面,我们可以相互倾诉,这种感觉就像吸食毒品一样。我很幸运,我的生命中有一个女人,她从不触碰这个话题,也不询问这些问题,每当我做噩梦时,她都会静静地拥抱我,并给予我坚定的支持。

备忘录

在与他人谈论越南的问题上,不仅存在着"沉默之墙",还有"在内心深处筑起的一堵墙"(a wall put up within the self),以封闭有关越南的记忆和感情。酒精会削弱这些防御,让愤怒和抑郁情绪涌入。其他退伍军人也会借助酒精来抹去这些记忆。这再次回到了"治愈"这一问题上。参与者2告诉了我们有关这种潜在愤怒的问题。虽然参与者1没有直接表达出来,但我感到他也有许多未解决的问题,虽然肯定不像参与者2那样严重。我猜想这种差异与是否直接参与"战斗"有关。从概念上看,两位参与者之间存在相似之处,因为他们都掩藏了对越南的记忆,并且同样地,二者的"良心受到了一些小小的刺激",他们至今仍深受影响,这不仅是"重担",也是"缠绕心头的幽灵"。

参与者1拥有一些美好的记忆,但也夹杂着一些不太好的回忆。参与者2似乎没有任何美好的回忆。我想知道是什么使得战斗本身会产生如此强烈的情感。由于我没有参加过战争,我只能猜测。但我确实感到震惊,即使是在我阅读的由越战退伍军人撰写的回忆录中,他们都对敌人有很大的怒气。看到你的战友死亡和残伤就会产生愤怒,并伴随着强烈的复仇欲望(Waugh,2004)。实际上,伯德(Bird,1981,p.43)曾说:"战斗中的伤亡真的让我们受到了很大的打击,使我们心灵受创。"

这里表达的愤怒似乎还指向了和平示威者,许多退伍军人认为这些示威者使美国政府接受了这种"不光彩的和平"(Sar Desai,2005)。令人惊奇的是,多年过去了,这些回忆仍然如此鲜活,如噩梦般真实。战后,普通人继续过着他们的生活,但对退伍军人来说,他们的生活似乎永远都会受到影响。好在这个人通过与他的海军"兄弟"交谈获得了一些缓解,而且他有一名爱他和支持他的妻子——这两个条件都是在"回家"后处理缠绕心头的不好回忆的方式。

备忘录15

2006年6月20日

概念:建起沉默之墙

原始数据:参与者的回答

科宾女士,我们的访谈已经接近尾声了,如果你还不知道的话我只想提醒你,向有些越南退伍军人提出这些问题会引发攻击性的回应,有时甚至会被口头攻击,这也包括经常浏览我的网站的那些人。实际上,我会说大多数人都是这样的。我做出了这样的选择,即从不编辑留言板,大家都知道这一点。我们为言论自由以及所有其他在役的士兵献出了生命,我又怎能审查自由言论呢?多年来,我一直试图为像你这样的老师和学生提供基本的帮助,让那些没有参与的人能够了解大多数士兵的观点,特别是退伍军人的观点。这是我们做出的试图让他们理解退伍军人的微弱努力。如果有些人叫你走开,不要太在意。

备忘录

这位参与者告诉我最好不要打破"沉默之墙"。这些退伍军人感受到的伤痛一定是深刻且深远的。谈论这段经历会唤起以往的记忆,引发未化解的愤怒。但我仍然不清楚的是,为什么他们在战后如此长的时间里还有如此多的愤怒。这似乎是一种不具体的和弥散的愤怒,没有针对具体的人或事。为什么有这么可怕的回忆,而且为什么士兵不能放下这些回忆和愤怒呢?战争到底是怎么回事?这个问题需要进一步研究,这也是理论抽样的重要性所在。我认为退伍军人有权不谈论战争。毕竟,他们为此付出了代价。

备忘录16

2006年6月20日

概念:治愈:总结性备忘录

这次访谈记录的这一部分内容让我认识到战争的余波对退伍军人来说挥之不去,这些退伍军人的创伤也几乎没有得到治愈。看来,"战争幽灵"(ghosts of war)始终缠绕着在战争中服役的人,或许还有那些对战争提供支持的人。这些"幽灵"肯定不仅仅是已故之人的魂魄,还肯定包括那些战斗、喧闹、恐惧和混乱的记忆。尽管许多退伍军人过着平凡的生活,但在一些人内心深处,似乎存在着一座火山,一旦被惊扰,就会剧烈爆发。奥谢(O'Shea,2003)将其称为"内心的野兽"(beast within),这只野兽已经剥夺了他们大部分的生活。

方法论笔记

值得注意的是,随着每次访谈的进行,我们关于"战争体验"的知识和理解都在逐渐增加。在对参与者2的访谈内容进行编码时,我提出了一些新的概念,如"缠绕心头的幽灵"和"背负重担"。同时,分析也会引发进一步的问题,而这些问题又会引导进一步的数据收集和分析。这就是为什么我坚信数据收集和数据分析要交替进行。研究者不可能在研究开始时就知道所有要问受访者的问题。只有通过与数据互动,相关的问题才会浮现出来。如果提前收集了所有数据,就没有机会进一步向参与者提出这些问题,也没有机会验证或放弃关于概念之间可能关系的假设。

虽然进行理论抽样的想法听起来可能有些复杂,但实际上并非如此,它遵循的是分析的逻辑。例如,我对"残留的愤怒"(residual anger)这个概念印象深刻,我也想了解更多关于它的信息。我能够收集更多信息(进行理论抽样),并与下一名参与者(即我们所称的参与者3)进行更多关于愤怒的讨论。

参与者3

在结束了与参与者2的访谈后,我收到了来自同一网站的一名海军陆战队员的邮件,他说他愿意和我进行访谈。他并没有在越南服役,但他曾在波斯尼亚和格林纳达服役。我向他提问:"为什么你们心中还有残留的愤怒?"

备忘录1

2006年6月21日

概念:残留的愤怒与回家

原始数据:参与者的回答

愤怒来自几个方面。它从新兵训练营时期就萌生了。他们训练你去保护、去防守,如果必要的话,还要去杀人。

他们会让你感到沮丧、恐吓你、激怒你,因为任何理智的人都不会让你做他们所做的那些事情。然后,如果你真的参与了战争并亲身体验,你的愤怒就会像原子一样分裂,产生热量。愤怒是不稳定的。你被派遣到某个地方去捍卫你们的生活,保护你们的国家、妇女和儿童,还有国家神圣不可侵犯的权利。你会生气,因为你不明白为什么[敌人]会因为你是美国人而恨你。这种情绪会一直累积,因为你从小被告知的一切都需要你去保护,你害怕这些会被夺走,这又加剧了愤怒。你完成了你的任务,获胜了,回家了,每个人都得到了保护。当我在保护你的时候,你就能睡个好觉。

现在你开始觉得这都是徒劳,你的战友白白死去,而你又为了什么而受伤?愤怒更多了。你就像一颗原子弹,其中的原子正在分裂。这是一个持续性的反应。再往这种已经很易爆的混合物中加入酒精,你就来到了地狱。你不明白。你做得对,你是一名海军陆战队员,要保卫美国。你做了你应该做的事情。为什么生活会如此痛苦? 为什么我不再想要待在这里? 你无法理清这一切。没有任何逻辑思维模式能帮你理解这一切。现在再加上荷尔蒙、多巴胺、肾上腺素,因为你一直处于兴奋和恐惧的状态,你大脑中为维持情绪稳定而流动的激素都被搞乱了。即使你现在想要处理这些,也无法做到。

这种愤怒实际上是一系列的事件,然后它会在大脑中产生化学反应,再往里面加点儿杰克·丹尼威士忌,除非其中一个环节被打破,否则这种愤怒不会消失。这就是为什么要花上好几年才能真正"回家"。

我希望这能回答你的问题。用这些信息去帮助更多人,让他们能够"回家"。如果把我们这些人都带回了家,你就帮助了我。

备忘录

这些数据是"心理负担沉重"的材料。这位参与者所提出的理由具有多大的代表性? 我不知道。但我确定这位参与者所描述的适用于其他使用网站的人,因为这些人确实通过交谈分享了许多信息。在他的清单中,我们将增加"失落感"(sense of loss),这是看到战友被杀或受伤而产生的感觉。我想知道有多少越战退伍军人被诊断出患有创伤后应激障碍。这是我必须跟进的另一个概念。根据我在海湾地区的退伍军人医院进行研究时的经验,许多正在接受治疗的退伍军人都有毒品和酒精方面的问题。我喜欢这位退伍军人描述愤怒的方式,这是一个从新兵训练营开始并随着战争经历不断发展的过程。许多年轻士兵都在新兵训练营待过,但并不是所有人在结束训练后都会如此愤怒。我的猜测是,愤怒的一个主要条件是战争体验中的巨大压力。再加上,当战士回家时,整个社会对年轻士兵在战争中所经历的一切显然漠不关心。我不会说大众不在乎,他们只是沉浸在自己的生活中。我也真的很喜欢来自他的"见实编码"——"回家"。虽然实现了"身体上的回家",但同样重要的还有"心理上的回家",即"重新适应普通生活",这个过程需要时间。我不认为退伍军人真的希望有乐队为他们演奏,他们只是希望自己的经历可以得到一些理解和尊重。

然而,"回家"似乎是问题出现的时间点。当他们处于战斗之中时,他们太忙了,没有时间去思考周围发生的事情。思考更多的是关于未来的梦想,以及他们回去后会做什么。但当他们回家时,战争体验又会以闪回和其他不好的记忆(幽灵)的形式来困扰他们。

备忘录2

2006年6月20日

概念:总结性备忘录——回家

我喜欢"回家"这个概念,并认为它应该成为一个类属,它标志着回归普通生活的过渡。当退伍军人回到家乡时,许多人"背负着沉重的负担",这表现为闪回、不好的记忆和愤怒。有些退伍军人能够在再次过上令人满意的生活时放下这些重担,而其他一些人似乎至今仍然背负着越战的重担。我将"回家"视为一个过程,其速度和程度各不相同,这取决于具体个体(无论其是否为作战人员,也不论其战争体验如何):很可能取决于其成熟程度与"心理构成"(psychological makeup)[①]。这不仅是身体上的回归,还涉及在心理上"放下""战争的重担",如果可能的话,还需要一劳永逸地"埋葬"那些纠缠着他们的"幽灵"。尽管愤怒始于新兵训练营,但单靠新兵训练营并不足以产生那种程度的愤怒。许多人在新兵训练营待过,但并不是所有完成了新兵训练的人都会有那种愤怒。新兵训练营必须与"战争体验"融合并联系在一起。"治愈"的程度和放下不好的记忆和愤怒的程度,可能与一个人在家中的支持体系有关(此为研究者的假设,需要根据新收集到的数据进行验证)。

---

①心理构成是指一个人在心理特征、性格、态度、信仰等方面的组成部分。——译者注

方法论笔记

在"回家"和"放下"这两个概念上,需要进行更多的理论抽样。然后我问了参与者3这个问题:"为什么有些退伍军人如此难以在心理上'放下'愤怒并'回家'?"以下是他的回答。

备忘录3

2006年6月20日

概念:残留的愤怒与恐怖烙印

原始数据:参与者的回答

我发现的真实情况是,退伍军人会经历一个悲伤(grieving)的过程——否认、讨价还价、愤怒和接受。在"恐怖烙印"之后,影像会被嵌入士兵的记忆中。这个影像经常被反复播放,直到士兵锻炼出应对的技巧,这种影响才会减少。愤怒是主要的情感,因为一切在这里都停滞不前——对失去生命、失去纯真、失去"快乐岁月"、失去权力、失去任何事物的愤怒。服役的平均年龄是18岁到25岁。你记得那些年你做了什么吗?为什么你会记得呢?大学、春假、朋友、熬夜等——对于退伍军人来说,这些都是和战争形成鲜明对比的美好回忆。秘诀在于让退伍军人们使用他们自己都不知道的应对技巧,因为他们从未被教导如何使用这些技能——如你在大学里经常听到的"批判性思维"一样。在情感上,除非退伍军人使用这些应对技巧,否则他们在情感或认知年龄上都无法进步。他们被困在思维、荷尔蒙失衡等问题中。有些人不仅需要心理咨询,还需要药物帮助维持心理平衡。我学会了如何依靠药物、咨询、其他退伍军人的支持网络以及我妻子的支持等以应对。这就是为什么我最终回到大学,追求我想要的东西,即使是在正常做这些事情的年龄的15年之后。后悔则是另一个障碍。你有没有做过什么感到后悔的事情,因为你觉得那并不是真正的你想做的?因此,后悔在情感上变成困惑,反过来又引发愤怒。这是一个不停循环的闭环,直到你打破它为止。

备忘录

虽然参与者3只是其中一个样本,但他的话确实为我提供了很多关于为何愤怒会持续很长时间的洞见。首先是"恐怖烙印",这是"战争体验"的属性。然后,不仅仅是那些可怕的经历被铭刻在你的脑海里,还存在一个事实:当你身处战争的时候,普通人的日常生活仍然在进行。虽然当年轻男性(或女性)身处战争中时,他们会无暇思考这些内容。但当他们回到家乡时,就会有一种"失去时间"和"失去某些经历"的感觉,这些都是他们永远无法弥补的。此外,还有可怕的回忆、噩梦、荷尔蒙失衡(在战斗中注射了大剂量的肾上腺素和其他激素)以及对普通人冷漠的感知——这一切都将继续助长愤怒。此外,还有"年轻"(youth)。年轻通常意味着身体健壮,但不一定意味着在心理上也强壮。除非通过学习新的"应对技巧"和干预来打破"愤怒的循环",否则愤怒很可能会持续存在。

备忘录4

2006年6月20日

概念:概念的总结性备忘录

在这一章中,我没有像一些研究者那样列出概念或编码的清单,而是将这些概念放到备忘录中,将其作为持续分析的一部分。这种整合过程并不是简单地保留一份编码清单,而在于推动分析的持续进行,其同时也是一种追踪概念的方式。

对这两次访谈分析得出的结论如下。第一,在理解战争是什么以及识别其属性和维度方面,"作战人员"这个概念得到了更多的发展(参见本备忘录中的概念)。这两位受访者向我透露了很多信息,使我的分析进一步深入,并增加了新的概念(关于参与者3,读者可以前往附录D阅读完整的访谈记录)。作战人员,特别是海军陆战队员,都是训练有素、纪律严明的士兵。他们的任务是"与敌人交战"、"杀死"敌人,或"被敌人杀死"。在"战斗"期间,他们不是为了某种"事业",而是为了"生存"——他们自己的生存以及战友的生存,后者是他们在战场上唯一能够信任的人。可以说,作战人员的整个焦点都在于"生存",他们制订了许多"心理和生理策略"来帮助他们做到这一点。第二,真正的"战斗"经历确实可以"改变作战人员的自我",并以"缠绕心头的幽灵"这种形式给他们带来了"重担"——这是他们在余生中都要"背负"的"重担"。

尽管作战人员接受了"杀戮训练",但杀戮实际上与人们在成长过程中学到的所有"社会规范"背道而驰,这不仅使一个人的"良心受到了一些小小的刺激",而且还会引发大量的"愤怒",因为他们被迫采取这种行动。第三,当从"日常生活"转向"战区"时,必须在生理、心理上和道德上进行"重大调整","回家"时也必须进行另一种调整。但出于越战退伍军人回家时缠绕在心头的"幽灵"

和始终存在的"良心不安",这种"调整"并不容易。普通人并不完全了解作战人员经历了什么。人们将公民对战争和道德的观点强加给了归来的退伍军人,将这场战争称为"非正义之战",仿佛退伍军人在某种程度上对发动和维持这场战争负有责任,从而加剧了退伍军人的良心负担,引入了新的"心魔"。然后还有"不光彩的和平"这一观念,退伍军人认为这并没有考虑到在战争中牺牲和受伤的士兵在心理和生理上的损失。在新兵训练营中萌生的"愤怒"在战斗中得到了加强,并在"回家"后得到了进一步强化,因为退伍军人开始将自己与那些一直过着普通生活、享受繁荣发展的普通公众进行比较。

通过这些分析,我们可以看出,"作战人员"这一概念得到了很大的发展。我对"愤怒"以及"回家"后愤怒持续存在的情况已经有了相当多的了解,但在这项研究中仍存在一个巨大的空白。在战斗中到底发生了什么让作战人员如此愤怒? 作战人员在战斗中的感受如何? 为了回答这些问题,我需要探究更多关于"战斗"的数据。

方法论笔记

在确定了作为作战人员和作为非作战人员在战争体验的很多方面都存在很大的差异之后,我现在想要更深入地了解"战斗"(combat)期间发生了什么。根据我的阅读,我意识到"战斗"可以是很多事情,从面对面地与敌人交战,到作为飞行员执行轰炸任务以及遭到地面射击等情况。我将"战斗"主要描述为在某种程度上与"敌人"交战,在造成伤害的同时保证自身安全。为了继续推进我的分析,我需要更多的数据。我可以尝试通过互联网联系更多的退伍军人,或者在朋友圈子传播消息,但目前我没有时间。和许多研究者一样,我需要按时完成这本书,所以我的时间非常有限。

进行理论抽样并扩展对"战斗"这一概念的理解

我需要更多数据,但不确定在哪里可以找到,于是我转向了越南退伍军人所撰写的回忆录。当我发现这些回忆录时,我觉得我找到了一个信息宝库。我意识到撰写回忆录的退伍军人可能既善于表达又富有反思性。他们的故事可能并不能代表所有退伍军人的经历,但写作者往往富有洞察力,他们的写作也许对我的研究会非常有帮助。我认为很多写回忆录的退伍军人不仅是为了向其他人解释越南是什么样子,也是为了帮助他们"埋葬"那些缠绕在他们心头的幽灵。在阅读和分析回忆录时,我也在进行理论抽样,以跟进在之前分析中产生的问题。我想知道以下问题的答案:战斗是什么? 它引发了哪些情感? 作战人员对其会做出何种反应,又将如何描述它?

从方法论上讲,值得指出的是,对回忆录进行编码的分析过程与处理访谈数据的情况是相同的。从读者的角度来看,重要的是要注意我是如何使用材料进行理论抽样,并跟进在之前分析中提出的问题的。我编码的第一本回忆录是由前海军陆战队员雷·希尔德雷思(Ray Hildreth)所撰写的《488高地》(*Hill 488*)。这本书的合作者是作家查尔斯·W. 萨瑟(Charles W. Sasser)。这本书于2003年由西蒙与舒斯特出版公司(Simon & Schuster)出版,呈现了希尔德雷思对该场战斗的叙述,也就是该书的书名。在与希尔德雷思一起参与战斗的人中,有1人获得了荣誉勋章,4人获得了海军十字勋章,13人获得了银星勋章,18人获得了紫心勋章。其中一些勋章是追授的。尽管我确信书中描述的一些事件是为了强调而被夸大的,但大部分的故事似乎都是真实的。它在叙事风格上与我读过的关于越南的其他回忆录相似。我没有直接引用,而是对希尔德雷思在书中给出的描述进行了改写。

对于参与其中的士兵来说,描述一场战斗并不容易,对于试图通过二手资料来捕捉这种体验的研究者来说,就更加困难。然而,为了理解战争体验为何会对年轻士兵产生如此深远且持久的影响,了解在战斗中发生的事情至关重要。我将尝试重新捕捉这种体验的各个方面。

伦理考量

相较于直接引用书中的内容,我倾向于通过以下备忘录来进行转述,以避免侵犯版权。

备忘录1

2006年6月21日

概念:侦察任务

原始数据:参与者的回答

在进行侦察巡逻时,侦察队发现了一个村庄,那里有相当多的敌人在活动。通常情况下,村庄由男人、女人和儿童构成。但这个村庄的居民构成不太一样,它似乎是一个敌人的基地。侦察队将这一信息传回总部,很快,美军就对该村庄进行了空袭。轰炸在持续进行,但侦察巡逻队仍然留守在自己的位置上,继续收集有关敌人活动的情报。

评论性备忘录

这部分回忆录告诉我们，敌军确实在使用村庄作为战斗基地。这也解释了为什么村庄会被轰炸，尽管民众被"夹在中间"——处于越共和美军之间。有趣的是，当轰炸开始时，敌军并没有撤退或逃跑，而是继续他们的行动。这段信息中还有一个有趣的点是，有些作战人员负责侦察，或为军事打击标定敌军位置。但是，作为单独在丛林中活动的一小队人，他们非常容易受到攻击。而且由于他们的任务主要是"侦察"而不一定是"战斗"，所以除了步枪外，他们几乎没有其他战斗装备。因为他们通常在"侦察"时要不断移动，所以他们必须轻装上阵。

备忘录2

2006年6月21日

概念：发现与等待

原始数据：参与者的回答

如果侦察队中的一名军士没有偶然通过卫星电话听到正在巡逻的美国陆军特种部队(Green Berets)和越南南方军事小组之间的对话，侦察队可能会被敌军的突袭吓到。越南南方军事小组碰巧也在这片区域，但不在附近。警告内容是要他们"小心"，因为有一群敌人在附近走动，似乎正在寻找什么东西或什么人。听到这个信息后，希尔德雷思(Hildreth & Sasser, 2003)的侦察队意识到他们已经被越共发现，并且他们很可能是即将前来的敌军的目标。不幸的是，天色已晚，他们已经没有时间呼叫直升机以撤离该区域。侦察队必须坚守阵地，等到天亮才有可能获救。由于他们是轻装行动，因此并没有携带重型武器。为了防御，他们只携带了步枪、少量额外的弹药和一些手榴弹。为了准备发动袭击，这些士兵被分为两人一组，并潜藏在小山周边的各个位置。为了掩护，他们只能用高高的草作为遮挡。

评论性备忘录

这些数据告诉我们，士兵并不总是走出基地以寻求"战斗"，因此也不总是为"战斗"做好了准备。有时敌人会突然出现，士兵可能难以躲避，不得不战。幸运的是，这支侦察队通过偶然听到的无线电对话得到了警告，他们至少可以保持警惕，并在一定程度上做好准备。问题在于，他们缺乏应对艰难战斗的重型武器。当然，在这个阶段，这些人并不知道有多少"敌方作战人员"，或者敌袭的强度会有多大。

备忘录3

2006年6月21日

概念：袭击开始

原始数据：参与者的回答

人们等待着敌人的到来。终于，一名士兵注意到了动静，他朝那个方向扣动了扳机，人们将这一枪视为战斗开始的信号。希尔德雷思在书中写道："我僵在原地，快要被这种出乎意料的情况吓死了。"（Hildreth & Sasser, 2003, p. 213）很快，一名美国士兵受伤了，他的尖叫声响彻夜空。希尔德雷思觉得尖叫声令他很不安。最终，一名医务兵赶到受伤的士兵身边，给他注射了一针吗啡，尖叫声逐渐平息下来。但战斗才刚刚开始，这仅是第一个伤员。这是侦察队第一次经历战斗。关于这次经历，希尔德雷思说道："第一次体验战斗时，很难完全理解这是什么。"（Hildreth & Sasser, 2003, p. 307）侦察队使用卫星电话请求空中支援。然而，由于天色昏暗，他们与敌人又非常接近，美军认为派飞机轰炸太过危险。然而，飞机投放了照明弹，使得美国士兵更容易发现藏在高草丛中的敌人。希尔德雷思看到他旁边的战友被杀死。他说，亲近战友的死亡，给他的心灵带来了强烈的冲击。他意识到，同样的事情也可能轻易地发生在他身上。

评论性备忘录

希尔德雷思向我们提供了一些关于战斗情况的见解。尽管经过了训练，但士兵永远不能确定他们在实际情况中会如何反应。希尔德雷斯对战斗的第一反应是"恐惧"和"僵在原地"。正如参与者2所告诉我们的那样，如果士兵想要生存下来，"什么都不做"并不是一个好策略。这只会使他面临更大的伤亡风险。然而，我可以想象那些战斗伊始所产生的恐惧和混乱。肯定会有混乱的时刻，作战人员不确定发生了什么，也不知道应该怎么做。这里的数据还告诉我们，对于在"战斗"中的作战人员来说，死亡从来都近在眼前。生存既是有关"运气"的问题，也是关乎"胆量"和"技能"的问题。

备忘录4

2006年6月22日

概念：第二次袭击

原始数据：参与者的回答

尽管敌人在数量上占优势，侦察队还是设法暂时击退了敌人。然而，美国士兵知道,敌人只是利用这个机会去重新组织人员并计划下一次攻击。希尔德雷思说道:"等待是最糟糕的事情了。"(Hildreth & Sasser, 2003, p. 213)最后,山上的士兵听到了竹子敲击的声音(敌人彼此交流的方式),知道第二次攻击即将开始。第二次攻击非常猛烈,造成了重大人员伤亡。一架直升机试图到达战区接走伤亡人员,但被击落了,飞行员也牺牲了。该区域其他进行救援的直升机则放弃了任务。情况看起来很"无望"。敌人配备了一挺50口径的机关枪。希尔德雷思说,当机枪开火时,感觉整座小山都在被撕裂。军士长也受伤了,然而,每个活着且能战斗的人,无论是否受伤,都在继续作战。在这一点上,希尔德雷思表示,对于他来说,战斗呈现出超现实的特征。他确信,他们都会死。谈及那段时间,希尔德雷思说道:"自从那个家伙在我身边倒下,头顶被炸飞后,我就没有移动过。我躺在还未掩埋的尸体中间,就像在墓地一样。"(Hildreth & Sasser, 2003, p. 307)尽管敌人占据优势,但他们发动的第二次攻击还是被击退了。

评论性备忘录

战斗训练如何在实际战斗中起作用是值得注意的问题。尽管一开始感到害怕和混乱,但小队成员很快就自动进入反击模式。驱使他们的是那种生存本能。然而,正如希尔德雷斯所告诉我们的那样,你其实有一种感觉,你感觉你也会死,就像你周围的人一样。最有趣的是人们采用的策略,这些"心理逃避策略"包括"赋予战斗超现实的特征""置身于行动之外""观察它的发展",但同时也"参与其中"。这些似乎是在恐怖战争中生存下来的非常重要的策略。恐惧、恐怖和死亡是退伍军人想深埋在自己内心深处的东西,不仅是在战斗时是这样,而且在他们回家后也是如此。"战争体验"是一个人永远无法完全摆脱的"恐怖噩梦",也是一场性质不同的战斗,即使回到家中,它也会始终伴随着退伍军人。

备忘录5

2006年6月21日

概念:战斗中的转折点

原始数据:参与者的回答

敌人准备发动第三次袭击,他们开始叫嚣:"海军陆战队员,你们活不过今晚了。"(Hildreth & Sasser, 2003, p. 261)然而,敌人的叫嚣并没有挫伤海军陆战队员的斗志,反而让他们感到愤怒和振奋。海军陆战队员也开始向敌人进行回击喊话。这样的呼喊持续了几分钟,直到仍然存活且能够继续作战的海军陆战队员意识到了这种情况的荒谬性。他们正处于战斗中,却与敌人进行了一场喊话大赛。但是,在某种程度上,高声喊话让他们摆脱了绝望感,重新焕发了生存的意志。希尔德雷思表示:"这是战斗中的转折点。"(Hildreth & Sasser, 2003, p. 263)海军陆战队的决心在空中支援下得到了进一步的强化。眼见战斗非常激烈,尽管天还很黑,美国轰炸机还是飞入了该区域,开始向敌人投弹。然而,炸弹并没有让敌人退却,他们继续前进。仍能战斗的海军陆战队员也继续与敌人交战。直到天快亮时,战斗才结束。海军陆战队员仍然坚守在小山上。然而,这次侦察巡逻的代价非常高昂。这个队的18人中有6人牺牲,12人受伤。在受伤的人中,只有3人在没有帮助的情况下可以行走。对于这次经历,希尔德雷思说道:"我们再回不到19岁了。"(Hildreth & Sasser, 2003, p. 324)在等待死者和重伤者被撤离时,他说道:"我发现一些越共的尸体有动静,我转过身,愤怒地扫射。"(Hildreth & Sasser, 2003, p. 325)他继续说:"我走下去,看着被我射杀的gook。他们就是杀害亚当斯[他的战友]的人。我看着他们,没有任何感觉。我也不知道我还能不能有任何感觉。"(Hildreth & Sasser, 2003, p. 325)这时,他说:"我是一名受了伤且十分困惑的海军陆战队员,我被震惊和恐怖搞得一团糟。"(Hildreth & Sasser, 2003, p. 265)

评论性备忘录

"作为作战人员"似乎是在以非常明确的方式定义"战争体验"。在短短几个小时里,一名年轻人失去了青春的纯真,被迫成长。那么,什么是"战争"? 我只能说,战争是一场"为生存而进行的激烈斗争",尽管军方可能从不同的角度来定义它——也就是说,从"事业"方面来定义。"为生存而斗争"是这项研究的参与者对战争的定义。这是他们对战争赋予的意义。参与战斗似乎引发了一系列情感,这些情感可能在战斗过程中有所变化:恐惧、恐怖、悲伤、绝望、震惊、愤怒和生存的决心。身处战场可能会让一个人"被搞得一团糟"。我猜,当希尔德雷思说"被搞得一团糟"时,他的意思是指精神错乱、茫然无措,试图理解自己如何能够轻易地杀人和被杀,其中最重要的还是愤怒。也许愤怒是克服对杀死他人的内在谴责的必要情感。"杀人"需要愤怒。如前所述,一旦愤怒被激发并且肾上腺素开始飙升,一切就很难停止。当作战人员后来冷静下来时,可能会认为愤怒导致了让他们后悔的行为。

方法论笔记

我现在已经分析了几份访谈记录和回忆录。当我继续阅读回忆录时,我看到了希尔德雷思(Hildreth & Sasser, 2003)所表达的内容也在其他士兵、海军陆战队员和飞行兵的回忆录中得到了呼应。尽管具体细节可能因他们的军种、角色和经历而有所不同,但那些在越南战斗过或执行过飞行任务的人似乎在讲述着同样的一般性生存故事。到目前,我已经分析了很多的回忆录(Alvarez & Pitch, 1989; Bell, 1993; Caputo, 1977; Downs, 1993; Foster, 1992; Herr, 1991; Marrett, 2003; Moore & Galloway, 1992; Nhu Tang, 1986; Rasimus, 2003; Santoli, 1981, 1985; Terry, 1984; Trotti, 1984; Yarborough, 1990)。

这些回忆录验证了我的访谈分析结果,也表明在越南服役的人在某种程度上将战争带回了家,以至于许多人觉得需要将这种感受写下来。在这一分析阶段,我有许多在分析中衍生的问题需要回答:敌人到底是谁,为什么他们是如此顽固的对手? 美国是如何卷入越南战争的? 还有,像希尔德雷思(Hildreth & Sasser, 2003)这样的人在什么样的条件下——政治、社会和环境条件——必须进行战斗? 我意识到这些问题是与情境相关的问题,这意味着如果我要更好地理解这场战争,我必须要拓展我的调查,研究一些更宏观的问题。在现有的类属中,我已经纳入了一些微观的情境因素,如从"参军"到"回家"及"之后"的"自我的改变",以及"心理生存策略"。在这一阶段,我分析中所缺少的是更宏观的社会政治图景及其对战斗体验的影响。作为理论抽样的一部分,我现在将转向宏观问题,进行下一轮的数据收集和分析。

要点总结

我不仅列出了概念清单,还将这些概念置于备忘录之中,因为这使我能够在它们之间建立必要的联系。

本章探讨和发展了"作战人员"这一概念,将其扩展到包括"战斗"的概念。虽然对"作战人员"概念的探索和发展是分析的关注重点,但我从额外的数据中发展出了新的概念——如"缠绕心头的幽灵""回家""背负重担"。读者应该从本章中获取的两个最重要的知识点是:(1) 备忘录在分析中的重要性;(2) 在分析者克服了最初进入资料的困难后,概念之间的关联就会自然浮现。研究者可以清楚地看到,如果没有使用备忘录来追踪在本章中探讨的所有想法,这种关联的浮现就不再可能(我们中很少有人有那么好的记忆力),而且,通过进一步的理论抽样来追踪重要的分析性问题也难以实现。分析会变得复杂,期间包括许多概念性的发展,如果不将这些想法写下来,就很难保留。我还想指出,尽管计算机在分析中非常有帮助,在使用计算机时,分析者也不能以机械的方式来进行分析。正是思考的自由,以及研究者改变自己想法、检验想法和追踪"数据轨迹"的能力,才能使得通过质性研究得出的发现如此令人信服,到达研究终点的发现之旅是如此令人兴奋。

通常,在研究调查结束时,分析的成果会被呈现为一系列研究发现。研究者在得出这些发现的过程中所经历的情况,在研究报告中很少或只被简要提及。在撰写本书时,我希望为读者提供的不仅仅是一本关于分析流程的书,还希望将读者带入我的分析之旅中。接下来是我在完成本章后撰写的备忘录。我将它放到下面,以便读者可以了解一些我在分析过程中的想法。

备忘录

2006年6月21日

概念:理论敏感度

有趣的是,从开始进行这个研究项目以来,一切都发生了很大的改变。这并不是说,我阅读的访谈记录和回忆录的内容与研究开始时有什么不同,而是说我对其中的内容更加敏感。需要沉浸在材料中一段时间,才能意识到所说内容的重要性。敏感度会随着接触数据的深入程度而增长。我可以说,分析数据就像剥洋葱一样,每去掉一层假定和信念,分析者就离真正的理解更近。这就是所谓的"理论敏感度"——更符合数据的内在意义。

日志记录

除了对数据的敏感度有所提高,我发现,有趣的是,从开始这个项目以来我自己也发生了很大变化。我不禁被读过的战争故事打动。我看过有关战争的电影和书,但分析过程中分析者和数据之间发生的相互作用,改变了我对作战人员的看法和感受。这让我深刻地体会到,我需要设身处地,短暂地体验成为一名士兵的感觉。我也明白,我们永远不会用同样的方式来看待任何其他战争的退伍军人。我注意到,当我在处理数据时,我对让年轻人参加越南战争的境况感到愤怒,也对使他们身处战争泥潭的交战规则感到愤怒。我为一些人在战争期间和战后所遭受的苦难感到难过,我也为那些被"卷入战争"的敌方士兵和平民感到难过。这对所有人来说都是一段艰难的时期。同时,我知道不能让自己的情感妨碍研究的进行。拥有情感当然是可以的,但同时我必须保留公正对待参与者故事的能力,不要被愤怒和其他情绪冲昏头脑,以致让自己的分析变得无效。

　　关于越南作战人员的体验,仍然有很多我不理解的地方。为了更好地理解这些问题,我必须更深入地研究形塑战争体验的情境因素,即越南战争之前、期间和之后的政治、社会和历史条件,这是引导我推进研究的方向。在这一研究阶段,驱动分析的问题是:作战人员必须在什么条件下战斗? 导致这些条件的历史、政治和社会因素是什么?

小组思考、写作与讨论

　　1. 在阅读本章时,请回到"学习要点"的部分,并针对这些要点寻找我的分析示例。把这些示例带到课堂上来讨论,你认为研究者是如何体现这些要点的?

　　2. 思考分析中研究者的角色,如果研究者不同,分析可能会有何不同? 如果是你来分析相同的数据,你会如何分析? 你会从中得出什么结论?

　　3. 将你的想法记录下来,并将其带到课堂上进行讨论。

第14章　分析情境数据

美国在越南的惨败主要归因于对叛乱原因的错误诊断。该冲突与其说是亲共产主义的,不如说是反吴廷琰(Diem)的,之后是反阮高祺(Ky)和反阮文绍(Thieu)的[①],他们都未能开展和实施迫切需要的政治和社会经济改革……这场冲突需要的可能是一个满足广泛的国家统一愿望的政治解决方案,而非军事方案。

(Sar Desai,2005,p. 120)

关键术语

> 条件/结果矩阵　一种分析策略,以帮助分析者确定在任何情境中正在发挥作用的可能条件范围,从而进一步确定由行动-互动所引起的结果
>
> 情境　情境是一个复杂的概念。它将行动-互动定位在条件和预期结果的背景中,并对其加以解释。如此,情境可以将各种概念联系起来,增强理论的解释力
>
> 过程　在行动-互动中,为应对条件变化所做出的适应性改变

在上一章中,我们确认了,对在越南成为"作战人员"的美国士兵来说,自己和战友的"生存"是他们的主要目标,而非遏制越共的"事业"。在这一章中,我们将探讨情境这个概念,以便更好地理解为何生存受到了威胁。作为一名研究者,我的首要任务是探索战争更宏观的历史、社会、政治、文化和环境条件。因为从抽象意义上讲的"条件"并不会被那些作战的人视为条件,而是会被其视为对自己和他人的威胁或风险,所以我们的第二个任务是将条件与作战人员在任何时间点感知到的"风险"联系起来。更重要的是,我们不仅需要列举背景材料中的情境因素,还必须在更广泛的条件集合中建立联系,包括这些条件如何被呈现给作战人员(他们对生存威胁的理解),以及作战人员为了增加在受威胁环境中生存的机会所采取的随后行动。

---

① 在越南战争的背景下,Diem、Ky和Thieu都是越南的政治领导人。Diem 指的是 Ngo Dinh Diem(吴廷琰),越南共和国的首任总统,但由于他的统治方式引起了许多不满,他在1963年被推翻并被暗杀。Ky指的是 Nguyen Cao Ky(阮高祺),越南共和国的空军元帅,后来成了总理和副总统。Thieu指的是 Nguyen Van Thieu(阮文绍),越南共和国后期的总统。这三位领导人在其任期内都面对着大量的反对和不满,尤其是他们对待政治反对派的方式以及未能进行必要的政治和社会经济改革。——译者注

学习要点

在阅读本章时,建议读者注意以下要点:

• 探索构成生存情境的政治、社会、环境、文化和历史等条件。
• 考察条件是如何以一种被作战人员视为生存威胁的方式呈现的。

战争情境

作为读者或研究者,我们在对这些数据进行理论抽样时,首先要探讨的问题是:是什么原因使得这场战争及作战人员在越南所经历的条件如此特别? 这并不是说其他战争的作战人员没有经历过类似的条件,但越南战争的不同之处在于美国参战的原因非常模糊(即共产主义对外国的威胁),而参战的风险又非常高。这场战争的情境主要基于历史、政治、社会、环境和文化等条件,这些条件决定了战争的基调和政策。华盛顿和河内领导人所做出的决策则基于他们个人和集体的雄心壮志、对过往事件的理解以及国家利益。

我们的社会、政治和历史分析将采取备忘录的形式。这些备忘录旨在回答为什么、是谁、是什么以及在哪里等问题,这些分析是探讨"战争情境"概念的第一步。

日志记录

我必须承认,这一章的分析让我备感压力。有关越南战争的资料是如此丰富,整理起来让我感到很吃力。我感觉已经达到了过度饱和的状态。我将项目搁置一段时间后,回过头来才意识到,自己过于关注数据的描述性方面,而没有进行概念性思考。通过重新聚焦概念而非细节,我相信我可以继续推进研究。这一节所涉及的数据来自以下资料:Ellsberg, 2003; Isaacs, 1997; Langguth, 2002; McMaster, 1997; McNamara et al., 1999; Nhu Tang, 1986; Sallah & Weiss, 2006; Santoli, 1985; Sar Desai, 2005; Sheeham, 1988; Summers, 1999; Tucker, 1998。

备忘录

2006 年 6 月 27 日
概念:战争情境

"战争情境"由作战人员所经历的风险构成,包括生理、心理和道德风险。这些风险源于构成战斗体验、赋予战争意义以及威胁生存的条件。为了弄清楚风险的原因和性质,我必须回过头来看看是谁将美国卷入了这场战争,为什么是这个时间和这个地点,是谁为战争制定了政策,敌人是谁,战争的交战规则是什么,为什么战争持续了这么久,最终是什么导致了战争的结束。是时候深入研究历史书籍了。

这是一份较长但很重要的备忘录。还有更多的材料可以涵盖,但是把它们全部纳入进来并不符合我们本章讨论的出发点。

为何美国要干预越南事宜?

为什么美国的作战人员要在越南作战? 多年来,越南都是法国的殖民地。1954 年,越南人民对法国殖民者的反抗最终导致了法国人的失败,同时还催生了越南强烈的民族主义意识。但是,法国人的离开并没有使得越南统一。在《日内瓦协议》中,越南被划分成两个部分,以 17 度线为界,北部是共产主义地区,南部则为非共产主义地区。根据《日内瓦协议》,统一问题应在两年内通过自由选举得到解决。然而,越南南方政府在美国的支持下拒绝签署该协议。他们担心如果进行自由选举,共产党将掌握国家的控制权。美国则担心越南南方落入共产党手中后,柬埔寨、老挝和整个东南亚都会出现所谓的"多米诺骨牌效应"(Sar Desai,2005,p. 68)。这种对共产主义和多米诺骨牌效应的恐惧成为美国干预越南事宜的宏观背景因素。

与此同时,越南南方也面临一系列政治问题。1954 年,吴廷琰被指定为越南共和国总统。他是一名来自北方的天主教徒,来到了传统佛教徒聚居的越南南方。从一开始,吴廷琰就在军事方面与宗教和政治反对派作斗争。他并没有使用从美国得到的财政援助来重建他的国家,而是使用这些钱来建设军队,并为其提供装备。他任人唯亲,让自己的亲戚和朋友来担任政府中的要职,以及当地村庄的行政职位,并打破了延续了几个世纪的佛教传统。越共则承诺要摆脱越南南方政府的腐败。正是出于这些原因,许多村民都对越共表示同情,反对或至少不对美军提供帮助,因为他们认为美军是在支持腐败的政府。尽管国家分裂时,许多共产党人都去了北方,但仍有数千名共产党人(越共)留在南方,为最终的统一做准备。当吴廷琰政权倒台后,政治上的不稳定随之而来。随着各种军事领导人为争夺控制权而斗争,领导权真空为越南北方军队的渗透敞开了大门,他们前来支援越共。越南北方的军队和物资通过胡志明小道向南方转移。这一路径的很大一部分经过中立的柬埔寨和老挝,因此理论上美国军队和越南南方军队是不能接触的。

谁将美国卷入了战争?

肯尼迪总统派遣军事顾问支援越南南方军队。做出这一决定的认知基础在于,只要美国向越南南方军队提供训练、支援和情报等军事援助,越共便能轻易被击败。1963年肯尼迪遭到暗杀,约翰逊接任了美国总统。他有自己的政策规划,但对于如何处理越南问题拿不定主意。他依赖于肯尼迪时期的政策制定者的建议。

麦克纳马拉(McNamara)是肯尼迪政府的年轻顾问之一,在当时成了越战的主要"策划者"。他没有军事背景。相反,他在成为总统顾问之前为福特公司工作,并将其商业嗅觉应用于战争。麦克纳马拉对越南冲突的计划包括对越南北方施加他所称的"逐步压力"(graduated pressure)。

谁是敌人?

敌人是谁? 为什么敌人要进行如此坚决的斗争? 简言之,在一千多年的时间里,越南人始终在为了维护自己的主权和身份而战。最后占领越南的势力是法国政府。从法国那里获得独立的愿望催生了激烈的民族主义运动。受到中国革命的启发,许多越南青年,无论是共产主义者还是非共产主义者,都前往中国受训,成为革命者,以推翻法国。激发革命热情的动力与其说是共产主义,不如说是民族主义。包括胡志明在内的越南人都曾视"民族主义为第一,共产主义为第二"(Sar Desai, 2005, p.53),这也是他们如此强大的原因。

谁是作战人员?

20世纪60年代初期被称为肯尼迪时代,其特征是为国家和人类服务的理想主义情怀。与此同时,还发生了古巴导弹危机事件,美国人民也非常害怕来自共产主义的攻击会毁掉美国的生活方式。此外,自第二次世界大战以来,已经过去了一个世代,人们对战争的印象并非基于任何现实,而主要来自关注英雄情节而不是死亡和破坏的电影。因此,有许多年轻人准备为国家服务,与共产党作斗争。他们充满爱国情怀,对战争尚未产生愤世嫉俗的想法。但随着战争的拖延,军队和国家的士气逐渐下滑。

战争的战略性谋划是什么?

根据麦克纳马拉的计划,美国不会进行大规模的攻击。相反,美国将通过一系列受控、受限的军事行动(轰炸任务)对越南北方逐步施加压力。轰炸的目的是让越南北方的基础设施瘫痪,使他们更愿意达成一项更有利于越南南方的和平协议。麦克纳马拉的计划自始至终存在缺陷。

第一,这是一个"遏制"计划,而不是一个赢得战争的计划。该计划基于民间对战争性质及战争进行方式的理解,而非基于军事战略和行动指导。每一项提议的军事行动都必须传达至华盛顿并得到批准,这往往会导致行动的推迟,失去针对敌人的军事行动的战略优势。换句话说,负责进行战争的参谋长联席会议几乎没有机会提供关于如何进行战争的建议。此外,他们被剥夺了自由,没有办法以他们认为可以获胜的方式进行战争,因此感到无能为力。

第二,麦克纳马拉的遏制和战略轰炸计划忽略了越南北方几乎没有基础设施的事实。越南北方并不是一个工业化社会。他们的大部分武器和弹药都来自友邦国家,他们也从越南南方军队(由美国提供)那里缴获了武器。

第三,这个计划未能考虑到越南北方人民在起草日内瓦协议时重新统一国家的决心。

最后,这个计划未能考虑到轰炸行动对越南人民的影响。这不但没有打消他们的斗志,反而坚定了他们的决心,激发了其付出任何代价都要战斗到底的决心,使得他们成为意志坚定的敌人(McMaster,1997,pp. 323-334)。

战争发生在哪里?

这场战争发生在越南南部17度线以下的地区。在早期,越南几乎没有实际的作战部队。到了1965年,显然,越南南方军队尽管得到了美国的支持,却仍然无法与越共对抗,因此该战争也成了美国的战争。为了不惊动美国公众,美国政府采取了分批部署部队的方式,士兵的数量也随时间逐渐增加。最初美国部署了18000名士兵前往越南南方,保卫受到越共攻击的美军基地。1968年发生了"西贡战役"。虽然"西贡战役"对于越共而言是一次军事失败——他们几乎被全面摧毁,但其对越南北方而言则是一次政治胜利,因为这场战役的残酷改变了美国公众对战争的看法。越南北方利用美军士兵的死亡和残伤来进行宣传,点燃了美国民众的反战情绪,同时也是为了打击在越美军的士气(Nhu Tang,1986)。

在越南战争时期,越南这个国家对许多美国人来说是未知的。越南是一个与美国在气候和地形方面都非常不同的国家。作战人员在丛林中作战,气候潮湿、炎热、多雨,这些条件都极大增加了战斗的难度。此外,还有寄生虫、蚊子以及其他各种携带疾病的有害生物,对士兵的健康构成了威胁。

美国是如何停止对越南的干预的呢? 和平示威、媒体关于残暴行为的报道以及高死亡人数是导致许多美国公众反对战争的原因之一。1974年美国在巴黎达成了一项和平协议,美国军队因此撤出越南,并结束了这场没有宣称胜利的战争。撤军后,越南北方军队对越南南方军队发动了大规模的军事攻击。随着1975年西贡的陷落,共产党彻底接管了政权。值得注意的是,越南南方民族解放阵线的许多非共产党成员在战后与美国人进行了激烈的战斗,因为他们觉得自己被背叛了。成千上万的越南南方人民遭受迫害或被送入收容所进行再教育。那些能够逃离该国的人纷纷外逃,现在作为海外侨民定居在法国或其他国家,远离了他们热爱且为之努力奋战的国家。似乎没有人真正赢得那场战争。如藏(Nhu Tang, 1986)在《一名越共的回忆录》(*A Viet Cong Memoir*)的题词中写道:

> 致我的母亲和父亲。
>
> 也献给那些遭受背叛的战友,
>
> 他们相信,
>
> 他们牺牲自己,
>
> 是为了解放所有的人民。

方法论笔记

先前提到的社会、政治和历史条件可以在条件/结果矩阵的不同层面中找到,这些内容能够回答是谁、是什么、在哪里、是什么时候以及为什么等问题。在扎根理论研究中,仅仅将一组条件作为感兴趣的背景信息呈现是远远不够的。由于行动-互动是情境的核心,将条件与赋予行动-互动的意义联系起来,就显得尤为重要。作战人员大多没有深刻意识到条件本身,相反,士兵在越南战争中,主要是通过他们所感知到的风险来体验并对条件赋予意义的。为了更好地了解作战人员如何感知战争情境,我们需要研究相关数据,即,他们不得不面对的到底是什么?

日志记录

我并不是轻轻松松就到达了这个分析阶段。我需要进行大量阅读、思考,还要坚持撰写备忘录,并多次修改这些备忘录。其中我希望传达的一个点是专门留出一段时间来思考数据的重要性。有时候时间有限,我没有大额的资助以让我能够搁置一些常规工作。我反复强调,质性研究并不能仓促而成。研究者必须要为敏感度的增长和思想的演变腾出时间。我理解为什么学生说他们不喜欢这本书所呈现的详细分析，因为他们认为这项工作太耗时了。我自己也认为是这样的。在写方法书籍的时候，我也想找到捷径或者寻找一种做研究的简便方式。但最终，我明白只有研究者愿意花时间进行深入分析，才能够实现"高质量"的研究。研究者绝不能对数据、参与者、专业或自己敷衍了事。

将"战争情境"与"生存"关联起来

回到分析上，之前推导出来的概念之一是"战争文化"。所谓"战争文化"，是指作战人员所处的情境。在本章中，"战争文化"被重命名为"战争情境"，我在研究项目示例的其余部分将使用这一概念名称。在本章的这一节，我们（包括读者和研究者）将返回到回忆录，回答以下问题：作战人员是如何赋予战争的这些条件以意义的，他们又是如何解释这些条件的？我们现在正在对"战争情境"这一概念进行开放性思考。了解作战人员赋予条件的意义很重要，因为这将是解释他们随后的行动-互动的基础。

我们回到关于越南的数据，来揭示更广泛的社会政治条件（宏观层面）如何转化为作战人员对他们必须战斗的即时条件的看法（微观层面）。我们发现了一份特别有启示性的回忆录，它是由菲利普·卡普托（Philip Caputo）于1977年撰写《战争的谣言》（*A Rumor of War*）。这本书非常清晰地从那些参与战斗的人的视角描述了相关条件的意义。卡普托（Caputo，1977，p. xiii）说，他的书是一本"关于战争的故事"，包括"人们在战争中所做的事情"，以及"战争对他们造成的影响"。换句话说，它非常契合我们的研究目的，即发现"战争情境"和"生存"这两个概念之间的联系。

卡普托于1963年加入了海军陆战队。他于1965年3月8日作为中尉被派往越南，任职约13个月。他在1975年再次作为记者返回越南，报道西贡战役。他的写作既有士兵的视角，也有新闻工作者的视角，因此这是一个宝贵的信息来源。在阅读这些数据时，我特别想知道作战人员对战斗条件的感知。这些人并不总是知道华盛顿要做出什么决定，但他们以"风险"或生存威胁的形式感受到了这些条件。这些风险在概念上包括"生理""道德"和"心理"方面的风险。接下来的备忘录是根据这些条件来呈现的。作战人员对风险方面的条件所赋予的意义可以在备忘录的各个标题下看到。

备忘录1

2006年6月23日

条件1:理想主义与年轻

我们满怀梦想奔赴海外,这些年那种令人陶醉的氛围和我们的青
春热血同样应受责备。(Caputo,1977,pp. xiii-xiv)

爱国和充满理想主义的年轻人以为入伍是为了捍卫他们的国家。有的是
志愿参军,有的是征召入伍。由于年轻士兵对战争的理解主要来自电影,大多
数人"没有准备好面对流血、苦难和艰辛",当他们抵达越南时才发现这一点。
战争的"现实"打击很强烈,为了生存,必须颠覆性地转变认知,认识到"战争带
来了身体伤害的风险"。这种转变也抹去了战争的浪漫主义色彩,取而代之的
是"接受"或者至少意识到"战争就是杀人或者被杀",士兵必须在心理上变得麻
木,接受流血和死亡的观念,才能求取生存。

备忘录2

2006年6月23日

条件2:一种无力感

有人被杀,有人受伤,我们的巡逻队也继续在数周前战斗过的地
点战斗。情况依然如此。(Caputo,1977,p. 182)

在阅读各种战争回忆录时,能感受到这些作战人员在战斗中有一种普遍的
无力感——一种无力改变他们所处条件的感觉。在越南战争期间,征兵制度仍
在实行。尽管早期的作战人员——特别是海军陆战队员——是志愿参加的,但
随着时间的推移,士兵需求量越来越大,但志愿参加的人却越来越少,因此越来
越多的年轻人被征兵入伍。他们只接受了基础的军事训练就被派往前线。然
而,正是这些"作战人员"面对着强势的敌人行动,并且他们也承受了最大数量
的战争伤亡。前线的士兵被称为"低等兵"(grunts),这个词本身就能说明很多
事情。这些"低等兵"负责"杀人的脏活",他们位于军事等级的最底层,他们面
临着"心理和生理上的风险,因为他们没有能力控制军事局势",即使他们身处
其中。他们对于自己去哪里或做什么几乎没有任何决策权,并且因为似乎没有
明确的目标方向,所以他们没有任何成就感。

从分析来看,"无力感"这个概念在分析上非常有趣。也许这解释了战后退伍军人心中的一些愤怒。至少我可以这样假设,然后去验证。作为前线士兵,除了听从命令,没有什么能做的——不论在什么时候、在什么地方——即使命令对他来说没有多少意义,即使他知道他的生命将处于危险之中。

备忘录3

2006年6月23日

条件3:令人困惑的交战规则

这场战争的"交战规则"可以说"令人困惑"。根据卡普托(Caputo, 1977, p. 218)的说法,"根据交战规则,'开枪射杀正在奔跑的手无寸铁的越南人在道德上是正确的,但开枪射杀站立或行走的越南人在道德上则是错误的;近距离开枪射杀敌方囚犯也是错误的'"。

一名年轻且没有经验的作战人员,如何在显性和隐性的"交战规则"中找到他的出路——并且这些规则还确实引发了一系列"生理、心理和道德风险"? 当周围都是战斗、到处都是杀戮时,他们觉得自己的生命受到了威胁,但由于情况不对,他们不得开枪,那么这些士兵如何在这种情况下保持他们对"是与非"的感知? 难怪年轻人对他们所看到和所做的事情感到困惑、失望和困扰,并因此做了他们不应该做的事情。此外,如果一名士兵觉得他的生命随时面临危险,他是否会停下来思考所谓的"交战规则"或质疑事情的道德性? 还是他会先做出行动,然后再担心后果呢?

备忘录4

2006年6月24日

条件4:为他人而战

当卡普托首次抵达越南时,他被告知,他被派往那里是为了保卫岘港的空军基地,而不是对越南北方军队发起攻击。1965年初,战争仍被定义为越南人的战争。卡普托(Caputo, 1977, p. 35)在降落时听到了这样的话:"好了,听好了。当你向自己这边的人员做简报时,明确告诉他们,我们的任务只是防御性的。"

然而,随着时间推移,越南南方军队显然无法独自阻止越南北方军队的渗透。美军在越南的任务也从早期的专注于提供侦察、训练和支持,转变为在阻止越南北方控制越南南方的斗争中"与主要作战力量相关的风险"。卡普托(Caputo, 1977, p. 68)称:"这场战争不再只是'他们的战争',而是我们的战争,是一项共同的事业。"然而,数千英里之外的年轻人很难理解他们战斗的原因,尤其是应对别国较为模糊的共产主义这一原因。

备忘录5

2006年6月24日

条件5:进入生死边界

当美国军队成为越南的主要作战力量时,他们"承担了进入一个可以被称作生死边界的世界的风险"。在战区中,伤亡的危险始终存在。实际上的"参战"与"训练"非常不同,因为其赌注要大得多——人的生命处于危险之中。有些东西只能通过这种"经历"来学习。如果士兵想有生存的机会,他必须很快地从"新手"转变为"经验丰富的士兵",在必要情况下,还要变成杀手。卡普托提供了"经验丰富"的一些属性,并描述了一些结果。

卡普托(Caputo, 1977)解释道:

> 我们开始改变,丢掉了我们带到越南来的那种稚气。我们变得更加专业,身材更加瘦削,心性更加坚韧,并且我们的心上开始长出硬茧,这种情感上的防护减轻了同情的打击和刺痛的感受。(p. 90)

备忘录6

2006年6月24日

条件6:与意志坚定且经验丰富的敌人交战

当美军接管越南战争时,出于对自身强大军事实力的自信,他们认为这将是一场短暂的冲突。然而,这个预期被证明是错误的。他们的敌人都受过良好训练且积极性很高。敌人知道如何利用丛林和村庄地形发挥优势。他们挖掘地道,在其中隐藏补给品,甚至在地下设有生活和医疗设施。他们在村庄周围和小径上布置了陷阱和地雷。他们也收到来自友邦国家的大量装备。他们还将补给线设在柬埔寨和老挝,使其远离美国士兵。美国人可能拥有军事技术,但越南北方人民却在技能和动力方面有着无法撼动的优势。

备忘录7

2006年6月25日

条件7:恶劣的地形

越共并不是这场战争中士兵所要面对的唯一敌人。尽管美国士兵接受了一些丛林训练,但没有哪种训练能够完全使他们可以应对在越南作战时的风险。士兵不得不在酷热和雨水中进行长途跋涉,穿越树木和灌木丛,晚上在丛林中露宿,面对蚊虫、水蛭和"丛林腐病"的折磨。这样的环境对美国年轻人来说是非常"恶劣"(inhospitable)的。

备忘录8

2006年6月25日

条件8:一场没有明显方向感的战争

华盛顿制定的"政策"和"交战规则"在士兵看来会增加风险,因为这些规则限制了军方采取行动以击败敌人的能力。越南北方士兵可以袭击美国士兵,然后撤退到柬埔寨、老挝或越南北方的安全地带,因为他们知道美国士兵无法跟随他们进入这些地方(根据已建立的"交战规则",士兵不应该进入柬埔寨、老挝或越南北方以追击敌人。即使有飞机飞越这些领土执行秘密任务,但它们在这些地方所能做的事情依然受到华盛顿规则的限制)。

另一个明显的问题是美国对永久保护领土没有兴趣,这也会造成心理上的风险。根据既定的交战规则,美国士兵结束一场战役后就会撤退到他们的基地,让敌人重新夺回他们刚刚为之战斗和牺牲的领地。有时候,美国士兵必须再次回到同样的领地上进行战斗。这使得年轻的士兵感到困惑,他们看不到自己所做的事情的意义。甚至飞行员也在思考自己为什么要被反复派往有相当大风险的同一个地区进行轰炸。在第一轮轰炸后,敌人已经有所准备,并等待着飞机的到来。作战人员认为似乎没有战略计划。连续不断的损失和大量的伤亡,再加上似乎没有明显的军事收益,令他们感到士气低落。正如卡普托(Caputo,1977,p. 213)所说:"人们不断牺牲,但并未完成任何事情。"

备忘录9

2006年6月26日

条件9:以死亡人数衡量成功

美国为越南战争制定的政策是打击敌人士气,把越共和越南北方正规军赶回越南北方。军事行动的目的就是"搜索"和"摧毁"。"死亡人数"被用来衡量战争的成功与否。每次战斗结束后,士兵都必须统计敌人和美国士兵的伤亡人数,这无疑给士兵带来了道德和心理上的风险。

备忘录10

2006年6月26日

条件10:文化差异

参战的年轻人对越南的文化和历史知之甚少。许多年轻士兵甚至在去那里之前都不知道越南在哪里。士兵期望越南村民能像他们一样对各种情况做出反应。当越南村民没有以符合美国人期望的方式行事时,会使得对美军而言,村民看起来不那么像正常人。文化差异造成了道德风险,因为它使士兵将越南人去人格化,为他们所犯下的暴行开脱。在一次巡逻中,卡普托的排发现了一个被烧毁的村庄。起初,卡普托说,看到另一群美国士兵所做的事情,他感到羞愧。当他经过村庄时,卡普托也预期村民会对路过的士兵表露出一些情感,比如仇恨或愤怒。

然而,村民没有表现出任何外露的情感。卡普托说,村民的冷漠导致他的怜悯变成了轻蔑。在多年后,他才理解为什么村民会做出那样的反应。卡普托(Caputo,1977,pp. 124-125)说:"他们遭受了太多的苦难——无休止的战争、歉收、疾病,这些使得他们学会了接受和忍耐。"

备忘录11

2006年6月26日

条件11:部队人员更替频繁

越南战争期间,根据兵种,作战人员的轮换周期大致是一年。对某些飞行员来说,他们在越南的服役时间是固定的,为期一年。对其他飞行员来说,完成100次任务即算完成服役。对海军陆战队来说,他们在越南的轮换周期为13个月,而陆军士兵则是12个月。由于正常的轮换周期大约是一年,频繁的人员更替就意味着,就在一名士兵刚刚变得"经验丰富",能够保护自己和其他人的时候,他的服役期就结束了。然后他会被一个"新手"所取代,这名新手对于团队来说更多带来的不是帮助而是阻碍,这又给退伍军人和新手带来更多身体上的风险。除了正常的轮换计划外,在越南还有很高的伤亡率,因此需要用新手或没有经验的士兵来替换。新手在战争中是有劣势的。由于新手缺乏生存技能,因此其死于敌军炮火的风险较高。这也增加了发生事故或"友军误伤"的可能性。

备忘录12

2006年6月26日

条件12:目睹战友和朋友伤亡

战争不仅带来了恐惧和愤怒,还可能带来一种想要复仇的道德风险。在战场担任了几个月的排长后,卡普托被轮换到总部工作。他的新工作就是日复一日地记录美国人和越南人的伤亡率。在执行这项任务几个月后,卡普托说,他开始做噩梦。他觉得自己快要疯了,于是请求重返战场,尽管这意味着他会面临更大的死亡或受伤风险。他报告说,他想让敌人也尝尝他所承受的痛苦的滋味。

备忘录13

2006年6月26日

条件13:拥有致命装备的敌人

随着时间的推移,战斗的激烈程度增加了。战役比卡普托第一次去越南时更加猛烈、更加频繁。后来他以记者的身份重返前线时,他发现在他离开后,战争的性质已经发生了变化。与受训程度较低的越共相比,在越南南方活动的越南北方正规军人数有所增加。越南北方人民通过胡志明小道进入越南南方。越南北方士兵携带AK-47步枪、手榴弹,并且拥有由友邦国家提供的克莱莫地雷——所有这些装备都是致命的,增加了美军伤亡的风险。当卡普托(Caputo,1977,p. 207)以记者的身份重返越南时,他发现"这已经不再是一场真正的游击战了"。

备忘录14

2006年6月26日

条件14:精疲力竭

随着战争的加剧,美国士兵频繁巡逻,以"搜索"和"摧毁"敌人。在进入丛林之前,他们休息的时间更少了。在炎热的长途行军中,美军缺乏高质量的睡眠,匆匆吃上几口饭就上路,紧张、劳累和恐惧都对他们的身体造成了损害,并增加了他们所面临的身体上的风险。卡普托(Caputo, 1977, p. 237)说:"在我加入该巡逻小队的那个月里,该小队已经进行了近200次巡逻,并且一直处于前线。士兵们一直处于精疲力竭的状态。"

备忘录15

2006年6月26日

条件15:不顾疲惫地战斗

尽管精疲力竭,卡普托和他所在的小队依然被迫花费更多的时间搜寻敌人。有一天,卡普托和他的排发现了一个据说是越共据点的村庄。当小队向村庄前进时,越共士兵袭击了不断接近的美国士兵。随后越共士兵逃离,只留下村民面对愤怒的士兵。卡普托说,到达村庄时,他们就"失控"了。他们穿过村庄,点燃他们遇到的每一座建筑物,而村民则惊恐地目睹着这一切。卡普托说他无力阻止这些人,也无力阻止自己。燃烧的村庄似乎成为"一种情感上的必要",是一种放纵自己持续数月的恐惧、沮丧和紧张的手段。这导致了卡普托所描述的风险,即"我们必须通过伤害他人来减轻自己的痛苦"(Caputo, 1977, p. 288)。

备忘录16

2006年6月26日

条件16:战争情境中的生存:一个由风险定义的情境

那么,所有这些内容对我们的分析来说意味着什么?这意味着"战争情境"被认为是对个人和集体生存的诸多风险或威胁。这些风险是生理、心理和道德上的。如果作战人员想要在生理、心理和道德上都"安然无恙"地走出这段经历,他们就必须找到克服这些风险的策略,或者至少把风险降到最低。日复一日的战斗已经足够艰难,但如果看不到领土的增加、看不到战争的目的或者看不到战争的结束,同时,源源不断的敌方作战人员准备要杀死你,那么对于一名作战人员来说,唯一能做的就是忍受并生存下来,直到他能够离开这里,活着离开这里。

方法论笔记

在进行上述分析之后,读者可以看到研究是如何继续发展的——也就是说,研究是如何从开放编码、概念关联,再到将情境引入数据分析,同时进一步关联类属的。编码工作强度很大,但看到一个项目逐渐成形也是非常令人欣慰的。虽然还有很多工作要做,但现在我觉得我已经有了一个明确的方向。我已经让我的分析结果引导了整个研究过程,这就是我所取得的进展。

要点总结

本章的目的是确定战争体验发生的情境,从而发掘和扩充"战争情境"这一概念。我们将"生存"这一概念与风险或威胁的条件联系起来。这些风险被研究者划分为三类:生理方面的、道德方面的和心理方面的。这些风险都可以追溯到越南战争特有的更广泛的社会、政治和历史条件。扩充和阐述"战争情境"这一概念将分析向前推进了一步,使分析进入了下一个逻辑步骤,即分析数据以确定作战人员为遏止风险和增加生存机会所采取的行动-互动策略。

小组思考、写作和讨论

1. 回顾本章开头的"学习要点",并展示研究者是如何按照这些分析要点进行分析的。

2. 以本章为范例,解释如何通过了解情境来丰富对体验的理解——就本章而言,主要讨论的是战争体验。仔细阅读我们的分析,尝试确定我们是如何扩展和阐述"战争文化"这一概念的,辨明其中的逻辑。

3. 在课堂上探讨,对于情境的分析性焦点是如何与符号互动论和实用主义理论相关联的。

4. 如果你正在开展自己的研究项目,请解释你是如何将情境纳入分析中的。

第15章　将过程纳入分析

　　飞机转向并朝着中国海域、冲绳方向飞去，朝向远离死亡怀抱的自由飞去。我们当中没有一个是英雄。我们回来时不会有欢呼的人群、庆祝游行和大教堂的钟声。我们所能做的只有忍耐。我们得以幸存，那是我们取得的唯一胜利。

（Caputo，1977，p. 320）

> **关键术语**
>
> 过程　为应对条件变化而在行动-互动流（flow）中所进行的适应性改变，这些改变被认为是达到期望结果或实现目标所必需的。行动-互动可能是策略性的、常规的、随机的、新颖的、自动的或深思熟虑的。
>
> 作战人员　与敌人进行战斗的人员，他们要在被杀或受伤前杀死敌人或使敌人伤残。无论战斗是在地面、空中还是海上进行，战斗都并不一定是为了杀戮，而是为了制造恐惧、获取优势或摧毁财物。伤亡是战斗的副作用。然而，在这场战争中，胜利据说是用敌人死亡人数来衡量的。

　　在上一章中，我将情境纳入了分析。条件与生存之间的联系与生存所面临的威胁有关，这场战争特有的条件通过生理、心理和道德风险等形式产生生存威胁。为了在越南服役期间增加生存的机会，作战人员必须遏制或克服这些风险，他们通过实施一系列旨在谋求生存和取得战斗胜利的行动-互动策略来实现这一目标。本章将探讨作战人员在其服役期间使用的一些策略，并以此将过程也纳入分析之中。本章的重点在于进一步发展战争的情境，但这一次并不是关注条件，而是关注为应对风险而采取的行动-互动。为什么要关注"生存"？因为"生存"这一概念以各种形式出现在每份访谈资料和回忆录中。尽管人们谈论了爱国主义、渴望冒险或因为热爱飞行而想成为一名飞行员，但在年轻人踏上越南的土地后，最重要的目标就变成了努力活下来以返回家乡。每份访谈资料和回忆录实质上都是关于生存的故事，因为能够讲述自己战争体验的人都是那些幸存者。当我坐下来思考我对生存的理解时，我发现我脑海中有大量的信息。由于生存不是一次性的事件,而是根据战争不断变化的条件进行的持续行动,因此,过程自然而然也被纳入到分析之中。

学习要点

在阅读本章时,建议读者注意以下要点:

• 通过数据抽样进一步发展"生存"这一概念的属性和维度
• 探究作战人员为增加在不同风险条件下的生存机会而采取的一些行动-互动策略
• 展示行动-互动如何适应条件

发展概念的备忘录

同样,本章还是采用备忘录的形式来进行分析。但现在这些备忘录更多地代表了对之前分析的总结,而不是开放式的探索。请注意在研究过程中分析的性质是如何变化的。总结性备忘录很重要,因为它们能帮助分析者整合到目前为止的所有分析结果。我为发展"生存"这一概念采取的第一个步骤是重新阅读以前的分析备忘录。基于对备忘录的重新阅读,我撰写了一份总结性备忘录,以便在进行进一步的理论抽样时,寻找可能威胁生存的情境的例子,以确定作战人员在这些条件下为增加生存机会所采取的措施。

备忘录1

2006年7月8日

概念:"生存"及其与"战争情境"的联系

备忘录

关于"生存",我们已经了解的信息有哪些? 它又是如何与"战争情境"联系在一起的? 作战人员面对各种战争情境时所感知到的风险这一概念将生存与情境关联起来。这些风险根据在任何时候起作用的条件,从高到低不等。在大多数情况下,在越南的作战人员并没有考虑美国卷入战争并派遣他们来到越南的宏观政治或社会问题。他们主要关心的是,必须在当下进行的战斗中管控风险条件,以增加他们的生存机会。

回顾一下,风险条件包括以下几点:

1. 理想主义与年轻

2. 对作战条件的无力感

3. 令人困惑的交战规则

4. 为他人而战

5. 进入生死边界

6. 与意志坚定且经验丰富的敌人交战

7. 恶劣的地形

8. 参与一场没有明显方向感的战争

9. 以敌方死亡人数衡量成功

10. 文化差异

11. 部队人员更替频繁

12. 目睹战友和朋友伤亡

13. 与拥有致命装备的敌人交战

14. 尽管精疲力竭,仍要战斗

15. 身体上的精疲力尽导致心理和道德上的疲惫感

对我们来说,显而易见的是,仅仅拥有一系列的生存策略并不足以保证生存。尽管士兵运用了各种策略,但风险仍然非常高,运气的因素始终存在。此外,同样重要的是,作战人员要能够根据实际条件匹配策略,并根据需要进行调整。例如,如果一名作战人员在遭受火力压制时无法行动的时间过长,他的生存机会将大大减少。因此,存在一系列可被称为"干预条件"的因素,这些因素也会被加入到生存的情境中,有些增加了士兵生存的可能性,有些则减少了生存的机会。

备忘录2

2006年7月8日

概念:"生存"

备忘录

有哪些干预条件会增强或削弱作战人员在战斗条件下的生存能力? 以下是我识别出的一些条件:

1. 有一些条件增强了作战人员利用生存策略的能力。这些条件包括:成为经验丰富的士兵、与战友建立牢固的纽带、以团队形式进行战斗、拥有良好的领导力、在战斗中保持专注、拥有充足且维护良好的资源和装备,以及在困难时期拥有后勤支援。尽管每个"干预变量"都很重要,但有两个变量尤为突出,它们是"成为经验丰富的士兵"和"拥有良好的领导力"。作为一名经验丰富的士兵,作战人员能够准确判断形势,在压力之下迅速果断地采取行动。拥有一个好的领导者也至关重要,因为好的领导者能够鼓舞士气,提供指导和维持纪律(这些在压力条件下尤其需要),并协调行动,从而增加个体和集体生存的机会。

2. 有一些条件削弱了作战人员利用生存策略的能力。这些条件包括:新兵、无法在激战中控制恐惧和压力、领导不力、缺乏后备资源、随时间流逝而感到"疲惫"(wearing down),尤其是当疲劳伴随着士气低落时。这些障碍中最重要的可能是领导不力和随时间流逝而感到疲惫。在生理上,随着精力逐渐消耗,警惕危险并迅速做出反应的能力会被减弱,而领导不力实际上可能会使作战人员陷入更大的危险。心理和道德上的疲惫则削弱了士兵应对压力和做出道德决策的能力。

3. 生存也具有集体性的一面。生存不仅需要个人行动,还需要人们作为团队相互协作,或代表他人采取行动,以增加生存的机会。我们经常看到英雄、医务人员、救援飞行员以及后勤人员(如医护人员、工程师、技术人员和供应人员)等这样做。即使在战斗中,士兵们也必须合作对抗敌人。一些士兵,不管有多危险,都会冲到前线去救伤员。陆军和海军的军医(海军军医被分配到海军陆战队,因为海军陆战队没有自己的军医)和作战人员一起进入战区,承担着和士兵一样的风险。敌人经常利用受伤的士兵来射杀前来营救的人。有些飞行员在越南的主要工作是救援坠机的飞行员、接送伤员、救援被困在敌后的巡逻队士兵,并为可能被伏击的地面部队提供后备援助。

4. 一种能够提高生存概率的条件就是领导力。尽管在备忘录中我没有过多地提到领导力,但是从我对回忆录的阅读来看,领导力似乎是有关生存的一个非常重要的因素。优秀的领导者能够维持纪律和秩序。他们能够鼓舞部队的士气,培养团队合作能力。他们知道他们的队员在战斗压力下会如何反应,也知道为了领导和支持他人,谁可以信任、谁不能信任,还知道如何解决问题,以及如何在最低损失的情况下让他们的士兵摆脱困境。他们能够使事情顺其自然。他们尊重他们的士兵,士兵也愿意追随他们的领导者进入战场,因为他们知道领导者会为他们尽最大努力。不称职的领导者则会犯错误,使他们的士兵处于危险之中。他们没有能力维持秩序或纪律,或保持部队的士气。在高压下,队伍可能会出现混乱,无法进行团队合作,这增加了个人和团队的风险。

5. 生存的一个主要条件是能够在行动-互动中进行调整,因为在战斗中,条件是不断变化的。

行动-互动生存策略的备忘录

接下来我要介绍的是,作战人员在不同条件下管理战争风险时使用的不同的行动-互动的生存策略,以及这些策略在应对条件变化时发生的适应性改变。这种对过程的概念化方式与阶段化的形式不同,但对本研究非常适用。

备忘录3

2006年7月8日

概念:生存策略的模式

备忘录

生存被定义为在各种风险情境下采取行动-互动策略来管理风险,并调整策略以应对不断变化的条件和随之而来的风险。换句话说,行动-互动策略是对感知到的风险做出的反应。随着风险的性质发生变化,管理风险的策略也随之改变,以实现预期的目标。我把这些行动-互动看作策略性的,因为其旨在有目的地提高士兵在越南服役期间的生存能力。许多策略都是日常性的——即是说,在非战斗情况下使用,但目的是为战斗做好准备。其他策略则是用于处理在战斗情况下出现的特定问题。重要的一点在于,这些策略适应了不同的情境,使生存成为一个动态且持续的过程,这也将过程纳入到了分析之中。以下内容描述了士兵在战争的不同条件下为管理风险而使用的四种不同的策略模式:战斗准备和个人行动、团队策略和行动协调、解决现场问题与协调新行动、逃离与躲避:特别的策略性行动。下面将依次讨论。

战斗准备和个人行动

为了保持战斗状态,在非战斗情况下也会采取一些特定的策略。这些策略的特点在于其重复性,它们会在部署过程中被以某种形式反复实施。虽然需要实施这些战略,但于何时、何地实施以及如何实施则是由个人决定的。这些战略的另一个特点是,它们旨在维护士兵的身心健康和道德操守。战士认识到风险并愿意为风险做好准备的程度,表现为他为保持自己和所属团体处于安全的备战状态而采取的必需的行动-互动,因为士兵们永远不知道敌人会在何时、何地发动攻击。

旨在减少在炎热、潮湿气候中生存的身体威胁的策略和战术包括:服用抗疟药和使用碘片来净化被污染的水,定期检查脚部是否有真菌感染迹象,在去丛林时携带额外的袜子,在身体出现问题变得虚弱之前向医务人员报告,让水壶装满干净的水以保证获取充足的水分,戴头盔,穿防晒服,随身携带军用设备并使其处于工作状态,保持警惕,对躲避的指令迅速做出反应。在巡逻或执行战斗任务时,战士必须特别警惕,扫视周围的环境以寻找预示危险的线索,并注意自己、战友和其他飞行员(如果是战斗飞行员)的安全。

为了应对战争带来的心理压力,还可以采用其他策略。积极的策略包括为赢得战斗、完成任务和与同伴建立联系而感到自豪。然而,并非所有的策略都是建设性的。其他策略虽然可能在心理上有所帮助,但会对身体健康造成损害。例如,一些作战人员过度使用药品或酒精来麻痹自己对战争现实的感受。这样做可能会暂时消除现实感,但往往具有破坏性和成瘾性。虽然并不总是被过量使用,但由于酒精具有放松作用和社交作用,因此它往往是社交活动的中心。在回忆录中,一些作者提到,士兵会在海滩、"酒窖"(军官的生活区)和聚会上喝酒以放松身心。击落后被救出的飞行员通常都会给参与救援的人们买一轮酒喝。完成任务的飞行员通常会在聚会时喝酒来庆祝他们的幸存。在休假期间,作战人员经常进入最近的城镇参加派对和亲近异性朋友。他们会寻找任何可能使他们的生活稍微正常化并能减轻压力的活动。

并非每个士兵或飞行员都会喝酒、吃药或寻欢作乐。许多人会利用休息时间参加体育活动、给家里写信、进行打牌等社交活动、阅读或学习、在村庄从事慈善工作,或仅是在下次任务或作战之前休息一下。其他被使用的心理策略包括通过幻想国内的女孩或规划战后的生活来使自己远离越南。随着时间的推移,许多战士能够使自己适应战争,或者至少暂时将战争最糟糕的方面放在内心深处。经常被使用的策略还有贬低敌人,通过将他们称为"gook"和其他贬义词以在心理上减少敌人所构成的威胁。

为了处理持续的道德困境、"良心的刺痛"和作战人员目睹的暴行,作战人员经常需要重新建构所发生的事情,将负面事件称为"战争的本质"。作战人员可以参加宗教仪式以寻求心理建设和安慰。一些医务人员和作战人员会在孤儿院工作,与越南村民和南方士兵分享他们的口粮,与村民进行友好的接触。

团队策略和行动协调

多年来,军队为了应对不断增加的战斗风险制定了制度化的互动策略。这些策略通常以政策和程序的形式出现,并通过不同级别和类型的人员之间的分工来安排实施。为了使人们实施这些策略,通常需要对他们进行大量培训,并且这些策略往往具有特定的时间和空间属性。

尽管在整个战争期间针对陆军、空军和海军制定了许多制度化策略,但每次派遣飞行员执行任务时所发生的事件,都反映出这些策略的复杂性和互动性。请注意任务的团队合作性质,以及,如果要成功执行任务,"行动和互动的协调"是必要的。只要协调稍有失误就可能导致丧命。

为进入地形恶劣区域,并在由政治家和军方高层人员制定的作战规则下与顽强的敌人交战做准备,飞行员必须接受几年的高强度飞行培训。飞行员还被要求参加丛林生存训练,以防他们被击落。然后,在他们执行任务时,每一项任务都要精心筹划,上到相关军方高层人员、下到事关飞机运转的工作人员都会参与其中。对于飞行员来说,太阳还没升起,他们就要汇报这一天的详细安排,谁将驾驶哪架飞机,要在什么地方、什么位置执行什么任务。早餐后就开始"层层着装"(suiting up),这些是必需的,因为在高海拔山区高速飞行会有各种危险(Trotti,1984,pp. 22-25)。飞行员要穿的第一件衣服是飞行服,这种衣服是用一种便于在丛林行动的材料制造的,若飞行员被击落,其也能进行一定活动。在飞行服的最外面,是抗荷服——一条充气腰带覆盖在脆弱的腹部、大腿、小腿部位以防暂时性昏厥。在穿上抗荷服之后,飞行员要穿上降落伞背带,用来防止行动时在驾驶舱里摇晃和受到重击而被弹射出来。最后,飞行员要穿上救生背心,如果被击落,它能提供飞行员生存所需的装备。背心里的这些装备包括手枪、刀、密码本、地图、防鲨工具、防护绳索、无线电发射器、一壶水、一磅大米、钓鱼线,甚至还有止痛的吗啡。只有穿上所有的衣物,飞行员才算做好上飞机的准备。一旦上了飞机,就要继续实施那些制度化的程序。首先,飞行员必须用腿部束缚带将自己固定在座位上,以防弹射时腿部受伤。接下来,飞行员必须戴上氧气面罩和头盔,之后再整理好抗荷服。

当然,在执行任务期间,飞机必须经过一系列制度化检查。完成每次任务后,支援人员都会检查飞机是否有枪弹孔和其他损坏。每架飞机都有一个指定的机组,其任务是维持飞机的飞行性能,并确保飞机随时加满燃料并能够准备起飞。然后是每个飞行员在起飞前和起飞时必须执行的规定程序。这些程序的目的是确保飞行控制和通信系统正常工作。此外,还有那些负责起飞和着陆的导航员来帮助完成飞行任务。

在越南,飞行员通常与一名领航员和一名僚机驾驶员(wingman)一起飞行。在飞越敌方领土时,飞行员必须专注于目标,因此无法注意敌人的火力。僚机的作用是在飞行员投下炸弹时为他提供掩护。然后,领航员在僚机投下炸弹时为其提供掩护。在执行任务期间,空中协调至关重要,与来自不同基地的飞机(每架飞机在任务中都扮演着不同的角色)进行协调和加油都有一定的程序。如果飞行员的时间表有误,任意一项行动的延迟可能会使所有飞行员陷入危险之中,无法完成任务。战斗机要使用大量的燃料,飞行员通常必须在任务执行过程中加一次或两次油,这也有安全程序。到达目标区域后,飞行员使用诸如翻转、倾斜转弯,以及飞行员所称的"闪避"(jinking)或每隔几分钟改变高度和方向的机动战术,以避免被敌方火力击中。所有先前提到的行动-互动都是为了完成任务。在完成去河内的一项任务时,特罗蒂(Trotti,1984)目睹一架载着两个人的飞机被击中并坠毁(飞行员获救),他对此说道:

> 事实就是这样。为了进行十五秒的目标袭击要一百个人花费时间为之努力。我们用了30000磅的燃料,在飞机上花费了250万美元,把6吨炸药投放到10英亩的土地上,我们可能都知道,这就是我们付出代价所得到的。(Trotti,1984,pp. 96-97)

解决现场问题与协调新行动

并不是每一个战斗情境都要实施常规的策略。在每一个风险情境中,总会有突发情况,这需要"随机应变"并协调全新而非常规的行动。在持续不断的战斗中营救被击落的飞行员或受伤士兵的行动,其强度和出错的可能性具有差异性。尽管军方为营救建立了制度化的程序,但营救行动经常因突发事件而变得复杂,这需要随机应变以增加生存机会。在越南发生的一些最具戏剧性的营救行动,可能就是那些从敌后营救被击落的美国飞行员的行动。尽管这些营救行动是有计划的,但它们并不总是按计划进行。营救行动的特点是需要"协调"新行动。营救行动要求受过高强度训练的队员来共同解决问题。通常,所有参与方都面临相当大的风险——无论是营救者还是被营救者。下面的例子可以体现营救行动的顺序和协调互动的性质。请注意营救者遇到的各种风险,以及他们如何随机应变和采取全新的行动方式来管理这些风险。

在越南战争期间,有专门的团队负责营救在敌阵内——通常是在越南北方、柬埔寨或老挝——被击落的飞行员。有一种专门被作为营救飞机的飞机,叫做"天袭者"(Skyraider),它是一架由单引擎、螺旋桨驱动的"二战"时期的飞机。通常的程序是,派遣两架"天袭者"响应被击落飞行员的呼叫:分别为在越南服役时间较长的"天袭者"飞行员(资深飞行员)和他的僚机。"天袭者"飞行员并不进行实际的营救,这项任务是留给直升机的。相反,"天袭者"在营救行动中的作用是防御,使敌人远离被击落的飞行员和营救直升机。驾驶"天袭者"的空军飞行员被称为"Sandy",因为他们的呼号是"Sandy"。另一种参与营救行动的飞机是被称为"Jolly Green"的直升机,其机组成员被称为"Jolly"。

马雷特(Marrett,2003,pp.156-161)是一名"天袭者"飞行员,他讲述了下面的营救故事。在老挝的胡志明小道上,一架F-4幽灵战斗机在一次轰炸任务中被击落。飞机上有两名飞行员,其中一名飞行员成功地被弹射出飞机,而另一名飞行员是资深飞行员,与飞机一同坠毁。在弹射过程中,幸存的飞行员多处骨折,但足够清醒,能够激活无线电发射器,并将他的位置告知基地。

在F-4坠机不久之后,基地派遣了两架"天袭者"飞机和一支直升机机组进行营救。当飞机接近目标区域时,其中一架营救的"天袭者"飞机被击落。飞行员成功地被弹射出飞机。现在,敌占领土中有两名生还的飞行员:原来的飞行员和被派来营救的飞行员。由于天色渐暗,营救行动也被暂停,直到早上才再次启动营救。

在天亮时,基地又派遣了另外两架"天袭者"和"Jolly Green"前来完成营救任务。伤势严重的飞行员被第一个营救出来。另一名飞行员躲在树上,被一群越南北方士兵包围,但没有被发现。第二名飞行员被找到了,但在完成营救之前,又有一架"天袭者"被击落。这名飞行员成功地被弹射出飞机。现在,有两名生还的飞行员在敌占区中。在等待营救时,先前被击落的飞行员必须继续躲藏。接着,第三支营救小队被派往该地区,在找到了这名飞行员后,准备下降进行营救。当飞行员被吊到直升机上时,小规模的枪声响起。一名直升机机组成员移动到直升机后部以便更好地瞄准敌人。当直升机升空时,负责保护直升机免受敌方火力袭击的直升机炮手腿部严重受伤,直升机本身也被击中。此时,救援的焦点从飞行员转移到了受伤的炮手,因为后者正在大量出血。与此同时,直升机坠毁。但直升机上的六名人员——包括受伤的人和被营救的飞行员——都奇迹般地幸存了下来(对于飞行员来说,这是两天内的第二次坠机)。另一架直升机被派遣去营救这六名被击落的人,最终所有人都安全地返回基地。

这次营救行动不仅需要很多资源，而且还需要进行很多的行动协调或应急管理，才能最终完成。当一个计划失败时，另一个备用计划必须立即启动。营救行动的标志是设备、人员以及通信之间的协调，最重要的是采用适应性的策略性行动-互动来处理出现的问题。

逃离与躲避：特别的策略性行动

在越南，有时作战人员会处于极度的危险之中，例如，当他们被派往敌后执行任务或者陷入埋伏时，这时候可能没有人确切知道他在哪里，甚至不知道他是否还活着。逃离和躲避策略的特征是能够利用过去的经验和已获得的知识适应不断变化的风险情境。与其他人员参与救援任务的营救行动不同，当作战人员独自一人或与小团队在一起时，他们必须自救。以下是一个关于采取特别的策略性行动来逃离和躲避敌人的例子。

这是第5兵团1营A连的SP 4①詹姆斯·扬（James Young）的故事，由穆尔和加洛韦（Moore & Galloway，1992）讲述。在巡逻时，一队美国士兵遭到了敌人的伏击，一场激烈的战斗随之爆发。在战斗中，有人注意到一挺美军机枪被敌人夺走，并被用来射击美军。扬自愿离开安全地带，去寻找机枪的位置，以便可以呼叫空军来进行轰炸。当扬穿过高高的草丛时，被子弹打中了头部。受伤后，他开始折返，发现在他离开的那段时间里，敌人已经包围了美军。扬自己受了伤，并与自己的部队失去了联系，陷入了困境。他身上只有几发子弹、几个手榴弹、一支步枪、两个水壶和一面小镜子。扬不确定自己在哪里或者应该去哪里，他试图回想他的部队之前在哪里，并决定回到那个地点。为了在逃跑时保护自己不被敌人射击，扬朝着树木射击以应对狙击手，并向草丛投掷几个手榴弹，同时躲闪并以"Z"字形移动以避免敌人的火力。他能听到敌人在追赶他。为了瞒过追兵，扬运用了小时候学到的打猎技能。他来到一条小溪，顺流而上。他给水瓶装满溪水，以备后用，并尽量多喝了些水。他在岩石区域离开小溪，以免留下其他人可以追踪的痕迹。他进入了一个山谷，可以清楚地看到身后是否有追击。天色渐暗，扬躲在岩石后面。在那里，他拿出日记本并写了一封给家人的信，希望如果他没有回家，他们能看到这条信息。此时，他的头部已经非常疼痛，每次尝试喝水时都会呕吐。

---

① "Specialist 4"或简称"SP 4"，是美国陆军中的一个军衔，属于士官等级。他们通常在其专业领域内具有特定技能和知识，如机械操作、通信网络管理等，被认为是某一领域的专家（Subject Matter Experts，SME），但不具备非委任士官（NCO，Non-Commissioned Officer）的指挥职责。在某些方面，"SP 4"可以被视为等同于陆军中士官初级的军衔，如下士或一等兵。特别是在越南战争时期，许多在越南服役的美军士兵都持有这一军衔。上文提到"SP 4"，可以理解为，该士兵是一名经验丰富的士官，但他不负有非委任士官的指挥职责。——译者注

一整夜里,扬保持着清醒,每次只睡几分钟。到了清晨,他听到头顶上有直升机的声音,知道一定是战友来营救了。他试图用手里的小镜子向直升机发送信号,但没有成功。为了逃生,他沿着直升机的飞行路线前进,这个策略让他更为接近美军的阵地。抵达时,战斗仍在继续。扬藏在一个大木桩后面,等待战斗结束。美军飞机开始投下炸弹以驱散敌人。扬担心会被友军的火力伤到,于是又开始在高草堆中寻找安全位置。此时,天又黑了。扬知道,如果在天黑时穿越将他与自己部队分开的草丛,他将会被自己人或敌人射杀,所以他又在草丛中度过了一个夜晚。他用树枝覆盖自己以保暖。一整夜,战斗都在持续进行。天亮时,扬小心翼翼地靠近美军基地的边界。就在最后一批美国部队从该地区被空运出去之前,他成功地回到了美军的安全地带(Moore & Galloway, 1992, pp. 318-321)。

为了生存,扬调用了他小时候学到的生存技能,并根据他试图返回部队时所面临的地形和风险调整策略。之前培养的生存技能——保持冷静和谨慎,以及强烈的生存意志——使他能够逃离并躲避敌人,成功回到美军基地。

方法论笔记

我可以在此处停止分析。我已经将过程和情境纳入分析,这对某些研究项目来说已经足够了。但我并不满足,因为研究的整合仍然不够。还有"自我的改变""战争的形象""回家"等类属尚未被解释。这意味着需要进行更多的分析工作。现在我面临的问题是:我们如何将所有这些内容整合到一个理论中?第16章将重点讨论有关整合的问题。

要点总结

研究者可能会从阶段、层次、程度、朝向目标的进展或行动顺序等方面来考虑"过程"。在这种情况下,过程被呈现为一系列的适应性行动-互动,旨在增加在不同的战争条件下生存的机会。一些行动-互动可以被认为是常规的,即在不断重复的条件下一次又一次地进行。其他的行动-互动是全新的,是为了应对困境或意外情况而采取的。一些行动-互动是个体采取的,其他则需要一个团体的各个成员相互协调。在数据中识别过程没有什么特别的技巧。研究者必须研究备忘录和原始数据,并寻找参与者是如何通过行动-互动处理主要困境或问题,以及这些行动-互动是如何随着条件变化而改变的。识别过程,并将其与不同的结构性条件或不同的情境联系起来,有助于研究者整合许多不同的数据片段。请注意,这里的模式尽管是从数据中推导出来的,但还是由研究者进行了分组。其他研究者可能会用不同的方式来呈现相同的材料。

小组思考、写作与讨论

1. 回顾本章开头的"学习要点",并挑选出几个例子,说明你认为研究者是如何执行这些要点的。带到课堂上进行讨论。

2. 你认为将过程纳入分析是如何丰富研究发现的?

3. 你认为过程与理论之间的关系是什么?

4. 你能想到其他将过程和情境结合在一起的方法吗?

5. 我们在这一章中呈现的过程,与第2章中介绍的实用主义者和互动主义者的观点有何关系?

第16章　整合类属

余下的徒有悲伤,无尽的悲伤,大难不死之后的悲伤。这就是战争的悲伤。

（Ninh，1993，p. 192）

关键术语

整合　围绕一个核心类属将其他类属关联在一起,并不断提炼和精简理论的过程

反面案例[①]　与一项研究的主要发现相反的案例。尽管研究者可以继续收集数据,
寻找反面案例,但发现反面案例并不必然会否定分析者的概念化结果。通常,
反面案例代表了有关数据概念化方面的极端维度或变化情况。

在前四章中,我使用了一个关于越战退伍军人的研究项目示例来展示我是如何分析数据的。分析始于开放编码或概念识别,然后逐步进行概念阐述和关联,接着再根据情境和过程对数据进行分析。在本章中,我将通过说明如何整合研究发现来展示项目示例,这也是理论建构的最后一步。基于我在扎根理论方面的教学经验,我发现整合是理论发展最困难的一部分。不过读者也可以放心,这对我来说也同样不容易。同时,经验也表明,经验不足但积极性高的研究者同样可以达到整合这一目标。当一个理论最终形成时,会有一种非常棒的感觉,用西班牙语中的一句俗语来说就是"一切都是值得的"（*vale la pena*）。

学习要点

在阅读本章时,建议读者注意以下要点:

• 回顾备忘录和图表
• 撰写描述性的总结性备忘录

[①]"negative cases"在此表示的应该是反面案例。不过,在实证主义导向下的案例比较研究中,这一术语通常被翻译为"负面案例",即前因条件组合部分缺失且结果未发生的案例;值得注意的是,负面案例同样是支持研究者进行理论建构的案例。具体可以参见：James Mahoney and Gary Goertz, "The possibility principle：Choosing negative cases in comparative research," *American Political Science Review*, vol. 98, no. 4（2004）, pp. 653-699。——译者注

- 利用整合性的图表和总结
- 完善理论

回顾备忘录和图表

在本书中,我多次强调,对于旨在建构理论的研究者来说,撰写备忘录和绘制图表是至关重要的。现在,我强调撰写备忘录和绘制图表的原因也变得更清晰了。撰写备忘录和绘制图表可以帮助研究者消化数据并将概念记在头脑中。它们能帮助研究者建立概念、加强理论致密性,并添加变化的维度。然后,当涉及概念整合时,备忘录和图表提供了有助于研究者持续推进研究的信息。由于研究项目从开始到达到整合点已经过去了很长时间,如果没有备忘录,研究者将难以记住所有分析的细节。重新阅读和整理备忘录和图表就像回顾家族收藏的传家宝一样,它让人想起了被精心保存的分析宝藏,并使分析的成果可被用于最终的整合性分析。本节将概述如何通过回顾备忘录和图表来推进研究。

回顾备忘录和图表的步骤

1. 阅读备忘录,查看图表。
2. 坐下来思考备忘录中表达的主要观点。
3. 整理涉及类似主题的备忘录。
4. 尝试按类属标题整理备忘录,以形成不同的理论方案。
5. 选择最契合数据的组合方式。

阅读备忘录,查看图表

在完成整合任务时,研究者常常会感到焦虑和不知所措。为了克服这种感觉,我做的第一件事就是坐下来,深呼吸,尽量放松自己。然后我才会重新阅读备忘录并查看图表。令人惊讶的是,当研究者进行更深入的分析并培养出理论敏感性时,那些在研究开始时写下的看似不重要的词汇,通常都会变得重要起来。对于之前我还不太清楚的事情,现在我眼前豁然开朗,而理论的结构也开始在我的脑海中逐渐成形。

坐下来思考备忘录中表达的主要观点

阅读备忘录后,我会坐下来思考并与他人讨论我所读到的内容。我在散步时也会不断审视这一想法,即,虽然生存是贯穿整个研究的主题,但它并不能讲述整个故事。我需要用一种更好的方式将其他类属和子类属编织进理论中。我对自己是否能够整合这项研究表示怀疑,有时甚至希望一切都能消失。

整理涉及类似主题的备忘录

我以不同的方式对备忘录进行了整理,将重点放在类属上,而不是放在较低层次的概念上。每种类属组合都以不同的方式讲述了生存的故事,并强调了不同的主要类属。但是没有哪种方式让我感到完全满意。我需要一个高于其他概念的概念。然后我终于迎来了"柳暗花明又一村"的时刻。

在分析第一次访谈时,我已经确定了"协调多重现实"(reconciling multiple realities)的概念,但并没有进行深入探讨。在尝试了不同的概念并发现它们都不尽如人意后,我被"协调多重现实"这一概念所包含的可能性所吸引。那是我"柳暗花明又一村"的时刻!我意识到,虽然生存仍然是主题,但"协调多重现实"是一种解释有些人为何以及如何在生理上以及心理和道德上都能生存下来的方式。使用该概念还使我能够整合所有其他类属。它似乎可以解释在个体身上发生的变化,从战前的自我,到成为经验丰富的作战人员,再到回家和家人团聚——为了增加生存的机会需要发生的变化。它还解释了在不同的风险条件下,行动-互动所发生的适应性变化。我尝试将这一概念应用到数据和其他人身上,其似乎也与这些内容相契合。现在我已经确定了一个潜在的核心类属,下一步就是尝试围绕它整合主要的类属。此时,我终于感到有一些解脱,感到自己可能正走在朝向整合的正确道路上。

尝试按类属标题整理备忘录,以形成不同的理论方案

我有几个主要类属:"不断变化的自我""战争的形象变化""战争情境""生存策略"和"回家"。潜在的核心概念是"生存:协调多重现实",其强调了生存中的积极因素、作战人员为了在不同风险条件下生存必须经历的自我和战争形象的深刻变化,以及为应对这些不同条件做出的各种调整。其他概念,如"不断变化的自我""战争的形象变化""战争文

化"和"生存策略"都被纳入"战争体验"。我也尝试了这些概念的各种组合。

选择最契合数据的组合方式

最终,研究者必须确定一个核心概念。令我感兴趣的是,就其定义而言,协调(reconciling)本身就需要改变自我和转变战争在心中的形象。我甚至敢说,生存与如何协调不同的"现实"——战前、战争期间和战后——以应对各种风险,以及与如何将每个部分与其他部分结合形成整体的战争体验有关。现实并不仅仅是战争事件本身,而是这些事件如何被人们根据风险情境来感知和定义。我最终确定的概念是"生存:协调多重现实"这一核心类属。我认为它涵盖了年轻人在战前、战争期间和战后的经历,解释了总体的"战争体验"。它满足了斯特劳斯(Strauss,1987,p. 36)所列出的核心类属的所有标准,并且肯定对探究为应对生活困境而做出调整的人的其他研究有所启示。我认为战争的独特之处在于,它不仅存在生理风险,还存在心理和道德风险。

尽管从数据中产生的理论是扎根于数据的,但最终的"理论",或者说概念如何相互关联,还是由研究者来建构的。这些概念终归是基于研究者对数据的解释和组织。不同的理论可从相同的数据中得出,这取决于研究者的视角以及他们关注的研究重点。即使同一个研究者在一段时间后重新组织数据,也可能建构出不同的理论。例如,我和斯特劳斯在研究中收集的关于夫妻在家管理慢性疾病的数据是根据"无休止的工作与护理:居家管理慢性疾病"这一概念来组织的(Corbin & Strauss,1988)。然而,我们本可以选择"身体失能"或"身份和生命史中断"①作为我们的核心类属。这两者都是研究中的重要类属,但我们所研究的夫妻长时间面临的当务之急是,由于居家管理慢性疾病要求他们不断地进行照顾和关注,夫妻双方和他们的关系都出现了疲态。但"身体失能"和"身份和生命史中断"也被纳入理论,作为无休止的工作与护理的条件或结果。

撰写描述性的总结性备忘录

拥有一个核心类属只是整合的初步阶段。接下来,我们需要围绕该概念将所有的其

---

①"身份和生命史中断"(Identity and Biographical Disruption)这个概念主要用于描述当个人经历了重大的生活事件或健康危机时,他们的身份和以往的生活经历如何被打破或改变。这种"中断"不仅仅是物理上的,更是心理上和社会上的。——译者注

他概念关联在一起。在这一阶段,初学者往往会感到"只见树木,不见森林",因为似乎有太多的细节和概念,很难想象如何将它们整合到一起。这里的关键是要三思而后行,退一步,尝试用简洁的描述性语言来总结主要观点。本章的这一节将讨论以下内容:

- 用简短的话语来描述研究发现
- 撰写总结性备忘录

用简短的话语来描述研究发现

我现在有了一个潜在的核心概念,但发现很难整理我脑海中的所有数据。我意识到必须暂时忘记关于这些概念的事情,用几句描述性的话语向同事、参与者甚至朋友讲述研究的故事,并省略所有的细节。故事必须是连贯且有逻辑的,因此我也乐于让其他人提问、质疑我的想法并给我一点压力。我会给他们提供一到两份访谈记录和备忘录的副本,让他们明白我的研究起点。我一直在撰写描述性的故事,直到我觉得这个故事是有意义的、合乎逻辑的并且与数据相契合的,我才停笔。

撰写总结性备忘录

然后,我将主要的描述性故事写成了总结性备忘录。我会保持备忘录的简洁性,因为我只想以大纲的形式列出自己的想法。

让我们再回到有关越战的研究中,看看我写出了怎样的描述性故事。

备忘录

有关越战退伍军人的描述性故事

浸淫于平民文化的年轻男性选择参战,其拥有一套战前的标准、价值观和信念——这些内容构成了他们对战争现实的理解。一旦参军并抵达越南,年轻男性就要面对真正的"战争现实",或者面对他们所认为的一系列威胁他们身心健康和道德操守的风险。如果他们想要生存,就必须准备并实施一系列军事、心理和道德方面的生存策略——其中一些他们可以单独实施,另一些则必须作为团队的一分子来实施。然而,除非年轻男性能够成为经验丰富的士兵,使战前的自我与战争现实达成和解,否则他们就很难实施遏制风险所必需的策略。当他们返回家乡,成为退伍军人后,他们会再次面临与战争完全不同的现实。

现在他们必须再次适应普通公民的行为标准，但阻碍他们步伐的是"战争的幽灵"。

利用整合性的图表和总结

随着描述性故事的完成，我需要开始进行更为深入的分析，或者根据理论来进行思考。在这一点上，我不想再纳入从研究中得到的所有概念，因为我知道那样的话我又会很容易感到不堪重负，我只想要把焦点集中在主要类属和子类属上。对于每个类属的属性和维度，我将在后面的写作过程中进行详细阐述。在下一节中，我将探讨以下内容：

- 绘制图表
- 撰写分析性的总结性备忘录

绘制图表

当到了围绕核心类属整合概念的时候，我发现绘制整合性图表非常有帮助。我在绘制图表方面的经验是，图表是确定逻辑中断处的一种可靠方法。可以对它们进行反复修改，直到类属之间的关系就位并且让研究者在逻辑上"感觉对了"。为了阐明我的观点，一旦研究者开始围绕核心类属整合主要类属，纯文本的故事就不再合适，因为研究者不会再撰写叙事性或描述性的故事。相反，研究者现在正在发展理论。研究者绘制的最终图表应该展示理论的框架，也就是说，它应该展示核心概念和主要类属是如何互相关联的。

回到越战退伍军人的研究，这里有一个示例，展示我如何围绕"生存：协调多重现实"这一核心概念整合类属。首先，我绘制了一张图表，并进行了反复修改，直至我满意为止。随后，我撰写了一份总结性备忘录，在其中使用主要类属和子类属阐述了理论。

生存：协调多重现实

一旦图表绘制完成，研究者就可以使用它来作为指南来整理总结性备忘录。在总结中需要描述每个类属以及类属之间的关系。将类属和相关的子类属放在引号中。总结性备忘录和图表为之后的写作提供了指导。

撰写分析性的总结性备忘录

生存是研究的主要主题。每个参战的人都希望成为幸存者。在这项研究中,每种行动-互动("生存策略"的运用)——无论是独自进行的还是作为团队的一分子进行的——都旨在应对威胁生存的各种风险。风险是由条件引发的,并随着条件组合的不断变化而变化,这也使得生存成为一种具有持续性和反应性的适应过程。生存具有一定的属性,一个人要么得以幸存,要么难以幸存。此外,作战人员可能在战争中"生存"下来,但在回家后发现自己在生理、心理或道德方面的伤口尚未愈合。即,存在"生理生存""心理生存"和"道德生存"。为了在战区实施必要的个体和集体策略,作战人员必须调整自我和他们对战争的看法(由日常生活所形塑),以适应在战区所面临的风险现实。这种适应的发生必须相当迅速——有时在第一次战斗开始时就要做到。然后,当这个人退伍后,又必须再次适应日常生活的现实。这意味着他们要抛弃为了在越南生存而采取的身体行为、心理隔离和不同的道德标准,以再次符合美国文化的标准。从战争开始到战争结束,这种文化标准发生了相当大的变化。我将这种调整战前、战时和战后的自我和对战争的看法的需要称为"协调多重现实"。

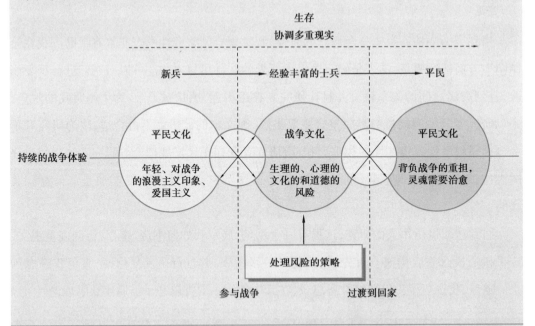

图16.1 生存:协调多重现实

"协调"需要在"自我"和"战争的形象"上"做出调整",然后利用适当的策略生存下来;这不仅需要应对战争带来的风险,还需要应对战后生活的风险。"现实"指的是对生理、心理和道德行为标准的感知,这些标准是"战前公民""作战人员"和"退伍军人"所代表的文化的一部分。协调不是一次性的事件,而是随着时间的推移以及在个人生命中遇到的状况而反复发生。协调可能很困难,因为"现实"可能是多重的。当不同的"现实"发生冲突时,它有时可能会引发不太可取的行动,这不仅威胁到了人们的生存,还威胁到了他们的心理健康和道德操守。

"不断变化的自我"指的是个体在从普通公民到作战人员,再到退伍后重新进入社会的过程中必须发生的各种变化。自我包括许多方面,如学生、工人、女儿、儿子、妻子、丈夫、研究者等(Strauss,1969)。前往越南的年轻人来自不同的家庭,接受了不同的教育,有着不尽相同的生活背景。一些来自中产阶级家庭,而另一些则来自较低的社会经济阶层。一些人入伍源于对国家的义务感,而其他人则因为被征召而参战。无论他们背景如何,无论他们为什么去越南,一旦到了越南,这些年轻人就必须对自我做出同样的生理、心理和道德调整,以使他们能够应对战争中"风险"的各种情况。自我的改变包括放下"战前公民"身份,然后从"新手"变成"经验丰富的作战人员",最后再次成为一名"平民"——有过战争体验的公民。离开家庭这样的安全环境前往训练营是成为作战人员的第一步。在训练营的基础训练中,年轻人学会了关于战争的基本知识。但是基础训练并不能为实际作战做好完全的准备。战争训练是一回事,而面对一个想通过各种手段杀死你的"真正"的敌人则是另一回事。能否生存取决于从刚到越南的"新手士兵"迅速转变为"经验丰富的作战人员"的能力。"经验丰富"意味着拥有必要的军事技能、情感和道德力量,以实施个体和集体策略,从而在各种不断变化的战斗条件下生存下来。就像为了在战争中谋求生存而必须改变"自我"一样,"自我"的变化也是战争的结果。有些结果是积极的,有些结果则没那么积极。"自我"的积极改变包括"成熟"、"获得自信"、"学习新的技术和社会技能"、学习如何照顾"身体自我"(physical self)、明白如何"关心他人",以及"学会对自己的行为负责"。对自我的负面影响包括"变得沮丧""变得气馁""变得愤怒""变得复仇心重"和"失去道德操守"。

由于作战人员在战争中经历了风险和负面事件,回家时他们需要对自我进行额外的调整。一些退伍军人的身体和心理状况良好,道德良好,可以预期他们能够顺利"回家"。他们可能也需要做出一些调整,也许还会筑起"沉默之墙",有时还会遇到"缠绕心头的幽灵",即那些在战争中受伤或丧生的战友、敌人或平民的精神形象。但是,通过军队、家人、社区和朋友的帮助,他们能够做出必要的调整并过上平和的生活。当然,有一些人则难以再适应平民生活。他们有着相当的愤怒,被那些"缠绕心头的幽灵"所困扰,并患上"创伤后应激障碍"。许多人因战争而受伤或致残,需要相当多的医疗和心理关怀。对于那些难以熄灭怒火和难以摆脱"战争的幽灵"的退伍军人,以及那些可能受了重伤或残疾的退伍军人来说,每一天的生活都成了一种挣扎。

"战争的形象变化"与年轻人对战争的感知变化有关。战争爆发前,许多年轻人都对战争抱有"浪漫主义"的想象。他们的观念主要来源于电影和电视节目,这些电影和电视节目更关注英雄和胜利,而不是战争的艰辛和悲剧。在越南战争爆发时,许多年轻人都深信美国军队的力量及其击败敌人的能力,他们认为战争很快就会结束。战争形象的第一次转变通常发生在训练营,在那里,未来的作战人员开始接触到如何打仗。但是,尽管训练也非常艰辛,但它与"身临其境"的实际战斗并不完全相同。它无法让年轻人在第一次遇到敌人时不感到恐惧,也无法让他在意识到要么杀人要么被杀时不产生心理创伤。为了在生理、心理和道德方面生存下来,年轻人不得不把他们心中对于战争的浪漫主义形象转变为更符合"战争与死亡的现实"的形象。这种转变的一部分是学会把"敌人"看作想要杀死你的仇敌,认识到追随"领导者"的必要性,并认识到纪律是必不可少的。一名作战人员必须遵守"交战规则"和"命令"——即使这样做令人不快且没有意义,不然就要面临军事法庭的审判。在战争中,在道德方面有一条微妙的分界线。作战人员必须接受这一点:虽然战争"准许杀戮",但同时作战人员也不能滥杀无辜。拥有一名"强大的领导者"对生存至关重要。强大的领导者可以指引方向、设定界线,并维持纪律。即使当作战人员能够转变对战争的观点以适应"现实感知"时,"自我"也会受到影响。有些年轻人对自己之后的生活感到幻灭和恐惧,以至于他们在心理上受到了创伤。有些则失去了道德指引,做了他们希望从来没有做过的事情。战后,在他们回家后,他们经常会遭遇"缠绕心头的幽灵"。在越南看似"正确"的战争和杀戮,从普通公民的角度来看,往往是非常"错误"的。许多退伍军人在"回家"时所经历的战争形象的冲突,往往加剧了他们对政府和社会成员的愤怒,并使他们产生了幻灭感。对于许多作战人员来说,只有那些去过越南并经历过他们所经历的事情的人,才能理解他们在越南所做的事情,以及为什么他们当时觉得必须要这样做。

"战争情境"指的是作战人员个体或集体所感知到的与风险相关的一系列条件和境况。作战人员赋予他们在越南所遇到的条件以意义,指出这些条件是威胁他们生存的风险,因此必须通过不同形式的行动-互动来应对。战争情境是由定义越南战争的政治、社会、文化、个人、经济和历史条件的综合作用产生的。在美国，"美国的战争情境"从对战争的隐性支持转变为"反战运动"，而反战运动分裂了国家势力，并且使得作战人员重新融入平民生活更加困难——因为普通公众会对他们提出各种指控。有时，军事人员会遭到唾弃并被称为"杀婴者"(baby killers)。

战争情境包括政府和军队高层做出的所有政治和军事决策，包括战争发生的"物质和政治环境"、"敌人"的性质、建立的"交战规则"以及"部队人员更替频繁"。这些条件给作战人员带来了他们认为构成"风险"或"威胁"他们生存的"生理、心理和道德情境"。这些风险水平在任何时候都有高有低，并且往往根据作战人员所处的情境而变化。随着时间和地点的变化，由于条件的组合方式不同，风险也是不同的。

构成风险的条件包括以下几个方面：

1. 理想主义与年轻

2. 对作战条件的无力感

3. 令人困惑的交战规则

4. 为他人而战

5. 进入生死边界

6. 与意志坚定且经验丰富的敌人交战

7. 恶劣的地形

8. 参与一场没有明显方向感的战争

9. 以敌方死亡人数来衡量成功

10. 文化差异

11. 部队人员更替频繁

12. 目睹战友和朋友伤亡

13. 与拥有致命武器的敌人交战

14. 尽管精疲力竭，仍要战斗

15. 身体上的筋疲力竭导致心理和道德上的疲惫感

"生存策略"指的是作战人员为增加其生存机会而进行的行动与互动。对这些策略的使用取决于作战人员"协调"其自我和战争形象以适应由各种条件所引发的风险情境的能力。作战人员使用的生存策略必须与其所感知到的风险相匹配，可以被分为"个人""组织""集体或营救"以及"逃离和躲避"等模式。尽管谁能够从越南生还这一问题具有偶然性，但想要生存的积极心理以及严格执行生存所必需的策略对于增加生存机会至关重要。有时，在长期暴露于战争条件的情况下,承受风险的负担是如此沉重,维持生理、心理和道德健康的策略也无法缓解,作战人员开始"在生理、心理和道德上感到精疲力竭"。

"回家"不仅仅意味着离开战区,更意味着把越南抛在身后,再次协调"自我"和"战争形象",以适应退伍军人现在所处的条件。退伍军人回到的是相比越南,在文化上迥然不同的美国,对祖国的责任感也已经消退。他们的朋友继续过着他们的生活,这个国家还在经历战争造成的文化分裂的疗愈时期。有许多敌意指向曾在越南服役的退伍军人,以及在战争期间制定政策的政治家和其他人。退伍军人回家后不仅要面对文化差异,而且还有着"残留的愤怒""良心的刺痛""缠绕心头的幽灵"和"与社会的疏离感",以及对政府、社会甚至自我的"幻灭感"。退伍军人回到家依然肩负的重担意味着他们需要"治愈"(healing)。"治愈"意味着他们需要放下愤怒、内疚、悔恨和恐惧,并需要不断得到朋友、家人和治疗团队的支持。为了应对他们在国内遇到的各种情况,许多退伍军人针对他们在越南的经历建立了一堵"沉默之墙"。他们拒绝与家人和朋友谈论他们的经历,更愿意遮掩他们的伤口,并将现在的自己从那段生活经历中抽离出来。随着时间的推移,在很多人的支持下,一些退伍军人尽管从未忘记那段经历,但能够让现在的自己与过去达成和解,重新适应平民生活。他们能够通过克服战争体验的负面影响并走向成熟,从而继续他们的生活并取得成功。而其他人则可能直到今日都难以"治愈",他们的"沉默之墙"依旧稳固。他们仍然会在不同程度上感到愤怒、幻灭和被疏远,有些人患上了创伤后应激障碍,有些人则选择酗酒和吸毒,以帮助他们忘却他们所经历的恐怖。

总之,战争体验可以被描述为一次剧烈的、强有力的、改变人生的"生存"事件,如果作战人员想要生存下来,就必须"协调"许多"不同的现实"。对作战人员来说,从越南生还并不意味着战争的结束,其可能继续困扰着一些退伍军人,影响他们的余生。即使是许多在本质上不是作战人员,而是担任诸如护士、医生、工程师等辅助角色的退伍军人,也因战争而受到深刻影响(Van Devanter,1983)。

尽管是为了纪念那些牺牲的人而建造了纪念墙,但纪念墙本身也承载着幸存者的痛苦。我记得在早期的访谈中,一些人围绕自己筑起了"沉默之墙",这让我非常震惊。现在我明白了,为了使他们能够应对"战争体验"的"现实","沉默之墙"发挥了非常重要的保护作用。

> **方法论笔记**
>
> 上述备忘录将分析得出的概念进行了整合,以建立对战争体验的解释。虽然也许还有更好的解释,但将战争体验概念化为"生存:协调多重现实"似乎是与数据相符的,主要类属在逻辑上也适合更大的框架。虽然该框架没有说明为什么有些人能幸存(我没有这些已故士兵的任何实际数据),但它确实为作战人员的战争体验提供了一些见解。
>
> 当我开始进行这项研究时,我不知道它会走向何方,我让分析数据时产生的问题和概念来引导我。我不是数据的被动接收者——而是一个非常积极的参与者,会进行比较、提问、思考,撰写备忘录和绘制图表。分析者和数据之间的相互作用是持续的,在"形塑"数据的同时,我也被数据所"形塑"。

完善理论

现在是时候对理论进行完善了,包括:(1)检查逻辑上的漏洞;(2)对那些似乎缺失的领域进行返工;(3)使用我所撰写并整理过的所有备忘录以充实每个主要类属下的信息。

检查逻辑上的漏洞

经过对理论的反复推敲,我没有发现任何重大的逻辑漏洞。各个概念按照我所组织的方式相互关联。我也向其他人展示了我的理论总结,他们也没有发现任何漏洞。我很满意,准备进行下一个步骤。

充实细节

研究的核心类属是"生存:协调多重现实"。"协调多重现实"代表了作战人员的"战争体验"。为了生存,无论是在生理、心理还是道德方面,他们都必须这样做。在核心类属下还有几个其他主要类属,包括"不断变化的自我""战争形象的改变""战争情境""生存策略"和"回家"。不断变化的自我和战争形象的改变代表了为协调多重现实而发生的必要变化,因为作战人员要面对战争情境下出现的挑战,并在回家后继续面临其他的挑战。为了在战争期间生存、保持心理稳定和坚持道德操守,并在回家后得到治愈,作战人员必须进行"协调"。

我所写的所有关于主要和次要概念的备忘录现在都将被进行整理以填充细节,说明这些概念是如何相互关联的。通过对类属填充细节,我解释了"协调"是如何通过自我和战争形象的改变而发生的。我首先描述了作战人员在参战前是谁,他们是如何从新手变成经验丰富的士兵的,以及经验丰富如何使他们能够利用生存策略来解决在战争中遇到的各种问题,并在回家后得到"治愈"。我通过描述作战人员在战争中所面临的各种情况以及他们为了生存而采取的策略来引入变化。我解释了当一名作战人员感到不堪重负,实施的策略也失效时,他很可能会感到士气低落,自己在生理、心理和道德上也都精疲力竭。在生理、心理和道德上"精疲力竭"也许部分解释了为什么有些退伍军人在适应平民生活方面比其他人更困难。他们无法摆脱"战争创伤""幽灵"和"愤怒",有些人还患上了创伤后应激障碍。

研究的限制因素

在这里我必须补充的是,这项研究尚未完成。为了更充分地从作战人员的视角了解越南战争的体验,有必要收集更多的多样化数据。因为本书的重点是方法论而不是研究,所以这些内容超出了本书的讨论范围。这项研究仅用于教学目的。然而,如果我要继续进行这项研究,我会想要对更多的作战人员进行访谈,并与不同军种的代表,如海军、机械师、医护人员、牧师以及其他职业人士进行访谈。从其他参与战争的人那里获取数据也很重要,如医生、工程师、军事领袖、政治家等,尽管他们没有直接参与战斗,但肯定也可以间接地分享战争体验。收集在伊拉克战争和阿富汗战争中服役的年轻男女的数据,并将其与越南战争的体验进行比较,也会很有意思。

记者曾随军队前往越南,了解他们关于战争的体验,以及他们向公众呈现的战争形象如何形塑了战争的结果,也是很有趣的。获取更多关于"敌人"视角下的"战争体验"的见解也将是有价值的。然后还有国内的和平运动。作为这项研究的一部分,我还想了解更多关于国内普通公民的形象如何随着时间的推移而被形塑的信息(由谁、什么因素所形塑),以及反战运动在结束战争方面所起的作用。在越南北方、越南南方和美国,有一系列政治因素影响了结束战争的谈判能力。为了让所有这些额外的材料具有相关性,它们必须与作战人员的战争体验联系起来,因为他们是这项特定研究的重点。因此,还有很多工作要做。

大多数研究的研究对象并没有像战争中的作战人员那样复杂,也没有太多涉及这类研究对象。重要的是要记住,无论项目的范围如何,研究者都应该尽可能多地纳入对一个议题或主题的不同观点。多元观点能增加见解、丰富性、深度和变化。此外,把情境带入讨论也很重要。虽然不可能得出可能影响研究主题的每一个情境因素,但了解如何进入情境,并定义情境以及对这些情境的反应,可以增加解释的深度和有效性。我的建议是,在时间、精力和金钱的限制范围内开展工作,但不要过于仓促地完成一个项目。工作的质量和贡献取决于调查的深度和广度。

验证理论框架

为了验证该理论,我采取了一些措施。我把研究发现发给参与研究的三位受访者,请他们发表评论。他们没有做出很多评论,也没有提出批评。受访者认为,我得出研究发现的整个过程是有趣的。此外,提出这个理论框架后,我又回过头来重新阅读了一些不错的回忆录。我认为提出的这一理论框架经得起推敲。我也和一些偶然遇见的越战退伍军人交谈过,他们认为这个理论框架的解释是行得通的。我没有寻找反面案例,因为对越南的研究是为了展示本书的研究过程。然而,这个主题对我来说依然很有趣,我希望能够再深入研究。

要点总结

对于以建构理论为目标的研究者来说,整合是分析的最后一步。整合可能是分析中最困难的部分,因为它要求研究者筛选和整理所有的备忘录,寻找如何组合各个类属的线索。研究者会重新阅读备忘录、创建故事情节、绘制图表,以及进行其他的思考,这些就是分析者用来达到最终整合目的的技巧。记住一点,质性分析既是一门科学也是一门艺术,这一点在最后的整合阶段最为明显。整合的线索可以在研究者解读的数据中找到,正如这一章所展示的那样。艺术的成分则体现在根据数据"建立新颖的解释"的能力上,这可以为现象提供新的洞见。研究者必须意识到理论框架何时不起作用(逻辑中存在缺失的环节)——当这种情况发生时,研究者必须将理论框架进行拆解,直到分析框架完全契合数据并且研究者也"感觉对了",否则要一遍一遍地返工。

小组思考、写作与讨论

1. 回顾本章开头的"学习要点"，并挑选出几个例子，说明你认为研究者是如何执行这些要点的。

2. 寻找逻辑上的漏洞或缺失环节，并解释如何通过理论抽样来弥补这些漏洞。

3. 思考其他核心类属——可能是我没有想到的——并撰写一份总结性备忘录，说明你是如何围绕核心类属来整合其他的类属的。

4. 将你的总结性备忘录带到课堂上，并进行展示以获得反馈。

第三部分
完成研究项目

如果艺术家在创作过程中不去追求完善新的视角,那么他的行为就是机械的,只会遵照头脑中的固定套路,重复一些旧的模式。

(Dewey,1934,p. 50)

至此,本书的读者已经阅读并吸收了大部分内容,准备进入下一阶段。或许我们已经收集并分析了数据,手头有了一个理论框架。然而,即使是精心构建的理论,如果不以一种容易被其他专业人士甚至普通大众所接受的形式呈现出来,也很可能会失去其影响力。对于许多首次接触扎根理论的研究者来说,如何通过展示和发表来呈现自己的扎根理论,又构成了另一个障碍。他们会问:如何以清晰、简洁的方式呈现理论,同时还要包含足够的细节以满足委员会和同事的各种要求,又不至于在写作过程中陷入困境? 虽然有标准的模型用于撰写和展示量化研究,但一般质性研究可遵循的标准指南少之又少,更不用说扎根理论研究。接下来的第17章,虽然不是完备的解决方案,但确实也提供了一些建议,以帮助扎根理论研究新手克服他们的焦虑,并应对有关研究写作和展示等方面的挑战。要做到这一点,一个好的方法是通读本章内容,并研究其他扎根理论研究者是如何整理并呈现他们的理论的。然后,停止自我怀疑,坐下来潜心工作!

另外,我希望使用扎根理论这种方法的研究者要对自己建构的理论有信心。如果研究者对自己的工作有信心,跟同事交流或者投稿发表就会容易得多。信心的来源是,你知道自己所建构的理论符合"质量"标准。这就是为什么我建议,在完成理论后,研究者应使用第18章提供的标准来评估他们的理论,也许还可以请其他同事做同样的评估,这样就可以在"公开发表"之前填补任何遗漏的部分并纠正错误。

在最后一章,也就是第19章,我会展示一些学生的问题,并提供我的回答。这一章不仅反映了扎根理论初学者遇到的许多问题,我还在对这些问题的回答中,提供了他们该如何回应其他人关于方法或理论的问题的建议。

最后,我想感谢所有与我一起参与这场分析之旅的人。在这本书中,我希望我不仅为安塞姆·斯特劳斯的方法注入了"生命力",而且还将他赠予我和许多人的研究视域和智慧传递给大家。

第17章 撰写论文与展示研究

正是在阅读和写作的过程中,各种洞见得以涌现出来。(写作)涉及的文本素材带有阐释学和诠释学的意义。正是在写作过程中,研究的数据才得到了解释,研究问题的根本性质才得以被感知。

(Van Manen,2006,p.715)

调查过程中产生的知识只有被同事、实践者和感兴趣的普通人所了解,研究才算完整。此外,坐下来写作可以帮助研究者理清思路,发现逻辑上的漏洞,从而提高理论的质量。我们以前的一名学生——保罗·亚历山大(Paul Alexander)——在1996年9月19日的备忘录中这样写道:

写作迫使我全面思考整个理论,并关注那些不太契合的部分……所以我会回到数据中……这种对理论多方面的建构和验证贯穿了整个写作过程,特别是在明确理论各领域之间的关系时更是如此。但仍然有一个不可避免的问题:我要如何撰写研究发现,才能使我所建构的理论能够被我的目标读者更好地理解?

学习要点

在阅读本章时,建议读者注意以下要点:

- 牢记这些观点
- 准备研究展示
- 撰写学位论文
- 撰写专著
- 为发表而写作

牢记这些观点

研究展示和写作似乎是一项艰巨的任务,但如果你牢记以下三个观点,这些工作实际上就没有那么困难。首先,研究者需要建立信心,他们建构的理论是与数据相契合的,也是高质量的。其次,在收到反馈的基础上仔细编辑之后,研究者必须把写作放到一边,让其他人来评判这项工作。最后,了解受众是研究展示和写作走向成功的关键。以下每个主题都将被进行简要讨论:

- 信心问题
- 学会放手
- 了解受众

信心问题

研究者对自己提出的理论抱有信心至关重要。信心来自所建构理论的逻辑性、致密性和创新性。但一名新手应该如何判断这一点呢? 一个好的方法是应用第18章中提到的标准对自己的研究进行评判。如果一名研究者能够诚实地批判自己的研究,并且发现所有的要求都得到了满足,那么其就可以确信自己建构了一个全面的理论。同时,在公开之前,还可以让值得信赖的同事和研究者对理论进行评论,这样也可以提供有价值的反馈,从而增强信心。但请记住,数据不足将会导致理论发展不充分、逻辑链条有漏洞。理论发展的过程不能仓促。必须有足够的数据来填充类属并展示变化,过程和情境也必须得到解释。如果同事的反馈是积极的,那么研究者应该感到放心,觉得这项研究已经准备好向更广泛的受众展示了。

这里还有一点需要记住。当研究者经历了整个研究过程,与参与者建立了融洽的关系,并对数据中所表达的内容产生了理论敏感性,他们就已经积累了相当多的知识。还有谁对调查主题的了解程度能达到研究者的程度呢? 即使是参与者也可能不知道其他参与者的感受,他们往往过于专注于自己的故事,无法退一步看清全貌。

当然,在第一次与受众交流或投稿文章时,总是可能得不到反响,这是自然的。即使是经验丰富的研究者有时也会在发言前感到紧张,或不确定期刊评审人员会如何评价他们的研究发现。课堂研讨会可以让演讲者对自己的分析和公开演讲充满信心。如果投稿给会议的文章被接受,在会议上进行展示将进一步验证分析结果并鼓励研究者完善文章。然而,对于一些人来说,他们对于是否有效地完成了演讲或书面论文有相当多的焦虑。毕竟,有些人是完美主义者,似乎无法接受低于理想表现的结果。当然,这可能意味着没有达到预期的表现。其他人通常则对自己的能力缺乏一定程度的自信,这也会影响到他们是否能够完成这项特定的任务。

最好的做法还是展示研究或投稿文章。如果有问题,其他人会通过建设性的批评来告诉你问题所在。这些批评永远不应该被视为负面的。相反,它们应该被视为进一步讨论和成长的机会。被拒绝并不应该导致沮丧,而应该激发再次尝试的决心。这些年来,我发现别人的建议不但没有降低,反而提高了我的工作质量。

学会放手

在编辑好可能是终稿的内容后,研究者可能会难以放手。之所以难以放手,倒不是因为缺乏自信(尽管这可能是原因之一),而是因为暂时性的神经紧张。我真的处理好了最后的细节吗? 都弄对了吗? 在每次修改时,这些疑虑都会不可避免地因概念上和编辑上的小细节而产生,还会发生定位调整和换用措辞的情况。作为一名研究者和作者,成熟的标志在于理解没有一份稿件是完善或完美的。如果作者足够幸运,在截止日期上没有受到个人、院系或出版商方面的限制,他们可能会选择把终稿搁置几周甚至几个月,与之保持一定距离。此外,一两名同事可能会受邀来阅读部分甚至全部稿件,以提供建设性的反馈。最终,作者不得不学会放手,确信就现在而言,稿件已经完成。研究者可以放心,一旦提交给出版商或委员,总会有关于改进的反馈。学会放手背后的逻辑是,写作只是传递思想的一部分。总有其他机会来对文章进行重新思考和返工。把自己的批判融入到自己的写作中,和回应别人的批评并没有什么区别。

然而,放手的心理机制则更为复杂。基本上,它可以被归结为避免陷入完美稿件的陷阱,让自己对新项目、新想法和新数据持开放态度。在重新修改稿件和摆脱它们之间取得平衡是有益的,决定其时间和方式是相当困难的。当然,那些熟悉调查工作或主题的有经验的研究者总是可以提供建议,但最终,每个作者都必须依靠自己内心的感觉,来判断何为正确以及何时完成。

了解受众

还有一个最重要的问题——受众。几乎每一次展示和书面研究报告都会针对不同的受众,所以都必须稍作修改。学位论文必须满足委员会和大学的要求和期望,每个期刊都有自己的专业领域和受众,展示的对象可能是其他研究者、从业者和非专业的受众。不了解你的受众可能会导致展示平淡无奇,或者论文被拒稿。所以要做好准备工作,得花点时间了解一下你的研究受众。可以提前阅读期刊和参加会议,联系项目策划者和期刊编辑,看看是否有特定的主题;如果可能的话,让自己的写作或展示与这个主题相匹配。

如果研究者正在撰写学位论文,并且有幸在一个风格多元化的院系里学习,那么他们可以面向大学委员会以外的受众写作。图书出版商通常会拒绝以原始格式呈现的论文,更倾向于采用不同的呈现形式。因此,如果你被允许以一种近似于专著的风格来撰写学位论文或期刊论文,那么将其转换成潜在的出版物就会容易得多。

专著和学位论文之间还有一些关键的区别。其中最主要的区别是,专著中所提到的理论应该在概念上更加全面——也就是说,它应该包括更深入和更详细的内容。由于有更多的空间和更少的页数限制,作者可以更自由地发展分析性内容。此外,对文献或方法论的篇幅限制也更少。在专著中,这些可以被纳入到研究发现的讨论中。与论文相比,专著可以更广泛地阐述类属及其相互关系,可以纳入更多的田野笔记。专著可以包含详细的案例研究,甚至包括对访谈记录、田野笔记以及文档内容的长段引用。作者可以随时选择将讨论转向次要和附带的问题,只要这些内容与专著的主旨是一致的。另外,专著还可以包括一些因篇幅有限而在论文中被省略或没有被充分阐述的问题。论文写作中因匆忙完成而出现的矛盾也应在专著中加以纠正。论文委员会往往强调研究发现,而专著的读者更有可能欣赏或至少接受以分析为基础的论证过程,以及对研究材料更广泛的讨论。

当考虑到受众时,专著的作者在选择呈现风格方面有更大的自由度。在某种程度上,风格应该反映作者的信息,同时考虑到接收信息的目标受众。要考虑的问题包括:目标受众是所有的同事还是他们中的某一特定群体,例如,是所有的护士还是仅仅是外科护士?我是否希望读者来自多个领域,包括可能来自其他从业领域的读者,如社会学家和社会工作者、心理学家和临床心理学家?如何为普通人撰写文章呢?为了使专著发挥最大作用,其作者应该扪心自问:"我希望能向这些受众传达什么样的信息?"如果打算面向多个受众,就应该问:"我可以用什么样的风格去打动每一个受众?"通常,人们更喜欢将理论融入足够的描述性细节中,使其变得生动、清晰。简而言之,展示的形式和风格应对目标受众足够敏感,并反映他们的喜好。

如果作者想同时面向学科同事和外行读者,要同时吸引这两类受众,就需要对词汇、术语、案例材料、整体基调和写作风格的诸多方面进行深思熟虑。许多社会学家发表的专著都将学科同事和非专业读者作为目标受众。有时,目标读者是非专业人士——如患者及其家属,施耐德和康拉德(Schneider & Conrad, 1983)所撰写的关于癫痫的书就是一个例子。专著偶尔针对非专业受众、同事和专业人士,然后,它们被作为"普及性著作"(trade books)[①]出版,如关于离婚后再婚的书(例如,Cauhape,1983)

为多类受众写作通常比为同事写作更复杂。然而,许多研究者也渴望或感到有义务为科学或专业领域的读者之外的人写作。有时,他们还将自己的研究作为撰写非专著的书籍的平台。一种可能性是为解决政策问题提出论点,尽管这些论点是由研究衍生出来的,也可能受到专业知识的影响(Strauss & Corbin,1988)。或者,也可以为从业者撰写书籍,其中包含基于研究的信息(例如,Strauss et al.,1964)。

准备研究展示

通常,研究者会口头呈现材料,以了解特定受众的反应,然后再尝试发表。事实上,有时研究对象会直接或间接地追问研究者:"你的研究发现是什么? 能不能告诉我们一些初步的发现或解释?"许多研究者在发表之前都会进行口头展示,以满足参与者的好奇心或获得同事的反馈。他们甚至在研究项目的早期就这样做。质性研究项目的研究者倾向于在相对早期的时候进行报告,因为分析从项目伊始就已经开始。没有必要等到分析完成才满足听众的好奇心,用参与者讲述的一些引人入胜的故事来满足受众。尽管听起来可能很笼统,这些建议还是能发挥一定的作用。下面是一些准备展示的实用建议:

[①]"普及性著作"(trade books)是指主要面向普通公众的书籍,任何人都可以通过书店、在线零售商和图书馆购买。这些书籍不仅限于面向专业或学术领域的读者,其涵盖了广泛的主题,包括小说、非小说、烹饪书籍、传记等。它们通常以广泛读者可理解的方式编写,可能经历过学术出版中常见的同行评审过程,也可能没有。普及性著作旨在吸引广泛读者,而不像专业或学术出版物那样。——译者注

- 明确你的受众
- 选择一两个吸引眼球的类属
- 准备主题句和提纲
- 撰写展示文稿
- 准备PPT
- 反复练习
- 让展示变得有趣

明确你的受众

会议受众可以吸收抽象层面的展示内容,甚至能够听取关于研究策略和经验的报告。其他更复杂、更专业的受众和从业者则可能对有趣类属或主题的故事或讨论给予更多回应,这一类展示还可以融入足够的描述性叙事或案例材料以增加其趣味性。研究者还需要为每一类受众仔细选择合适的词汇。如果词汇选择不当,使用了过多的专业术语,可能会使受众失去兴趣。如果演示太过简单,可能会让同事感到无聊。最重要的是,研究者要在有限的时间内对听众说一些有价值的话。研究者最不应该做的事情之一就是用材料来堆砌演示,或进行超时展示。受众只能吸收这么多内容,如果演示过于密集或过长,他们就会开始失去兴趣。同时,如果你占用了其他演讲者的时间,对他们来说也是不公平的。

选择一两个吸引眼球的类属

请记住,展示的内容应该尽可能与受众相匹配,我的具体建议如下:首先,一般来说,最好不要在一个简短的展示中呈现所有的研究发现——特别是研究者在结论部分建构了理论的时候。这样会有让受众有“过载”的风险。要在20分钟内足够清晰地呈现出完整的理论框架,并让受众在离开后既能理解又能记住,这需要很高超的技巧。当然,研究者可以先勾勒出主要的描述性故事,然后再详细阐述研究中更有趣的一部分内容。然而,我认为口头展示如果只专注于一两个吸引眼球的类属,并且包括来自一个或多个研究参与者的诸多描述性示例和案例,效果会更好,因为这样更容易被受众吸收和记忆。

例如,如果我想做一个关于越战退伍军人研究发现的展示,如果只有20分钟,展示整个理论框架就太复杂了。因此,我会先解释研究的主题,也就是“生存”。接下来,我将重点讨论生存的两个重要的子概念——"成为一名经验丰富的士兵"和"精疲力竭"——因为它们代表了与生存相关的两种干预条件:前者增强了生存能力,后者减少了生存机会。我将解释它们是如何影响生存的,并通过案例来证明我的观点。我会在一开始就明确表示,我只是展示了更大理论的一部分,并建议,如果观众想了解更多关于这项研究的信息,可以联系我。

准备主题句和提纲

有些人可能会问:为什么要花所有的精力来思考主题句和提纲呢? 这样做工作量太大了。然而,这是一项重要的工作。记住,你可能只有15、20或30分钟的时间来阐述你的观点。你不想把时间浪费在那些偏离你试图传达的主要观点的词句上。有了主题句和提纲,就有助于研究者将展示的重点放在研究主题上。回到对越战退伍军人的研究,我是这样做的:

我会回顾所有与所选主题相关的备忘录。然后以备忘录为指引,我会针对要点撰写一个简短的总结。总结性陈述将包含展示的逻辑。例如,在越南战争研究的例子中,"生存"是作战人员的主要关注点。一名即将奔赴战场的年轻人,以"新手"身份进入战区,往往带着不切实际和浪漫主义的战争幻想,以及在公民和家庭文化中形成的自我,其中的文化标准往往包括反对杀人的道德标准。一旦进入"战争情境",年轻人必须迅速适应战争,改变自我和对战争的看法,使他能够从"新手"转变为"经验丰富的作战人员"。"经验丰富的作战人员"是已经发展出一套应对策略来处理战争中出现的各种生理、心理和道德风险的个体。虽然只有命运才能决定谁能活下来,但能在各种条件下制订生存策略才可能增加生存的机会。然而,如果战斗的压力过大,持续时间太长,即使是"经验丰富的作战人员"也会"精疲力竭",他们应对风险状况的能力就会减弱,这会使得作战人员的生存面临风险,还会威胁到他们的心理健康,并侵蚀他们的道德操守。

有了这份指导性的陈述,我就可以给出一个清晰的提纲。提纲不需要太长,也不需要太详细。它是展示内容的框架或草案。下面是针对越南战争研究的一个简单示例:

展示提纲示例

(生存:协调多重现实)主题句和引言

A. 生存的定义

B.多重现实和向战争的过渡

C.战斗及其给生存带来的生理、心理和道德风险

D.为什么协调这些现实对生存很重要

成为一名经验丰富的士兵

A.经验丰富的定义

B.有助于成为经验丰富的士兵的条件

C.经验丰富的士兵为增加生存机会而采用的策略

D.经验丰富如何有助于生存

精疲力竭

A.精疲力竭的定义

B.精疲力竭发生的条件

C.精疲力竭的迹象

D.可能对生存造成的影响

结论：有关促进士兵积累经验，以及预防"精疲力竭"并识别"精疲力竭"迹象的建议。

应该向受众清楚地表明，研究者只是展示了完整理论的一个或若干个方面，关于该理论的更多信息可以在未来的展示和发表中看到。

撰写展示文稿

并不是每个做展示的人都会写一份展示文稿。有些人更喜欢直接根据提纲制作PPT。这在很大程度上取决于你有多少时间。有些人会等到最后一刻才准备，因此就不会写展示文稿。但我总是会把展示的内容先写下来，原因包括：首先，这样做可以使我能更容易地检查逻辑和弥补漏洞。其次，这样做可以使我头脑中的内容更加清晰，当我对着幻灯片发言时，思路就会很清晰，就不会忘记任何重要的事情。再次，经常会有受众索要展示的副本，或者是研究会议的发起人想将这次会议展示的内容进行出版。无论是什么情况，研究者手头都要准备好文稿。最后，有些展示可能需要进行多次，但却是针对不同的受众。如果要进行多次展示，那么就要考虑周全，这样就不需要再进行反复修改了。

准备PPT

在过去,研究者不得不使用投影仪或相片幻灯片(photographic slides)来进行演示。这意味着要提前做很多事情,以便制作幻灯片并进行处理。如今,因为有了PPT,准备展示就变得容易很多。有了PPT,几乎任何展示都可以在最后一分钟完成——尽管我并不建议这么做。为了准备一份PPT演示文档,研究者应该回到原来的提纲或书面文稿,并以此为基础开始工作。PPT的优点在于它可以轻松地将图表整合到演示文稿中。有了当今所有可用的技术,就没有理由再去制作那些无聊且不连贯的演示文稿。不过,我还有一个建议:不要让幻灯片过于密集或杂乱,只需包含要点即可,即那些你希望别人记住的要点。

反复练习

练习任何事情都可能让人觉得无聊,但练习对新手来说确实有用。首先,练习能让展示者确定展示需要多少时间。没有什么比时间不够用,不得不匆忙或省略最后部分更糟糕的了。另一个错误是说话太快。录制你的练习是评估你的风格和找出错误之处的好方法。练习还使展示者能够注意到并重新处理冗长而笨拙的句子。提前听到自己的声音是很重要的,因为在较大的空间里声音会有所不同。另外,练习能让研究者知道在何处强调重点、在哪里停顿,以及在何时可以说得更快一些。记住,在与使用多种语言的受众交谈时,慢慢地、清晰地说话非常重要,所以要花一点额外的时间来练习。并且,在大型会议上,人们在展示中途经常进出,这可能会分散你的注意力。如果展示者准备充分,就不太可能忘记思路。研究者可以在镜子前利用录音机独自练习。如果研究者能在同事或家庭成员面前尝试进行展示,那就更好了,因为他们可能会提供有价值的建议。

让展示变得有趣

大多数受众是支持你的,所以要放松,并乐于进行你的展示,观众也会乐在其中。但是在会议上一个接一个地听报告可能会很无聊。此外,除了对该主题特别感兴趣的人之外,会议上展示的大部分内容都会被受众遗忘,因此要让你的展示显得众不同。故事或照片可以以文字做不到的方式来说明观点。用彩色幻灯片、奇闻轶事、适当的笑话、漫画或照片来使你的发现更加有趣,同时保持展示的专业性。一个人讲的东西可能很深奥,但如果以无趣或复杂的方式说出来,就没有人会记得其所说的内容。另一个人可能没有讲什么实质内容,但如果以优雅和幽默的方式说出来,那每个人都会有所回应。我们的目标是用有趣的方式讲深奥的事情。不要担心自己在展示中犯错误或者偶尔磕磕绊绊一两次,轻松地面对你的错误,然后纠正它,再继续前行就好。

撰写学位论文

大多数学生都渴望在研究生毕业后获得一份带薪工作,而毕业的最大障碍可能就是学位论文。学位论文代表了多年学习的累积成果。除了满足自己的成就感,学生还要让答辩委员会感到满意,以符合毕业要求。撰写量化论文的指导方针很明确,因为大多数论文都遵循一个标准模式。然而,撰写质性论文的指导方针就没那么明确了。许多委员会成员只有很少或压根就没有质性研究的经验,不确定如何指导学生完成写作。导师可能不想对学生所写的内容施加太多的控制,但同时又希望最终的成果符合学术标准,因为学生的论文关系到大学和导师的声誉。

虽然我想就如何撰写论文提供一些指导,但我不想通过规定写作内容和写作方式来限制写作过程。然而,我还是会提供一些宽泛的建议,以供学生自行选择使用。扎根理论论文的常见格式可以被归纳为以下几个标题:

• 第1章:研究问题与研究意义
• 第2章:文献综述
• 第3章:方法论说明
• 第4章:理论概述
• 第5章:通过细节和例子来详细阐释理论、强调要点
• 第6章:讨论、启示和建议

我不打算讨论第1章和第2章,因为这些章节是非常标准化的。在这里我唯一要补充的一点是,在完成研究之后,提出研究问题和给出问题领域应该比最初撰写研究计划时要容易得多。通常,由于在数据中发现了新内容,最初的研究问题已经发生了变化。按照同样的思路,学生也可以通过添加或修改最初在研究计划中涵盖的主题来更新文献综述,以反映研究过程中衍生和发展出的概念。不过,仍然存在的问题是,对于一名初出茅庐的扎根理论研究者来说,如何开始撰写学位论文呢?对于如何组织和呈现通过分析

得到的所有材料,一些学生可能毫无头绪。对于可能不知道从何处着手的学生,这里有一些建议:

- 阅读他人的学位论文
- 向委员会成员询问他们的期望和建议
- 撰写方法论章节
- 收集并回顾备忘录
- 撰写提纲
- 撰写一份初稿并获得反馈
- 根据需要进行修改

阅读他人的学位论文

因为每个扎根理论都是不同的,所以我建议学生阅读各种扎根理论的论文,以了解其他人是如何撰写他们的研究发现的。当准备撰写学位论文时,我不仅阅读了同一所大学的其他学生所撰写的每一项扎根理论研究,而且还阅读和解析了格拉泽和斯特劳斯所撰写的每一本专著。我想看看他们是如何解释自己的理论的。无论如何,阅读其他人的扎根理论可以让学生充满信心:"如果别人能做到,我也能做到。"他们可以发现,与他人相比,自己的理论同样具有创新性和发展性。

向委员会成员询问他们的期望和建议

委员会成员对质性研究和高质量学位论文持有自己的看法。如果委员会主席熟悉并支持质性研究,学生则可以预期不会遇到太多矛盾或困难。当一名或多名委员会成员期望质性论文也遵循量化研究的风格时,可能就会出现问题,因为这是行不通的。方法论章节必须反映扎根理论的原理,而不要显得是为了符合量化研究的各种方法要求而采用扎根理论。至于研究发现,理论是复杂的,可能需要一个或多个章节来整合并解释该理论的所有细节。虽然图表对于解释扎根理论非常重要,但重要的是让委员会成员意识到他们不应该看到统计表,除非该研究有涉及量化的部分。通常,从事混合方法研究的研究者不会建构信息量大且发展完善的理论,但他们往往会用更多描述性的细节来补充或扩展他们的量化发现。

撰写学位论文从来都不是一件容易的事,但学生也不想再让这个过程变得更难了。

这个过程早在研究早期,在学生选择委员会成员的时候就开始了——尤其是委员会主席。我的建议是要明智地选择。一些学生选择委员会成员或导师是出于他们在大学或专业领域中的地位。尽管这些人很受重视,但他们可能不是最适合带领学生进行扎根理论研究的人,他们的期望往往与质性研究的流程不一致。量化研究需要进行结构化设计,而扎根理论则需要开放而灵活的设计。基于在分析过程中得出的概念,研究者可能有必要对数据收集过程进行修正。当涉及方法论章节时,如果委员会成员不知道量化和质性方法之间的差异,甚至不知道不同质性方法之间的差异,就会给学生带来很大的困扰。即使委员会成员是经验丰富的质性研究者和扎根理论研究者,他们也可能会发现,很难向学生解释如何以最好的方式呈现他们的研究发现。但老师可以告诉学生,他们在质量水平、时间参数(time parameters)和组织结构等方面的期望。此外,他们还可以引导学生在自己的专业范围内找到扎根理论研究的优秀示例。

撰写方法论章节

撰写方法论章节很重要,甚至可以在研究结束之前就完成。写作可以让学生意识到,他们已经从研究计划阶段进入了实际的方法实施阶段。可以预期的是,学生一旦经历了这个过程,就能更好地理解使用的方法,让写作变得更容易。在这一点上,学生可能不是专家,但也不再是新手。撰写方法论章节也有助于学生正确看待他们的研究发现,因为他们必须用清晰简洁的语言向其他人解释他们是如何得出这一理论的。

方法论章节的格式即使在扎根理论研究中也是相当标准的。在这一章节中,研究者应该讨论,为什么选择这种方法论,以及其背后的哲学、方法论过程和研究设计。应该讨论参与者招募、资格要求以及为维护参与者权利而采取的保护措施。还应该解释所采用的抽样类型及其原因。研究者可能会解释,在前面的几次访谈中使用了开放抽样(open sampling),而在分析过程中得出了概念之后,又进行了理论抽样,以发展重要类属。此外,还应该尽可能提供进行理论抽样的例子。当然,在该章节中,应该讨论研究者是如何接触到参与者的、参与者的数量以及在数据收集过程中可能出现的任何问题。还可以提供一个描述样本特征的图表。可能性是无限的,但基本准则是,应该有足够的信息让读者来判断研究过程的适当性。撰写备忘录并坚持写研究日志将有助于学生回忆起在调查过程中假定和设计的多次转变。

从我的角度来看,方法论章节中最重要的部分是关于数据管理和分析的部分。数据管理应该讨论数据的记录和转录,并解释在扎根理论研究中,在每次数据收集之后都应该尽可能地进行分析。在分析过程中得出的概念随后将成为后续数据收集的基础。对分析的解释应包括对编码不同方面的讨论:用于概念识别的开放编码、用于概念发展和阐述的编码,以及用于情境、过程和整合的编码,并对每种类型的编码提供解释。其中,纳入每种类型的编码示例可能会有所帮助。可以花几个段落来介绍备忘录和图表在扎根理论中的作用、通过它们获得的洞见,以及随着研究的进展所面临的挑战和改变研究设计的必要性等。对此,加入一两个备忘录的示例可能会有所帮助。这些只是我个人的一些想法,委员会成员可能有其他建议或要求。

收集和回顾备忘录

到了写作的时候,备忘录和图表的价值就会突显出来。学生需要从备忘录中获取一定信息,才能给出清晰而精确的理论解释。这要求学生在每次分析后都要花时间撰写备忘录。那些没有撰写很多备忘录的学生会发现撰写扎根理论的研究论文非常困难。对于那些撰写了一些备忘录的人,我建议:

1. 首先,回顾所有的备忘录,甚至要阅读一些田野笔记,以确保你的理论经得起推敲。寻找发展不完善的类属和逻辑漏洞。如果操作正确,备忘录应该指向其来源,即田野笔记。引述田野笔记将有助于说明概念或证明其合理性。

2. 接下来,将备忘录按照类属进行分类。早期的备忘录应该提供特定类属的子类属,理论上要采取属性和维度的形式。可能会有很多备忘录,因此,还要善于利用总结性备忘录来描述类属及子类属之间的关系,以及各个类属之间的关系。仔细阅读最后的整合性备忘录和仔细查看图表。后者应该为最开始的研究发现的章节提供结构,即提供理论概述的章节。

3. 第二个研究发现的章节可以说明在理论中揭示的过程在不同条件下是如何运作的,这将使理论变得生动有趣。要回到描述情境和过程的备忘录,因为它们包含了很多细节。还可以使用引文和案例来说明主要观点。

撰写提纲

手头有了备忘录之后,学生就可以准备为每个研究发现的章节编写提纲了。请注意,我建议将研究发现分为两章:第1章介绍理论;第2章则比第1章更详细,用来展示所有不同的类属、它们之间的关系以及理论内部的变化。

提纲的好处在于,它可以被反复修改,直到研究者满意为止。如果研究者不喜欢章节的组织方式,他们可以尝试另一种方式。请记住,根据研究的深度,可能会有两章甚至三章的研究发现章节。如果在设计中添加了测量的要素,则可能还要撰写另一个研究发现章节来解释这些内容。

基于对越战退伍军人的研究,我将展示两个不同的研究提纲示例。计划撰写学位论文的学生可能会编写更详细的提纲。作为提醒,这里使用的格式只是研究者组织研究发现的一个例子。每个人的提纲都会根据研究发现的性质和呈现理论的方式而有所不同。

研究发现章节的提纲:理论概述

在第一个研究发现的章节中,我想提供有关理论的概述,并介绍和定义主要类属和子类属。在实际的写作中,我会添加一个或多个图表。

Ⅰ. 以"生存:协调多重现实"作为主要主题

  A. 生存

    1. 生存属性

    2. 生存的能力取决于协调多重现实的能力

  B. 协调多重现实

    1. 定义:调整"自我"和"战争形象",并根据情境采用生存策略

    2. 对不同现实的解释——平民生活、作为作战人员的生活、战后的生活

Ⅱ. 不断变化的自我

  A. 自我的不同方面——战前、战争期间、回家后

Ⅲ. 战争形象的定义

  A. 战前

    1. 战前的浪漫主义想象

    2. 这种形象在新兵训练营时期开始改变

  B. 战争期间

    1. 敌人就是仇敌

    2. 杀人或被杀

  C. 回家后

    1. 形象冲突:在越南看似正确的战争,在回家后却发现是错误的

    2. 对战争的幻灭感

Ⅳ.战争文化

A.定义:必须通过行动和互动策略来控制生理、心理和道德方面的风险情境以增加生存机会

B.源自政治、环境、社会、经济、历史、军事和个人的条件组合

C.在战争的不同情境下使用适当的策略可以增加生存机会。经验丰富和领导有方有助于优化策略

D.在生理、心理和道德方面生存下来的机会减少,而新手身份、精疲力竭和对战争感到幻灭会导致受伤的可能性增加

第二个研究发现的章节

Ⅰ.作战人员实施行动-互动策略以增加他们在战争期间和回家后的生存机会

Ⅱ.不同条件下的生存策略

A.战备和常规策略

B.常规团队策略和行动协调

C.解决现场问题和协调新行动

D.逃离和躲避等特别的行动

Ⅲ.回家

A.战后重新适应平民生活

B.回国后发现国家对战争及参战者毫无同情心

C.将战争的重担带回家

1.残留的愤怒

2.缠绕心头的幽灵

3.幻灭

4.良心的刺痛

D.筑起沉默之墙,作为一种生存策略

研究者如何撰写研究发现章节的另一个例子

为了撰写这一章的内容,我再次回到了备忘录。它们将为编写提纲和以后实际撰写章节以填充细节提供基础。研究发现的章节将展示该理论在不同条件下如何发挥作用。因此,我会在备忘录和田野笔记中寻找不同的情况来支持我们的观点。请记住,与本书

的读者不同——他们已经看到了研究中所撰写的所有备忘录,学位论文委员会成员无法获得备忘录中包含的所有信息。他们也没有访谈或观察的副本、文档、视频等。在写作过程中,重要的是要包括许多田野笔记的例子。在学位论文中提供的信息对委员会成员和论文读者来说都是全新的材料。

一、导论

A. 理论围绕"生存:调协调多重现实"这一概念展开

B. 这里指的是对战前作为公民的自我和战争形象做出调整的能力,这种能力能使成为士兵的年轻人在越南战争期间和战后可以适应不断变化且危及生命的风险

C. 风险产生于诸多政治、社会、经济、历史、环境和个人条件,这些条件共同构成了这场战争的情境(此处将列出各种风险)。管理风险需要实施各种互动策略,以适应作战人员所处的各种情境

D. 策略被分为以下几类:制订例行程序以保持战备状态、身心健康以及道德操守;团队策略和行动的一致性;现场解决问题;逃离和躲避等特别的行动

二、作为一名战争新手

A. 情境描述:在战区定位自我

B. 行动-互动:处理身体风险、恐惧和道德矛盾

C. 结果:成为一名经验丰富的士兵,或伤亡

三、长期身处战争环境

A. 情境描述:筋疲力竭

B. 行动-互动:对身体行动失去一定程度的控制

C. 结果:懊悔、内疚、可能受到惩罚,或伤亡

四、执行任务

A. 情境描述:风险的性质

B. 行动-互动:以团队形式合作

C. 结果:完成任务,或伤亡

五、在敌后被抓

A. 情境描述:发现自己独自位于敌后

B. 行动-互动:逃离和躲避敌人

C. 结果:逃脱,或成为囚犯

六、成为战俘

    A. 情境描述:成为敌人的俘虏

    B. 行动-互动:努力生存,保持心理健康

    C. 结果:生存下来并被释放、崩溃,或者死亡

七、重建生活:战后

    A. 情况描述:由于自我和战争形象有了改变,许多退伍军人至今仍深受战争幽灵的困扰,生活方面也有与残疾相关的困难

    B. 行动-互动:控制缠绕心头的幽灵,筑起沉默之墙

    C. 结果:寻求治疗并适应身体残疾,过上富有成效的生活,或患上创伤性应激障碍,感到愤怒

最后的章节

论文的最后一章通常以研究总结开始,接着讨论研究者得出的结论,并说明研究的一些局限性。此外,还应该解释这项研究如何与该领域内更丰富的文献体系相契合,包括讨论该理论如何扩展、支持或反驳其他研究和相关理论。最后,应该为教学、实践和其他研究提出建议。

撰写一份初稿并获得反馈

一旦研究者回顾完备忘录和图表并完成了提纲,那么撰写好初稿的研究发现和最后的章节应该就不再是一件难事。此时,研究者仍然有可能对数据进行进一步阐释并改进理论。就像有人说的,理论永远不会完全完成。然而,学生必须决定什么时候该放手。一旦完成初稿,就该让委员会成员或者同事来审阅文稿了,希望他们能在合理的时间内完成这项工作。但请记住,给委员会成员施加不适当的压力以赶上学生的最后期限是不公平的。通常情况下,老师需要指导好几个学生——每个学生都有自己的问题。学生需要给老师足够的时间来提供适当和完整的反馈。

根据需要进行修改

学位论文被委员会成员完全否决的情况是很少见的。导师应该在此过程中提供反馈,以便在论文完成时只需进行小幅修改。然而,即使在这个时候,也可能存在一些问

题——通常是因为一名或多名委员会成员不理解扎根理论方法。我的一个学生在第一次提交论文时，与委员会的一些成员意见相左，她因此而感到很困惑，于是向我求助。似乎委员会认为学生的研究发现没有回答她最初的研究问题。需要向委员会解释，在扎根理论研究中，带着自己的研究问题和一系列假定开展研究，最后的研究发现却呈现了截然不同的东西，这种情况并不罕见。在该学生的研究中，参与者反复提及的情境并不支持最初的研究问题。扎根理论的关键点在于，从参与者的角度去发现各种议题和问题。尽管研究发现可能与最初的研究问题不一致，但不能否认它的价值。应该根据研究参与者所表达的内容去修改最初的问题。一旦委员会成员理解了扎根理论方法的不断发展的性质，该学位论文就被接受了，该学生也得到了高度赞扬。

撰写专著

在一个研究项目中，研究者会对研究的全部内容产生深刻的见解，同时也对所调查的问题有了实质性的了解。这两点都会在写作过程中发挥作用。当然，研究者还需要其他技能，例如，如何组织句子、如何清楚地表达观点。不幸的是，作者也可能成为自己最大的敌人。除了写作技巧不足外，作者可能还会遇到一些障碍——通常在那些写作指导书中有所描述（参见 Becker, 1986; Lamott, 1994）。写作往往需要注意以下几点：

- 建构清晰的理论
- 结构可视化
- 决定写什么
- 写出详细的提纲
- 将论文改写为专著
- 以团队合作的形式来进行发表工作

建构清晰的理论

当开始考虑写一个研究项目的结论时，研究者应该回顾理论，确保它有意义，在逻辑上没有漏洞。回顾整合性图表，对备忘录进行分类，确保你已经对主要的分析框架了然于胸。回顾之后，还要对备忘录进行进一步的分类，直到有足够的材料来撰写详细的提纲。进行整理工作甚至可能会让研究者对分析性故事产生一些疑问，或暴露其中的逻辑漏洞。如果是这样,也不要气馁。可能发生的最坏情况不外乎完善分析性故事,从而得到改进。无论如何,这个故事必须被转化成一个整体的提纲。有些人不愿意花时间写提纲,然而,从我们自己和同事的经验来看,一个完整的逻辑提纲是必不可少的。否则,研究就可能在逻辑上存在漏洞,专著在内容上也可能显得不连贯。

还有一些额外的方法可以帮助研究者跨越分析和提纲之间的鸿沟。首先是仔细思考形成理论的逻辑。每一本研究专著,或者说每一篇研究论文,都有其内在逻辑。通常都有几个关键句子或段落向读者揭示作者的潜在逻辑或论点(Glaser, 1978, pp. 129-130)。主要论点对于任何特定的出版物(或论文)而言都是核心,通常出现在第一段或第一页,然后再次出现在最后几页。在撰写专著时,不像进行展示和撰写论文,此时应该对整个理论及其内部变化进行阐述。

结构可视化

第二个步骤是将潜在稿件的结构可视化,即作者希望对专著或论文采取的概念形式。对结构进行可视化就像建立一种空间隐喻(spatial metaphor)。例如,在撰写《无休止的工作与护理:居家管理慢性病》(Corbin & Strauss,1988)时,我们在脑海中形成了如下的隐喻。想象一下走进一所房子:首先,一个访客会进入并穿过大门,进入门厅,然后进入几个房间,在每个房间中待一会儿,最后从后门离开房子。然后这位访客会走到外面,慢慢地绕着整个房子走一圈,透过几扇不同的窗户看看主房间,但现在仔细观察的是房间里各种物件的关系。当稿件完成后,它的形式与这种空间隐喻也是相对应的:一个引言,一个初始章节,一个由三章组成的理论部分,然后是另一个由几个章节组成的较长的部分,这一部分会对前面所提出的理论进行阐述和推论。

决定写什么

当质性研究者尝试决定如何将他们的研究发现具体化为文本内容时,他们常常会面临一个棘手的问题。这个问题的根本在于整个研究过程中产生的数据库相当复杂。这些重要的问题包括:在所有分析中,哪些应该被纳入进来?我如何将所有的研究发现压缩成几章?毕竟,论文写作的标准形式并不允许人们进行无限制的阐述。换句话说,在报告研究结果时,作者要深入到什么程度?这个问题的答案是,作者首先必须要确定主要的分析性信息是什么。然后他们必须给出足够的概念细节,以将这一信息传达给读者。中心章节的实际形式应该与这一分析信息及其组成部分相一致。

然而，这个答案并没有被具体说明，无论是写论文还是专著，应该包含哪些概念细节，而哪些概念细节又要予以排除。这一切又回到了对这些问题的回答：这项研究到底是关于什么的？这些信息提供者都在努力应对哪些主要议题和问题？应该纳入足够的概念细节和描述性引文，以使读者能够全面理解这些内容。参与者以及熟悉该理论领域的专业人士应该对被讲述的故事感到满意。

写出详细的提纲

将分析转化为写作的第三个步骤是整理出一个可行的提纲，然后撰写将各部分联系在一起的陈述，以便作者对理论的逐步论述始终做到心中有数。仔细考虑每个部分及其子部分应该包括什么内容，同时还要考虑到各章节与全书的关系，以此来建立详细且有序的章节提纲。这些决定的关键在于对相关备忘录进行分类。即使在写作过程中，研究者也会频繁回顾这些备忘录以获取细节和灵感。序言或开篇章节会解释研究的目的，甚至可能会对分析性故事进行概括，即该论文或专著所涉及的内容。如果调查者之后认为有必要，也可以对陈述和提纲进行修改。

专著提纲示例

如果我们要写一本关于越战退伍军人生存体验的专著，提纲可能如下所示。请注意，在撰写这个提纲的过程中，我们对这些发现的理解已经超出了第16章中的整合内容。当研究者完成分析并开始写作时，分析变得更加精炼是很常见的，毕竟研究者有了更多的时间去思考。这里只提供一个粗略的提纲，要记住，研究者会利用备忘录来填充细节。

第1章：导言

战争体验的轨迹可以被划分为不同时期：战前、战争期间和战后。一旦个体进入战斗时期，战斗就必须被视为一种"生存体验"，因为在战斗中，在战争的风险中"生存（下来）"成为主要的议题或问题，而一个人即使得以幸存，也可能会在回家后产生各种困扰。贯穿整个战争轨迹的有两条相互交织的线索，即自我和战争形象。如果个体要适应不同的条件（战争期间和战后），两者都必须要经历不同程度的转变。这种变化是通过"协调"这一过程来实现的，其会对自我和战争形象做出调整。战争形象和自我方面的适应使他们从战前的平民转变为经验丰富的作战人员，并在战后退伍再次成为普通公民。正是这种协调各个时期的各种现实的能力,使他们能够实施各种必要的策略来增加生存机会。

第2章:战前

自我

在战前时期,"自我"表现为充满青春气息、有着理想主义追求和缺乏战争经验。战前时期是受家庭、文化价值观和信仰、教育以及其他经历影响的成长期。一些年轻人有着理想主义追求、具有爱国主义精神、爱冒险,可能还拥有一定的宗教信仰。其他人则对自己的人生感到困惑:一些人来自糟糕的家庭,还有其他人曾触犯法律;一些人出于责任感和荣誉感参军入伍,其他人则可能是为了避免入狱或想远离家庭;还有一些人是被征召入伍的,他们并不想要加入其中。这些背景以及文化信仰和道德观念,也被带入战争中,并会影响个体做出必要调整、保持身心健康和道德操守的能力。

战争形象

在战前时期形成的还有在个体心目中的战争形象。这些形象主要来源于战争电影、电视节目,以及流传下来的"二战"故事。在很多媒体中,对战争的描绘都具有浪漫主义色彩。总有一个英雄(或多个英雄)无私地为国家和其他战友奉献一切。美国在这些描绘中是不可战胜的,虽然会遭受挫折,但美国总是会获得最后的胜利(这是一个非常重要的观点,其后来影响了退伍军人对战争失败的感受)。这些形象帮助建立了年轻人对越南战争的期望:相信美国将赢得战争,战争虽然历时短暂,但也充满冒险。一旦进入军队,年轻人就会被送往新兵训练营,他们在那里训练一段时间后就能成为士兵,学会如何在丛林中生存。受过高等教育或具有特殊才能的人往往能进入军官培训学校(一种像狙击手学校或飞行员学校这样的专业学校)。在新兵训练营期间,自我和战争形象变化的种子就已经被种下了。尽管新兵训练营有助于让年轻人为战争做好准备,并建立生存所必需的人际关系,但在那里无法感受到面对敌人的恐惧或闻到鲜血和死亡的味道,毕竟敌人在战场上会直接锁定年轻人的性命。

第3章:战争期间或战争体验

在抵达越南并经历了第一次战斗后,过去形成的自我和战争形象都被粉碎了。恐惧、鲜血和死亡变得"真实"起来。

1.拥有理想主义追求和冒险精神去参加战争的年轻人,现在面临着许多威胁生存的问题。生存成为战争体验的主要焦点。现在,生存可能意味着杀戮。这意味着其需要迅速成长,并实施各种必要的行动和互动策略来控制风险。

2.风险产生于不断变化的情境条件,包括国家的历史、政治、社会文化条件,以及参与国制定的战争政策和个人的意识形态和信仰。

3. 这些条件产生了一系列威胁生存的感知风险。这些风险涉及生理、心理和道德方面。每种情境都是不同的,个体对风险的感知和心理构成决定了其所使用的策略的类型和数量——一些由个体实施,另一些则由集体实施。

4. 为了克服这些问题和风险,必须开展一些行动。士兵必须改变自我,变得"经验丰富",避免"精疲力竭"。变得"经验丰富"和避免"精疲力竭"",需要"协调过去的自我和战争形象",并适应"当下情境中的现实"。作战人员必须能够根据风险来定义情境并采取保护行动。

第4章:各种战争条件下的生存

1. 生存行动采取个人、组织和集体策略的形式,这些策略是根据情境制订的,目的是防止创伤造成的伤亡、保持身心健康和道德操守,最重要的是,若拥有经验丰富的领导者,生存机会将大大增加。

2. 为了增加生存机会,必须使用或制订策略。若积极使用策略,则构成生存的"有利因素",若其使用受到阻碍,则存在生存的"障碍",包括命运的因素。

3. 成功对前文提及的各方面进行协调的作战人员成为"经验丰富的士兵"。他们能够利用各种策略来保护自己,避免过快处于精疲力竭的状态——并且得以幸存。那些不走运的人就没能活下来。

4. 在各种战争条件下谋求生存的多个案例表明生存理论在其中"运作"。

第5章:战后或回家

生存也有其自身的问题。

1. 首先,有"缠绕心头的幽灵"、内疚、噩梦,还有战友死去而自己幸存下来的痛苦。战后的经历导致一些士兵患上了创伤后应激障碍。一些退伍军人受了重伤,终身残疾,对他们来说,治愈不仅仅是心理上的,也是身体上的。尽管有一些退伍军人确实得到了治愈,回忆起战争体验时还表示"没那么糟糕",自己有所"成熟"了,但即便如此,他们身上也依然有着战争的伤痕。

2. 社会发生了变化。一个曾经支持战争(至少是心照不宣)的国家现在公开反对战争。反战示威、逃避兵役、焚烧国旗的现象屡见不鲜。退伍军人因少数人的行为受到了嘲笑和羞辱。退伍军人无法理解,在战争年代,人们的态度如何以及为何会发生如此大的变化,为什么留在家里的年轻人不理解他们为国家做出的牺牲。在越南战争中,有5.8万名士兵牺牲,还有更多的作战人员受了伤,其中许多人甚至终身残疾。

3. 退伍军人回国后所处的社会环境要求他们再次实现自我与战争的"和解"。为了"治愈",这种和解是必要的。

4. 一些退伍军人能够对自我和战争形象做出调整,并至少在一定程度上得到"治愈",即使无法完全"治愈"。

5. 其他退伍军人无法进行协调或得到"治愈"。为了生存,他们筑起了一堵"沉默之墙",不让战争幽灵、恐惧、家庭和社会穿透并破坏他们所保持的脆弱的平衡,使他们在生理、心理和道德上得以生存。有时,他们会利用毒品和酒精来抹去与战争相关的恐惧和噩梦,让缠绕心头的幽灵远离他们。这是一些退伍军人在社会上发挥作用的唯一途径。即使是在30多年后的今天,一些退伍军人仍然很愤怒,把他们对战争和自我的想法藏匿于沉默之墙之后。有些人则迷失在充满痛苦、酒精和毒品的世界里。

第6章:结论与启示

今天,我们对战争对年轻男女的影响已经有了相当多的了解,并建立了帮助士兵从战争过渡到家庭生活的政策方案。尽管如今电影所刻画的战争形象也更加现实,缺少浪漫主义色彩,但是,对于回家的作战人员来说,无论是从军队还是一般公众那里,他们都没有获得足够的心理咨询或支持。这项研究最重要的成果之一是从作战人员的视角理解战争体验。这种体验是每天为生存而斗争的体验——不仅是生理方面的生存,还有心理和道德方面的生存。

1. 最有效的解决办法是完全避免战争。

2. 既然完全避免战争是不可能的,那么军队和社会必须给予年轻男女以他们所需要的支持和技能,以使他们能够"协调"自我和战争形象,并使它们更加契合关于战争的多重现实。然后,必须为他们提供回家后所需要的支持和心理咨询,以便他们能够进行必要的协调,得到"治愈",迈出下一步。

将论文改写为专著

如何将论文改写为专著?关于如何做到这一点的相关建议已经在前几页隐晦地给出了。然而,摆在论文作者面前的首要问题是:是否应该以专著的形式继续写作?与此决定相关的几个问题应该被予以仔细考虑,并最好按以下顺序来进行:

1. 论文中的实质性材料、发现或理论是否足够有趣,值得我花时间和精力为更广泛的受众写一本专著?有些论文天然适合这种呈现方式(专著)。其他的论文,不论它们对一些同事来说有多重要,可能都不适合用专著的形式来呈现,尽管它们的部分材料很可能会被作为文章发表,并在后来被广泛引用。

2.如果作者认为足够重要,那么,应该在专著中纳入哪些相关的主题和概念?

3.我有足够的时间和精力把论文改写成专著吗?我真的还对这个主题感兴趣吗?我对研究项目了解得足够透彻了吗,还是我已经对其感到厌倦了?我有把握吗?这真的是我的强项吗,还是说我应该转向其他更有趣的主题或领域?

4.成功将论文改写成专著可以带来非常大的个人满足感。这种承诺和由此产生的满足感部分也可能来自对受众的义务感,这些受众应当知道其通过研究得到了什么发现。

5.还有一个需要作者考虑的问题:在具有一定兴趣和充足时间与精力的情况下,就职业目标而言,写这本专著是否值得?在某些领域,撰写专著(或其他类型的研究型书籍)并不是特别重要,相反,在同行评议期刊上发表论文可能会带来更多的声望。然而,其他领域(包括社会科学领域)的同事,特别是在招聘教职候选人或考虑晋升时,都知道专著在评估中往往比论文更重要。

在考虑了上述每一个问题之后,研究者有时还会因导师、朋友、资助者或其他熟人的建议而遇到阻碍或产生困惑,在将论文改写成专著方面也仍然会遇到其他问题。事实上,试图回答这些问题很可能会影响到是否要撰写专著的决定,因为要权衡需要花费的时间和精力。实际上,将论文改写成专著,可以通过前几页中提到的考虑因素来获取指导。作者必须仔细考虑目标受众。此外,同样需要仔细思考主题、概念或理论表述,以在最大程度上吸引受众。这些考虑因素导致了不同的文风。例如,应该使用哪种格式?专著应该以理论表述为重点,而将描述性材料居于次位,还是应该保持平衡?研究者应该直接使用现有的理论表述来论证主要论点,还是应该保持低调甚至含蓄的论调?文风方面的考虑当然还包括决定要使用的词汇类型和水平、呈现数据选择的方式,以及专著的整体基调等。

如前所述,必须在论文的原始陈述中加入概念阐述。研究者可以通过以下方式做到这一点:纳入已经在备忘录中发展出的但并未包括在论文中的理论材料,并仔细思考理论表述中含糊不清、模棱两可、不完整甚至矛盾的内容。此外,在专著中,作者可能希望更详细地讨论与理论文献有关的研究意义、对未来研究的启示,以及可能对从业人员或政策制定者的实际作用。许多研究者发现,为撰写专著而重新改写论文的经历非常有益。另一些人将论文改写成专著,主要是为了职业发展和个人声誉,并从这一投资中获得回报。

以团队合作的形式来进行发表工作

当一个项目涉及两名或两名以上的研究者时,总会有一个问题,即应该如何撰写待发表的论文。答案取决于团队成员之间的关系、各自的能力和兴趣、每个人的职责以及可投入时间,这些都是可以理解的。有些待发表的论文由项目的主要调查人员撰写,其他团队成员所投入的精力各不相同。另一些待发表的论文则涉及真正的合作型写作,而不仅仅是共同研究。可以想象,合作的可能性有很多,而基于团队研究的论文也是如此。

为发表而写作

也许传播最为广泛的扎根理论研究是在期刊发表的论文。如今,许多期刊都是在线出版物,能让更广泛的受众能接触到各种研究。考虑到知识的广泛可得性,扎根理论家希望以最佳的方式呈现他们的研究,而撰写期刊论文与撰写学位论文或专著有所不同,因为期刊论文通常会受到主题和篇幅的限制。对于第一次尝试扎根理论的研究者来说,撰写第一篇期刊论文可能看似令人生畏。在撰写论文时,需要记住以下要点:

- 受众
- 写作条件
- 期刊选择
- 调整写作
- 避免陷阱

受　众

当涉及撰写期刊文章时,作者应该首先考虑文章的受众。

1.第一个可能的受众群体是同事。出于学术目的,为同事而写作至关重要。它有助于在该领域获得认可和地位,对晋升也很重要。将同事作为目标受众的话,研究者可能会写一篇理论性、实质性、议论性和/或方法论的相关文章。

2. 第二个潜在的受众群体是从业者。为从业者写作很重要,因为他们掌握着改变现实的关键——所有的研究者在这方面都对研究参与者有所亏欠。为从业者撰写的论文可以提供理论框架的概述。更重要的是,论文应该包括实质性的发现、案例和建议,并说明这些发现如何能够推动现有实践和广泛政策的变革。

3. 第三个潜在的受众群体是非专业人士。虽然有些人会写下关于自己与疾病或离婚相关的个人经历,但并不是所有人都能以自己的经历为基础来撰写论文。研究者有义务向参与者和其他非专业读者传达他们的研究发现。适合非专业读者的论文包括描述实质性发现的论文,其会提供大量的案例。这些论文还包括对当前实践或政策改革的建议、自助指南,或者从从业者或机构获得更好服务,以及确保其他人分享自己的经历(如离婚或领养孩子)的策略。

写作条件

所有的研究发现都为写作提供了坚实的基础。质性研究提供了广泛的可能性,有理论分析,有实质性内容,也有实际意义。在完成研究后,研究者应该对问题、受众,以及行动者和组织的优势和劣势有相当的敏感性。质性研究者在决定写什么、为谁写以及如何写时,也会利用这些知识。关于这些问题的决定取决于推论过程和方法流程,这些与本章所讨论的内容并没有明显不同。以下是一些可能直接影响特定论文如何撰写、为谁撰写以及是否撰写的条件:

1. 研究者可能会决定在相对较早的研究阶段发表论文。他们可能出于不同的原因这样做——例如,介绍初步的研究发现,以让资助机构满意,或给其留下深刻印象;或是因为他们手头有些与次要问题相关的有趣的材料,容易成文,并且在之后的忙碌阶段可能不会再运用这些材料。

2. 有时,研究者撰写论文是因为他们觉得有义务在特定主题上发表文章,或者是迫于压力而不得不这样做。当然,这种动机也会影响研究者写作的内容和方式。

3. 研究者也可能被期刊特刊或特辑约稿,因为他们在特定领域较为知名。他们也可能会被敦促或受邀将口头演讲转化为论文,因为受众对他们的研究反馈很好。

4. 另一个可能影响论文写作的条件是将稿件提交给编辑的最后期限。对于一些研究者来说,这可以是一种激励,而另一些人则会被截止日期所困扰。

5.编辑规定的页数也会影响是否要撰写一篇论文的决定——至少对特定的出版物而言是这样——以及写什么、怎么写。

期刊选择

新手研究者面临的最困难的问题之一就是选择合适的期刊发表研究。论文必须契合期刊,否则这篇文章可能会被拒绝,写作所投入的时间就会被白白浪费。或者,更糟糕的是,论文被接受了,但受众感觉不合适或不够欣赏。如果研究者对期刊非常了解,那么选择合适的期刊可能是一项简单的任务;但如果没有那么了解,则应该仔细查阅可以发表相关论文的潜在期刊。最好向了解特定期刊的人士寻求建议。当面向自己所在领域以外的受众时,这一点尤其重要,如社会科学研究者为社会工作或医学期刊撰写论文时就应如此。

选择期刊时最重要的考虑因素可能是期刊的类型。虽然扎根理论研究者有时会在传统的量化研究期刊上发表他们的研究,但大多数相关研究都被发表在质性研究期刊上,这些期刊创立的目的还是为质性研究者提供在专业期刊上发表文章的机会。因此,在选择期刊发表论文时,要寻找那些主要发表质性研究或至少经常兼顾质性和量化研究发表的期刊。此外,虽然这似乎是老生常谈,但研究者还是应该选择一份针对研究中所涉及的特定专业领域的期刊。例如,如果研究者研究的是教育过程,他们可能会选择一份教育领域的期刊来发表论文。如果研究者考察的是行政程序,那么行政领域的期刊将是最佳选择。在线期刊提供了广泛的选择。在选择期刊之前,研究者可能要考虑是否选择在线出版物,因为其文章可以接触到更广泛的受众。重要的是还要弄清楚正在考虑投稿的期刊是否为经过同行评议的期刊,因为这些期刊在个人晋升时具有更高的评估权重。另一个考虑因素是,期刊从潜在作者那里收到的文章数量以及其中已发表的文章数量。

调整写作

一旦选定了期刊,就会面临这样一个问题:我要如何调整文章以适应期刊的目标和风格? 潜在作者应该做的第一件事就是阅读期刊为潜在作者提供的信息,通常可以在网上找到。注意期刊是否安排了与你的调查主题相关的专刊,如果有,也可以把文章投给专刊。如果自己的研究无法契合期刊未来一年的主题,可以适时寻找另一份期刊。不要只在一份期刊上发表文章,另一份期刊可能更青睐你的研究主题。

潜在作者可能遇到的另一个问题是:研究的哪些方面值得写,以及如何写? 一些论文的主题似乎在研究过程中很自然地就浮现了。例如,在我们(Corbin & Strauss,1988)对慢性病患者及其配偶的研究中,我们被夫妻的不同管理方式所吸引。这些方式包括高度协作的关系,也包括以较大冲突为特征的关系。因此,我们撰写了一篇关于这个主题的论文,解释了其中每种变化的属性(Corbin & Strauss,1984)。

质性研究的优点之一是,研究的许多不同方面都可能被写成有趣的论文。对于扎根理论研究而言尤为如此,因为这类研究特别注重根据属性和维度来发展各个类属。这些类属中的任何一类或两类都可以被撰写成论文。在撰写关于类属的论文时,作者应注意展示各种变化和引入多种案例。

除了实质性内容,论文可以强调关于政策或改革的内容。关于改革倡议或政策建议的论文的撰写可能会被推迟,因为初学者发现很难承担改革的角色。当与同事竞争或卷入政治问题时,他们会觉得很不舒服。直到他们在实践中观察到足够的问题才会愿意参与并采取行动。在某些情况下,改革的方向对研究者来说也并不明确,这需要更多的调查来扩展或验证早期发现。在撰写关于政策的论文时,可以用数据支持论点。它们也可以通过显性或隐性的理论框架来得到支持。例如,在《塑造全新医疗系统》(*Shaping a New Health Care System*)(Strauss & Corbin,1988)一书中,我们给出了关于美国医疗系统改革的论点和建议。其他论文也可以围绕方法论问题来撰写,其中理论材料将会居于次要地位,但仍然可以给核心的讨论"添砖加瓦"。不过,可能需要对方法论讨论的重点进行实质性和理论性的说明,才能对读者有意义。

回到我们之前提到的建议,以理论为导向的文章应该限制所讨论的类属或观点的数量,那么问题来了:这个讨论是如何展开的呢? 和撰写专著时的回答一样,这些一般化的答案在稍作修改后也可以适用于论文撰写。首先,研究者要决定研究重点。作者希望阐述的理论点是什么? 这个决定可能是在研究过程中产生的,也可能是要在最后回顾整合性图表或整理备忘录之后才能产生的。例如,在关于越战的研究中,可以写一篇关于在战争中生存的文章,详细介绍生存风险的类型、调节这些风险的策略以及促进或限制使用这些策略的条件。在牢记所选主题和论文的逻辑后,就是时候构建论文的提纲了。就像为专著编写提纲一样,一旦收集并阅读了备忘录,作者就开始撰写论文,并使用大量具有说明性的案例来使论文更加有趣,同时也要使理论思想更加具体化,更容易被广大读者所接受。虽然将"生存:协调多重现实"作为一种一般现象,以此来撰写一篇文章可能会很有趣,但通常第一篇论文还不能得出完整的理论。它们的目的是向同事和可能的非专业读者提供关于某个主题的讨论。产生更正式理论的想法倒是可以留到以后再进行。

避免陷阱

对于初学者来说,他们总想在一篇较长的论文中阐述整个理论。一些研究者可能对自己的理论过于执着,以至于不愿意在写作中丢弃任何内容。另一些研究者则担心,除非要阐述理论的所有方面,否则读者将难以理解或接受他们所试图表达的内容。正如前文所述,扎根理论在概念化层面是复杂和致密的,很难在一篇论文中阐述整个理论。我们的建议是,除非你是一名成熟的研究者,否则不要试图阐述整个理论,因为这只会导致挫败感。最好提供一个简化的理论版本,详细介绍一两个类属,并让读者参考即将发表的论文。例如,斯特劳斯及其同事撰写了一篇关于"医疗工作"及其与"安全工作"和"舒适工作"之间关系的论文(Strauss et al., 1985)。在另一篇论文中,这个研究团队又撰写了关于"安全工作"的内容——特别是在持续使用具有潜在危险的医疗设备的情况下(Wiener et al., 1979)。

撰写论文时需要避免的陷阱是,让过多的细节淹没了思考进程。试图将太多的发现塞进一篇短文中,可能会使作者感到沮丧,或者至少会妨碍作者进行清晰的阐述。在撰写论文时,关于哪些内容需要被囊括,哪些内容可以被省略,此处的工作原则可以以一个双重问题的形式来表达:我是否需要这个细节,以最大限度地提高分析讨论的清晰度,以及/或者实现最大程度的实质性理解?这个问题的第一部分涉及分析本身,第二部分则主要涉及将数据以引文和案例材料的形式包含在内。

与专著和学位论文一样,如果材料与这些群体相关的话,也可以将论文稿件分享给朋友、同事,甚至实践者或非专业读者,请他们试读。同样地,如果有幸加入写作小组或学生研究小组,作者可能希望将稿件提交给他们来审阅。作者还必须纳入相关的文献。如果这是一篇理论性论文,作者可能还想要仔细思考其意义,以提出有关政策或实践变革的建议。然后,当稿件最终完成,甚至到最后发表时,研究者就应该已经在着手考虑、规划并开始撰写下一篇论文了!

要点总结

对研究者来说，进行口头陈述、发表书面报告以展示研究发现仍然是一项挑战。有这么多复杂的材料可用，研究者要如何选择展示内容、展示对象和展示方式呢？一般来说，在口头演讲或文章中，最好只展示一两个具有深度的概念(类属或主题)，同时可能会有一两个其他的概念被作为关联特征穿插进来。在撰写专著时，研究者有更广泛的选择。尽管如此，研究者也应该仔细思考材料的逻辑和顺序，然后再编写详细的提纲。学位论文则有自身的问题，因为其必须遵循标准的格式。同样，作者必须仔细考虑要纳入多少细节，以及如何呈现概念框架中最相关的内容，同时仍然要保持流畅性和连续性。需要记住的重要的一点是，完成深入分析的研究者将拥有可纳入的很多有趣的材料，并且有大量潜在的读者。在撰写论文时，学生必须考虑委员会成员的期望和大学对毕业的要求，因此没有必要将所有发现都放在一个章节中。可以将这些发现分为两个章节，一个是对理论的概述，一个是说明理论在不同条件下是如何起作用的。

小组思考、写作和讨论

1. 思考你目前的研究项目或你已经完成的研究项目。有哪些概念是你可以用来写论文或做展示的？为论文或展示文稿编写提纲。

2. 从关于越战的研究中选取一两个概念。撰写一篇论文提纲，并思考你写作的受众和你的目标期刊。

3. 将你的提纲带到小组中进行展示，并让其他成员提供反馈。你在哪些方面赞成或不赞成他们的评论？应该如何修改和改进你的提纲？

4. 浏览一些发表质性研究的期刊。选出两篇论文：一篇你认为写得很出彩的论文，一篇你认为很肤浅且不太具启发性的论文。将这两篇论文带到小组中进行讨论，提出你认为的好文章的各种特征，并对这两篇文章进行比较分析。

推荐阅读

Becker, H. S. (2007). *Writing for social scientists: How to start and finish your thesis, book, or article* (2nd ed.). Chicago: University of Chicago Press.

Wolcott, H. F. (2001). *Writing up qualitative research* (2nd ed.). Thousand Oaks, CA: Sage.

第18章　评估标准

> 质量是难以捉摸的,也是难以明确说明的,但当我们见到它时,却往往能感知
> 其存在。就此而言,研究更像是一门艺术,而不是科学。
>
> (Seale,2002,p. 102)

如西尔(Seale)所言,在质性(qualitative)研究中,质量(quality)是我们在见到时就能够识别的存在。然而,要解释它是什么或如何实现高质量却尤为困难。虽然一段时间以来,我一直在关注质量问题(Corbin,2002,2003),但我发现有关评估的这一章很难写。在回顾文献时,我发现人们一致认为评估是必要的,但在质性研究适宜的评价标准上,却很少达成共识。研究者在评估质性研究时,是在评判信度(validity),还是在使用严谨性(rigor)(Mays & Pope,1995)、真实性(truthfulness)或契合性(goodness)[①](Emden & Sandelowski,1999),或是所谓的完整性(integrity)(Watson & Girad,2004)这类术语? 另外还有一个问题:某系列的标准是否适用于所有形式的质性研究? 而且,如果将质性研究发现称为建构的产物(constructions),而真相被认为是一种想象(mirage),那么评估标准是否也是一种建构的产物,因此也会受到争议吗? 在这点上,我同意弗利克(Flick,2002,p. 218)的观点,即如何评估质性研究这一问题,尚未得到解决。

尽管存在以上争议,作为研究者,我们也意识到应制订一定的标准。由于质性研究既具有科学性(Morse,1999),又具有创造性或艺术性成分,因此最终产物(研究发现或理论)的质量应反映这两个方面,这也是西尔(Seale,1999,2002)所强调的。正如惠特莫尔、蔡斯和曼德勒(Whittemore,Chase,& Mandle,2001,p. 527)所述:"优雅而创新的思维可以与合理的论断、证据呈现和方法的批判性应用相平衡。"本章的目的在于探讨质性研究中的评估问题,并提供一些用于评估本书所介绍的方法论质量的标准:

---

①goodness可被直译为"优良性",但在质性研究中,这一标准更多是在评估研究的质量和可信度。在评估质性研究时,研究者会考虑研究的"契合性",以确定其研究方法、数据分析和结论是否足够可信,以支持所得到的发现。这一概念强调了研究的质量、可靠性和可信度,以确保研究的结果对于解决特定问题或回答研究问题是有效的。因此,将其翻译为"契合性"似乎更为合适。——译者注

学习要点

在阅读本章时,建议读者注意以下要点:

- 回顾文献
- 定义质性研究中的质量
- 提供评估扎根理论研究质量的标准
- 展示如何在扎根理论研究中应用这些标准

回顾文献

对于任何主题的研究,一个好的起点是回顾相关文献,这也是我的切入点。文献综述被分为以下几个主题:

- 信度和效度
- 可信度和真实性
- 严谨性
- 科学性和创造性
- 可信度和适用性

信度和效度

在质性研究中的文献中,经常被提及的问题之一是效度。在效度的问题上,被引用最多的人可能是哈默斯利(Hammersley,1987)。他(Hammersley,1987,p. 67)指出,一项研究如果"准确代表了其要描述、解释或理论化的现象的特征",则可以被认为是有效度的。温特(Winter,2000,p. 67)基于福柯(Foucault,1974)对真理多样性的定义对效度进行了解释,并指出"(效度)似乎存在于将研究方法论应用于其过程最能代表真理的体系之中"。显然,这些"专家"将效度与特定"真理"(truth)联系在一起,但是这种真理的意义不同于传统意义上的真理,它更加广泛和多样化。

事实上,西尔弗曼(Silverman,2005,p. 224)称效度"是真理的别称"。他提出了五种提高研究发现效度的策略。这五种方式包括:(1)在研究过程中,研究者通过反驳与数据相悖的假定来实施"反驳原则"(refuting principle);(2)使用"持续比较法",将一个案例与另一个案例进行比较;(3)通过将所有案例纳入分析,实现"全面的数据处理";(4)通过纳入并讨论不符合模式的案例以"寻找异常案例";(5)在混合方法设计中,通过使用量化数据来"制作合适的表格"(pp. 209-226)。根据西尔弗曼(Silverman, 2005)的观点,如果研究者愿意,可以通过将类属制成表格来实现对信度的追求,也可以通过在转录访谈内容时确保转录所有的数据来完成,其中,即使是最微小的细节也不要放过(pp. 209-226)。

莫尔斯等(Morse at al., p. 9)主张:"是时候重新思考研究者在探究过程中使用的验证策略的重要性,以积极地实现信度和效度,而不是在项目完成后由外部评审人员来评定。"换言之,研究者在研究过程中应采取策略性行动,以确保研究的效度和信度。莫尔斯及其同事(Morse et al., 2002, p. 9)列举了几种为研究引入策略性行动的策略,包括"调查者的响应能力""方法论的一致性(coherence)""理论抽样""抽样充分性"和"饱和度"。使用这些策略是合理的,并且其可被用于许多类型的质性研究。然而,这些策略仅对质性研究的"科学性"进行了探讨,但并未对其创造性方面进行评估。

可信度和真实性

克雷斯维尔(Creswel, 1998; Creswell & Miller, 2000)提出了八种不同的流程,来实现林肯和古巴(Lincoln & Guba, 1985)所谓的研究发现的可信度(credibility)和真实性(trustworthiness)。这些流程包括:(1)"长期参与并持续进行田野观察";(2)进行"三角验证"(triangulation);(3)"使用同行评议或核验";(4)"反例分析";(5)"澄清研究者的偏见";(6)"成员核验";(7)"丰富的深描";(8)"外部检查"(Creswell, 1998, pp. 201-203)。

严谨性

基奥维蒂和皮兰(Chiovitti & Piran, 2003)描述了一系列如何在扎根理论研究中实现严谨性的准则,包括:(1)让参与者引导研究过程;(2)检验产生的理论建构是否与参与者对该现象的看法相符;(3)在理论中使用参与者的实际用语;(4)阐述研究者对所研究的现象的个人观点和见解,并明确研究者思维中的标准;(5)明确说明研究中选择参与者的方式和原因;(6)描述研究的范围;(7)描述文献如何与理论中出现的每个类属相关联。毫无疑问,遵循这些流程会使研究变得更为严谨,但在这一系列准则中并没有关于情境、过程、致密性、变化或实用性的讨论,也没有说明所产生的是否真的为理论。其中也没有任何关于"生动性、创造力、完整性(thoroughness)、一致性或敏感性"的内容,这些都是惠特莫尔等(Whittemore et al.,2001,p.531)所描述的关于效度的标准。

普赖尔(Pryor,2009,p.1127)已经发展出了一个模型,展示了在扎根理论研究中,严谨性是如何通过采用相关流程而得到强化的。详情如图18.1所示。

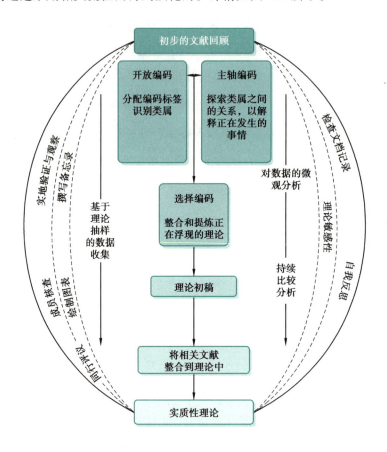

资料来源:Pryor,2009。

图18.1 图解说明扎根理论的核心要素以及用于提高严谨性的策略

科学性和创造性

卡麦兹(Charmaz,2006,pp.182-183)提供了一系列评估建构主义扎根理论的标准。在我读过的所有的评估体系中,我发现她的评估标准最具综合性,因为这套标准既涉及质性研究的科学性方面,也涉及其创造性方面。在列出这些标准时,卡麦兹汇集了文献中列出的很多好的标准。她将这些标准分为四类:(1)可信度;(2)独创性;(3)共鸣(resonance);(4)有用性(usefulness)。这个列表相当丰富,我就不在此逐一讨论。相反,我会提供一些示例,给出她在列表中所列出的研究者应该提出的问题。例如,在可信度方面,她问道:"这些类属是否覆盖了广泛的经验观察? 所收集的数据与论证和分析之间是否有强有力的逻辑关联?"在独创性方面,她问道:"你的类属是否新颖? 它们有带来新的见解吗?"在共鸣方面,她问道:"这些类属是否给出了对所研究经验的完整描述?"在有用性方面,她问道:"你的分析是否提供了人们可以在日常生活中运用的解释?"我只认为卡麦兹所提出的评估标准需要解决一个问题(这不是批评,而是做出的评论)。她对于评估的建议是要求在研究过程中和研究完成之后进行自我评估,而自我评估又是一个棘手的问题。它要求我们能够与研究保持一定的距离,并具备相当的水平和经验,以判断理论或发现是否符合标准。许多自称为理论研究的文章实际上并未给出理论,仅仅给出了描述。不了解这些区别,会使得任何一项基于扎根理论研究的自我评估报告都站不住脚。

可信度和适用性

在继续推进本书内容之前,我想要回顾一篇我认为对这一讨论具有重要意义的文献。在《发现扎根理论》(*The Discovery of Grounded Theory*)一书中,格拉泽和斯特劳斯(Glaser & Strauss,1967)是这样说的:

> 到了调查结束的时候,研究者对自己理论的信念已经是坚如磐石,正如大多数田野工作者所证明的那样。这种信念并不意味着他根据数据进行的分析是唯一合理的,而只是说他对自己的分析可信度有很强的信心。(p. 225)

请注意,当格拉泽和斯特劳斯使用"可信度"一词时,他们用它来表示"可以相信的"(believable),而不是"有效的"(valid)。在这样做的过程中,他们避开了有关真理的整个问题。格拉泽和斯特劳斯提出了以下判断研究可信度的标准。虽然这些标准是为理论研究而建立的,但对于更具描述性的研究形式也具有重要意义。首先,书中要有足够的细节和描述,让读者感觉自己身临其境(从而能够自己做出判断)。其次,应该有足够的证据证明数据是如何收集的,以及分析是如何进行的(这样读者就可以评估研究者是如何得出他们的发现或结论的)。再次,应该有多个比较组,这样可以使得理论的可信度更高(因为研究发现是基于多个组别的)。最后,研究者应该具体说明他们的解释所依据的数据类型(Glaser & Strauss,1967,pp. 223-235)。

除了可信度之外,格拉泽和斯特劳斯(Glaser & Strauss,1967)还提出了适用性的概念,并为其提出了相应标准:第一,理论应该契合它的来源和应用领域;第二,理论应该易于被非专业人士和专业人士所理解;第三,理论应具有足够的普遍性,以便适用于不同的情境和群体;第四,理论应该为使用者提供足够的控制性,以便在不同情境中产生一定变化(Glaser & Strauss,1967,pp. 237-250)。

当我在进行回顾时,我意识到,尽管格拉泽和斯特劳斯主要谈论的是理论建构研究,但他们也讨论了许多其他的内容。如果研究发现是可信的——这就是说,它们是令人信服或合情合理的,并且可用于实际使用,因为这些发现能够提供见解和理解,并且能够与不同的群体和情境合作以实现所期望的变革——那么所有这些关于真实性(truth)、效度和信度的哲学辩论都是多余的。换言之,与其空谈,不如实践。如果一个理论可以解释或描述某件事情,并且其验证过程是严谨的、有力的和真实的,那么这些特质也必定是在研究过程中建立起来的,否则这些发现在实践中就站不住脚,不能解释现实,最终也无法得到验证。

结论

在回顾了所有文献并进行了深思熟虑之后,我决定在讨论质性研究时不使用效度和信度这两个术语,因为这些术语带有太多的量化思维(这属于我个人的偏见)。不知何故,"真理"这个词也让我感到困扰,因为无论你如何定义真理,这个词都带有一定程度的教条主义。在讨论质性研究时,我更喜欢使用"可信度"(credibility)这个术语(Glaser & Strauss,1967;Lincoln & Guba,1985)。对我来说,这个术语表示发现是可靠和可信的,因为它们反映了参与者、研究者和读者对现象的体验,但同时,理论提供的解释只是从数据中得出的许多可能的、"似是而非"的解释之一。最后,我同意罗尔夫(Rolfe,2006)的观点,即我不认为相同的判断标准可以适用于所有的质性方法,因为每种方法都基于不同的理论基础,并且具有不同的流程。每种方法都有自己的一套评估标准,因此,本书中提供的评估标准应只适用于本书所介绍的研究方法。

定义质性研究中的质量

上述讨论又使我回到了质量问题上。在提出评估扎根理论研究质量的任何标准之前,我想探讨一下我所说的质量是什么意思,以及提高质量的一些条件。

- 质量的属性
- 推动高质量研究发展的条件

质量的属性

高质量的质性研究往往具有以下属性：能够让读者或听者拍案叫绝，如"哇""我深受感动""现在我明白了""这项研究很有力量""我觉得我走进了这些参与者的内心世界""这项研究涉及的深度和细节让我对这个从未了解过的主题有了更多的理解""这是我在实践中能够使用的东西"。换句话说，高质量的质性研究是能够引起读者和参与者共鸣的研究。这种研究是有趣的、清晰的、符合逻辑的，能让读者思考并激发进一步阅读的兴趣。这种研究拥有实质性内容，能够提供见解，具有敏感性，而不是简单地重复"老一套"或是可以在报纸上读到的内容。这种研究将概念化与足够的描述性细节结合起来，以使读者能够自己得出关于数据的结论，并判断研究者数据的可信度和分析的合理性。这种研究在概念化方面具有创造性，但同时其也是扎根于数据的研究。这种研究能够激发关于某一主题的讨论和进一步的研究。换句话说，这种研究既具有科学性又具有创造性。

推动高质量研究发展的条件

尽管所有研究者都希望进行高质量的质性研究，但实际上许多质性研究是缺乏质量的，这些研究往往浮于表面且内容空洞。以下是一些有助于提高产出高质量研究的能力的条件：

- 方法论一致性
- 目标明确
- 自我意识
- 训练如何进行质性研究
- 对参与者和数据的敏感性
- 愿意努力工作
- 能够与创造性的自我建立联系
- 方法论意识
- 强烈的研究欲望

方法论一致性

第一个条件是"方法论一致性"(Flick,2002,p. 219;Morse et al.,2002)。如果研究者表示自己将运用特定的方法,那么就会遵循设计的所有相关流程。这并不意味着研究者不能在分析性策略或如何实施特定流程方面发挥创造力。但是,如果研究者进行的是贝克、维斯特和斯特恩(Baker,Wuest,& Stern,1992)所说的"方法混合"(method slurring),或者将哲学上不同的质性方法结合起来使用,以及如果研究者只使用方法的一部分而不是实施所有重要流程,那么他们可能会失去与该方法相关联的一部分可信度。各种方法论都旨在完成某些任务,经过一段时间的使用,当研究以符合设计要求的方式来使用这些方法时,就会获得一定程度的可信度。将不同的方法论混合在一起,或者只采用某些特定流程而不采用其他流程,将会削弱其可信度的基础。例如,虽然有许多版本的扎根理论,但这些流程本身是一致的:进行持续比较、梳理概念及其发展、进行理论抽样,以及达到饱和状态。对于那些希望建构理论的研究者来说,应该有一个核心类属,其他所有类属都应围绕其来进行整合。因此,如果一个研究者只使用其中一种或两种流程,或者不旨在建构理论,那么这位研究者就不能声称自己正在进行扎根理论研究。更准确地说,他正在采用与扎根理论研究相关的某些流程,以进行描述性研究。

目的明确

第二个条件是目的明确。研究者一开始就应该非常清楚一项研究的目的是描述性的还是理论性的。如果研究者在不确定描述和理论之间的区别的情况下开展研究,就很难完成高质量的研究。研究发现很可能会显得混乱,并且也无法产生好的描述或理论。一项研究的质量和价值不在于它主要为理论性还是描述性内容。正如桑德洛夫斯基(Sandelowski,2000)所解释的那样,质性描述在护理研究以及其他学科的研究中都占有一席之地。任何研究的价值在于产出结果所具备的实质性、深度、适用性和创新性。

自我意识

第三个条件是具备自我意识(Hall & Callery,2001)。由于研究者(同时也作为阐释者)是研究过程和研究发现中不可或缺的一部分,因此,研究者能够意识到自己的偏见和假定是很重要的。在数据收集和分析的过程中,撰写日志和/或备忘录来记录研究者的反应和感受可以帮助研究者意识到他们自身对研究的影响,同样重要的还有研究本身对研究者的影响。

训练如何进行质性研究

第四个条件是研究者应该接受质性研究方面的训练。研究者的资质、经验、视角以及潜在哲学取向将对研究发现的质量产生重大影响。许多研究者都希望进行质性研究，而质性研究的质量却千差万别。我认为，其中一个问题在于许多研究者认为进行质性研究很容易，任何人都可以做到。的确，任何人都可以从数据中提取一些主题，但并不是每个人都知道如何发展完善的主题，得出丰富而翔实的描述，或将发现整合成理论。进行高质量的质性研究需要在质性研究方法方面有良好的学习基础，以及接受足够的关于数据收集和分析的培训。如果没有经过特定培训，就不会有人考虑进行量化研究，质性研究亦是如此。

对参与者和数据的敏感性

第五个条件是研究者应该对主题、参与者和研究有感觉或敏感度。为了做好分析，研究者必须能够"站在参与者的角度"，并在"直觉层面"对数据做出反应，否则，调查者就会失去一些数据的丰富性和深度。成为"冷漠"的研究者可能会提高量化研究的效度，但会削弱质性研究的可信度，因为这无法培养准确捕捉参与者观点所需的敏感性、同理心、细心、诚实和对他人的尊重（Davies & Dodd, 2002）。

愿意努力工作

第六个条件是研究者必须愿意努力工作以开展研究。质性研究就像任何有价值的努力一样，需要花费时间和进行思考。研究者不能着急，撰写备忘录以及进行与质性研究相关的所有其他任务都需要时间。在进行高质量的质性研究时，无论是描述性研究还是理论性研究，都没有捷径可走。

能够与创造性的自我建立联系

第七个条件是能够放松和触及创造性的自我。摆脱你的概念陈规（Wicker, 1985）意味着愿意进行头脑风暴、逆向思考和理论比较，并以新的方式思考问题。质性研究者必须对新想法持开放态度，用灵活且具创造性的方式使用策略，以获取参与者所说的本质或意义。事实上，亨特等（Hunter et al., 2002）在他们的文章《创造意义：质性研究中的创造性成分》（Making Meaning: The Creative Component In Qualitative Research）中，就讨论了创造力对质性研究的重要性。

方法论意识

第八个条件是方法论意识，这个术语借用了西尔（Seale，2002，p. 108）的定义，表示研究者应该意识到他们在研究过程中所做决定的影响。方法论意识需要对潜在的批判做出预测，并在遇到方法论问题时以有助于提高可信度的方式进行数据收集和分析。

强烈的研究欲望

第九个条件是为了研究本身而进行研究的意愿。我认为，之所以会看到质性研究的质量差异如此之大，是因为硕士课程和学术界对研究的推动力实在是太大了。有些人冥冥之中就有一种感觉，认为"做研究"是受过教育的人的标志。值得注意的是，有些人在教学或实践方面表现得更为出色，而不是在研究方面，而有些人在研究方面表现得比在教学或实践方面更出色。我相信，作为专业人士，如果我们能够承认个人所擅长的领域——实践、教学或研究，并对他们给予肯定，而不是让每个人都觉得自己必须完成包括研究在内的所有事情，那么有关质性研究质量的问题就会少得多。

提供评估扎根理论研究质量的标准

尽管对于标准还存在诸多争议，但我们有必要在其所采纳的方法论的基础上，为每种质性研究方法设定一些质量标准。因为并非所有教职工和期刊审稿人都熟悉每一种质性方法，因此，拥有一些被用作评估基础的标准是非常重要的。对于高质量的扎根理论研究，可以期望找到哪些方法和理论要素呢（Corbin & Strauss，1990）？

当我审阅一项扎根理论研究时，首先我会完整阅读整篇文稿，先不去考虑具体的评估标准，因为我想形成一个总体印象。研究发现是否写得很好？它们是否能引起我的共鸣、吸引我的注意力？初次阅读后，我是否会因对新知识的期待而想继续阅读？在初次阅读后，我会进行更具体的阅读，寻找特定的方法和理论要素。我不喜欢使用"标准"这个词，因为这会使得评估过程似乎过于教条，是一种"非此即彼"的评估方法。但是，如果一名研究者表示自己正在使用扎根理论方法来发展理论，那么我们可以预期其研究中会出现某些关于方法和理论的特定要素。这些方面将被细分为以下要素：

- 研究者和审稿人可以用来评估扎根理论研究的方法论一致性的检查要点
- 研究者和审稿人可以用来评估扎根理论研究的质量和适用性的检查要点

研究者和审稿人可以用来评估扎根理论研究的方法论一致性的检查要点

1. 目标样本的总体是什么？最初的样本是如何被选择的？

2. 抽样是如何进行的？收集了哪些类型的数据？是否有多个数据来源和多个比较组别？

3. 数据收集是否与数据分析交替进行？

4. 在数据收集和分析过程中是否考虑了研究伦理？

5. 数据收集所依据的概念是通过分析得出的(基于理论抽样)，还是源自文献并在收集数据之前就建立的(不是真正的理论抽样)？

6. 是否使用了理论抽样？是否描述了抽样过程？

7. 研究者是否展现了对参与者和数据的敏感性？

8. 是否有备忘录的证据或示例？

9. 数据收集何时结束，或者说，何时结束对饱和度的讨论？

10. 是否描述了编码过程(包括理论抽样、概念、类属和关系陈述的示例)？有哪些事件、突发情况或行动(指标)指向了一些主要类属？

11. 是否存在核心类属？是否描述了核心类属是如何确定的？

12. 随着研究的进展，基于研究发现，研究设计是否有变化？

13. 研究者在研究过程中是否遇到了任何问题？是否涉及反面案例，这些数据是如何被处理的？

14. 关于方法论的决策是否明确，以便读者可以评判它们是否适用于数据收集(理论抽样)和分析？

15. 其他专业人士和参与者对研究发现有什么反馈？是否根据这些反馈对理论进行了更改？

16. 研究者是否有撰写研究日志或笔记？

研究者和审稿人可以用来评估扎根理论研究的质量和适用性的检查要点

1. 核心类属是什么？主要的类属之间是如何关联的？是否有描绘出了这些关系的图表？

2. 核心类属是否有足够的可推广性，可用于研究其他群体和类似情境？

3. 每个发展出的类属是否都根据其属性和维度展现了深度、广度和变化？

4. 在每个类属下是否提供了描述性数据，以使理论足够翔实，从而帮助人们理解,并可将其应用于各种情况?

5. 是否已经识别情境,并将其整合进理论分析中?条件和结果不应仅被作为独立章节的背景信息,而是应该被纳入实际分析中,并解释它们如何影响数据中的行动-互动。描述情境使潜在的理论使用者将理论发展的情境与他们可能想要应用理论的情境进行比较。

6. 是否已将过程纳入理论中,并以行动-互动的变化来对应条件的变化?是否已将行动-互动与不同情境相匹配,展示理论在不同条件下可能的变化,从而可以应用于不同情境?

7. 如何解释饱和度?何时才能确定以及如何确定类属已经饱和?

8. 研究发现是否与专业人士和参与者的经验相一致?即使不是每个细节都适用于他们,但参与者是否能在故事中看到自己的影子?对他们来说是否真实(Lomberg & Kirkevold,2003)?专业人士和参与者是否在情感和专业方面对研究发现有所回应?

9. 理论中是否存在让读者感到困惑的空缺或遗漏之处,让他们觉得似乎缺少了什么东西?

10. 是否有对极端情况或反面案例的描述?

11. 是否在理论中考虑了变化?

12. 研究发现是否被以具有创造性和革新性的方式呈现?研究是否提出了新的见解,或者以新的方式整合了旧观念?

13. 研究发现是否能够为实际情境提供见解,提供可用于制定政策、改变实践并增加专业性的知识?

14. 理论发现有意义吗,在多大程度上具有意义?一项研究或调查完全有可能生成了理论,但并未产生有意义的发现。

15. 研究发现是否有潜力成为相关社会和专业团体之间的讨论和思想交流的一部分?

16. 是否清楚说明了研究的局限性?

17. 是否提出了关于实践、政策、教学和应用的研究建议?

虽然我们可以无限列举评估标准,但前文提供的内容应足以确立理论的质量、可信度和适用性。我想再进行一些关于评估标准的额外讨论。

首先,之前提供的评估要素或标准——无论使用什么名称——都可以被自己和他人用来评估扎根理论研究的质量。

其次,无论是对于研究者自身,还是对于评估他人研究的读者而言,都不应将任何个别标准或标准组合视为硬性规则。标准是指导方针,某些调查可能需要修改研究流程和评估标准以适应研究的具体情况。一些富有想象力的研究者可能正在探讨不同寻常或富有创意的主题和材料,他们的工作在如何研究与分析研究等方面偏离现有的常规。在这种特别的情况下,研究者应该明确知道,自己如何以及为何要偏离常规,还要在写作中进行明确阐述,并让读者来评判研究发现的可信度。

再次,研究者应该在他们的研究中提供对研究流程的简要概述,特别是在较长的出版物中更是如此。这将有助于读者评判分析性逻辑以及研究过程的总体充分性或可信度,还将使读者更加了解扎根理论研究与其他质性研究方法的不同之处。在指明这些信息时,读者能够明确了解研究者进行了哪些操作,以及这些操作可能的优点和缺点。

最后,在某些出版物中,研究者可以纳入一个简短的解释,来说明自己的研究视角和对研究过程的回应,使读者能够判断个体可能如何影响了调查以及对数据的解释。撰写反思性备忘录和研究日志是确保研究者能够在研究结束时做到这一点的两种方法(Rodgers & Cowles,1993)。

展示如何在扎根理论研究中应用这些标准

本书的一名审稿人建议,通过对越战研究应用评估标准来继续进行推进该研究,可能是有价值的。这听起来是个相当不错的主意。然而,在阅读本节时必须记住,该研究旨在展示如何进行分析,毕竟越战研究并不是一个完全成熟的研究项目。因此,如果目的是继续推进该项目,该研究在某些方面则可能没有达到标准。此外,标准通常适用于学术论文、学位论文或专著。由于这不是一项实际的研究,所以研究发现没有被写出来进行发表。但将它们应用到越战研究中是值得一试的,还可以指出哪些方面需要开展更多的工作。我们将回应刚刚列出的每一个标准,并将其应用到越战研究之中。

与方法论一致性相关的检查要点

1.目标样本的总体是什么?最初的样本是如何被选择的?

目标总体是参加越南战争的美国退伍军人。最初的访谈本来是为了另外的研究目的而进行的,但研究者发现它非常有趣,因此访谈记录的内容也就成了这项研究的动力。

2. 抽样是如何进行的？收集了哪些类型的数据？是否有多个数据来源和多个比较组别？

在对最初的访谈记录进行分析后,我们在互联网上进行了调查,到不同的网站上寻找自愿参加研究的参与者,即越战退伍军人。我们还收集了不同类型的数据:访谈记录和回忆录。在参与者中有作战人员,如陆军、空军和海军,也有非作战人员,如护士、记者和工程师。我们在这些不同的群体内部和外部进行了比较。

3. 数据收集是否与数据分析交替进行？

每次访谈后我们都进行了分析,其有助于我们在后续的数据收集中进一步提出问题。

4. 在数据收集和分析过程中是否考虑了研究伦理？

是的,参与者都是自愿的。我们也从互联网上的参与者和专著的出版商那里获得了知情同意书。研究者甚至回过头询问最初的受访者并获得了使用访谈记录的知情同意书,因为现在它被用于不同的研究目的。我们也保证了受访参与者的匿名性。当网站上没有更多的退伍军人同意参与研究时,研究者没有再苛求。在使用回忆录时,我们也强调了作者的贡献。

5. 数据收集所依据的概念是通过分析得出的(基于理论抽样),还是源自文献并在收集数据之前就建立的(不是真正的理论抽样)？

第一次访谈是一次非结构化访谈,没有预先设定问题来引导访谈进程。参与者有选择话题的自主性,访谈节奏也由参与者来把握。随后的访谈和对回忆录的分析基于从分析中提取的概念。

6. 是否使用了理论抽样？是否描述了抽样过程？

第一位访谈对象是一名越南战争的退伍军人,他是一名非作战人员。这使研究者产生了一个疑问,即非作战人员的战争体验是否与作战人员的战争体验会有所不同。因此,接下来的访谈对象是作战人员。诸如"愤怒""经验丰富""缠绕心头的幽灵"和"对敌人的态度"等概念是从对访谈和回忆录的分析中提取的,它们引导了后续的数据收集。回忆录被以相同的方式分析,同样是让概念指引分析并生成新的概念。在研究后期,将进行数据抽样以确定核心概念如何适用于不同的生存情境。在分析过程中,关于风险条件的问题引导了研究者收集有关情境因素的数据。实际上,在整个分析过程中,研究者已经解释了理论抽样是进一步数据收集的基础。

7. 研究者是否展现了对参与者和数据的敏感性？

研究者似乎对参与者和数据表现出了敏感性。他们倾听了参与者的故事,试图站在

他们的角度理解战争,没有逼迫参与者进行他们不愿意对话的访谈。

8. 是否有备忘录的证据或示例?

在整个研究过程中,我们撰写了多篇备忘录。随着研究的推进,备忘录的**深度和长度**各不相同。

9. 数据收集何时结束,或者说,何时结束对饱和度的讨论?

作为本书的一部分,这项研究并没有完成,因此并没有达到饱和状态。**研究者**本来希望能够与这场战争的退伍军人,以及之后发生的战争的退伍军人进行更多的访谈,但就本书的讨论范围而言,这是不可能的。因为本书主要还是一本方法论书籍,而不是有关越南战争的研究专著。

10. 是否描述了编码过程(包括理论抽样、概念、类属和关系陈述的示例)? 有哪些事件、突发情况或行动(指标)指向了一些主要类属?

编码从开放编码和概念生成开始,然后将这些概念分组形成类属。当人们谈论他们在参战前是谁时,这些内容被编码为"定位自我",后来演变为"在参军时定位自我""战争期间的自我",以及"回家后的自我"。这些概念通过类属"自我的改变"相互关联,一个年轻人在"战前"天真地过着自己的"平民生活",然后在"战斗"中面对"敌人",最后再次"回家"成为"普通公民",但这一次却带上了"缠绕心头的幽灵"。另一个类属是"战争的形象"。这些形象从参战前的"对战争的浪漫主义想象",变成了在"战斗"中"杀人或被杀",最后是战后的"幻灭"和"愤怒"。

11. 是否存在核心类属? 是否描述了核心类属是如何确定的?

是的,有一个核心类属:"生存:协调多重现实"。这个类属的形成是因为每个战争故事都是关于生存的,为了生存,年轻人必须从平民转变为作战人员,而且是经验丰富的作战人员,然后再放下作战人员的角色,再次成为平民,回到家园。

12. 随着研究的进展,基于研究发现,研究设计是否有变化?

当明显很难获得更多的访谈数据时,研究设计发生了变化。建立获取进一步的访谈数据所需的关系网将花费太多时间,会推迟本书的出版。由于这是一个研究项目示例,我寻找了其他的数据收集方法,即转向回忆录以获取数据。这些回忆录的分析方式与访谈的分析方式是相同的。

13. 研究者在研究过程中是否遇到了任何问题? 是否涉及反面案例,这些数据是如何被处理的?

主要问题出在寻找参与者方面。当时存在,且现在仍然存在一种沉默之墙的现象,即退伍军人不愿意与非退伍军人交谈。我们在研究过程中没有遇到任何反面案例。即使那些非作战人员的参与者在战争期间也存在风险,并希望尽快熬过这段经历。他们也必须协调自我和战争形象,以适应他们对所遭遇情境的感知现实,并采用与作战人员相同的策略。

14. 关于方法论的决策是否明确,以便读者可以评判它们是否适用于数据收集(理论抽样)和分析?

是的,每个方法论决策都在"方法论笔记"专栏中进行了解释。

15. 其他专业人士和参与者对研究发现有什么反馈?是否根据这些反馈对理论进行了更改?

分析结果已发送给参与研究的少数受访者,以征求他们的反馈意见,但他们没有提出任何修改建议。当该研究被呈现给方法论领域的受众时,也没有收到评论或修改建议。部分原因可能是出于不愿批评的考虑。

16. 研究者是否有撰写研究日志或记录?

是的,有撰写研究日志。

与研究质量和适用性相关的检查要点

1. 核心类属是什么?主要的类属之间是如何关联的?是否有描绘出了这些关系的图表?

是的,有一个核心类属似乎与数据相契合,即"生存:协调多重现实"。其他主要类属——如"不断变化的自我""战争形象""生存策略""战争文化""回家"和"沉默之墙"等——作为条件、行动-互动或结果,通过某种方式与核心类属相互关联。是的,我们也绘制了一个图表。

2. 核心类属是否有足够的可推广性,可用于研究其他群体和类似情境?

我认为是的。有许多不同的改变了生活的情境涉及生存风险。生存风险不仅涉及生理风险,还可能涉及道德、心理或社会风险。克服在这些方面产生的风险,需要协调涉及多种策略的多重现实,每种策略都可能产生不同的潜在结果。

3. 每个发展出的类属是否都依据其属性和维度展现了深度、广度和变化?

大多数主要类属都发展得很完善。然而,对于如此深刻的主题,拥有更多与各种作战人员的实际访谈,与决策制定者、伤残者、反战示威者的访谈,以及更多关于如何"回家"的数据,将会非常有帮助。

4. 在每个类属下是否提供了描述性数据,以使理论足够翔实,从而帮助人们理解,并可将其应用于各种情况?

是的,在第9章有。正是描述性的细节增加了丰富性、提高了深度,并展示了变化,使研究发现不再平庸,而是具有实用性。这正是薄弱、乏味的研究发现和有用的研究发现之间的区别。

备忘录对回忆录和访谈记录进行了引用,以展示概念的数据来源。这些引文还展示了参与者如何谈论他们在越南战争期间的体验。

5. 是否已经识别情境,并将其整合进理论分析中?

是的,请参见第14章。

条件和结果不仅仅是背景信息,而应被整合到实际分析中。通过展示高层如何对交战规则、环境、对敌人的判断、任务执行期限、文化差异等做出决策,将情境融入到数据中,并展示这些因素如何创造了一系列风险条件,导致作战人员必须克服这些条件以求生存。

6. 是否已将过程纳入理论中,并以行动-互动的变化来对应条件的变化? 是否将行动互动与不同情境相匹配,展示理论在不同条件下可能的变化,从而可以应用于不同情境?

过程和变化情况也被纳入理论。生存在不同的战争情境下都会受到威胁。在该章节中描述的每个情境都需要采用不同的生存策略,这些策略只有在作战人员能够协调战前的平民自我和对战争的浪漫主义想象与在"战争体验"中产生的新自我和新形象时,才能付诸实践,这意味着他们也从新手转变为经验丰富的士兵。后来,他们又不得不放下在战斗中形成的自我,再次回归到平民生活。

7. 如何解释饱和度? 何时才能确定以及如何确定类属已经饱和?

研究者未能完成研究,因此未完全达到饱和状态。这是研究的局限性之一。

8. 研究发现是否与专业人士和参与者的经验相一致? 即使不是每个细节都适用于他们,但参与者是否能在故事中看到自己的影子? 对他们来说是否真实(Lomberg & Kirkevold, 2003)? 专业人士和参与者是否在情感和专业方面对研究发现有所回应?

参与者讲述的故事非常触动人心。研究者被他们的经历深深打动,听到相关故事的受众也同样感动。

9. 理论中是否存在让读者感到困惑的空缺或遗漏之处,让他们觉得似乎缺少了什么东西?

以(第19章的)问题3的形式来补充的额外数据,将会提高这项研究的可信度。然而,这一理论似乎是合乎逻辑的,解释也很有道理。当人们从平民转变为作战人员,然后再次回到平民身份时,他们应对存在于条件内和条件间的多重现实的能力似乎可以解释,为什么他们能够在面临风险的情况下生存下来,以及有多少人得以幸存。

10. 是否有对极端情况或反面案例的描述?

在收集的数据中没有遇到反面案例,这是该研究的另一个局限性。

11. 是否在理论中考虑了变化?

变化很重要,因为它表示一个概念已经在一系列不同的条件下进行了检验,并跨越了一系列维度得以发展,增强了其适用性。

12. 研究发现是否被以具有创造性和革新性的方式呈现? 研究是否提出了新的见解,或者以新的方式整合了旧观念?

这项研究展示了与战争相关的风险,以及年轻男女为何难以从平民转变为作战人员,然后不至于在筋疲力竭、愤怒不已且战争幽灵缠绕心头的情况下,再次回到平民生活。即使在最好的情况下,除了身体上的伤痕外,参战都不可避免地会留下精神创伤。

13. 研究发现是否能够为实际情境提供见解,提供可用于制定政策、改变实践并增加专业性的知识?

这项研究确实揭示了作战人员是如何体验战争、进行必要的调整,以及采取必要的生存策略的,所有这些发现都可以被用来规划包括战前和战后在内的心理咨询项目。

14. 理论发现有意义吗,在多大程度上具有意义? 一项研究或调查完全有可能生成了理论,但并未产生有意义的发现。

如果研究者只是机械式地进行研究,而没有发挥创造力或去深入洞察数据所反映的内容,那么这位研究者可能会得出不太有意义的研究发现。

尽管我们的研究不完整,但这些研究发现似乎也是有意义的。没有参战经验的人很少能意识到与之相关的风险和创伤。这项研究在一定程度上提供了对此的见解,也许可以让人们更加同情并认可那些为国家而战的人。

15. 研究发现是否有潜力成为相关社会和专业团体之间的讨论和思想交流的一部分?

是的,如果这些发现能够被提供给合适的人员的话。不幸的是,由于这项研究尚未完成,将不会有基于这些发现的出版物。但是,如果有机会的话,我愿意完成这项研究。

16.是否清楚说明了研究的局限性?

是的,大部分数据来自回忆录。拥有更多的访谈数据将会很有帮助。此外,需要更多来自参与战争的不同群体的数据。

17. 是否提出了关于实践、政策、教学和应用的研究建议?

由于研究并未完成,因此这部分内容暂时缺失。

使扎根理论适用于……

格拉泽和斯特劳斯(Glaser & Strauss,1967)认为扎根理论应该是可信的,并且应该是有适用性的。扎根理论具有可信度在某种程度上是不言自明的,因为一个理论要么是可信的,要么是不可信的,并且,它要么适合,要么不适合它所代表的领域。而适用性的概念则更为开放,涉及的是如何应用的问题。在本章的下一节,我将探讨适用性这一概念,并举例说明如何将其应用于我们所发展的理论。扎根理论的方法和流程,不仅对于对基础研究和理论发展感兴趣的研究者有用,同样也对在实践中解决相应问题的从业者有用。那么,应用通过这种方法得出的理论,到底意味着什么呢?

理论为反思性互动提供了框架或指南,并引出以下问题:应用了什么理论,用于什么领域,以及出于什么目的? 我对这个问题的回答将简要涉及若干个应用领域。这些领域包括教学、咨询和政策。我还提到了如何使用通过扎根研究得出的理论来发展有关实践的理论框架。最后,我指出,在时间、精力或资金短缺的前提下,运用概念化或甚至是暂定性理论有利于为全面理论建构提供捷径。

我将讨论以下内容:

- 是什么理论?
- 用于教学和咨询的理论
- 用于政策的理论
- 用于实践的理论
- 慢性疾病发展轨迹框架

是什么理论？

我从第一个问题开始我们的讨论：是什么理论？这个问题很重要，因为在不同学科内外，有很多潜在的理论可供选择。我的建议是选择一个扎根于数据的理论。扎根理论不一定要使用这种方法论来推导。然而，为了使理论能够应用于实践，它应该要满足一定的标准，这些标准在格拉泽和斯特劳斯（Glaser & Strauss，1967，pp. 237-250）的著作中有详细阐述。该文章强调了发展适当的扎根理论的四个特征，这些特征对任何理论的应用都有意义：

1. 理论必须与它所应用的实质性领域相契合。
2. 它必须能被关心此领域的非专业人士理解。
3. 它必须具有足够的可推广性，以适用于具有多样性的日常情境，而不仅仅是特定类型的情境。
4. 它必须允许使用者根据时间的推移对日常情境的结构和过程掌握部分控制权。

尽管所有理论都应符合这些标准，但扎根理论具有一定的优势，因为它是从数据收集、数据审查和系统分析的密切互动中产生的。扎根理论之所以适用于已经研究过的实质性领域（即"实践世界"），是因为它们建立在这种互动的基础上。由于概念是从实际的数据中派生出来的，并且研究通常使用受访者自己的话语，因此，这些概念更有可能由从业者及其同事所熟悉的可用术语构成。通过持续比较分析和理论抽样以产生概念的变化，随之得到的理论陈述也应该能够适用于更广泛的情境，尽管有时需要进行修改或扩展。因此，扎根理论应该在某种程度上提供或增强对变化条件及其潜在影响的掌控（关于对这些观点的详细讨论，参见 Glaser & Strauss，1967，pp. 237-250）。

我们的第二个问题与理论可以应用的领域有关。如前所述，理论可以应用于教学、咨询，以及对一般或具体的政策提出建议。

用于教学和咨询的理论

我们已经了解到，扎根概念和理论在教学研究和咨询中都非常有用。在研究和咨询中，除了讨论某些方法所依据的哲学或理论，人们很少考虑使用理论。然而，在质性分析教学中，理论有时候是很有用的。当初学者在分析过程中遇到困难时，借鉴从其他扎根理论中得出的概念可能会有所帮助，这些概念可能与他们的数据相关，或者能为他们提供见解。利用其他人的概念是验证、扩展和加强理论发展的一个极好的方法。当然,在"借用"某个概念时,这个概念必须符合上述讨论的准则,即适合该领域,在某种程度上具有普遍性,同时还要根据属性和维度进行明确定义,然后,在根据现有数据进行验证之前,只能进行临时性的使用。换句话说,任何借用的概念都必须让研究者觉得"感觉对了",并真正为研究者提供深入和解释数据的线索。有时候仅仅暗示一个可能相关的概念就足够了,学生就能够独立地去发挥创造力。通过扩展属性和维度,增加变化,以及展示一个概念如何被应用于其他的实质性领域(如将在死亡研究中发展的意识概念应用于同性恋研究),学生就可以通过理论扩展来增加学科知识。当然,使用概念时永远不应该勉强为之,但在使用他人全部或部分理论时往往会出现这种情况。然而,总体来看,概念通常可以提供一个起点。

实质性领域的教学和咨询

在不同的实质性领域——比如"社会组织"或"谈判过程"——进行教学和咨询时,扎根理论提供了谈论这些话题的话语,以深入理解一些特定行为,而这些内容在使用更传统的研究方法获得的信息中常常是缺失的。例如,我发现我在慢性疾病领域的研究可以直接应用于我的教学和护理实践。我曾给护理专业的高年级学生教授老年人护理方面的内容,所讨论的老年人都患有至少一种慢性疾病。尽管护理专业会教育学生从整体角度看待患者,但大多数学生还是发现很难跳出医学疾病的视角来进行思考。他们很难理解,为什么有些患者不遵从医嘱、难以找到应对残疾的方法,以及经常抱怨生活质量差。换句话说,他们不知道慢性疾病及其长期性所带来的身体、心理和社会问题意味着什么。在开展研究时,我花时间到患者家中,倾听他们的故事,对有关慢性疾病患者所面临的问题和挑战变得更加敏感,也对问题和挑战所涉及的范围有了新的认识。他们不仅要及时进行昂贵的日常治疗,还要努力应对家庭生活,而且有些患者还需要工作,同时在身体残疾和有限收入中挣扎。我得到的见解和理解使我能够量身定制干预措施来满足患者的个性化需求,并将我的知识和经验传授给我的学生(Corbin & Cherry,1997)。

用于政策的理论

对于应用于政策的扎根理论,它可能会以一种方式或多种方式的组合来提供建议。任何对政策感兴趣的人,都可以从对某个特定问题或议题的多种观点或视角中获益。实际上,当理论研究者进行"扎根"或以其他方式提出这些建议时,他们也就不可避免地进入了一种政策场景。研究者可以作为中立的第三方(被邀请作为专家来验证),也可以作为坚定支持特定理论立场的倡导者,为政策问题提供新的观点。以斯特劳斯和我进行的一项研究来作为例子。在我们完成对慢性疾病夫妇的研究后,我们非常清楚地看到现行医疗卫生系统存在许多问题。尽管关于慢性疾病的讨论很多,但卫生保健服务仍然侧重于急性病护理与高度技术性护理。为了努力实现改革,我们出版了一本关于政策导向的书籍(Strauss & Corbin,1988)。套用那本书的话就是,我们需要从这个模式中得出政策性启示。我提出了一些建议,呼吁医疗卫生系统的关注重点、组织机构和资源流动要发生根本性的转变。其中最重要的几点是:

- 慢性疾病会伴随患者一生。
- 严重时,它可能有多个阶段。
- 医院主要在疾病的急性阶段(有时是垂危阶段)为患者提供照护。
- 定期前往诊所和医生办公室主要是为了稳定病情或减缓病情恶化的速度。
- 除急性阶段,在家中承担管理慢性疾病主要任务的是患者及其家人。
- 因此,家庭应该是照护的中心。所有其他设施和服务都应以对居家照护的补充和促进为导向。
- 在分工方式改变的情况下,从业者将继续扮演至关重要的关键角色。因此,分工的双方应该通过开放的沟通紧密地联系在一起。最后提到的两点同样很重要。综上所述,它们意味着一种全面的政策模式,既包括家庭的照护,也包括医疗机构的照护。(p.150)

在撰写该书时,前文提到的观点提供了一种新的视角和一些一般化的建议,但并没有提供具体的社会或财政策略以付诸实践。具体策略只能留给政治和经济政策的制定者来思考。

用于实践的理论

这就把我们带到了理论的实际应用这一主题。斯特劳斯和我只尝试过一次从一般理论中提炼出一个工作模型——不是因为缺乏兴趣,而是到目前为止,我们缺乏机会。为了表明这是可以做到的,我想与读者分享一些经验和步骤。

我刚刚完成了一项关于夫妻居家管理慢性疾病的研究(Corbin & Strauss,1988),这是斯特劳斯及其同事多年来进行的慢性疾病研究的进一步拓展,应用从这些研究中得出的一般理论似乎是一个合适的步骤。然而,为了使其更具实效,从各种研究中得出的抽象理论概念必须被转化为该学科的语言和行动模型,这就是护理。因此,以慢性疾病轨迹框架为基础的护理模型得以发展出来(Corbin & Strauss,1991b)

慢性疾病发展轨迹框架

这个框架以对原有理论发展的描述为起点,解释了它对所应用领域的适用性。这个介绍是必要的,其可以表明这些概念扎根于数据,因此也就应该适用于将要应用的群体。这个模型的标题是"慢性疾病管理的轨迹模型",其中"轨迹"(trajectory)是核心类属。在初步介绍后,研究列出了主要类属及其定义,以及给出了这些类属之间的关系概述。主要概念包括轨迹阶段划分和子阶段划分、轨迹预测、轨迹方案、影响管理的条件、轨迹阶段、轨迹管理、生平经历和日常活动,以及相互影响。

下一步是对术语进行定义,以表明它们如何适用于该学科的实践领域。以下是我和斯特劳斯(Corbin & Strauss,1991b)对该模型的陈述:

> 一个模型建立在其哲学基础之上,而轨迹框架所蕴含的哲学取向可以被命名为"慢性"(chronicity)。这个术语最好通过讨论其对四个护理关注领域的影响来进行有效阐述,即个人、健康、环境和护理。

随后,我们讨论了该模型是如何适用于这四个领域的。例如,在"个人"这一小标题下,我们是这样陈述的:

> 除非是个人住院,那么日常的防护和管理活动应由个人及其亲属负责。因此,个人及其家庭是防护和管理过程的积极参与者,实际上这两者都肩负主要责任。

在"健康"的类属下则可以找到以下内容:

> 说到慢性疾病,人们关注的重点首先是预防。但对于慢性疾病患者本人来说,目标应该是帮助他们找到控制症状和残疾,并在日常生活和工作中保持健康的方法。

请注意图18.3中理论概念之间的关系,特别是轨迹预测、方案和管理,它们表示疾病管理和行动规范在进行目的性和自我导向性的行动和互动。类似的与行动相关的表述也适用于环境和护理领域。

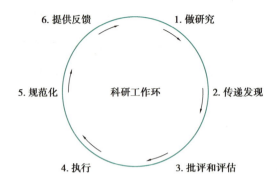

资料来源:Corbin & Cherry,1997。

图18.2　科研工作环

接下来,我们利用护理过程的具体步骤制订了一系列护理干预指南,这是护士照护患者时用来解决问题的工具。这些指南包括如何在护理过程的每个步骤中使用主要概念的方法。例如,我们展示了这些概念如何指导患者评估、目标设定、收集有可能促进或限制患者或护士行动的情境条件数据,以建立护理焦点和模式,然后用于评估护理效果(Corbin & Strauss,1991,pp. 155-174)。注意观察在下图(图18.3和图18.4)中,模型是如何被转化为可行的实践框架的。

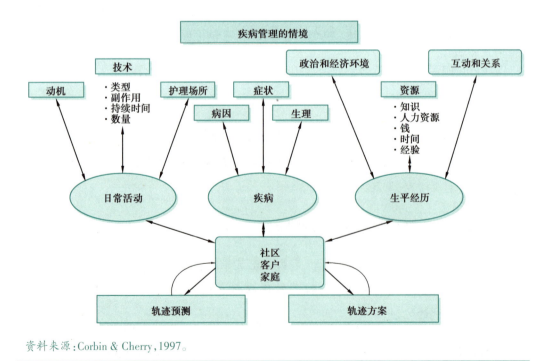

资料来源:Corbin & Cherry,1997。

图18.3　协商管理过程

对我来说,从抽象理论转变为实践是一个非常令人兴奋的过程,因为它向我表明,扎根理论可以被直接应用到日常工作中,因为它们"扎根"于数据,所以它们也应该适用于它们所应用的领域。在我的教学生涯中,我将继续在实践中使用这一模型,并将其教授给护理专业的学生。以下是科宾和彻里(Corbin & Cherry, unpublished)为评估患者在慢性疾病轨迹的不同阶段的需求,而发展出的"慢性疾病评估实践指南"的模型示例(图18.4)。针对慢性疾病轨迹的每个阶段,我们都制订了不同的指南,这些指南建立在我和斯特劳斯在夫妻研究(Corbin & Strauss, 1988)中对所收集的数据进行的分析的基础上。

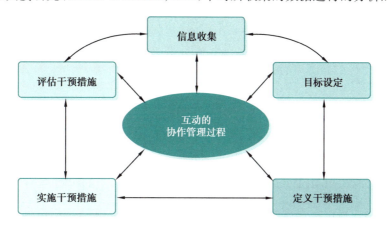

资料来源:Corbin & Cherry, unpublished。

图18.4　慢性疾病评估的实践指南

通过早期发现来预防危机或维持稳定

患者的问题

医疗服务提供者和/或患者发现在健康管理方面存在一定困难:

圈出所有的适用项,1—5分:1=非常低 2=低 3=中等 4=高 5=非常高

1. 患者偏离正常生理状态,需要进行进一步的医学评估	1	2	3	4	5
2. 需要支持性资源	1	2	3	4	5
3. 需要处理患者生理、社交、心理状态的变化	1	2	3	4	5
4. 治疗方案管理方面的差距	1	2	3	4	5
5. 需要接受替代性的治疗方案	1	2	3	4	5
6. 需要病例管理	1	2	3	4	5
7. 需要急救处理或伤势治疗	1	2	3	4	5
8. 需要脚部护理	1	2	3	4	5

医疗服务提供者的行动

简要描述:

圈出所有的适用项

简要描述	选择适用项	
1.提供直接护理	是	否
2.教学与示范	是	否
3.咨询和建议	是	否
4.为患者提供支持	是	否
5.病例管理	是	否
6.安排治疗	是	否
7.转诊	是	否

患者的回应

患者在各种程度上对疾病管理做出了回应:

圈出所有的适用项,1—5分:1=一直管理 2=经常 3=一半的时间 4=有时 5=从不管理

1.患者偏离正常生理状态,需要进行进一步的医学评估	1	2	3	4	5
2.需要支持性资源	1	2	3	4	5
3.需要处理病人生理、社交、心理状态的变化	1	2	3	4	5
4.治疗方案管理方面的差距	1	2	3	4	5
5.需要接受替代性的治疗方案	1	2	3	4	5
6.需要病例管理	1	2	3	4	5
7.需要急救处理或伤势治疗	1	2	3	4	5
8.需要脚部护理	1	2	3	4	5

一般结果

圈出所有的适用项,有效程度:1=高 5=低

患者报告通过早期发现预防或管理并发症的成功程度	1	2	3	4	5

要点总结

质量评估在质性研究中经常被忽略。当这种情况发生时,通常是因为研究者没有受过良好的训练,研究太仓促,或者不确定如何判断自己和他人工作的质量。本章探讨了质量的概念,并根据实现高质量研究所必需的条件对其进行讨论。然后,我们还提出了一些判断研究发现的可信度或合理性的标准。虽然我极力主张,应用于质性研究的质量概念应该受到重视,但这里提出的标准仅供参考。我仍然认为,研究发现其实是不言自明的,我们知道什么是高质量的研究。我也认识到,有些特殊的研究环境需要采用不同的研究方法和判断标准。在这些情况下,对于研究者来说,解释为什么和做了什么是很重要的,剩下的就交给读者自己来判断了。

评价扎根理论的价值和有效性的两个标准,是它在教学、研究和实践方面的契合性和适用性。在这一章中,我展示了斯特劳斯和我以及彻里和我如何在关于慢性疾病的扎根理论研究中不断修正研究发现,然后将其应用于护理方面的实践和教学。

理论不仅仅是研究者为促进其事业发展而提出的抽象概念。它们可以通过教学、咨询、政策和实践被直接应用于现实世界。需要记住的重要问题是,虽然理论的目的是解释和提供理解,但由于各种变化和偶然性,它可能永远无法完全解释它所应用的每一种情境的方方面面。理论的美妙之处正是在于它是可以进行修正的,并且可以通过实践和研究来进行扩展、完善和强化。

小组思考、写作和讨论

1. 回想一下你读过的研究,选出你心目中的高质量研究,并说明这项研究的哪些特征让你得出了这一结论。

2. 你认为这项研究可信、合理吗? 为什么?

3. 以个人或小组的形式,采用本章介绍的有关质量和可信度的标准,将其应用于本书提及的越战研究。就这项研究而言,你(们)和我的评估方式相同吗? 你有哪些批评意见? 如何根据这些批评意见来完善研究?

4. 讨论该研究的优势和局限性,以及还需要做些什么来提高研究的质量和可信度。

推荐阅读

Locke, L. F., Silverman, S. J., & Spirduso, W. W. (2011). *Reading and understanding research* (3rd ed.). Thousand Oaks, CA: Sage.

第19章 学生问答

> 不过,艺术家和作家在创作时可以选择只呈现一个案例,忽视科学(甚至是大众熟知的)文献,而不必担心"真实性"或"现实性",不过,这是可以想象的。然而,研究者并不享有这样的自由。他们不能逃避对参与者的责任,同时还期待自己的研究被认真对待,被认为是真正的"研究"。换句话说,做研究没有捷径。
>
> (Morse,2004,p. 888)

这一章最初是为了回应学生在课堂上、咨询时和演讲后提出的问题而撰写的。这些问题源于各种担忧:一些学生困惑是因为某些流程或技术看似不明确、模糊,或与更传统的研究方法背道而驰,其他学生则想知道如何回应导师、学位论文委员会成员和朋友的批评意见。我们将本章放在书的末尾而不是开头,是因为在回答这些问题时,这些回应总结了本书中提到的许多主要观点。本书之前的版本中的一些问题被保留到了这一版,因为我到今天仍然会被问及这些问题,但这一章也列出了一些新问题。所有的回答也进行了相应的更新。

问答 1—10

问题1:我记得我们见面时你提到,在研究中,是一个人说了什么,还是所有人都说了什么,这并不重要。如果所说的话很重要,它就应该被包括在调查结果中,而不应用百分比或数字的方式来记录发现,例如,有5名参与者持这样的观点,而另外10名参与者则是那样认为的。就像我读到的你的一些研究一样,我也使用了"一些"(some)或"大多数"(most)这样的词来描述。然而,我的一位导师对我说,这与数字无关,但使用像"一些"或"大多数"这样的词但却不定义这些词所表示的具体百分比是成问题的。她习惯于进行频数和内容分析,所以这似乎成了她的一个困惑点。你之前有写过这方面的内容吗? 或者你可以提出什么建议来处理这个问题吗?

回答：你在提问中提到了若干个问题。第一，你提到我曾说过，哪怕只有一个人说了或做了研究者认为重要的事情，那么这里的内容就应当被纳入研究。我认为这取决于你想表达的意思。请记住我们关心的是概念，而不是个体或案例的数量。如果说，在你10个人的研究样本中，只有1个人有这个问题，那么你必须进行提问：为什么会出现这个问题？第二，你是否与其他参与者核实过，看看他们是否也遇到了这个问题。如果没有，那么，这一概念的什么方面让你认为它很重要？也许你在其他数据中看到过有关这一概念的蛛丝马迹，这些内容虽然在其他访谈中没有直接说明，但却有一定的暗示。在不同的访谈中，概念可能具有不同的形式，尽管在概念层面上，它们指的是同一件事，例如，第4章谈到了鸟、风筝和飞机的例子，它们的共同点是都会飞。第三，如果你的数据中出现了一个新的概念，你需要进行一些理论抽样。带着更高的理论敏感度再次返回你的数据，看看这个概念是否以某种形式存在。然后再回到同一个或其他参与者那里，询问你所指向的重要概念是否适用于他们的情况。第四，我会问自己：这个概念在我不断发展的理论中扮演了什么角色？我是否要将其设定为一个类属？能达到类属水平的概念在所有访谈中都应能被找到。如果你在进行了一些理论抽样后，发现被你提炼为概念的事件并没有出现在任何其他数据中，并且你无法解释它对你正在发展的理论的重要性，那么就可以放弃它。较低层次的概念是另一回事，我将在后面进行解释。

至于使用数字来描述每一个类属的方法，扎根理论研究者通常不会这样做，因为这对我们的研究目的来说没有意义。然而，如果委员会成员的态度比较坚定，你就没有理由不加上数字或百分比等信息。我们发现的最大问题是，它们分散了人们对叙事的注意力，我们也从来没有见过扎根理论研究或任何理论研究就此附上数字信息，除非它提出了一个数学模型或其本身就是一项混合方法研究。同样，这也取决于你所谈论的概念的层次。核心类属和主要类属应该通过某种形式适用于所有参与者，并且可以在所有参与者中找到，尽管这些形式可能有所不同。较低层次的概念的出现次数可能会较少，但它们也展示了这些类属属性的维度变化。如果我们以正态曲线为例——尽管我们不喜欢使用这个例子——其中就总会有离群值，即有些人的思考、行为或反应与位于曲线中间的大部分人不同。在扎根理论中，我们的目的是发现概念并展示这些概念如何联系在一起，从而形成解释。为了扩展我们的解释，我们希望尽可能考虑到所有的变化。也就是说，当我说一个事件可能很重要时，我可能试图表达的意思是，从它所表达的变化的意义这一层面上来说，它很重要。请记住，在扎根理论中，我们的抽样对象不是人，而是概念。我们试图确定类属内存在的变化范围，并尽可能找到所有的变化，以增加我们理论的深度和广度或解释力。我们不会根据重要性程度对类属或其属性进行评级,我们将这一任务留给量化研究。增加与类属相关的概念在我们数据中出现的次数,是无关紧要的,因为它不会加强理论本身。

问题2:当为学位论文撰写研究发现、讨论和建议的章节时,是否应该通过讲述扎根理论(我所提出的扎根理论)的故事来呈现和讨论研究发现? 或者说,我是否还需要解释最初的研究问题是否或如何得到了回答? 这是我不确定的地方。我想通过解释扎根理论更多的是关于对过程的探索(而不一定是对最初问题的回答)来回应委员会成员。

回答:你在扎根理论研究中的发现就是你的理论,也应该这样呈现。但理论并不是故事,故事是描述性的而非理论性的。在这层意义上,过程是理论的一部分,因为它展示了研究的主要行动和互动如何随着时间的推移而变化,以适应条件的变化。如果这就是你所说的过程,那么它应该也是你理论的一部分。至于最初的研究问题,那是另一个问题。当我们进行扎根理论研究时,我们脑海中都有一个一般性的问题。这个问题设定了研究的范围,并确定了我们将从哪些人那里收集数据。然而,当扎根理论研究者开展一项研究时,他们往往不知道数据会引导他们走向何方。最初的研究问题可能需要根据数据进行修改,这些最初的问题也不应该决定研究发现。由研究者解释的数据决定了研究发现。有时,在研究过程中,最初问题背后的假定可能会被完全否定。毕竟,扎根理论的目的是获得新的见解和理解,然后使用这些见解来建构解释性的理论。

问题3:当你在分析数据时,你是一边分析,一边将发现与文献进行比较,还是等到分析完成后再返回,将发现与当前文献进行比较? 对文献的使用有很多不同的看法,所以我想请教你这个问题。我相信你已经在你的书中讨论过通过文献综述来提出最初的研究问题,然后将其与研究发现进行比较,但我想了解更多的细节。我进行了文献综述,以帮助我设计最初的研究问题和访谈问题,然后在我完成分析后,我将我的发现与我最初进行的文献综述做了比较。我现在想知道,我是否也应该在分析过程中进行比较。

回答:在我看来,你已经将文献运用得非常恰当了。大部分文献综述都是研究完成之后进行的。文献综述是用来验证研究发现,并展示你的理论是如何支持、补充或修正针对同一现象的其他理论的。不过,由于直到研究后期研究者才可以确切知道哪些概念将成为研究的基本类属或哪些概念是重要的,因为正在建构的理论总是在不断发展,因此,在研究过程中反复查阅文献可能会浪费时间。更好的方法是,在完成理论建构后再进行全面的文献检索,然后将文献纳入研究发现(作为对概念的支持),并适当地在讨论部分进行文献对话。它将提高你的理论的可信度,并将你的贡献推广到更广泛的学科知识体系中。

问题4:我下周将在这里展示我的学位论文,这也属于我在学校申请终身教职的面试环节。我有35分钟的展示时间和15分钟的提问时间。对于我应该如何分配和利用ppt的时间,你有什么建议吗? 今天早上我刚看了一场论文答辩,我很喜欢那个学生把大部分时间都集中在讲解研究结论上。你有什么建议吗? 我很想知道当申请者来面试时,你都看重什么。谢谢!

回答:你想要重点展示研究发现,我觉得这就是最好的方法。你可能只是顺带提及你的方法,但是一开始就讨论方法可能会分散听众的注意力,尤其是当他们不熟悉扎根理论时。你想要打动评审委员会,做到这一点的最佳方式就是展示你的研究发现。你可以为你的理论提供一个概览,但要使用大量的描述性数据——他们可以产生关联的数据——来说明你的概念。讨论你的理论如何为专业知识体系做出贡献,如何在临床场景中运用你的研究发现,或如何运用你的研究发现以制定政策。你也要为方法论讨论做好准备(制作几张幻灯片),如果在提问时间有被问到相关问题,你可以为你如何得出研究发现提供一个简要的解释。

问题5:我正在写学位论文,我有一个问题想请教你。我被难住了! 我正在运用扎根理论,并将你的这本《发展扎根理论的方法与流程:质性研究的基础》作为写作指南。首先,我很高兴你的书一直在告诉我,我感到缺乏信心是正常的! 我试图对我的核心类属命名,但我一直在质疑自己。我已经标记了核心类属,但仍在不断地质疑我的选择。我反复在想,也许它只是其他的类属。我认为我的选择是最合适的,因为所有的概念都能很好地汇入到这个概念之中。它似乎是最合适的,因为它足够普遍,也具有变异性。所以,我想问的是:你认为我在核心概念上的选择是正确的吗? 如果你能给我任何建议,我将非常感激。

回答:停止怀疑自己。你已经回答了自己的问题。你已经和你的研究共同"相处"了好几个月,没有人比你更清楚这项研究的主要问题是什么。如果你的直觉告诉你应该这样做,那就这样做吧。并且,你告诉我,你所有的其他类属都非常契合这个概念。这是一个很好的现象,这说明你正走在正确的道路上。坚持下去,你可以做到!

问题6:我打算进行一项扎根理论研究,我使用了你(和斯特劳斯)的最新教材作为参考。委员会成员建议我就最初的访谈提纲做一次试点研究。但从你在研讨会上所讲的和你在书中所写的内容来看,这似乎并不符合扎根理论的做法。从我的理解来看,每次访谈都建立在前一次或前几次访谈的数据基础之上。这一点我说得对吗?我不做试点研究的理由是,我想利用每次访谈的数据进行理论抽样,并在每次访谈之后进行分析,从中发现新的线索。访谈提纲似乎会使数据的收集变得十分僵化。初次访谈以后,我可能需要加入一些新的问题,或者调整最初的问题来进一步挖掘新的线索。这样做对吗?感谢你抽出宝贵时间来回答我的问题!

回答:你对扎根理论的理解是完全正确的,你的委员会成员的观点是错误的。你只需要设计一份调查问卷就可以通过人类研究伦理审查,然后也许可以在第一次访谈时使用这份问卷,如果参与者似乎不太愿意提供信息的话,可以用它来开启访谈。有时问几个问题就能让访谈开始。为了让你们的委员会成员放心,我再补充如下内容。每次访谈或观察的内容都能让你在概念方面增加一些新的东西,或者进一步发展一个已经确定的概念。重要的是,在跟进和添加这些新产生的概念时要足够灵活。当你在收集数据时,你是在概念层面上收集数据,每种情境都可能有所不同。这些差异带来了变化,而你希望通过理论抽样的方法,让数据在收集中拥有足够的灵活性,以便于收集进一步发展理论所需要的数据类型。

问题7:斯蒂芬(Stephan)是一名人类学家,他的身边都是心理学家。他说:"他们不断在问:'数字在哪里?'"这也是论文委员会和更多量化研究者经常问的问题。

回答:虽然有一些质性研究者会对他们的数据进行量化,但一般来说,质性研究者并不太关注数字,而是关注对过程和社会机制的识别。质性研究者试图确定重要的概念,并探索它们之间的关系。相较于验证假设,他们对理解和解释更感兴趣。如果委员会成员坚持要使用数字,学生可以通过加入一些相关的测量工具,在研究中加入量化的要素。这些都能满足委员会成员的要求,通常还能提供更多有趣的发现。

问题8:去年,我参加了一个关于扎根理论方法论的研讨会。老师向我们解释了编码的三个不同的阶段,并将它们命名为开放编码、轴向编码和选择编码。我还看了去年出版的最新一期的扎根理论读本。当我试图把我所学到的一切知识都应用到我所收集的材料(以问题为中心的访谈)中时,我必须承认,我完全不知道从哪里开始,因为似乎有很多不同类别的扎根理论方法论。今天,我看了你们在2007年出版的《发展扎根理论的方法与流程:质性研究的基础》这一本书,这本书似乎与1990年的版本略有不同,后者在德语论文中被引用更多。我想知道,你是否可以给我一些建议,到底该运用哪种扎根理论方法论。

回答:你的这个问题实际上包含了好几个问题。第一个问题与不同的扎根理论方法论有关。这个问题的答案是,没有一种确定的扎根理论方法。所有不同的扎根理论都有自己的标准流程,每一种扎根理论的目的都是建构理论,但每一种扎根理论似乎建立在不同的理论基础之上。选择使用哪个版本的扎根理论,与哪种方法对某人最有吸引力,导师和老师是谁,以及他们最熟悉哪个版本有关。扎根理论的质量更多的是与使用该方法的人的学术训练、研究经验、动机和能力有关,而不是与方法本身的版本有关。

至于同一本书在不同版本上的差异,这是可以预料到的。方法在进化,人也在进化。通常修订一本书是为了在某种程度上跟上时代,但也会基于读者对这本书的评论,根据评论人或读者的建议来修订,让书中那些看起来令人困惑或发展不完善的方面,可以得到澄清和扩展。我们认为,每一版的《发展扎根理论的方法与流程:质性研究的基础》的基本内容都是一样的。研究者试图识别、发展和整合这些概念,这些流程包括进行持续比较和提出问题,这些问题将引导理论抽样、达到理论饱和。为了建构高质量的理论,研究者应该将情境和过程纳入分析之中。有时要在不同的版本中使用不同的词汇来澄清目的。与以前的版本相比,新版本的某些部分可能更为强调分析的某些方面,并会添加更多的示例。当这种情况发生时,通常是为了努力澄清、扩展,并使一本书更有用。最后,我们的建议是,选择最适合你的方法,以及最适合你的版本。

问题9:如果分析的重点不是数字,那又是什么?

回答:这个问题是"你的数字在哪里?"的另一种表述。这是在假定,除非你使用抽样和分析的统计模式,否则你无法得出结论。对我们来说,分析的单位就是概念。在扎根理论中,设计抽样方案的目的是观察概念如何在某一个维度范围内变化,而不是测量人在一个概念的某个维度的分布。因此,研究者会从一些地点和人那里收集数据,因为他们希望能将发现这些变化的机会最大化。例如,在本书第二部分介绍的越战研究中,在完成了对参与者1的访谈分析(参与者1将他的越南体验描述为"没那么糟糕")后,我继续跟进对该体验的维度描述("没那么糟糕"),并对参加了同一战争的作战人员,以及作为非作战人员的护士进行抽样,以确定他们如何描述自己在越南的体验。我在寻找人们对自己体验的描述的变化范围——作战人员和非作战人员只是这些数据的来源。基于概念进行抽样的能力是非常重要的,因为它为研究者提供了追踪分析性线索的灵活性,并且,在这样做的过程中,他们的研究发现也更具变异性和致密性。

之后,如果研究者想检验他们研究发现的某些方面,可能会进行聚类分析、相关性分析或其他统计分析。但要记住,质性研究的主要目的是发现,而不是假设检验。在研究开始时,分析者不知道哪些变量是重要的,不知道它们的属性是什么,也不知道这些属性在维度上是如何变化的。因此,抽样是由概念和它们告诉我们的关于现象的内容来指导的,而不是用量化现象的数字来指导的。

问题10:我们可以利用已经收集好的数据吗? 我们一定要对所有的数据编码吗? 我们应该进行随机抽样吗? 有什么别的抽样方法吗?

回答:提出这些问题,通常是因为学生(和其他研究者)在参加研讨会或开始分析之前已经进行了数据收集。有时,他们关心的问题是:为了进行理论抽样,我是否必须从头开始收集数据? 而其他时候,他们关心的问题则是:我要如何处理这么多的材料——尤其是在时间有限的情况下? 对第一个问题的答复如下。本质上,处理已经收集好的数据,与对自己或他人在过去收集的数据进行二次分析,没有太大区别。研究者应该对已经收集的数据、二手或档案材料、回忆录一视同仁,像对待任何数据一样。为了处理这些类型的数据,研究者通常要从检查最早的访谈记录、田野笔记或重大事件的文档开始。起初,他们可能会浏览数据并找到他们感兴趣的段落,然后开始仔细地进行初始编码。同样,由于抽样是在概念的基础上进行的,研究者可以通过整理访谈记录、观察笔记或视频进行理论抽样,寻找相关概念的事件并进行分析。当研究者试图使类属达到饱和或在属性和维度中寻找变化时,使用已经收集的数据或二手数据有时会出现分析性问题,研究者可能会惊讶地发现数据不充足或不完整。当这种情况出现时,分析者必须返回到田野收集额外的数据,或者接受理论中的缺陷。

对于第二个问题的答案是:"不,并不是必须要对所有数据进行'微观'分析。"然而,正如前文所述,在研究过程的早期阶段对数据进行仔细检查有助于研究者进入并理解数据,并确定作为后续数据收集基础的初始概念。通常,微观分析会在分析的早期完成,如果需要进行更详细的分析以在数据收集和分析中对类属进行细节填充、关联、扩展和验证,则需再次进行微观分析。在研究的早期阶段,没有什么可以替代密集性的编码。一旦分析性故事的基础被建立起来,研究者就可以在自己的分析路径中更加轻松。

出于上述原因,随机抽样更适合量化研究而非质性研究。如上所述,质性研究者不是尝试去检验变量,而是尝试去发现变量。他们想要识别、定义和解释概念是如何以及为何随着它们的性质在维度上变化的。因此,虽然随机抽样是可行的,但它可能也是有害的,因为它会阻碍分析者进行理论抽样,或根据数据中的线索,得出旨在引导我们推进分析的问题的答案。至于其他类型的抽样,在几乎任何质性研究中,第一批数据都是通过各种程序收集的——利用幸运的观察(lucky observations)^①、"滚雪球抽样"、网络(networking)等。幸运的研究者可以无限制地进入田野,并知道他们在何处及何时能找到可以进行比较的情境,使他们能够扩展和详细描述他们的概念。有时,研究者不知道要去找哪些人或哪些地方以发现概念如何变化的例子。相反,他们通过"合理的逻辑"(sensible logic)或"便利性"来进行抽样,希望能遇到那种变化。因为没有两个部门、情境或事件是完全相同的,所以研究几乎总是存在变化。每种情境都有可能呈现出现象的不同特征。研究者进行的访谈或观察越多,就越有可能在数据中发现概念的变化。

问答 11—20

问题11:心理学家习惯于凭借直觉提出"迷你理论",并检验其是否有效。这与你的研究方法恰恰相反。

回答:这些"迷你理论"实际上是假设,它们或许在某种程度上扎根于心理学研究者的个人经验和阅读经历。然而,这些假设并不是通过系统的数据分析得出的,也未在研究过程中得到验证。从实用主义的角度来看,这些迷你理论是有其价值的,尤其是对那些需要用知识来处理困境的从业者而言。当然,这些迷你理论的价值在很大程度上取决于它们是如何得出的。如果它们没有坚实的基础,可能会产生误导。

问题12:质性研究者是否经常根据访谈记录和现场笔记进行描述或直接引用其中的内容? 有些研究报告似乎更多是在引用而不是在分析。

回答:一些研究者和一些学科似乎倾向于少分析而多引用,把解释留给读者。这完全取决于所使用的方法和研究者的哲学取向。本书的立场是,尽管引用很有吸引力,但它不会导向理论,也不会为读者提供任何框架来理解这些事物。它没有解释为什么选择某些引文而不选择其他引文,或研究传达的潜在概念信息是什么。话虽如此,引用也确实提高了读者的阅读兴趣,并为质疑的人提供了证据,因此,在研究报告中适量地增加引用是很重要的。例如,斯特劳斯等(Strauss et al.,1964)在他们的书《精神病学的意识形态与制度》(*Psychiatric Ideologies and Institutions*)中,就有呈现与精神病医院中的精神病护

---

①"幸运的观察"是指在进行研究时,研究者偶然遇到的有价值的信息或数据,这些观察可能并不是预先计划或有所预期的,但它们可能为研究提供了重要的见解或方向。这种观察是无意中的,但在研究过程中却可能极为关键。这也强调了质性研究中开放性和灵活性的重要性,因为有时最有价值的洞见可能来自意料之外的地方。——译者注

理员(psychiatric aides)信仰相关的材料。材料中提到的一点是,尽管护理员没有接受过精神病学原理的培训,但他们仍然认为自己在为患者"做好事"。护理员意识到了护士和医生的专业工作,但有时也认为,相较于那些拥有精神病学意识形态(psychiatric ideologies)①的专业人员,他们对特定患者给予的帮助更多。为了说服潜在的质疑者,作者给出了与护理员所进行的长时间访谈的引文。然而,对于这些作者,更常见的做法是权衡描述、引文与概念性解释的比例。不同的质性研究者处理引文的方式各不相同,建议学生大量阅读专著和论文,以了解其中的变化。

问题13:我曾在日本的一个工厂做了组织调查。一名同事问我:"仅仅调查了一个工厂,那你是如何做到通过一个工厂归纳出所有日本工厂的情况的?"

回答:对这个问题的回答相当复杂。诚然,你不能将从一个工厂推广到所有工厂,从一个国家推广到另一个国家。但是推广并不是质性研究的目的,质性研究背后的含义在于获得对一些现象的理解。研究者可以从对一个工厂或组织的研究中学到很多关于这种现象的知识。请记住,作为研究者,我们分析数据是为了研究概念及其之间的关系。在这种情况下,概念可能会在一个案例中出现10次或以上。例如,在我们对医院工作的研究中,斯特劳斯和我认为工作流程的概念是有意义的。我们问了这样一个问题:"是什么让工作按流程进行,或者让工作每天都持续进行? 当工作中断时会发生什么? 为什么?"通过对一个组织的研究,我们可以学到很多关于工作流程的知识。然而,我们不可能从一个案例(个人、家庭、工厂、组织、社区和国家)中了解到有关工作流程的所有知识。基于单一案例的解释会有些局限,需要在其他组织中进一步研究,以便详细阐述这一概念。通过具体说明情境(特定现象[概念]的一系列条件),我们所能说的就是,这就是工作能够在此时此地进行的方式和原因。如果你的组织中存在类似的条件,那么我们所了解的工作流程可能会帮助你理解你的组织中正在发生的事情,或者至少会激发你思考与你正在研究的组织相关的工作流程的概念。

因此,如果一个人问研究者:"这个案例代表了所有案例吗?"从"代表性"这个词的传统意义上来说,答案可能是否定的。然而,如果同一个人问:"我们从对一个组织的研究中学到了什么,可以将其应用于另一个组织吗?"那么答案可能是肯定的,因为从一项研究中得出的核心概念应该足够广泛,可以应用到该概念所源自的组织之外,尽管具体细

---

①"精神病学意识形态"可以理解为关于精神病学的思想、信念或理论观点。这通常涉及对精神疾病的原因、治疗和预防的看法和理解。在一些背景下,这可能涉及对精神疾病的标准、分类以及治疗方法的不同观点和解释。简而言之,它是对精神病学的不同理论和方法的总结或解释。——译者注

节可能会有所不同。

问题14：如果我正在国外收集数据，为了编码，我是应该将我的访谈翻译成英语呢，还是用最初的语言去编码呢（当然，前提是我会说这种语言）？

回答：人们通常给出的理由是翻译要花"太多"时间。这个问题是国外的博士生经常问的，论文委员会要求他们将访谈记录翻译成英语。有几个原因导致我们只进行最低程度的翻译。其中一个主要原因是，让讲英语的读者至少能够对受访者的所说所想有一定程度的感觉或见解，也能让他们感受一下编码是什么样的。另一方面，捕捉翻译中的意义的细枝末节是非常困难的。我们中的大多数人既没有经过特殊培训，也不具备克服这些困难的天生技能——尤其是对于长篇文章更是如此。外国学生表示，他们在尝试用英语进行编码时也遇到了额外的困难。其中一个困难是，英语中通常没有对等的词能够捕捉到原语言中该词的细枝末节。引用伊娃·霍夫曼（Hoffman, 1989）的话来说就是，"意义"会"在翻译中迷失"。对于在数据收集国之外的国家（如果语言不同）进行的展示或发表而言，可以翻译关键段落及其编码，以尽可能接近原文的意思。然而，一般来说，尝试翻译所有的研究材料可能会浪费太多宝贵的时间和意义。此外，许多原始意义的细枝末节在翻译中可能会丢失。

当和外国学生一起工作时，我们会要求他们翻译一些片段，否则，我们就无法帮助他们或对他们的分析做出评论。然而，学生也会被问及，特定单词或短语的翻译是否真正接近受访者的原意。通常，经过一些讨论后，对一个词的含义会有一个固定的理解。在研讨会或团队合作中，还有更多的机会探索翻译意义的准确性，并避免对数据施加外来的解释。当然，到了撰写研究报告的时候，我们不得不将引文翻译成发表所需的语言（例如，参见Saiki-Craighill, 2001a, 2001b）。

问题15：在非工业化社会或工业化的非欧洲文化中，开展质性研究存在什么特殊的问题吗？毕竟在这种方法论中，所强调的是密集的语言分析（close linguistic analysis）。

回答：这个问题引出了一个棘手的议题，当然值得认真考虑。在一般意义上，质性分析在试图理解行动、事件和对象的意义时面临着同样的困难，尤其当这些行动、事件和对象本质上体现了深刻的"文化"时。对居住在西方国家的人来说，当他们将外国人或者部分同化的人的行动和言语与美国人的行动和言语进行比较时，很容易产生误解。正如人类学家所告诉我们的那样，为了避免这种误解，研究者必须要花费一定的时间（有人说要花费很多时间），并进行大量的观察和交谈（非正式访谈）。此外，研究者必须正视自己的文化基础假定。即使有了这些建议,人类学家也无法保证不会发生误解(有时是严重的误解)。

然而,如果外国学生正在美国学习,并希望在自己的国家收集数据,那么这位学生当然可以使用各种质性方法。重要的是不要"借用"(borrow)那些衍生自其他文化的理论,而是要发展反映一个社会时代和地区的具体理论。唉!人们经常犯的一个错误是把在一个社会环境中发展起来的理论强加于另一个社会环境。即便其中的文化差异非常不易察觉,但它们的确存在。强加的理论可能看起来不错,但如果不仔细评估其契合度,它们可能会产生误导。

至于流程的使用,我认为,没有理由不使用在本书中描述的流程来分析在任何国家收集的数据。毕竟,在研究美国的族裔或其他亚文化群体,如"小混混"和"瘾君子"时,这些流程是有效的,尽管他们的文化意义和行为经常偏离常规。举例来说,有一名美国学生研究了生活在保留地上的苏族印第安人(Sioux Indians)的健康观念,与他们一起生活,并在此之前作为公共卫生工作者在那里工作了好几年。她得出的结论是,那些研究这些人的人类学家并没有准确地理解,苏族关于世界的哲学观念是如何影响他们对健康和医疗的看法的——这些观念与西方的传统观点大相径庭。

问题16:一名研究者要如何处理这么多的数据?

回答:对这个问题的回答与对之前收集数据的问题的回答相似。假设一名学生正在研究一个商业组织,尽管经济衰退严重,但这个组织仍在蓬勃发展,这名学生想知道这个组织是如何从经济衰退中全身而退的——这一组织做出决策的基础、指导其高管行动的愿景、他们提供的激励等。数据可能仅有组织文档——但文档量是巨大的。首先,分析者会选择一些文档并熟悉其内容,就像处理访谈资料一样。然后,一旦分析者了解了这些文档所包含的信息类型,他们就可以开始进行密集编码。有了初步的概念列表,分析者就可以转向后续的文档,将这些文档视为新数据,并进行分析。然而,并不是必须要对每一份数据都进行分析。一旦类属饱和,研究者就可以浏览剩下的材料,看看它们对研究发现有何新的贡献。

问题17:可以加快或缩短分析过程吗? 此外,许多从业者和专业人士没有足够的时间进行理论发展,但也想要做好研究。他们应该怎么做?

回答:正如莫尔斯在本章开头所说的,质性分析没有捷径。如果想要进行扎实、丰富的描述或发展致密、完整的理论,研究者必须经历这个过程(同时这也与他们选择的方法有关）。研究者可以选择不饱和的类属，不去寻找情境，也可以选择不做备忘录等，这只是时间、金钱和培训的问题。然而，这些选择都会反映在研究发现中，研究者需要准备接受他们仓促的数据收集和分析给研究发现带来的局限性。

尽管许多研究者声称要使用诸如扎根理论之类的方法，但事实上，一些研究者所做的只是在程序中进行择优挑选，使用那些最契合他们目的的流程。他们可能会使用持续比较，但不进行理论抽样。有时他们会使用某些分析流程，但会与其他的质性方法结合使用。这个问题在关于评估的第18章中做了阐述，建议读者回到该章进一步回顾什么是高质量的质性研究。如果研究者确定了类属（主题），但不想花时间根据它们的属性、维度、变化或关系来精心发展这些类属，那么研究发现将会很"单薄"，无法提供足够的信息，这项研究也可能不会为专业领域带来太多的新知识。如果研究者选择零碎地使用某种方法，那么他们可能会失去方法的连贯性，也就失去了方法所带来的可信度。

问题18：你能谈谈质性分析所涉及的工作吗？比如数量、种类等？

回答：首先，要进行数据收集的工作。数据可以由主要研究者收集，也可以由研究助理或付费聘用的数据收集员来收集。接下来是分析的工作，尽管我们不喜欢把它看作消极意义上的工作，但分析确实需要付出努力，也很耗时，不过，它也是非常有趣和有益的。使用这种方法的研究者应该为自己预留大量的时间——尤其是当研究者要同时进行访谈的录音转录和数据收集时。如果转录是由其他人完成的，那么工作量可能会略有减少。如果研究者在数据收集或分析中遇到困难，可以理解的是，还有更多工作要做。

毫无疑问，与工作数量和种类有关的最重要的问题是研究者的最终目标。如果研究者的目标是信息量丰富的理论，那么与旨在描述的研究相比，研究者将要进行更多的分析工作。然而，进行扎实、丰富的描述也可能是复杂且耗时的。

如果仔细阅读了这本书，读者就应该能了解在数据收集和分析中涉及的许多工作形式。工作涉及数据收集（以及所有可能存在的困难），还有记录，或许还有转录（甚至翻译）以及编码。在完成所有这些任务后，还有撰写论文或专著和进行展示的任务。在研究开始之前，还要进行资助申请、获得人类研究伦理委员会的同意等。简而言之，进行理论建构研究与进行其他形式的质性分析乃至其他形式的研究之间的主要区别，就是研究者投入到编码过程中的工作量。尽管计算机可以辅助他们完成这项工作，但分析者仍然需要付出努力。

　　还有一个问题是,除了所需的技能外,这项工作还需要什么样的资源。实际上,除了笔记本、电话、录音设备和计算机,什么都不需要。有时候需要资金用于旅行,偶尔还需要向受访者支付报酬。好的研究型图书馆也非常有帮助,甚至是必需的,但有了计算机,即使是这些也变得不那么重要了。还有就是,需要一个或多个顾问或能带来帮助的朋友。如果你足够幸运的话,你还有一名不可或缺的支持你的伴侣或重要的人。

　　问题19:日常生活中的解释和我们的理论解释有什么关系?

　　回答:正如我们在其他地方所说的,你必须非常认真地倾听行动者所说的内容。他们的词汇和表达提供了见实概念、带来了意义、提供了解释。此外,日常的解释通常揭示了行动者的观点、意识形态以及他们无意识的假定。因此要注意这些内容,尊重他们,并将行动者的解释融入到你自己的解释中。参与者给我们的解释是我们分析的基础。当他们给出解释时,实际也是在为我们提供情境。将这些内容纳入分析,就构成了理论的基础。

　　问题20:如果你接受过精神分析理论或其他学科方法的训练,你将如何将其整合到质性分析中?

　　回答:质性分析的技术和流程,可以并且已经被接受不同学科训练和持有各种理论取向的人员所使用。这些学科理论所做的是将分析的重点放在特定的问题上,同时为数据解释提供视角。例如,一个秉持弗洛伊德派观点的人可能比组织社会学家更关心潜在的动机和深层的心理意义,而后者对社会的组织过程和结构更感兴趣。重要的是要意识到观点会影响解释。使用质性方法的研究者对创造新的理解和解释感兴趣。如果研究者未能跳出常规思维,可能无法获得新的理解。本书提供的流程旨在帮助研究者以不同的方式思考数据,但不能保证一定会达到这个效果,这取决于研究者如何明智地运用它。一旦分析完成,研究发现就可以与文献联系起来,前提是研究者解释了研究发现与文献的相同之处和不同之处。

　　更具体地说,有一个与这个问题相关的方法论基本原则。所有关于预先存在的理论的假定都要受到潜在质疑,因此必须根据自己的数据来加以仔细审查。后者允许你质疑、完善以及赞同公认的理论。概念必须以自己的方式进入研究,研究者因而不能盲目接受("公认"的理论可能非常适合某些数据,但对你的数据可能就不那么有效了)。因此,总而言之,精神分析理论或任何其他理论都必须通过"扎根"检验。

问答 21—26

问题 21：要进行多少次访谈或观察才足够？我要在什么时候停止收集数据？

回答：所有使用质性方法的研究者都经常问这些问题。对于大多数要进行理论建构的研究者，以及那些希望通过数据收集实现扎实、丰富描述的研究者，可以肯定地说，研究者会继续收集和分析数据，直到"理论饱和"为止。这意味着所有的类属都达到了饱和，并且其内部具有变异性。

然而，总是有时间、精力、受访者和其他影响数据收集的条件会对研究加以限制。这些因素会限制研究者所收集的数据的数量和类型。研究者必须记住，如果在理论饱和之前就停止数据收集，那么研究发现可能会较为浅薄，故事情节也可能不太完整。有时，研究者别无选择，只能接受一个不如预期的理论框架。

问题 22：这种方法论与案例分析有什么异同吗？

回答：这是另一个复杂的问题，因为答案部分取决于你对"案例"及案例分析的定义。《什么是案例？》(*What Is a Case?*)（Ragin & Becker, 1992）这本书对此问题进行了深入的探讨。[①] 两位社会学家邀请了一些受人尊敬的同行来讨论他们如何在研究中使用案例。这些案例的性质和分析方式都存在很大的差异。通常，当一个人谈到案例时，人们会将其解释为对一个人或一个群体的深入研究。这些研究通常以叙述生活故事、职业生涯或处理个人危机的形式出现。但是稍加思考就会发现，案例也可以是对一个商业组织、一个非洲村庄或一个公共庆典的研究。无论研究者是分析单个组织还是多个组织，如果采用这种方法论，分析过程往往就是类似的。研究者会在理论上进行抽样，并继续抽样，直到类属饱和。

问题 23：使用"基本的社会或心理过程"（basic social or psychological process）是进行研究整合的唯一方法吗？我注意到一些研究者似乎是这么假定的。

回答：通常，当人们这样说时，他们的意思是，研究发现是围绕一个概念来进行整合的，并且要按照这一概念在不同步骤或阶段中的发展来进行解释。不，使用基本的社会

---

① 这是一本重要但却容易被人忽略的案例研究方法论文集，其中收集了多位研究者关于如何定义和使用"案例"的不同观点；书中的章节反映了对"案例"这一概念的广泛理解和应用，展示了在不同的学术研究背景和情境中如何进行案例研究。——译者注

或心理过程不是整合数据以建构理论的唯一方法。这种假定(在巴尼·格拉泽[Glaser,1978]关于基本社会过程的讨论中并未提到)严重低估了在任何给定研究中可能遇到的现象的复杂性。它也限制了扎根理论方法论的潜在灵活性,约束了整合分析的策略。在每项研究中,都会发现一些过程,但描述过程不应仅限于步骤和阶段。同样,描述也不应仅限于基本的社会或心理过程,除非社会过程的定义也包括家庭、组织、领域、政治、教育、法律和社区过程,以及与研究可能相关的任何过程。总而言之,我们可以有效地对基本的社会或心理过程进行编码,但是,围绕社会或心理过程的步骤或阶段来组织每项研究,则限制了这种方法的应用范围。

问题24:你强调你的方法既是归纳也是演绎的,但我经常看到它在文献中完全或主要被归为归纳法。有时这种提法是出于赞赏,有时则是为了批评。你能对此进行评论吗?

回答:这又是对该方法论的误解。这在某种程度上源于对《发现扎根理论》(Glaser & Strauss,1967)的误读。格拉泽和斯特劳斯之所以强调归纳法,因为他们反对"没有扎根于数据"(ungrounded)或是纯思辨的理论。他们的目的是引导读者关注在系统数据分析中扎根理论的无可估量的价值。然而,该书也强调了数据和研究者之间的相互作用。由于没有研究者在进入研究过程时头脑是完全空白的,那些被置于数据之上的概念也属于研究者认为的数据中隐含意义的抽象思考,因此,被认为代表了数据的概念不仅包含了研究者的部分思维,也包含了参与者的一部分思考。当然,尽责的分析者会通过将不同的数据进行对比来验证他们的解释,他们总是在他们的解释和验证中寻找矛盾。

问题25:我现在完全被访谈资料淹没了。不幸的是,我无法避免这种情况的发生。我从未想过自己会陷入这种境地,无法停止继续进行访谈。我对访谈和所获取的信息已经感到非常满足,以至于我都无法思考新的访谈问题了。更糟糕的是,我没有遵循规则,即在访谈的同时进行分析。我应该怎么办?

回答:你现在的困境与大多数推迟分析数据而等待数据收集完毕的访谈者遇到的情况是完全相同的。正因如此,数据收集应该由数据分析来引导。然而,我们理解这并不总是可能的,研究者经常陷入数据收集中而无法自拔,然后被数据淹没。在这个时候,最好的做法是暂时停止访谈,开始分析你已有的数据。记下受访者的联系电话,与他们约定后续的访谈时间。之后还会需要更多的人来进行理论抽样、完善类属,以及验证正在形成的理论。

问题26：你能告诉我，这本书中描述的研究方法和自我民族志（autoethnography）有什么区别吗？

回答：关于自我民族志，我没法告诉你太多信息，因为我承认我并不是这方面的专家。我认为初学者在进行质性研究时最重要的是，知道每种方法都有自己的理论基础、目的，以及收集和分析数据的流程。研究者可以使用许多不同的方法来实现高质量的质性研究。我的建议是，初学者在开展质性研究前，应尽量探索所有可用的方法。不同的方法会吸引不同的研究者，研究者因而也会获得不同类型的信息。我可能不太愿意进行自我民族志研究，有两个原因：第一，我不知道自己在分析有关自己的数据时能否做到客观公正；第二，暴露自己太多的信息会让我感到不舒服。我可以在匿名访谈中谈论自己，但不会在专著中透露自己的信息——这会让我自我意识过剩。当然，这只是我的个人偏见，不过每位研究者都要确定，在研究中他们更愿意使用什么方法。

要点总结

本章主要是关于问答的章节。毫无疑问，还可以提出更多的问题。这一章也标志着本书的结束。因此，在结束之前，我希望再给读者传达一些有用的内容。我建议读者不要无谓地担忧分析中的每一个小细节，有时候，研究者需要运用常识，不要过于纠结什么是对是错，重要的是要相信自己和整个研究过程。请遵循本书中概述的一般指导原则，并根据你的能力和研究的实际情况灵活地使用流程和方法。

小组思考、写作和讨论

1. 提出一些你对扎根理论的疑问，特别是本书没有得到解答的问题。

2. 把它们写下来，带到课堂上。

3. 进行小组讨论，让大家一起来回答这些问题。毫无疑问，对于什么是正确的答案，会有一些分歧。这是完全正常的，因为可能会有多个潜在的答案。要有创造力，学会随机应变，最重要的是，要勇于表达你的想法，这样其他人才能做出适当的回应。

附录A　田野笔记：传记研究（对应第5章和第6章）

这些访谈笔记节选自一篇较长的访谈记录，用于第5章和第6章末尾的小组讨论。研究的主题是"危及生命的心脏事件对生平的影响"。

这个人因为胸痛，并且疼痛一直蔓延到她的手臂，因此被紧急送入了急诊室。病痛发生时，她正在外面修剪玫瑰。

R = 研究者

P = 参与者

研究者：J. C.

R：现在回到正题，当你接受手术（在两条堵塞的血管中植入支架）时，你是害怕死亡或出现严重的问题，还是相信医疗体系能保证一切顺利进行？

P：当进行手术的时候，我非常怕自己会死在手术台上。我当时心想："我最好不要死在这里。"但出于某种原因，我从来没有真正想过我会死这件事。我一直努力内化这一事实，甚至会为此而做噩梦。但这件事其实挺有趣的，这种否认现实的行为令人难以置信。我拒绝接受这个事实，就像我的妹妹从未想过自己会得心脏病一样。她把那次经历形容为一个"事件"，却从未说过她心脏病发作了。而当我亲身经历了我所担心的那种情况时，我发现它并非真正的心脏病发作，只是一种血管变窄的现象，而且医生已经及时采取措施防止了任何问题的出现。

事实上，每个人终有一死。我一开始去医院是因为三个亲人的情况，我母亲经历过三次无声心肌梗死，我的妹妹出现过肘部疼痛，我姑姑被诊断出患有……家里每个人都存在这样那样的问题，她们甚至不知道自己身上有这些问题。所以我想，好吧，我不想成为那个一无所知的人，如果我的生活发生了改变，那么至少我要知道是发生了什么事情。因此，我明白死亡的威胁是存在的，但我并不觉得自己会就这么死去。我一直努力将这种感觉内化，并试图让它融入我的生活。因为如果我无法做到这一点，我可能真的就会死掉。就是这样。

正如 X 医生所说:"好吧,如果你什么都不想改变,同样的事情还会再次发生。"这个道理就是如此简单明了,她说的是对的,确实会再次发生。我还有很多其他的血管很可能会堵塞,或者说其中的某一根血管可能会出现斑块沉积。但如果我过早死去,我就会成为家族中英年早逝的人之一。我在努力适应这一点,尽管它并未被我完全内化,但我知道我必须采取行动来改变我的生活,否则我可能就会失去生命。

R:有意思的是,心脏病是如此的"无形",你无法通过肉眼看到它的状况。这也使得你很难将这种疾病真正融入到生活中。仅凭表面,什么都看不出来。

P:其实没什么不同。你知道,这很有趣。现在,又回到之前说的那些噩梦。我现在有在思考——并且我已经知道那是什么了。我知道自己身体里有个小支架,那个小小的铁丝支架。我不知道是我的幻觉还是我在做梦,我感觉它散掉了。它应该不会散掉,但我确实觉得它散掉了,或者歪到一旁堵塞了动脉。我醒来时,很害怕它会堵住动脉。这不是我能用肉眼看见的,你是对的。这只是过去的阴影,我对医院心脏病治疗的抱怨甚至都没那么糟糕。当我回到家的时候,你知道的,我一直在想,这是怎么回事,是不是要出什么事了? 然后我想,也许这就是病痛吧,也许就是这样。等我找到硝化甘油(nitroglycerin)的时候,疼痛已经消失了。我想,当我回到家的时候,我还出现了一些哮喘的问题。我现在也不确定那是否是哮喘,在我看来,或许我只是某种焦虑发作,因为我从来没有得过哮喘。但医生还是给我开了沙丁胺醇(albuterol)治疗咳嗽。当我回到家时,我咳嗽了,所以我吃了一些沙丁胺醇,但服用后不久,我出现了心室过早收缩的症状,这让我非常惊恐。于是我联系了医生,他们让我停用沙丁胺醇,并开始服用地尔硫卓(Cardizem),这种药能够减缓心跳并消除敏感性。我按医生的指示服药,又停用了这种药,换用丙酸氟替卡松(Flovent),这是一种可的松类药物。医生不建议我再服用沙丁胺醇了。最后,这个有趣的现象就这么结束了。我服用了一个星期左右的丙酸氟替卡松,我也不想再吃这个药了。我知道,他们让我服用的量很小。我的意思是,局部少量的用药根本不会进入全身系统。但在我的内心深处,我还是担心使用可的松类药物会影响疾病治愈。我希望那些支架能帮助我痊愈,因为我只会使用一个月的血液稀释剂,我希望在此期间我的疾病能得到治愈。

所以无论如何,尽管需要服用丙酸氟替卡松,我还是试图避免用它。那时候我喘不过气来,一直不停地咳嗽、咳嗽。我服用了大约一个星期——每天两次——咳嗽的症状消失了。后面,我把用药减少到每天一次,然后我就完全停药了,从那以后我就再也没服用过。但我不知道这是哮喘还是焦虑发作,因为我最严重的一次咳嗽是在我回家的时候。我坐在那里,开始咳嗽,几乎无法呼吸,我不知道是因为猫还是别的什么原因。我发现自己在这里坐了整整一个星期,你可能认为我会把大部分时间都花在花园里。通常,我在空闲时间会在花园里忙来忙去,但我却没有这么做。我没有修剪完篱笆上的玫瑰,因为我一个人在家,我感到很害怕。我本来想告诉你我打电话让医生更改了处方,把其他药换成了丙酸氟替卡松。他问我是否有胸痛的症状。我说,我有些许的刺痛,但我不确定是什么。当我找到硝化甘油的时候……他说:"等一下,我不管你现在的症状是什么。"他就是那种人,我想,哦,好吧,他对这件事够认真了。他说无论怎样我都要服用一颗硝酸甘油,然后让我前往急诊室。因此我想,可能还有更多的后续问题需要处理。也可能是我没听到他们说的话。因为我以为这已经是板上钉钉的事了——你把支架放进去,一切都结束了。

因此,在那一周内我没有做太多事情。实际上,那段时间就像是在静心休养。我看书,欣赏窗外的风景,并在后院忙来忙去。我其实喜欢独处,我可以成为一名隐士,但我并没有这样做。通常,当我的伴侣和儿子不在时,我会投身于一些大型项目,画画或做其他事情,但这次我没有。而且在他们回来后不久,我们本来要去里约维斯塔(Rio Vista),但当然,我不打算去了。并且,我发现,我把自己当成了一个非常脆弱的人。我在那里的时候得了流感,感觉更糟糕了。每个人都在照顾我,给我铺床,给我拿姜汤。你知道的,我被这个"病人"的角色束缚住了。我在想,我为什么要这样?通常,我非常讨厌这样。但我并没有去任何地方。我们常常会故地重游,但这次我没有去。这次我没有走下山,也没有沿着海岸行走。我留在山顶上,望着他们前行。所以我对自己说,我必须停止这些胡思乱想,因为在某种程度上,我把脆弱性也融入了其中。我不知道我害怕是因为我在听他们说话,还是因为其他原因。

我猜是因为大家都在看吧。你看,就是这样。我可不想一下山就回不来了。为了克服这个问题,我在心脏康复中心报了名。我得确保我的保险能报销。医生也建议我去康复中心,她说有些人在那儿运气不错,取得了一定的效果。我认为这很好,因为我也还没骑过自行车。虽然我带着我的手机,但我害怕外出的时候没有人陪伴我。我甚至不知道自己能走多远。这很有趣。我认为这部分反应是无意识的。

附录B　参与者1：退伍军人研究(对应第12章)

R = 研究者
P = 参与者1
研究者：A.S.

P：总的来说，我来自一个中产阶级家庭——非常爱国，敬畏上帝，十分虔诚。我们是一个充满爱的家庭，现在仍然如此。我有三个兄弟和一个姐妹。我的父亲已过世，母亲在80多岁时去世。我们每年至少进行一次家庭聚会。

我16岁离家，之后做了几年粗活——好吧，不一定有那么卑微，但工资确实不高。我在医院当过护工，也正因这段经历，我了解到了护理行业，并决定从事这一行。我在21岁时首次取得了护士执照。现在我50岁了，在护理行业从事了很久的工作。这要追溯到20世纪60年代。我在X市的一家退伍军人医院工作了一年，那是我第一次接触到退伍军人，那些参加过战争的人。其中主要是参与"一战"的老人、参与"二战"的中年人，还有一些参与朝鲜战争的退伍军人。我非常喜欢听他们谈论自己的经历，所以，在1966年，当政府终于向越南做出承诺，决定派遣大量的人员和物资时，我也志愿加入其中。嗯，算是志愿加入的。我是在应征之前就主动报名参军的。我首先在得克萨斯州的萨姆·休斯顿堡接受了基础训练，在六周内创造了奇迹，然后以少尉的身份被派往越南。

我……在那里的大部分时间都在转运后送医院工作。我们乘直升机出去，从救助站接人，这些救助站都很……很难说，因为并没有明确确定路线。路线每天都在换，一天换两到三次，但是救助站位于冲突地区。我们会把伤势最严重的人运回大约75英里外的西贡，把伤势较轻的人运回大约25到30英里外的后送医院。让我想想……我那时还很年轻，只有21岁，非常爱国，非常积极，认为我们完全有权利在那里做我们正在做的事情。我非常反越，就像大多数士兵对敌人的感觉一样。

我想，在那里的那段时间，我开始意识到我的良心受到了一些小小的刺激——出现了一些矛盾,但我不认为我有对它们太过关注。当时发生的事情太多了,我没怎么认真思考过。我不确定这是否为某种无意识的机制,让你不去看你正在做的事情,并对其进行评价。我不知道这是因为你不想这样做,还是你选择不这样做。我也不确定。当你在做一件事的时候,对其进行评价是很困难的。实际上,我没法说我在那边的体验有那么糟糕。我当时很年轻,甚至有些享受那段经历。我觉得这是我这辈子做过的最成熟的事情,就是在那里意识到人们想杀了我!就我所知,虽然,我们有时候必须带着武器,但我从来没有用它来杀过任何人。我从来没有向任何人开枪——至少没有有意去这么做。这真是我的成长过程中一段非常奇怪的时期。

很多我认为神圣不可侵犯的东西,比如人类生命的价值,我想我看到……其正在被侵犯。我在1966年到1967年参与了越南战争的"Tet攻势",当时越南北方反击并取得了重大胜利。我还记得在一个叫"Cu Chi"(音译为"古池")的村庄,越南南方的军队被打败后,那里有许多被杀死的越南南方人民,他们的尸体像柴火一样被堆放在路边。那时,我对此并没有任何情感上的波动。就像:"嘿,这就是战争!"事情就是发生了。这让我感到困惑,因为在此之前,一旦想到有人死去,我会非常慌张。在医院工作时,如果有人快要死了,你真的会为此感到担忧和难过。而我当时真的对此没有任何感觉。好像这一切都很好——战争中就应该是这样的。这是一种奇怪的感觉。如果我没记错的话,我周围的大多数人对此也没有表现出任何情绪。事实上,大家还会说很多打趣的话:"好吧,我们可以少担心一个'gook'了。"那是越南人的一个常见的名字——"gook"——所以,就是这样……

有一段时间,我在一家后送医院工作。他们会让你在不同的工作间轮岗。令人感到奇怪的是,工作地点是类似于医院单元一样的匡西特活动房屋。在这些小屋里……竟然会同时出现三种人,这确实很奇怪。我们会遇到受伤的美国士兵、受伤的越南南方士兵,以及受伤的越共或越南北方士兵。因此,在某种程度上,我们对这些人进行了去人格化处理。我记得当我们为即将到来的班次做报告时,我们会谈论我们的士兵,使用他们的名字之类的称谓。当我们汇报关于越南北方人民或越南南方人民的情况时,我们竟然会说12号床或某某房间的"gook"。这是一种去人格化的方式,让你不必同情他们。你无法与他们交流,因为你不会说他们的语言。你身边很少有翻译员或口译员来帮助沟通和理解。我对这些人的印象是他们非常坚忍。我不记得他们曾要求我们做什么来缓解他们的痛苦,但我想他们当时一定非常痛苦。与此同时,不幸的是,我也不记得我自己或其他任何护士、医生曾主动去关心他们是否感到不适。

　　战争所造成的创伤是很可怕的。我不知道。我当时从没想过。我确实不记得自己曾经给任何越南人提供过缓解痛苦的帮助。他们非常坚忍。我倒是记得有一次，我不禁为一名越南人所经历的苦难感到痛心。至于他是敌对势力还是友好势力，我不太记得。那时他做完手术醒来，掀开被子发现自己的腿不见了，那一刻他失声痛哭。我……我不记得有任何人，包括我自己，能够以任何方式安慰这个人。嗯……当然，这如果是在战区之外，对于医护人员来说是极不寻常的行为。我们不会让任何人在身心上遭受我们让这些人承受的痛苦。有时在单元里会有冲突，因为我们医院里有三股势力：一些美国士兵或越南南方人民会发现他们的敌人也在那里——越南北方人民或越共——就会发生冲突。我们总是保护他们不受其他人的伤害。我们永远不会允许我们的士兵对他们进行身体上的虐待，然而，言语上的威胁和谩骂是常有的事，但我从未见过任何形式的身体暴力。

　　谁会得到照护，谁会在需要的时候获得补给，这些从来都不是问题。美国人或澳大利亚人总是排在第一位。我们医院旁边有一个澳大利亚的军队单位，他们会来我们的医院。啊……他们总是得到优先照护和补给。通常情况下，补给是充足的。所以，啊……我记得有一次我没有犹豫便直接做了一个决定，把呼吸机从一个越南北方人民身上取下来，给一个美国士兵使用，因为这是唯一可用的呼吸机。那是我记忆中唯一一次做出这样的决定。大多数情况下，他们的需求被善意地忽略了，我们更多的时候是观察他们是否真的想要或需要什么。我清楚记得，越南南方的审讯队有时会来到医院对越共进行审问，有时则会将他们带离医院。我只能想象他们随后会遭遇何种待遇。他们以带越共去另一家医院为借口将其带走，但我敢肯定他们随后会遭到审问甚至被杀害。然而，在当时，这些现实并未困扰我。在战争环境下，每个人都是无名小卒。对我来说，他们只是另外的越南北方人民。［停顿］

　　就像我说的，有时候我会突然意识到那些前后矛盾的地方。困扰我的不仅仅是我们对越南人的医疗方式，还有美国军队体系中的等级制度。我是一名军官，所以我比普通士兵享有更多的特权。他们必须连续工作 12 到 18 个小时，而军官则不需要。他们被称为"低等兵"（grunts），但这就是军队，全球各地的军队都如此。我试图回忆起与同辈的讨论，回顾过去，想看看我们是否曾讨论过当时正在发生的事情。然而，我无法记起我们有过任何相关讨论。我确实不知道其他人在那里的感受，以及他们是否对所看到的一切有任何疑问。我惊讶地发现自己在那种情况下能如此自如。每天要做的就是起床工作，这似乎不会给你带来太多困扰。我想这就是人适应的一部分，你唯一要做的就是适应环境。当时的生活呈现出一种几乎正常的感觉,我们甚至还会举办派对。有时,我们最大的问题是去哪里弄到足够的啤酒,或者我们能不能用一些青霉素和另一组人换一些威士忌或类似的东西。我们从未想过,也许其他群体是需要这种药物的。

R:你有没有遭受过攻击呢?在那边的时候,你是否感到身处危险之中?

P:你是指这个营地还是医院?医院确实经常遭到攻击,营地里也有人被杀。当战火真的来临时,我们不得不把病人从床上转移到地板上的床垫上。匡西特活动房屋是用锡做的,当被炮弹击中时,弹片就会满天飞。但我们从来没有转移过越南北方人民,他们就待在床上。美国人躺在地板上的床垫上,远离火线。[停顿]还有一些矛盾的地方。在白天我们允许越南人进入营地工作,做些清理工作之类的。但谁也不知道他们晚上会不会偷偷溜出去换上黑色的睡衣,变成越共。就好像白天你还不错,我们能看见你,而晚上我们就不知道你到底是谁了,诸如此类的情况。

我在那里待了一年。回想起来,那一年还不算糟糕。时间过得非常快。我因此成长了不少。嗯……我是1967年回来的。那时和平运动正在兴起。我记得我在离开西贡之后的第一站是旧金山机场。他们让我们脱下制服换上便服,因为在机场有人向从越南回来的士兵扔东西,说他们是杀人犯之类的。这让我非常生气。我认为我去那里做了一件很有意义的事,他们怎么能那样对待我们呢?这些年来,我对这件事的看法已经改变了。我们当时去那里是毫无意义的。失去你的爱国主义是很难的,放弃它很难。我认为这段经历给了我做事的动力。那时候我大概22、23岁。具体多少岁我也不记得了,但那时候我已经制订了退伍后要做什么的计划。我回到X是为了在那里完成我的(军事)服役。我申请了这所大学,并获得了护理学的学士和硕士学位。我很忙。我做兼职工作,还要去上学。我实在太忙了,没有时间去想那段经历。我只是把它放到一边,继续我的生活。到目前为止,我真的可以说战争对我的生活没有任何重大的负面影响。多年来,我对战争和杀戮的感受到底发生了什么改变,真的很难说清楚。很难说是什么导致了这种变化——是我变得成熟了,还是逐渐意识到所有的矛盾并感受到战争是一场徒劳。我通常都会回避那些会让我重新意识到这些事情的场合。我从未,从未看过关于越南的电影。这些电影对我来说没有一点吸引力。我不知道它们为什么对我没有吸引力。我从未试图与我在越南认识的人保持友谊。我从军队退伍。我知道我再也不想要那样的生活,所以我退伍了。当我从军队退伍后,我彻底切断了这一联系。它就好像是我生命中的一段插曲,我发现自己几乎难以回想起那段时光。我的那段军队经历已经结束了,彻底消失了。我很少去回想,更很少去谈论。

谈及战争对我的影响的话，我认为它带来了积极的影响。说战争带来了积极的影响似乎有些奇怪。但在越南期间，我遇到了很多积极的人，在某种程度上给了我上学的动力。[停顿]我想说，如果要我对这次经历做一个综合评价，那我认为是积极影响多于消极影响。这是一个走向成熟的过程。或许我本来也成长了不少，但这次体验让我迅速走向了成熟。退役后，我感到非常愤怒。那是 1967 年，和平运动正如火如荼地进行着。当时我正在上大学，看到学生游行和团体活动之类的，我会感到非常愤怒。我知道那些还在战场上的士兵，若看到这些新闻之类的，会感到非常受伤。现在回想起来，就像我之前说过的，我钦佩那些游行者。当时，我从一个爱国者的角度看待他们，他们也从自己的角度看待这场战争——"这完全是错误的"。所以现在回想起来，我很钦佩那些在当时比我更能洞察形势的人。确实，这些都是错误的。

R：我们再来探讨一下这个问题。我对两件事特别感兴趣。首先，你提到战争是一段让人走向成熟的经历，这当然可以理解，但能否请你再详细阐述一下？其次，我想进一步了解随着时间的推移，人们对战争的回顾和看法是否有所改变。

P：我想成熟就是学会如何分清事情的轻重缓急。啊，学会自立，也学会为自己发声。[停顿]那是一段既让人成熟也让人麻木的经历。我想我在那种情况下学会了不再过于敏感地对待事物、他人的痛苦以及人类的困境。因为在那种情况下，如果放任自己陷入这种敏感情绪，我的表现会变得很糟糕。或许，这也确实让我更加敏锐地察觉到人们的痛苦、煎熬和死亡等种种不幸。啊……

R：就像我的其他朋友一样，你也曾投身战场，有着亲军背景，对政府完全信任。那么，在这方面又发生了什么变化呢？

P：如果我按照你的思路，我就能把作为美国人的自己，从强加给人民的战争中解放出来。但我必须承认，它改变了我作为美国公民的一些观念。这是一个过程的开始……那时候的我觉得政府会做正确的事情，我们的领导人总是会做对我们国家最有利的事情，而那也将对整个世界产生积极的影响。那时候的我们正春风得意。但我想我已经失去了那种天真——嗯，你应该把所有的个人权力移交给政府，那些在华盛顿的人总是会做正确的决定。这是走向成熟的一部分。我的两个哥哥也曾在越南服役，并且我和其中一个哥哥同时在那边服役。有趣的是，多年来，我们从来都不讨论越南。啊……他们继续着他们的生活，并且取得了成功。这仿佛是我们不愿回忆的一段历史。同样，我也不确定这是什么意思。我不确定这是否意味着我们不以此为傲，还是这段经历已经过去，不再值得提起。

R:从某种意义上说,你也继续过着你的生活?

P:这是我喜欢说的一句话:"继续生活吧!"它就像一块进阶之石,让我能够前进。虽然很难用言语来形容它对我的生活产生了怎样的影响,但时光荏苒,已经快过去30年了。生命中发生的一切塑造了现在的我,因此我很难把现在的我和那段经历直接联系起来,我真的做不到。

R:能否说得再详细点?我并不是想把战争的影响强加给你。正如你所说,这只是一系列事件。但当你现在回头看,它是否与你的某些行为存在一定的关联呢?

P:我认为,这段经历对我来说是一块进阶之石,它就像一种动力,让我尽可能地去充实自己的生活。或许我是明白了生命就是徒劳。我不确定,但我认为那段经历是我人生的跳板。

R:如果没有参战的话你会直接去上大学吗?

P:你知道的,我也不太确定。

R:为什么?

P:我不知道。我对自己的教育水平很满意。我不知道我会不会一直满意下去。我本可以直接就业。我想是因为我在军队里遇到了一些人。

R:护士?

P:是的,我很钦佩他们。我觉得他们很能干,那些级别比我高的军官、在陆军护士军团工作的时间比我长得多的老人都很能干。与此同时,我并不渴望成为他们。职业军官的种种对我没有吸引力。他们对待生活的态度以及生活方式并没有引起我的兴趣。

R:是哪些地方对你没有吸引力呢?

P:我认为,他们把自己生活的决定权交给了别人。我总是听到他们说:"我不知道军队下一次会把我派到哪里去。"然而,我知道军队下次不会再派我到哪里去,因为我将决定自己的去处和生活。他们为人有一些冷酷,但这也不是绝对的。确实有一些非常优秀的人,但总的来说,职业人士更感兴趣的是越南的经历对他们的职业生涯有什么帮助。这是一个很好的晋升机会。我用了两年时间从少尉升到了上尉,在和平时期,这需要十年时间。现在可能要十五年才能完成晋升。我想,对于许多从朝鲜战争以来一直担任少校或上校的职业军官来说,这是一个获得他们期待已久的晋升的机会。他们为了这个机会做了各种各样的事情。我记得有几个医生,有一天晚上,在他们睡觉的帐篷里,我们在一起讨论。一个人不知怎么弄伤了他的脚,他想知道他是否可以因此获得紫心勋章,因为每个人都在想如何获得尽可能多的奖牌和勋章。我想,我记得有些人因为他们的腿被炸掉、眼睛失明而获得了紫心勋章，你也可以因为脚上的伤而获得紫心勋章，即使这是因为你粗心而不小心弄伤的。但话说回来，他们始终考虑的是这场战争对他们的职业生涯有何帮助。

R：在军事方面，有没有让你感到特别震惊的事情？

P：当然，当然。嗯……你知道的，有大量的投机交易在进行，包括很多黑市交易，特别是在医疗用品方面。这个现象让我感到很困扰。就像我说的，他们曾经用一箱抗生素换别的东西，比如一箱啤酒之类的。

R：所以尽管他们提供了很好的照护，他们也在做其他的事情。

P：好吧，你说是很好的照护，但这也是相对的。我记得有些时候，医生和护士会喝得酩酊大醉，做起事来毫无章法。但那只是少数情况，并不是普遍现象。

R：那你离开部队后为什么留在护理行业呢？

P：因为我已经成为了一名护士。

R：但是当你回到学校的时候，你可以转行做其他的事情。

P：确实可以。但在这一点上我没有任何疑虑。我认为在护理行业可以做任何你想做的事情。那次经历并没有动摇这一点。再说一次，那只是一次经历罢了。越南是我生命中的一段一年的经历，并没有改变我的专业方向。

R：J 和她的一名研究越南护士的学生谈到的一件事是，医疗人员对自己的职业感到很不安，因为他们在拯救伤者以使其重返战场。伤势非常严重的人被允许死亡，这与通常的医疗方式相反，即首先治疗最严重的伤员。

P：再说一遍，这就是军事的做法。军事医学的目标是让每个人都能回到原位，无论他们是步兵还是飞行员。因此，在发生惨烈的战斗或袭击后，医院里可能会人满为患，有150人、250人或300人。在人们被分流到不同的治疗区时，会有明确的分诊。人们住得很舒服，我们会给他们注射麻醉药以缓解疼痛。我记得当时有6间手术室，可能积压了100人。然而，那些伤势严重的人，从未进过手术室。他们就这么死去。我没有参与分诊。我在想，如果是我，我会有什么反应。我想我也会接受吧。毕竟，这就是"军事的做法"。

R：让我们继续这个话题。你退伍之后，你说你计划在学业上迈出新的一步，回去攻读护理学的学位。能否回忆一下在1967年、1968年和1969年，你在大学里经历的一些重要事件？

P：我大部分时间都挺忙的。我要完成全日制学业，同时还要兼职工作。我从来没有参加过任何示威活动,如果你指的是这个意思。同时,我也不记得我对他们的感受……过了一段时间后,我开始觉得他们是对的。我从来没有支持过示威活动。与此同时,我也从未对他们持消极态度。

R:你为什么认为他们是对的?

P:嗯……在20世纪60年代末和70年代初,不仅对我来说,而且对整个国家来说,我们都明显地纠结于某种……难以获得的东西,那便是和平。我们历经了无数次的错误的停战和开战,包括签订条约、停止交火,然后再次开战。此外,华盛顿的政治局势也如火如荼,我们投入了数十亿美元,然而我们国家的社会制度却分崩离析。我想我更多考虑的是这些方面的错误,而不仅仅是人们死亡的错误。我坚信战争造成了社会动荡与动乱,对我们的国家产生了重大影响。在那个时期,我认为这比起我们对越南人所做的一切来说,有过之而无不及,因为我在某种程度上对越南人进行了去人格化的处理。

R:你能描述一下当时你所看到的具体情况吗,是什么让你产生了这样的感觉?

P:具体的我记不清了,我在仔细回忆在经济方面出现的问题,但我认为更重要的是这里没有发生社会改革。我记得学生的就业率在下降,通货膨胀率在上升。我记得我开始很难靠自己挣来的钱生活。我回忆不起太多具体的内容。大部分时间我过着与世隔绝的生活。我过着自己的小日子,真的不太了解整个大局。

R:你为什么说社会秩序在崩溃?

P:因为骚乱。我记得20世纪70年代在肯特州,当时我还在上大学,我记得我们校园里有很多示威游行,我在想,我们怎么能把枪口对准自己的人民,向他们开枪?我对陷入那种境地的人有些同情。那可能是我对政府态度的转折点之一。我不确定。我对政府越来越失去信心。

R:你和其他退伍军人有联系吗?

P:没有,我真的没有和其他退伍军人联系过。虽然我记得当时校园里有一个退伍军人组织,但我一直没有意愿也没有时间去参与。在那个时期,作为一名退伍军人并不会被看作是很酷的事情。我记得有一些课程,尤其是在社会学的课程中,会涉及越南战争的话题,但我始终没有主动参与过,也没有发表过任何言论。当然,我永远不会,我永远也不想以任何方式被归为越南退伍军人的行列。我比大多数人年纪大一些,和18岁的孩子一起上社会学入门课程(Soc.101),他们都在担心征兵和其中存在的不公平。我从来没有向任何人敞开心扉谈过这些。

R:然而你对政府的态度发生了变化。

P:这是一个逐渐转变的过程。我开始对政府失去信任。[停顿]而且,我看不到政府的政策在什么地方对我的生活有任何积极的影响,因为我真的很专注于我正在做的事情,并且做得还不错。但我记得那时启智计划(Head Start program)被取消了,因为没有足够的资金支持,每个人都在谈论所有要花费在战争上的钱,但国内的事情却没有得到很好的考虑。我记得在一次课上,大家在课堂上似乎普遍反对政府,人们对政府持消极的态度。那对我来说可能就是开始,但我还没有完全对国家失去信心,你可以说这份信心在慢慢地被侵蚀。这很难说,因为我住的地方是我们一位伟大的总统的家乡,因此,当你尊重这些人的时候,很难持消极态度,这是一种难以割舍的尊重。

R:战争还在继续,你也继续过着自己的生活。

P:确实,战争一直在断断续续地持续着,直到1975年,但我可以选择将我生活中的一部分从战争的阴影中解放出来,画上句号。我并没有花太多时间思考这些问题。我记得当听说他们达成了停火协议,战争即将结束的时候,我心中充满了激动。然而,第二天一切又照旧,战争的威胁并没有真正消失。尽管我并不记得我是否对越南人民本身抱有任何负面情绪,但我对政府失去了信心。我认为我们和它们一样应该受到指责。这也让我开始思考,也许我们应该尽快离开这个地方。

R:你认为是早了还是晚了?

P:是晚了。我记得它们还会做一件事,就是会在报纸上公布阵亡士兵的名字。我总是会关注这些名字,看看名单上是否有我认识的人。[停顿]但就我而言,我并没有试图跟上每天在战争中发生的事情。至于在巴黎的和平会谈,我记得他们有进行会谈,但是我对此并不感兴趣。和大多数的美国人一样,我觉得,我们是夹着尾巴出来的,而且我觉得,这时我真正得出了这样一个结论:战争是无用的,没有人是赢家。我觉得,有人将怒火指向政府,因为它们从来没有真正承担战争的责任,而且我记得政府也从未将其称作战争,而称其为越南冲突。它们永远不会站出来说这是一场战争,因为国会从未宣战。所以这是一场文字游戏:战争 vs 冲突。

R:柬埔寨又如何呢?

P:那是一条必经之路,当时我驻扎的地方是古池,离柬埔寨边境只有75英里。进入柬埔寨是很寻常的,因为国家之间并没有一个明确的边界。就像这棵树的后面就是柬埔寨,那棵后面就是……对我们来说,进入柬埔寨不是什么新闻。

R:多告诉我一点关于你退伍后的事情吧。

P:我在20世纪70年代初获得硕士学位,并在一所护理学校开始了我的教职生涯。

此后的二十年间,我一直致力于教育事业。无疑,在当时,这是一个非常正确的决定,因为我的职业生涯一直没有中断。我选择留在大学继续深造,试图取得博士学位,这主要是出于教学和教职的需要。在那个时期,我已做好准备,告别我曾经执教的州,来到这里开始新的生活篇章。

R:你去过越南墙吗?它对你有什么影响吗?

P:我去过,这堵墙确实给我带来了深刻的影响。我仅仅是为了去看看它,便前往了华盛顿。至今我仍记得,当时看到这堵墙,我思绪万千。我试图寻找我认识的人的名字,他为了国家献出了自己的生命。当我在墙上找到他的名字时,我真的感到非常激动。同时,我认为这对我来说可能是一种"净化"的体验。在我去到那里,看到这堵墙,并抒发了自己的情感之后,这件事情也就这样结束了。这段经历并没有在我的脑海里挥之不去。

R:那么可以说,你对于越南墙的经历都是围绕着你要找的人吗?

P:似乎是这样的。如果我要对其进行概括,用一件事情来描述整个情况,应该就是发现了墙上的名字。

R:给我描述一下那一天的情况吧。

P:我记得那天早上华盛顿很冷,一直下着雨,我在阿灵顿那一带游荡,找不到那堵墙,所以我不得不询问他人。记得我询问的那个人对那堵墙在哪儿一无所知,当时我感到很奇怪。后来我终于找到了那堵墙,墙的周围已经完全荒芜。我原以为周围会有成群的人,但事实上不是,当时只有我一个人在那儿。我记得当时我看着那堵墙,试图从中找到一些意义。我读了上面的相关文字,我已经忘了内容,我记得我就坐在那里,从不同的角度看这堵墙。那里有一张桌子和一些长椅,还有一本看似是历史书的东西。它能帮助你找到你想找的人的名字,告诉你他们的名字在墙上的哪个部分。我记得我翻阅了它,但我不记得在那一刻我有没有任何特别的情绪。后来我找到了那个人的名字,我走到墙边,当我靠近时,我发现有证据表明人们去过那儿,那里有纪念品和花。这有一些鼓舞人心,因为纪念碑周围人不多,没有更多表达悲伤的形式,毕竟墓地里有各种各样的纪念碑,我对此感到很失望。对我来说,我想这才应该是"纪念碑"!回想起来,越南墙可能并不及纪念世界大战死者的纪念碑重要。但在我心中,它应该也是具有一定分量的。在那里,应该有乐队演奏,有人在场,等等。但却不是这样的。它确实显得很孤独,它是孤独的。我不记得我离开后有什么特别的情绪。这就是我当时想做的事情,事情就是这样。

R:你关注过越南现在的发展吗?

P:我觉得越南开放旅游贸易很有趣。他们希望我们的人去那里。有很多人计划回到曾经到过的地方去看一看。这种感觉有点像"打不过就加入"。说实话，我也想回去看一下。我想我的这种想法主要是出于好奇，不是为了寻找什么具体的东西或解决什么遗留问题，只是单纯的好奇心驱使。我想这会让我明白一切都是徒劳的，因为什么都没有改变。他们仍然过着自己的生活，而我们也还在这里。没什么太大的变化。嗯……我对越南人并没有任何敌意。我认为战争是强加给人民的，他们去打仗是无奈之举。当然，他们的国家曾经被人长期占领。并且，他们效忠于任何掌权者。这是他们为了适应环境、为了生存而必须做的事情。这一点我没有异议。

R：你对越南人在那儿的生活有什么感受？

P：没有太大的感觉。我教过许多越南学生。有一年我参加了他们的春节，我发现一个很有趣的现象，是关于越南儿童的，移民儿童的身高大约有 6 英尺，而他们的父母大概也有那么高。我们总是认为越南人长得非常矮小，他们矮小的一个原因是饮食问题。但我只是觉得看到那些高大的越南儿童在周围走来走去很有趣。我非常钦佩那些来到这里，并在生活中取得成功的越南人。他们继续过着自己的生活。

R：你是否有亲密的朋友在战争中牺牲？你是否阅读过关于这场战争或其他战争的书籍或小说？

P：没有。有一个人是在我回来之后死的，他是我哥哥的一个朋友。所以，那算是我离真正死亡的人最近的一次……至于书籍方面，我读过一些有趣的、轻松的书籍。其中有两本书，一本名为《古池隧道》（*Tunnels of Cu Chi*），讲述了越南人挖掘隧道的故事。他们在这些隧道中生活，这也是当初我们无法发现他们的原因。由于我曾在古池逗留过，因此对我来说，这本书的内容还挺有趣。还有一本关于越南的书，几乎就是个闹剧，名为《捡起子弹的书》（*The Book that Pick Up Bullets*）。这基本上是一部传记，非常有趣，以幽默的方式描绘了战争的荒谬。我知道有很多关于战争的书籍，但并不想阅读。那场战争中没有英雄可言。

R：当你前往战场的时候有没有带着一些想象？

P：我不知道我是否有过什么想象。我的家庭没有军人背景——对，爱国，但没有军人背景。在我之后，我的兄弟们也参军了，所以我对军队生活没有任何先入为主的想法。

R：总的来说，你的意思是，战争打击了一个二十岁出头的男孩，这是一次让人走向成熟的经历。它在某些方面让你迅速成长。战争似乎并没有影响到你，因为从那以后你有了一份不错的事业。从另一方面看，你也将某些东西封印了起来。

P：是的，可以说我是封印某些东西。我不认为，就我个人而言，我不认为战争对我的生活有负面的影响。

R：我想返回讨论你在后方医院的生活。在你心中，或者从结构上来说，你们对待越南北方人民和越南南方人民的方式之间有什么区别？

P：他们受到的是两种截然不同的对待。我记得偶尔会有越南南方军队来医院跟士兵交流，还会给他们带一些小礼物之类的。当然，除了来自越南南方的审讯人员之外，没有人会来看望越共。不过我们确实对越南南方人民投入了更多的关注，我们称他们为友好的越南人。再说一次，我们跟这两个群体交流起来都非常困难，因为我们不会说他们的语言。所以有时候看似我们忽视了某些事情……我认为，在我看来，这只不过是因为我们没法做到我们想做的那么多。但那是一家医院，我们尽力照顾所有能照顾到的人。那个地方没有太多的军事氛围，因为那里根本就没有枪支。

R：你去那堵墙的时候，为什么要找那个人？

P：嗯，他是我一个很亲近的人的兄弟。我对此做了一个推论。正如我之前告诉你的那样，我将在10月份前往华盛顿，因为那里将举行艾滋病纪念拼布展览，我看到在拼布和纪念碑之间有很多"线"。我参加这个展览也是出于同样的原因。我的爱人去年死于艾滋病，我们一起完成了一块拼布。我认为这和我去墙前寻找的那种净化体验是一样的。

R：在战争期间，你在医院的那段时间里，你是不是开始有了一种距离感，不仅和军队有距离感，也和当时发生的事情有距离感，对当时发生的事情有一些怀疑？ 在21岁或22岁这个阶段，你是如何区别于别人做到这一点的？

P：我想在大部分的闲暇时间里，我开始思考我离开越南之后想做的事情，比如我想要去哪些地方，想在哪里生活，想去哪里上学，等等。我认为这种未来导向在某种程度上帮助我从所处环境的现实中分离出来。我考虑更多的是未来，而不是当下。

R：这是不是也是一种成熟的体现，即使表现出了一点防御性？

P：我认为是这样的。对于那些在那天之后没有处理过任何事情的人来说……我只是觉得他们可能在处理事情上遇到了更多的困难……我能够理解……或许是通过制订关于未来的计划，我下意识地明白，我还有未来，我不会死去，我终会脱身的。

R：有没有什么人在你人生的转变中发挥了作用，或者对你来说，走向成熟只是一个内在的过程？

P：嗯，在私下和工作中都有这样的人存在。我在大学遇到了一些富有激情的人，他们教会了我一些事情。有一件事情我忘了提，漏掉了……我不知道它是否重要……正是在越南的时候，我开始正视自己是同性恋的事实。我在那里遇到了一个人，所以这还挺有趣的。这对我来说是一段激动人心的时光。我开始正视我是谁的问题。这个人和我一起搬到了X市并在一起生活了六年。无论是在生活中还是在工作中,这段经历都对我产生了影响。我经常想,这件事情为什么会在那里发生,也许是因为在那里我们很自由,也许是因为在那里我们很可能没有明天,因此你最好活在当下。我的爱人是应征入伍的,而我是志愿参军的。他一直待到被征召入伍,他不是自己选择去那里的,但他表现得更为专业。我记得他比我更为关心医院的条件——他认为在某些事上我们本可以做得更好,即人们如何行动。我觉得在某种程度上他是我的榜样。

R:他会和你谈论你们封闭在心中的这些事情吗?

P:再一次,你会认为两个人都曾经历过那些事情,共同生活了六年,总会谈到这个话题。但我却不记得我们曾探讨过我们生命中的这些经历。我们就这样自然而然地继续生活着,就是这样。

R:我还有一个问题,关于艾滋病及其引发的一切,你觉得这与战争有任何关联吗,或者说,这些只是独立的事件?

P:没有,我认为……我认为与艾滋病的斗争是一场战争。这种疾病对年轻人的影响最为严重。所以你可以在战区和全世界死于这种疾病的人之间做出某种推论。同时,我认为我们已经看到了这些非常严重、非常明显的分歧,有些人支持与疾病抗争,希望获得这场"战争"的胜利,而另一些人漠不关心。战争也是如此。有人想要进入战场做正确的事情,也有人毫不在乎。在社会层面,我认为二者之间有很多联系和相似性。相较于越南战争,我已经不再相信政府在这方面所做出的承诺。我与艾滋病有过密切的接触,所以说我无法置身事外。我想因为艾滋病,我比以往任何时候都更加反政府。

R:许多从越南回来的退伍军人最终都因示威活动而发生了转变,而且至今仍然感到愤怒和沮丧,因为他们的付出并没有获得重视。

P:你知道的,我认为任何一个士兵都可以对任何一场战争发表自己的看法,但这对所有数不清的战争和所有死去的人来说都没有多大影响。世界会因为他们的牺牲而变得更好吗? 我认为并不会。看看我们现在身处的现实。我也愿意这样想,每一个牺牲的人,每一个付出过努力的人,每一个曾为了某种信念而放弃过某些东西的人,他们所做的一切都是有意义的。然而,我现在无法再肯定地说这些付出是值得的。我不认为它们对社会有任何持久的价值。显然,我们从这些事件中并没有吸取到足够的教训。

附录C　参与者2(对应第13章)

　　附录 C 和 D 中所呈现的访谈内容是通过访问某个网站获得的,这一过程在第 13 章中已有详细说明。这些访谈内容是对第 12 章中访谈分析过程中出现的问题的解答。这些问题属于理论抽样的一部分。然而,第 13 章只给出了部分访谈内容。完整的访谈记录可以参见下文。

第一部分:在线访谈/问卷

　　亲爱的参与者 2:

　　我很高兴收到你的回复,从回复日期可以看出你是在百忙之中回复我们的。

　　如果我们能够面对面访谈的话,我想请你向我讲述你在越南的故事,我会坐下来仔细倾听。但由于我们没法面对面进行访谈,我会给你一些主题领域,你可以自由选择,根据你的需要添加或删除内容。在你回复之后(如果你选择继续回复我们的话),我可能会根据你所说的内容,再询问一些后续问题,然后你可以进行进一步的澄清或解释。

　　首先,我们想要了解一些你的背景信息,比如,你什么时候去越南的、你的年龄、你与家人的关系、你是否有兄弟姐妹、他们是否服过役,以及他们是否爱国和支持你等。

　　谢谢!

　　J. C.

　　R = 研究员
　　P = 参与者 2
　　研究者:J. C.

　　P:去越南那年我 21 岁。我来自北卡罗来纳州的一个普通家庭——我的父亲是一名教师、教练和体育指导,我的母亲是一名家庭主妇,我还有一个妹妹,比我小 19 个月。我没有结婚或订婚。我父亲是一名"二战"退伍军人,当时在意大利托雷塔(Toretta)驾驶

B24轰炸机,他有50次飞行作战经验。尽管我家人支持我的选择,但他们并不一定支持越南战争。

R:你是志愿参军还是应征入伍的?

P:我在1964年志愿入伍,就像所有的海军陆战队员一样。在越南服役期间,我并没有和那些应征入伍的人一起在越南服役。

R:你的角色是什么,作战人员还是非作战人员?

P:我是一名海军陆战队步兵,还获得了3.5英寸火箭发射器的使用资格。

R:描述一下你在那里的生活、参加战斗的情况(如果你进行了战斗),以及敌人是怎样的(这是问题的关键所在)。

P:越共是一支训练有素、纪律严明的军队,他们通过各种强力手段在当地村庄站稳了脚跟。像我这样的海军陆战队员接受过大量服从命令的训练,不会问为什么,也不会过问当时的政治局势。我能够并且会毫不犹豫地杀人,因为那是我的工作,我受过这样的训练。当看到自己的朋友受伤和被杀,我们很快就能适应这种情况。随着时间的推移,你要活着,那杀戮就变成了一种习惯和自卫手段。海军陆战队员为了其他的陆战队员和部队而战,而不一定是为了事业。

R:当你在那里的时候,你感觉得到支持了吗? 回家后看到各种反战运动,你又有什么感受?

P:当我在服役时,我总是能得到各方面的支持。我们中有一些人并不想待在那里,但如果可以选择的话,没有人愿意处于生死攸关的战斗状态。就反战运动而言,其实这些人的主张就是美国军人战斗的原因之一:言论自由的权利、抗议的权利,以及自由生活的权利。然而,人们在这场运动中却因为美国军人选择服役而攻击他们,称他们为“杀婴者”(没有根据,仅是因为他们选择了这一“污名”)——他们从来没有以任何方式为这个国家服务过,仅是对他们一无所知或者永远不会了解的事情喋喋不休,我至今都对这一点深恶痛绝。正如我们所知,这些人将导致美国的衰败。反战运动除了赢得不光彩的和平和侮辱58000名为了公民权利而付出生命代价的美国人外,一无是处。越南战争中的美国军人被视为那个时代反战运动的叛徒。这种事不应该再发生在美国军人身上。

R:你会将这次体验描述为一次走向成熟的体验,还是一次糟糕的体验?

P:成熟? 我认为这是一种生存体验。

R:参战经历对你之后的生活有什么影响吗?

P:每一个参战的退伍军人,甚至一些没有参战的人,都会受到杀戮、残伤以及失去亲友的影响,而且这种影响可能会笼罩他们一生。有些人比其他人更容易背负这些重担,至少从表面上看是这样。

R:就像我说的那样,基本上,我希望你能在今天回顾你过去的故事。

P:总之,我从州立大学毕业后志愿加入了美国海军陆战队。当时,我们在越南只有顾问团队。我和我所在的部队,每个人的动机都与越南无关。我之所以选择参军,正如约翰·肯尼迪所说:"不要问国家为你做了些什么,要问你为国家做了些什么。"我想回馈这个国家和我深爱的人。当这名由人民选出的国家领导人带领我们走向越南战争时,我和成千上万的其他人一同响应了国家的号召。我是真正的爱国者,坚信那些选择服役或被要求服役的人应该对服役感到光荣。对于那些因为我们服役而选择攻击我们的人,那些逃往其他国家的人,他们没有遵循这个国家的基本原则。这些态度一直延续到今天,美国人民永远不应容忍或原谅他们的行为。越南战争与第二次世界大战或第一次世界大战的区别在于,我们没有受到外国军队的攻击。所有这些时期的服役的美国军人都是一样的,都在为这个国家奋斗。

R:非常感谢你抽出时间来进行访谈。如果你希望的话,我可以让你了解我将如何处理这些信息。另外,当这本书最终完成时,我可以寄给你一本。正如我所说的,这是一本关于方法论的书籍,我需要这些材料,以便向学生展示如何处理质性数据。

第二部分:后续在线访谈/问卷

尊敬的参与者2:

在第一次访谈中,顺便一提,第一次访谈是与我的一位好朋友进行的,浮现了几个主题,我想知道你是否可以对它们做出回应。我也想知道你是否可以对以下的观点进行一些补充。一个是关于"战争文化"的问题,以及战争文化如何与标准行为发生冲突。由于这种冲突,我的朋友有时对自己所看到的和所做的事情感到"良心不安"。但唯一能生存下来的方法就是抛开这些想法,把敌人视为"仇敌"——一个有机会就会杀掉你的人,只能将他们称为"gook",与他们保持距离,并对他们闭口不谈。事实上,直到这次访谈前,他从未在战争期间或战争结束后与任何人谈论过。回家后,他完全融入大学校园,避开了校园里的所有反战活动和讨论。

谢谢!

J. C.

R = 研究员

P = 参与者2

研究员:J. C.

R:这些事情也在战时或战后困扰过你吗? 你是如何处理的?

P:那段经历每天都在困扰着我。我没有一天不想那个时期的某些事情。直到20世纪90年代末,我都从未向任何人提起或谈论过关于越南的事情,包括与我结婚已经37年的妻子。

R:我想说的是,你说你将战争看作一种生存体验,但让你能够生存下来的策略是什么?

P:在战争中幸存纯粹是运气问题。你只是恰好没有在错误的时间出现在错误的地方。那只是运气。即使你小心谨慎、胆小怕事,或者带着装备躲在后方,也是无法在战争中幸存下来的。我认识一些人在整个战争中甚至都没有被划伤,而我也认识其他人在那里待了不到30天,就几乎被炸成两半。

R:你是如何应对身边发生的死亡的?

P:在战争中,死亡和伤残无处不在,你会逐渐接受并习惯。你会努力在心理上将自己从所有的屠杀中抽离出来,让自己进入另一个空间和时间。你的心会长久地置身于家中温暖、干燥、干净、安全的床上,与家人和爱人在一起。在我看来,海军陆战队员受到的训练比其他一些军种更能应对这种屠杀——并不是说他们是更出色的士兵,只是受训更好,彼此之间的联系也更紧密。

R:你是如何做到不去想这些的?

P:我能够在心理上将自己从屠杀中抽离出来。我总觉得如果我老想着这件事,让它消耗我,我就会成为下一个被击中的人。

R:跟当时相比,现在又如何呢?

P:从当时到现在,我和朋友、家人和爱人在一起时,完全不会想这件事。我完全戒酒,因为酒精会引发强烈的愤怒和抑郁情绪。如果不是我新兵训练营的好友在40年后找到我,所有的记忆因而复苏,我今天可能都还不会谈论这个话题。与一同服役的兄弟交谈很简单,但与公众交谈就没那么容易了。这个人是我战斗小组的机枪手,现在我们经常见面,这让我们可以相互倾诉,这种感觉就像吸食毒品一样。我很幸运,我的生活中有一个女人,她从不触碰这个话题,也不询问这些问题,每当我做噩梦时,她都会静静地拥抱我,并给予我坚定的支持。

R:你们网站的名字就很吸引我,"n.g.a."?

P:n.g.a.。正如你所猜测的那样,它与越南战争以及战争中的逝者有关。这个名字是我在 1996 年,在我离开越南 31 年后,突然想到的。有好几十名越战退伍军人常常聚在一个网站聊天,这个网站是一名女士——越战退伍军人的支持者建立的,但她与退伍军人或越战退伍军人没有任何联系。这么多年,对她而言,维护网站要处理的事情实在是太多。因此,我建立了一个聊天室和网站,以纪念我的部队,并与多年来我认识的越战退伍军人保持接触。大多数访客是退伍的海军陆战队员,但我们也有一些来自其他军种的军人,每周都会有空军、陆军和海军加入我们。我们是一个联系非常密切的群体,但我们大部分时间都不会来往。在聚在网上聊天时,我们尽量避开提到越南战争中的逝者——因此才有了这个名字,n.g.a.。

R:另一个主题与"敌人"有关——他们是谁,人们如何看待他们? 你是否与敌人有过任何接触,比如和战俘的接触? 如果有,那是怎样的体验?

P:与我接触的敌人要么死了,要么也快死了。我目睹几个人断了最后一口气,我今天回想起来依然历历在目。我们与越南南方军队(越南共和国军队)有过密切的接触,在当时的情况下,我确信越共是敌军。对于普通人来说,越南的敌友之间没有区别。他们有着不同的文化和宗教背景,但都是人。我从未将朋友或敌人视为非人或坏人。

R:我的朋友是一名医疗兵,所以有时不得不对敌人进行"治疗"。这很困难,因为他们被我们视作"敌人"。另外,事实上,在白天,我们允许越南人进入营地工作,与此同时,你也知道这些人可能会在晚上穿上睡衣,朝你开枪。因此,在与越南人打交道时,总会有这种内心冲突和不信任感——即使是来自南方的越南人。

P:就像你的朋友那样,我也不相信任何越南人,不论他们是敌是友。你永远也不知道明天将会发生什么。在被杀害或被折磨的压力下,周一的朋友在周二可能就变成了敌人。他们还是人,只不过变成了敌人。你所能依靠的只有和你们来自同一片故土的美国军人。

R:你会说战争使你更加麻木,还是使你更加敏感,让你对战争不再抱有幻想?

P:不幸的是,战争已经成为这个世界不可避免的罪恶,因为来自某些文化的人想要杀死我们,杀死每一个人。在正义的情况下我并不反对战争,在越南的经历当然也不会让我成为一名和平主义者。在去越南之前,我认为自己算是硬汉,在 7 岁的时候就拥有了我的第一支枪,9 岁之前我就能独自狩猎。这些事如果发生在今天,你的父母会进监狱的,但那时候不会。越南让我看到很多美国人对上帝和国家的真实态度。我知道,他们只在乎自己,他们可以杀死美国人,按照自己的方式行事,或者把他们的观点强加给社会。无论你怎么称呼这些人,都需要在生活中对这些美国军人敬而远之。如果你想称其为麻木,是的,我就是麻木了。我的感觉是,我们选举出来的国家领导人只有在万不得已的情况下才应该将美国军人置于危险之中。"二战"是无可奈何的选择。我必须要说的是,至于越南、朝鲜或伊拉克的情况,我不是很确定。不像我们选出的领导人必须有足够的信息来做出战争的决定,普通的美国人手上没有这样的信息。历史将证明,这些战争是否给世界带来了改变,是否给美国带来了福祉。我希望在这些问题得到解答时我还健在。现在以及在去越南之前,我讨厌看到人类被虐待、折磨和杀害。我认为,作为一个国家和一个民族,我们是受到了上帝的祝福的,这让我们有了一种帮助别人的心态。这是在为战争辩护吗? 我不确定,对于这些问题,我也没有答案。

R:你曾经去过战争纪念墙吗? 它对你有什么影响?

P:去过,我去过一次,而且只有那一次。我无法解释看到那58000个名字时的感受,他们很多是和我一起服役的战友,以及高中和大学的朋友,我不知道这对我有多大的影响。我只能说,我永远不想再有那样的感受了。

R:再次感谢你。非常感谢你愿意向我分享一些你的经验。

P:科宾女士,我们的访谈已经接近尾声了,如果你还不知道的话我只想提醒你,向有些越南退伍军人提出这些问题会引发攻击性的回应,有时甚至会被口头攻击,这也包括经常浏览我网站的那些人。实际上,我会说大多数人都是这样的。我做出了这样的选择,即从不编辑留言板,大家都知道这一点。我们为言论自由以及所有其他在役的士兵献出了生命,我又怎能审查自由言论呢? 多年来,我一直试图为像你这样的老师和学生提供基本的帮助,让那些没有参与的人能够了解多数士兵的观点,特别是退伍军人的观点。这是我们做出的试图让他们理解退伍军人的微弱努力。如果有些人叫你走开,不要太在意。

附录 D　参与者3（对应第13章）

第一部分：在线访谈

在完成了附录C访谈的几周之后，我收到了另一位退伍军人的回复。这位退伍军人没有参加越南战争，他当时在波斯尼亚。我之所以使用他的访谈资料，是因为它深刻地描述了某些退伍军人在参战期间和之后的一些感受。

嘿，J. C.，

我读了你在 N.G.(n.g.a.) 的帖子，我是一名去过巴拿马、沙特和波斯尼亚的退伍军人。我曾在美国海军陆战队服役。我能为你做些什么吗？

亲爱的参与者3：

非常感谢你的回复。我对你的战争体验很感兴趣。我对这一主题的兴趣始于我在家里翻阅我编写的质性研究的教材（第三版由 SAGE 出版）中向学生展示的材料，然后我发现了一份关于越战退伍军人的访谈资料。我拥有这份资料，但从未真正阅读过它。你知道那种读过但没真正读懂的感受。在仔细阅读后，我对那些必须在前线作战的士兵的战争体验产生了浓厚的兴趣。这个主题已经超出了该教材的讨论范围，因为我认为其中的故事永远也讲不完。我读过一些有关越南的回忆录，坦率地说，我对士兵所面临的困境以及我们对他们所经历的事情的了解和认识之少感到震惊。所以基本上，我一直在寻找愿意告诉我有关战争故事的退役军人。请告诉我你的背景，你为什么参军，你在服役期间做了什么，你是否参加过战斗，战斗是什么样的，你是如何从战争生存下来的，以及你现在如何与这些记忆一起生活——你可以告诉我你想要告诉我的或想让其他人知道的任何事情。我一向都会在数据库中删除任何可识别的信息。如果你仍然感兴趣的话，请告诉我。

谢谢！

J. C.

R = 研究员

P = 参与者3

研究员：J. C.

第二部分：在线访谈和日志

P：首先，以下是我个人日志的片段。它本质上是治愈性的，并没有具体的计划。它是我开启自我疗伤过程的一种方式。我还在努力中。它更像是一段蜕化的旅程。我会继续写，并在完成后寄给你。请问你这边有截止日期吗？你可以问我任何想问的问题，我会尽可能诚实地回答。

有一个观点对我很有帮助：如果你认为你所拥有的自由是理所当然的，那么你就会争取更多的自由，这就是我们为了捍卫自由而付出努力的原因，人们不必因此而彻夜难眠，也不需要像其他国家的人们那样总是思虑不断。这本身就是一种不错的回报。你想问什么都可以。疗伤的一部分是必须记住这些事情并进行相应处理，因为我们在那里的时候没有时间思考这些事情。不要试图保护我，也不要把我当孩子看待。既然我能拿着一把M-16步枪上阵，我就能回答你想知道的一切。我已经结了三次婚，现在是一名消防/护理人员（firefighter/paramedic），我非常享受生活，即使我有各种怪癖，即使邻居认为我挖开前面的草坪而搭建了池塘和瀑布的行为不可理喻。我很期待这一天，因为从来没有人想要听我讲述自己的故事。谢谢你对此有所关心。请去掉我的姓名和相关信息，因为我不想受到任何无端的关注。我只是有这些经历的百万人中的一个。我们是作为一个团队来做这些事情的，并且我们都用自己的方式来对其进行处理。

我并没有真的中枪，更确切地说，我是被一枚手榴弹击中了——只有一小片弹片穿过了我的右腋窝，导致了我肺部受损。是的，我确实受伤了，它令我惊讶的一个方面是我感到非常烫。痊愈后，我回家看望我怀孕的妻子，并开始酗酒。1990年3月，我妻子出了车祸，我们失去了我们的儿子。1990年8月，我去了沙特阿拉伯。如今我已经晋升了，这次回到部队我担任了更高的职位，可以说我已经经验丰富。我不再害怕，现在对我来说这只是一份工作。我可以毫不犹豫地识别出坏人，也能鼓舞士气，让我们的人团结在一起。你永远也不会习惯这一点：在你行动之后，一切都会回归正轨，你不明白为什么有人会想要这么做。你了解全局，但也要和一个和你不相上下的人一对一交锋。为了养家糊口，我需要支付各种账单。他们的钱包里也有家人的照片，和我一样。我曾惊讶于空气中大量的子弹飞舞，而更多的人却没有被击中。事实上，负伤让我变得不那么脆弱：当你在生活中经历了一些事情之后,很多事情在你看来就不再奇怪或可怕。我希望这是有意义的,能够表达我的感受。这让我意识到,生命流逝得比我最初认为的要快,当时我还认为我还能活80年。我想这激励了我尽量多活80年。然而,我确实因为酗酒而失去了大约10年的寿命——我对此感到非常羞愧,因为在内心深处,我认为那并不是真正的我。我咄咄逼人、好战好斗,但可以说,这不是我的本性。波斯尼亚……我仍然不确定我们为什么会在那里,在那里根本没有明确的任务。我很想念那些未能回家的战友,甚至也想念那些已经回家的战友。这就是 N.G. 的意义所在。退伍军人之间的对话让我十分怀念他们。我也记得那些在9/11事件中未能回家的343名消防员。在物理上,我只花了24小时就回到家,但在精神上,我几乎还在战场上。我对我的妻子有所亏欠。这名伟大的女性教会我如何重新生活,这比我做过的任何事情都难,死都是一件很容易的事情。

第三部分:后续在线访谈

亲爱的参与者3:

为什么选择喝酒这种方式?酒精对你来说有什么作用?你带回来的什么让你如此痛苦?如果你不是海军陆战队员,没有上过战场,你还会选择用酒精麻痹自己吗?

谢谢!

J. C.

P:为什么选择喝酒?因为这是一种在社会上可以被接受的方式。我们排常常会聚在一起喝些啤酒,借此忘却烦恼、放松身心。然后,如果你想更快地忘却,可以选择喝杰克·丹尼威士忌。这个过程很简单,但在事后的我看来,它并未对我产生任何作用,反而让我感觉更加糟糕。我举止失态,噩梦缠身,即使过量饮酒,有些事情也无法忘却。所有的一切都是痛苦的,做过的事、见过的人,一切都铭刻在我的脑海中。我想念那些没能回来的朋友,心中总是充满了悲伤与愤怒。我讨厌这个世界,甚至想毁灭它。但我做不到这一点,我就像一个蒸汽锅炉,内部压力不断增加,仿佛随时都会爆炸。如果我没有看到自己的所作所为,我也不会选择喝酒;如果喝酒不是唯一一种"被社会接受"的在理论上可以减轻痛苦的方式,我也不会喝酒。有趣的是,我在高中时期并不喝酒,也从未对此产生过兴趣。然而在我21岁时,我已经经历了两次战争,离了婚,失去了儿子,并生活在离家数百英里之外的地方。当时的我太年轻了,没有可以依靠的朋友,我和家人都不知道如何从情感上妥善处理这些变故。尽管我的身体在美国的土地上,但精神和情感上却永远无法真正回到家中。尽管我的身体只有 21 岁,但我的心智却承载了 50 到 60 岁的经历。我周围的人只认为我是一个 21 岁的人,在这个社会中,如果你只是一个孩子,也没有人会信任你。直到 2002 年,我才真正回到了家。

第四部分:后续在线访谈

R:请再多告诉我一些信息。

P:我发现的真实情况是,退伍军人会经历一个悲伤的过程——否认、讨价还价、愤怒和接受。在"恐怖烙印"之后,影像会被嵌入到士兵的记忆中。这个影像经常被反复播放,直到士兵锻炼出应对的技巧,这种影响才会减少。愤怒是主要的情感,因为一切在这里都停滞不前——对失去生命、失去纯真、失去"快乐岁月"、失去权力、失去任何事物的愤怒。服役的平均年龄是 18 到 25 岁。你还记得那些年你做了什么吗? 为什么你会记得呢? 大学、春假、朋友、熬夜等——对退伍军人来说,这些都是和战争形成鲜明对比的美好回忆。秘诀在于让退伍军人们使用他们都不知道的应对技巧,因为他们从未被教导如何使用这些技能——如你在大学里经常听到的"批判性思维"一样。在情感上,除非退伍军人使用这些应对技巧,否则他们在情感或认知年龄上都无法进步。他们被困在思维、荷尔蒙失衡等问题中。有些人不仅需要心理咨询,还需要药物帮助维持心理平衡。我学会了如何依靠药物、咨询、其他退伍军人的支持网络以及我妻子的支持等以应对。这就是为什么我最终回到大学,追求我想要的事情,即使是在正常做这些事情的年龄的 15 年之后。后悔则是另一个障碍。你有没有做过什么感到后悔的事情,因为你觉得那并不是真正的你想做的? 因此,后悔在情感上变成困惑,反过来又引发愤怒。这是一个闭环,直到你打破它为止,会不停循环下去。

第五部分:后续在线访谈

R:为什么会这么愤怒?

P:愤怒来自几个方面。它从新兵训练营时期就萌生了。他们训练你去保护、去防守,如果必要的话,还要去杀人。

他们会让你感到沮丧、恐吓你、激怒你,因为任何理智的人都不会让你做他们让你做的那些事情。然后,如果你真的参与了战争并亲身体验,你的愤怒就会像原子一样分裂,产生热量。愤怒是不稳定的。你被派遣到某个地方去捍卫你们的生活,保护你们的国家、妇女和儿童,还有国家神圣不可侵犯的权利。你会生气,因为你不明白为什么[敌人]会因为你是美国人而恨你。这种情绪会一直累积,因为你从小被告知的一切都需要你去保护,你害怕这些会被夺走,这又加剧了愤怒。你完成了你的任务,获胜了,回家了,美国人都得到了保护。当我在保护你的时候,你就能睡个好觉。

你回到了家,却没有人感激你为他们而战斗。他们感觉不到痛苦,感觉不到铅弹飞舞、子弹呼啸,没有闻到死亡、柴油、凝固汽油弹、火药的味道,而这些味道深深烙印在士兵的脑海中。因为他们没有经历过,也没有真正感觉到自己的自由受到了威胁,所以他们不认为你为他们做了什么。因此,在他们眼里,他们的自由从来没有受到过真正的挑战,士兵没有为他们做任何事情。这种毫不领情的反应增加了士兵的愤怒,而且在不断地发酵。而你仍然年轻,你没有应对的技巧,因为很多事情在你身上很快就发生了,因而在这个过程中,这些应对技巧也都失灵了。

现在你开始觉得这都是徒劳,你的战友白白死去,而你又为了什么而受伤?愤怒更多了。你就像一颗原子弹,其中的原子正在分裂。这是一个持续性的反应。再往这种已经很易爆的混合物中加入酒精,你就来到了地狱。你不明白。你做得对,你是一名海军陆战队员,要保卫美国。你做了你应该做的事情。为什么生活会如此痛苦?为什么我不再想要继续待在这里?你无法理清这一切。没有任何逻辑思维模式能帮你理解这一切。现在再加上荷尔蒙、多巴胺、肾上腺素,因为你一直处于兴奋和恐惧的状态,你大脑中为维持情绪稳定而流动的激素都被搞乱了。即使你想要处理这些,也无法做到。

这种愤怒实际上是一系列的事件,然后它会在大脑中产生化学反应,再往里面加点儿杰克·丹尼威士忌,除非其中一个环节被打破,否则这种愤怒不会消失。这就是为什么要花上好几年才能真正"回家"。

我希望这能回答你的问题。用这些信息去帮助更多人,让他们能够"回家"。如果把我们这些人都带回了家,你就帮助了我。

参考文献

Agar, M. (1991). The right brain strikes back. In N. G. Fielding & R. M. Lee (Eds.), *Using computers in qualitative research* (pp. 181–194). Newbury Park, CA: Sage.

Alvarez, E., Jr., & Pitch, A. S. (1989). *Chained eagle*. New York: Donald I. Fine.

Anderson, D. (1981). Doc. In A. Santoli (Ed.), *Everything we had* (pp. 66–75). New York: Ballantine Books.

Baker, C., Wuest, J., & Stern, P. N. (1992). Method slurring: The grounded theory/phenomenology example. *Journal of Advanced Nursing, 17*(11), 1355–1360.

Becker, H. S. (1986). *Doing things together*. Evanston, IL: Northwestern University Press.

Becker, H. S. (1998). *Tricks of the trade: How to think about your research while doing it*. Chicago: University of Chicago Press.

Becker, H. S. (2007). *Writing for social scientists: How to start and finish your thesis, book, or article* (2nd ed.). Chicago: University of Chicago Press.

Bell, K. (1993). *100 missions north: A fighter pilot's story of the Vietnam War*. Washington, DC: Brassey.

Beveridge, W. I. (1963). Chance. In S. Rapport & H. Wright (Eds.), *Science: Method and meaning* (pp. 131–147). New York: Washington Square Press.

Bird, T. (1981). Ia Drang. In A. Santoli (Ed.), *Everything we had* (pp. 34–43). New York: Ballantine Books.

Blumer, H. (1969). *Symbolic interactionism*. Englewood Cliffs, NJ: Prentice Hall.

Cannaerts, N., Dierckx de Casterlé, B., & Grypdonck, M. (2004). Palliative care, care for life: A study of the specificity of residential palliative care. *Qualitative Health Research, 14*(6), 816–835.

Caputo, P. (1977). *A rumor of war*. New York: Ballantine Books.

Cauhape, E. (1983). *Fresh starts: Men and women after divorce*. New York: Basic Books.

Chaiyawat, W., & Jezewski, M. A. (2006). Thai school-age children's perception of fear. *Journal of Transcultural Nursing, 17*(1), 74–81.

Charmaz, K. (1983). Loss of self: A fundamental form of suffering in the chronically ill. *Sociology of Health and Illness, 5*, 168–195.

Charmaz, K. (2006). *Constructing grounded theory*. Thousand Oaks, CA: Sage.

Chesney, M. (2001). Dilemmas of self in the method. *Qualitative Health Research, 11*(1), 127–135.

Chiovitti, R. F., & Piran, N. (2003). Rigour and grounded theory research. *Journal of Advanced Nursing, 44*(4), 427–435.

Clarke, A. E. (2005). *Situational analysis*. Thousand Oaks, CA: Sage.

Corbin, J. (1987). Women's perceptions and management of a pregnancy complicated by chronic illness. *Health Care for Women International, 8*(5 & 6), 317–337.

Corbin, J. (1993). Controlling the risks of a medically complicated pregnancy. *Journal of Perinatal Nursing, 7*(3), 1–6.

Corbin, J. (2002, August). *Taking the work seriously: Putting the quality in qualitative research.* Keynote address presented at the Second Thinking Qualitative Workshop series, International Institute for Qualitative Methodology, University of Alberta, Alberta, Canada.

Corbin, J. (2003, November 28). *Taking the work of qualitative analysis seriously.* Paper presented at a meeting of qualitative researchers sponsored by the Japanese Red Cross, Tokyo, Japan.

Corbin, J., & Cherry, J. (1997). Caring for the aged in the community. In E. A. Swanson & T. Tripp-Reimer (Eds.), *Chronic illness and the older adult* (pp. 62–81). New York: Springer.

Corbin, J., & Morse, J. (2003). The unstructured interview: Issues of reciprocity and risks when dealing with sensitive topics. *Qualitative Inquiry, 9*(3), 335–354.

Corbin, J., & Strauss, A. (1984). Collaboration: Couples working together to manage chronic illness. *Image, 16*(4), 109–115.

Corbin, J., & Strauss, A. (1988). *Unending work and care: Managing chronic conditions at home.* San Francisco: Jossey-Bass.

Corbin, J., & Strauss, A. (1991a). Comeback: The process of overcoming disability. In G. L. Albrecht & J. A. Levy (Eds.), *Advances in medical sociology* (Vol. 2, pp. 137–159). Greenwich, CT: JAI Press.

Corbin, J., & Strauss, A. (1991b). A nursing model for chronic illness management based upon the trajectory framework. *Scholarly Inquiry for Nursing Practice, 5*(3), 155–174.

Creswell, J. W. (1998). *Qualitative inquiry and research design: Choosing among five traditions.* Thousand Oaks, CA: Sage.

Creswell, J. W. (2013). *Qualitative inquiry and research design: Choosing among five traditions.* Thousand Oaks, CA: Sage.

Creswell, J. W., & Miller, D. L. (2000). Determining validity in qualitative research. *Theory Into Practice, 39*(3), 124–130.

Cutcliffe, J. R. (2003). Reconsidering reflexivity: Introducing the case for intellectual entrepreneurship. *Qualitative Health Research, 13*(1), 136–148.

Davies, D., & Dodd, J. (2002). Qualitative research and the question of rigor. *Qualitative Health Research, 12*(2), 279–289.

Denzin, N. K. (1994). The art and politics of interpretation. In N. K. Denzin & Y. Lincoln (Eds.), *Handbook of qualitative research* (pp. 500–515). Thousand Oaks, CA: Sage.

Denzin, N. K. (1998). The art and politics of interpretation. In N. K. Denzin & Y. Lincoln (Eds.), *Handbook of qualitative research* (pp. 313–371). Thousand Oaks, CA: Sage.

Denzin, N. K., & Lincoln, Y. S. (Eds.). (1994). *Handbook of qualitative research.* Thousand Oaks, CA: Sage.

Denzin, N. K., & Lincoln, Y. S. (1998). The art of interpretation, evaluation, and presentation. In N. K. Denzin & Y. S. Lincoln (Eds.), *Collecting and interpreting qualitative materials* (pp. 275–281). Thousand Oaks, CA: Sage.

Dewey, J. (1917). *Creative intelligence: Essays on the pragmatic attitude.* New York: Henry Holt.

Dewey, J. (1922). *Human nature in conduct.* New York: Henry Holt.

Dewey, J. (1929). *The quest for certainty.* New York: G. P. Putnam.

Dewey, J. (1934). *Art as experience.* New York: Minton Blach.

Dewey, J. (1938). *Logic: The theory of inquiry.* New York: Henry Holt.

Dey, I. (1993). *Qualitative data analysis.* London, UK: Routledge.

Dey, I. (1999). *Grounding grounded theory.* San Diego: Academic Press.

Downs, F. (1993). *The killing zone: My life in the Vietnam War.* New York: W. W. Norton.

Ellsberg, D. (2003). *Secrets: A memoir of Vietnam and the Pentagon Papers.* New York: Penguin.

Emden, C., & Sandelowski, M. (1999). The good, the bad and the relative. Part Two: Goodness and the criterion problem in qualitative research. *International Journal of Nursing Practice, 5*(1), 2–7.

Engelbart, D. C. (1962, October). *Augmenting human intellect: A conceptual framework* (Summary Report AFOSR-3223 under Contract AF 49(638)-1024, SRI Project 3578). Menlo Park, CA: Air

Force Office of Scientific Research, Stanford Research Institute. Retrieved March 1, 2007, from http://www.bootstrap.org/augdocs/friedewald030402/augmentinghumanintellect/ahi62index.html

Fielding, N. G., & Lee, R. M (Eds.). (1998). *Computer analysis in qualitative research.* Thousand Oaks, CA: Sage.

Finlay, L. (2002). "Outing" the researcher: The provenance, process, and practice of reflexivity. *Qualitative Health Research, 12*(4), 531–545.

Fisher, B. (1991). Affirming social value: Women without children. In D. R. Maines (Ed.), *Social organization and social process* (p. 8). New York: Aldine de Gruyter.

Fisher, B., & Strauss, A. (1978). The Chicago tradition: Thomas, Park, and their successors. *Symbolic Interaction, 1*(2), 5–23.

Fisher, B., & Strauss, A. (1979a). George Herbert Mead and the Chicago tradition of sociology. *Symbolic Interaction (Part 1), 2*(1), 9–26.

Fisher, B., & Strauss, A. (1979b). George Herbert Mead and the Chicago tradition of sociology. *Symbolic Interaction (Part 2), 2*(2), 9–20.

Flick, U. (2002). *An introduction to qualitative research* (2nd ed.). Thousand Oaks, CA: Sage.

Flicker, S., Haans, D., & Skinner, H. (2004). Ethical dilemmas in research on Internet communities. *Qualitative Health Research, 14*(1), 124–134.

Foster, W. F. (1992). *Captain Hook: A pilot's tragedy and triumph in the Vietnam War.* Annapolis, MD: Naval Institute Press.

Foucault, M. (1974). *Power/knowledge: Selected interviews and other writing.* New York: Pantheon Books.

Geertz, C. (1973). *The interpretation of cultures: Selected essays.* New York: Basic Books.

Glaser, B. (1978). *Theoretical sensitivity.* Mill Valley, CA: Sociology Press.

Glaser, B. (1992). *Basics of grounded theory analysis.* Mill Valley, CA: Sociology Press.

Glaser, B., & Strauss, A. (1965). *Awareness of dying.* Chicago: Aldine.

Glaser, B., & Strauss, A. (1967). *The discovery of grounded theory.* Chicago: Aldine.

Green, D., Creswell, J. W., Shope, R. J., & Plano Clark, V. L. (2007). Grounded theory and racial/ethnic diversity. In A. Bryant & K. Charmaz (Eds.), *The SAGE handbook of grounded theory.* Thousand Oaks, CA: Sage.

Guba, E. G., & Lincoln, Y. S. (1998). Competing paradigms in qualitative research. In N. K. Denzin & Y. S. Lincoln (Eds.), *The landscape of qualitative research* (pp. 195–220). Thousand Oaks, CA: Sage.

Guessing, J. C. (1995). *Negotiating global teaming in a turbulent environment* (Unpublished doctoral dissertation). University of Michigan, Ann Arbor.

Guest, G., MacQueen, K. M., & Namey, E. E. (2012). *Applied thematic analysis.* Thousand Oaks, CA: Sage.

Hage, J. (1972). *Techniques and problems of theory construction in sociology.* New York: John Wiley.

Hall, W. A., & Callery, P. (2001). Enhancing the rigor of grounded theory: Incorporating reflexivity and relationality. *Qualitative Health Research, 11*(2), 257–272.

Hamberg, K., & Johansson, E. (1999). Practitioner, researcher, and gender conflict in a qualitative study. *Qualitative Health Research, 9*(4), 455–467.

Hamilton, R. J., & Bowers, B. J. (2006). Internet recruitment and e-mail interviews in qualitative studies. *Qualitative Health, Research, 16*(6), 821–835.

Hammersley, M. (1987). Some notes on the terms "validity" and "reliability." *British Educational Research Journal, 13*(1), 73–81.

Hammersley, M., & Atkinson, P. (1983). *Ethnography: Principles in practice.* New York: Tavistock.

Herr, M. (1991). *Dispatches.* New York: Vintage International.

Hildreth, R., & Sasser, C. W. (2003). *Hill 488.* New York: Simon & Schuster.

Hoffman, E. (1989). *Lost in translation: Life in a new language.* New York: Penguin.

Hughes, E. C. (1971). *The sociological eye: Selected papers*. Chicago: Aldine.

Hunter, A., Lusardi, P., Zucker, D., Jacelon, C., & Chandler, G. (2002). Making meaning: The creative component in qualitative research. *Qualitative Health Research, 12*(3), 388–398.

Interactionism. (n.d.). Retrieved from sociology.about.com/ . . . /g/Interactionist Perspective.htm

Isaacs, A. (1997). *Vietnam shadows: The war, its ghosts, and its legacy*. Baltimore, MD: Johns Hopkins University Press.

Lakoff, G., & Johnson, M. (1981). *Metaphors we live by*. Chicago: University of Chicago Press.

Lamott, A. (1994). *Bird by bird: Some instructions on writing and life*. New York: Doubleday Anchor.

Langguth, A. J. (2002). *Our Vietnam: The war 1954–1975*. New York: Simon & Schuster.

Lincoln, Y. S., & Guba, E. G. (1985). *Naturalistic inquiry*. Beverly Hills: Sage.

Lofland, J., Snow, D., Anderson, L., & Lofland, L. (2006). *Analyzing social setting: A guide to qualitative observation and analysis*. Belmont, CA: Wadsworth Thomson.

Lomberg, K., & Kirkevold, M. (2003). Truth and validity in grounded theory—a reconsidered realist interpretation of the criteria: Fit, work, relevance and modifiability. *Nursing Philosophy, 4*(3), 189–200.

Márquez, G. G. (1993). *Strange pilgrims* (E. Grossman, Trans.). New York: Knopf.

Marrett, J. G. (2003). *Cheating death: Combat air rescues in Vietnam and Laos*. Washington, DC: Smithsonian Books.

Mays, N., & Pope, C. (1995). Qualitative research: Rigour and qualitative research [Electronic version]. *BMJ, 311*, 109–112. Retrieved from http://bmj.bmjjournals.com/cgi/content/full/311/6997/109

McMaster, H. R. (1997). *Dereliction of duty*. New York: HarperCollins.

McNamara, R. S., Blight, J. G., Brigham, R. K., Bierstaker, T. J., & Schandler, H. Y. (1999). *Agreement without end*. New York: Perseus.

Mead, G. H. (1917). Scientific method and the individual thinker. In J. Dewey (Ed.), *Creative intelligence: Essays in the pragmatic* (pp. 176–227). New York: Henry Holt.

Mead, G. H. (1956). In A. Strauss (Ed.), *On social psychology: Selected papers*. Chicago: University of Chicago Press. (Original work published 1938)

Mead, G. H. (1959). *Philosophy of the present* (Arthur E. Murphy, Ed.). LaSalle, IL: Open Court. (Original work published 1932)

Mead, G. H. (1962). Mind, self, and society. In C. W. Morris (Ed.), *Works of George Herbert Mead* (Vol. 1). Chicago: University of Chicago Press. (Original work published 1934)

Mead, G. H. (1972). Movements of thought in the nineteenth century. In M. E. Moore (Ed.), *Works of George Herbert Mead* (Vol. 2). Chicago: University of Chicago Press. (Original work published 1936)

Mead, G. H. (1972). The philosophy of the act. In C. W. Morris (Ed.), *Works of George Herbert Mead* (Vol. 3). Chicago: University of Chicago Press. (Original work published 1938)

Miles, M. B., & Huberman, A. M. (1994). *Qualitative data analysis* (2nd ed.). Thousand Oaks, CA: Sage.

Mishler, E. G. (1986). *Research interviewing*. Cambridge, MA: Harvard University Press.

Moore, H. G., & Galloway, J. L. (1992). *We were soldiers once and young*. New York: HarperPerennial.

Morse, J. M. (1999). Editorial myth #93: Reliability and validity are not relevant to qualitative inquiry. *Qualitative Health Research, 9*(6), 717–718.

Morse, J. M. (2001). Toward a praxis theory of suffering. *Advances in Nursing Science, 24*(1), 47–59.

Morse, J. M. (2004). Alternative methods of representation: There are no shortcuts. *Qualitative Health Research, 14*(7), 887–888.

Morse, J. M., Barret, M., Mayan, M., Olson, K., & Spiers, J. (2002, Spring). Verification strategies for establishing reliability and validity in qualitative research [Electronic version]. *International Journal of Qualitative Methodology, 1*(2). Retrieved from http://www.ualberta.ca/~ijqm

Morse, J. M., & Field, P. A. (1995). *Qualitative research methods for health professionals* (2nd ed.). Thousand Oaks, CA: Sage.

Morse, J. M., Stern, P. N., Corbin, J., Bowers, B., Charmaz, K., & Clarke, A. E. (2009). *Developing grounded theory.* Walnut Creek, CA: Left Coast Press.

Nhu Tang, T. (with Chanoff, D., & Van Toai, D.). (1986). *A Viet Cong memoir: An inside account of the Vietnam War and its aftermath.* New York: Vintage.

Ninh, B. (1993). *The sorrow of war: A novel of North Vietnam* (Phan Thanh Hao, Trans.). New York: Berkeley Publishers.

Oleson, V. (1998). Feminism and models of qualitative research. In N. K. Denzin & Y. S. Lincoln (Eds.), *The landscape of qualitative research theories and issues* (pp. 300–332). Thousand Oaks, CA: Sage.

O'Shea, J. (with Ling, R. D.). (2003). *The beast within: Vietnam, the cause and effect of post-traumatic stress disorder.* New York: Vintage.

Park, R. E. (1967). *On social control and collective behavior* (R. H. Turner, Ed.). Chicago: University of Chicago Press.

Patton, M. Q. (2002). *Qualitative research and evaluation methods* (2nd ed.). Thousand Oaks, CA: Sage.

Pierce, B. N. (1995). The theory of methodology in qualitative research. *TESOL Quarterly, 29,* 569–576.

Pragmatism. (n.d.). In *Merriam-Webster* online dictionary. Retrieved from http://www.merriam-webster.com/dictionary/pragmatism

Pryor, J. (2009). Opting in and opting out: A grounded theory of nursing's contribution to inpatient rehabilitation. *Clinical Rehabilitation, 23,* 1124–1135.

Ragin, C., & Becker, H. (Eds.). (1992). *What is a case? Exploring the foundations of social inquiry.* Cambridge, UK: Cambridge University Press.

Rasimus, E. (2003). *When thunder rolled: An F-105 pilot over North Vietnam.* New York: Ballantine Books.

Reid, C. (2004). *The wounds of exclusion: Poverty, women's health and social justice.* Edmonton, AB: Qualitative Institute Press.

Riemann, G. (2003, September). A joint project against the backdrop of a research tradition: An introduction to "doing biographical research" [Electronic version]. *Forum: Qualitative Social Research, 4*(3). Retrieved from http://www.qualitative-research.net/fqs-texte/3-03/3-03hrsg-e.htm

Riemann, G., & Schütze, F. (1991). "Trajectory" as a basic theoretical concept for analyzing suffering disorderly social process. In D. R. Maines (Ed.), *Social organization and social process* (pp. 333–357). New York: Aldine de Gruyter.

Rolfe, G. (2006). Validity, trustworthiness and rigour: Quality and the idea of qualitative research. *Journal of Advanced Nursing, 53*(3), 304–310.

Rosenthal, G., & Völter, B. (1998). Three generations within Jewish and non-Jewish German families after the unification of Germany. In Y. Danieli (Ed.), *International handbook of multigenerational legacies of trauma* (pp. 297–313). New York: Plenum.

Saiki-Craighill, S. (2001a). The grieving process of Japanese mothers who have lost a child to cancer: Part I. Adjusting to life after losing a child. *Journal of Pediatric Oncology Nursing, 18*(6), 260–267.

Saiki-Craighill, S. (2001b). The grieving process of Japanese mothers who have lost a child to cancer: Part II. Establishing a new relationship from the memories. *Journal of Pediatric Oncology Nursing, 18*(6), 268–275.

Sallah, M., & Weiss, M. (2006). *Tiger force: A true story of men and war.* New York: Little, Brown.

Sandelowski, M. (1993). Theory unmasked: The uses and guises of theory in qualitative research. *Research in Nursing and Health, 16,* 213–218.

Sandelowski, M. (1994). The proof is in the pottery. In J. M. Morse (Ed.), *Critical issues in qualitative research methods* (pp. 46–63). Thousand Oaks, CA: Sage.

Sandelowski, M. (2000). Whatever happened to qualitative description. *Research in Nursing and Health, 23,* 334–340.

Santoli, A. (Ed.). (1981). *Everything we had: An oral history of the Vietnam War by thirty-three American soldiers who fought it.* New York: Ballantine Books.

Santoli, A. (1985). *To bear any burden.* New York: E. P. Dutton.

Sar Desai, D. R. (2005). *Vietnam past and present.* Cambridge, MA: Westview Press.

Schatzman, L. (1986). *The structure of qualitative analysis.* Paper presented (in absentia) at the World Congress of Sociology Session on Issues in Qualitative Interpretation, New Delhi, India.

Schatzman, L. (1991). Dimensional analysis. In D. R. Maines (Ed.), *Social organization and social process* (pp. 303–314). New York: Aldine de Gruyter.

Schatzman, L., & Strauss, A. (1973). *Field research.* Englewood Cliffs, NJ: Prentice Hall.

Schneider, J., & Conrad, P. (1983). *Having epilepsy: The experience and control of illness.* Philadelphia: Temple University Press.

Schütze, F. (1992a). Pressure and guilt: War experiences of a young German soldier and their biographical implications, Part 1. *International Sociology, 7*(2), 187–208.

Schütze, F. (1992b). Pressure and guilt: War experiences of a young German soldier and their biographical implications, Part 2. *International Sociology, 7*(3), 347–367.

Schwandt, T. A. (1998). Constructivist, interpretivist approaches to human inquiry. In N. K. Denzin & Y. S. Lincoln (Eds.), *The landscape of qualitative research theories and issues* (pp. 221–259). Thousand Oaks, CA: Sage.

Seale, C. (1999). *The quality of qualitative research.* Thousand Oaks, CA: Sage.

Seale, C. (2002). Qualitative issues in qualitative inquiry. *Qualitative Social Work, 1*(1), 97–110.

Selye, H. (1956). *The stress of life.* New York: McGraw-Hill.

Sheeham, N. (1988). *A bright shining lie: John Paul Vann & America in Vietnam.* New York: Random House.

Shuval, J. T., & Mizrahi, N. (2004). Changing boundaries: Modes of coexistence of alternative and biomedicine. *Qualitative Health Research, 14*(5), 675–690.

Silverman, D. (2005). *Doing qualitative research* (2nd ed.). Thousand Oaks, CA: Sage.

Sinnott, E. W. (1968). Science and the education of free men. In S. Rapport and H. Wright (Eds.), *Science method and meaning* (pp. 196-207). New York: Washington Square Press.

Strauss, A. (1969). *Mirrors and marks: The search for identity.* London: Martin Robinson. (Original work published 1977)

Strauss, A. (1978). *Negotiations: Varieties, contexts, processes, and social order.* San Francisco: Jossey-Bass.

Strauss, A. (1987). *Qualitative analysis for social scientists.* Cambridge, UK: Cambridge University Press.

Strauss, A. (1991). The Chicago tradition's ongoing theory of action/interaction. In A. Strauss (Ed.), *Creating sociological awareness* (pp. 3–32). New Brunswick, NJ: Transaction Publishers.

Strauss, A. (1993). *Continual permutations of action.* Hawthorne, NY: Aldine de Gruyter.

Strauss, A. (1995). Notes on the nature and development of general theories. *Qualitative Inquiry, 1*(1), 7–18.

Strauss, A., & Corbin, J. (1988). *Shaping a new health care system.* San Francisco: Jossey-Bass.

Strauss, A., Fagerhaugh, S., Suczek, B., & Wiener, C. (1985). *Social organization of medical work.* Chicago: University of Chicago Press.

Strauss, A., Schatzman, L., Bucher, R., Ehrlich, D., & Sabshin, M. (1964). *Psychiatric ideologies and institutions.* New York: Free Press.

Summers, H. G., Jr. (1999). *The Vietnam War almanac.* Novato, CA: Presidio Press.

Symbolic interactionism. (n.d.). Retrieved from sociology.about.com/od/Sociological-Theory/a/symbolicInteractionism

Terry, W. (1984). *Bloods: An oral history of the Vietnam War by black veterans.* New York: Ballantine Books.

Thomas, W. I. (1966). *On social control and collective behavior* (M. Januwitz, Ed.). Chicago: University of Chicago Press.

Trotti, J. (1984). *Phantom over Vietnam.* Novato, CA: Presidio Press.

Tucker, S. C. (1998). *The encyclopedia of the Vietnam War.* New York: Oxford University Press.

Van Devanter, L. (1983). *Home before morning.* New York: Warner Books.

Van Manen, M. (2006). Writing qualitatively, or the demands of writing. *Qualitative Health Research, 16*(5), 713–722.

Vanhook, P. M. (2007). *Comeback of the Appalachian female stroke survivor: The interrelationships of cognition, function, self-concept, interpersonal, and social relationships* (Unpublished doctoral dissertation). East Tennessee State University, Johnson City.

Watson, L. A., & Girad, F. M. (2004). Establishing integrity and avoiding methodological misunderstanding. *Qualitative Health Research, 14*(6), 875–881.

Waugh, B. (with Keown, T.). (2004). *Hunting the jackal.* New York: HarperCollins.

Whittemore, R., Chase, S., & Mandle, C. L. (2001). Validity in qualitative research. *Qualitative Health Research, 11*(4), 522–537.

Wicker, A. (1985). Getting out of our conceptual ruts: Strategies for expanding conceptual frameworks. *American Psychologist, 40*(10), 1094–1103.

Wiener, C. L., Fagerhaugh, S., Strauss, A., & Suczek, B. (1979). Trajectories, biographies, and the evolving medical sense: Labor and delivery and the intensive care nursery. *Sociology of Health and Illness, 1*(3), 261–283.

Winter, G. (March 2000). A comparative discussion of the notion of "validity" in qualitative and quantitative research [Electronic version]. *Qualitative Report, 4*(3 & 4). Retrieved from http://www.nova.edu/ssss/QR/ Qr4-3/winter.html

Wolcott, H. (1994). *Transforming qualitative research.* Thousand Oaks, CA: Sage.

Wolcott, H. (2001). *Writing up qualitative research* (2nd ed.). Thousand Oaks, CA: Sage.

Yamamoto, N., & Wallhagen, M. I. (1997, June). The continuation of family caregiving in Japan. *Journal of Health and Social Behavior, 38,* 164–176.

Yarborough, T. (1990). *Da Nang diary: A forward air controller's gunsight view of combat in Vietnam.* New York: St. Martin's.

Zoffmann, V., & Kirkevold, M. (2005). Life versus disease in difficult diabetes dare: Conflicting perspectives disempower patients and professionals in problem solving. *Qualitative Health Research, 15*(6), 750–765.

译者后记

该书的主要内容与贡献

朱丽叶·科宾和安塞姆·斯特劳斯的这本著作是研究者深入探讨质性分析和理论发展的复杂性的关键资源。这本书所提供的全面方法能指导读者了解扎根理论的方法论，其也因此在质性研究领域变得不可或缺。首先需要提及的是，在与出版社编辑老师进行深入讨论后，我们决定将这本书的中文标题定为《发展扎根理论的方法与流程：质性研究的基础》（以下简称《基础》）。这一细微的调整，旨在更加凸显书中深度探讨的核心——扎根理论。故此，我们巧妙地将原副标题与主标题互易其位，以更精准地映照本书的核心思想与探索领域。此调整不仅能让读者一眼洞悉本书精髓，亦有助于在学术圈与研究领域中，明确本书的价值定位与广泛应用。

扎根理论的重要性在于其构建理论的能力，这些理论深深植根于实证数据之中。这一方法论的特点在于其数据收集和分析的迭代周期，其强调从研究数据本身产生理论，而不是根据现有的假设强加理论。这一方法论无疑为我们打开了一扇窗，让我们得以开放地探索复杂的社会现象，从而获得新的见解与理解。

《基础》一书虽然出版了若干版本，但整体上的架构和核心内容基本保持一致。本书详细介绍了扎根理论的研究方法和程序，是质性研究领域的一个里程碑式的作品。通过科宾和斯特劳斯的共同努力，这本书为研究者提供了一套分析和解释数据、最终构建理论的方法。其内容不仅包括扎根理论的实际应用技巧，还涉及了研究设计的初步考虑、数据收集与分析、理论建构和验证等一系列复杂过程。

科宾与斯特劳斯所概述的方法论精髓，通过开放编码、轴向编码、持续比较、理论抽样、备忘录等几个关键阶段,确保了理论发展的系统性与数据根基的深厚。从结构上来看,《基础》一书主要分为三大部分。第一部分"导论:安塞姆·斯特劳斯的扎根理论"揭示了扎根理论的灵感之源、理论基础、研究初步的实践思考及分析的前奏;第二部分"研究项目示例"细致介绍了开放编码、概念发展、数据分析、将过程纳入分析及类属整合等关键步骤;第三部分"完成研究项目"提供了论文撰写建议、研究评估标准及学生常见疑问解答等实用信息。

《基础》的重要性还在于,它不仅是一本教科书,更是一本灵感之书。通过对具体案例的分析和讨论,科宾和斯特劳斯向我们展示了如何将日常观察转化为深刻的理论洞察。这一过程既是科学性的,也是艺术性的,需要研究者具备敏锐的观察力、丰富的想象力和扎实的理论基础。科宾与斯特劳斯鼓励研究者以开放的心态对待每一份数据,对每一次访谈、每一次观察,都要充满好奇心和探索欲。正是这种对细节的深入挖掘和对复杂性的尊重,使得扎根理论成为一种强大的工具,能够帮助我们揭示人类行为和社会结构的深层逻辑。

此外,科宾和斯特劳斯对于如何处理研究中的困难和挑战也给出了明晰的指导。无论是应对数据中的海量信息,还是在理论建构过程中遇到的逻辑难题,本书都提供了实用的策略和方法。这些指导不仅有助于研究者提高研究的效率和质量,更重要的是,它们能鼓励研究者保持持续的好奇心和探索精神,不断突破已有的理论边界。

在不同流派中寻找本书的定位

将《基础》与其他关于扎根理论的开创性著作——如巴尼·格拉泽和安塞姆·斯特劳斯的《发现扎根理论》(*The Discovery of Grounded Theory*)以及凯西·卡麦兹的《建构扎根理论》(*Constructing Grounded Theory*)——进行比较,我们可以发现,这些重要的文献各以其独到的视角,丰富了扎根理论方法论的多元发展。格拉泽和斯特劳斯的开篇之作铺垫了扎根理论的基石,奠定了其未来发展的基础;而卡麦兹则从建构主义的角度出发,关注研究者在数据解读和理论建构过程中的主体作用。

自20世纪60年代由格拉泽与斯特劳斯共同提出以来,扎根理论经历了不断的发展与演变。最初,扎根理论被视为一种从质性数据中归纳出理论的方法,强调在没有预设理论的背景下,通过对数据的深入挖掘自然地产生理论。在《发现扎根理论》中,格拉泽与斯特劳斯特别强调了数据在理论建构中的根基作用,提倡理论应在数据中自然涌现,而非基于研究者主观的推导。

随后,斯特劳斯联手科宾,在经典扎根理论的基础上,提出了更为系统化的流程,即《基础》一书。该版本通过引入"维度""轴向编码""条件/结果矩阵"以及一系列编码原则,使研究流程更加规范化、系统化,进而建构出更加稳固可靠的理论。这种方法被认为为质性研究和实质性理论,以及更为一般化的理论,提供了更为规范的研究途径。

然而,格拉泽对此提出了批判,认为这种过度的程序化可能会限制理论发展的自然性和开放性。在他看来,扎根理论的魅力在于其探索的开放性,研究问题和概念应随着研究的深入自然涌现。特别是在 1992 年出版的《扎根理论研究概论:自然呈现与生硬促成》(*Basics of Grounded Theory Analysis: Emergence Vs. Forcing*)一书中,格拉泽对程序化扎根理论进行了深刻的批判与反思。

与此同时,另外一位重要的扎根理论学者卡麦兹则通过引入建构主义理念,提出了建构主义版本的扎根理论,强调理论建构是研究者与参与者共同努力的结果。她提倡研究者应保持反思性的研究态度,通过个人的观察和理解共同建构理论,为理论的形成提供了更多的灵活性,增加了理论的深度。

这三个流派虽在哲学基础、视角、数据收集和分析方法上存在差异,但它们共同推进了质性研究方法论的发展。《基础》一书在提供扎根理论研究的流程指导方面尤为突出,详尽地介绍了数据收集、编码、理论抽样等技术,突显了研究中过程、情境和理论整合的重要性,以及计算机在质性数据分析中的应用价值。从这一角度而言,《基础》不仅是扎根理论研究的实践指南,更是将理论理念与研究实践紧密相连的桥梁。它为质性研究者提供了宝贵的资源,无论是初入研究领域的新手,还是资深学者,都能从中获得灵感与指导,从而开展高质量的研究工作。

缘何承担译者工作

在国内学术界,承担外文专著的翻译工作通常被认为是吃力不讨好的工作。在我决定承担《基础》一书翻译工作背后,除了认可其学术价值外,还有三个深层次的原因。

首先,近些年,我负责教授的本科生的"社会科学质性研究方法"和硕博研究生的"学术论文写作"等课程,这让我深刻认识到在质性数据分析流程等方面的知识重要性。翻译这本书,我旨在补充和丰富自己在这一领域的专业知识。此书浅显易懂地介绍了质性研究的全过程,非常适合作为教学参考资料,帮助学生深入理解质性研究的本质和技巧。

其次,我与我的合作者长期从事案例研究方法论的研究,我们希望通过翻译此书进一步开阔我们的知识视野,拓展研究边界。案例研究作为一种重要的质性研究方法,其在深入和细致理解复杂的社会现象方面具有独特价值。深入掌握扎根理论的研究方法和流程,能让我们更精准地理解质性研究的精髓,提高我们案例研究的深度和质量。同时,扎根理论的研究方法在案例研究中的应用,也将帮助我们在数据分析和理论建构方面获得新的视角和方法,推动我们在案例研究方法论领域的研究不断进步和创新。

最后,作为译者,我得到了林佳木老师这位来自重庆大学出版社的编辑的信任与支持,这也是我承担翻译工作的一大动力。林老师曾是我第一本译作《混合方法研究》的责任编辑。我们在社会科学方法论的前沿领域和出版领域保持着持续的沟通和交流。林老师对我工作的信任和鼓励,是我勇敢承担这本书翻译任务的重要原因之一。通过这次翻译工作,我不仅希望为自己的教学和研究注入新的活力,也期待为那些对质性研究感兴趣的中文读者,特别是学者和学生,提供一份高质量的学习和参考资源。

翻译这本书的过程是一段充满挑战的长途旅行。在这个过程中,除了得到了出版社林佳木老师的细心指导和支持之外,还得到了我的同事杨雅真老师、我的研究生刘豪的协助,以及北京大学博士研究生许熙淼在扎根理论哲学基础相关内容上的专业校正。他们的帮助不仅限于文字翻译方面,更重要的是,他们在理解和传递本书深刻的思想方面提供了极大的支持。

虽然我已经尽力确保翻译的准确性和流畅性,但鉴于语言和理论的复杂性,难免有所疏漏。因此,我也诚挚希望读者在阅读过程中,若发现任何错误或不妥之处,能通过本书的豆瓣主页、译者邮箱(youyuxx@xmu.edu.cn)或出版社邮箱(313745784@qq.com)等渠道及时反馈给我们。您的宝贵建议将成为我们不断进步和完善的动力。

最终,我希望这本书能为中文读者打开一扇全面、深入了解质性研究和扎根理论的大门,激发更多研究者的兴趣,促进质性研究在中国的发展与应用。